抗日战争档案汇编

抗战时期璧山军事档案汇编

3

重庆市璧山区档案馆 编

中華書局

本册目录

四、征兵与优待征属

四、征兵与优待征属

璧山县政府第一区区署关于请从优奖励城南乡自愿出征壮丁曾占国致璧山县政府的呈（一九三九年五月十六日）

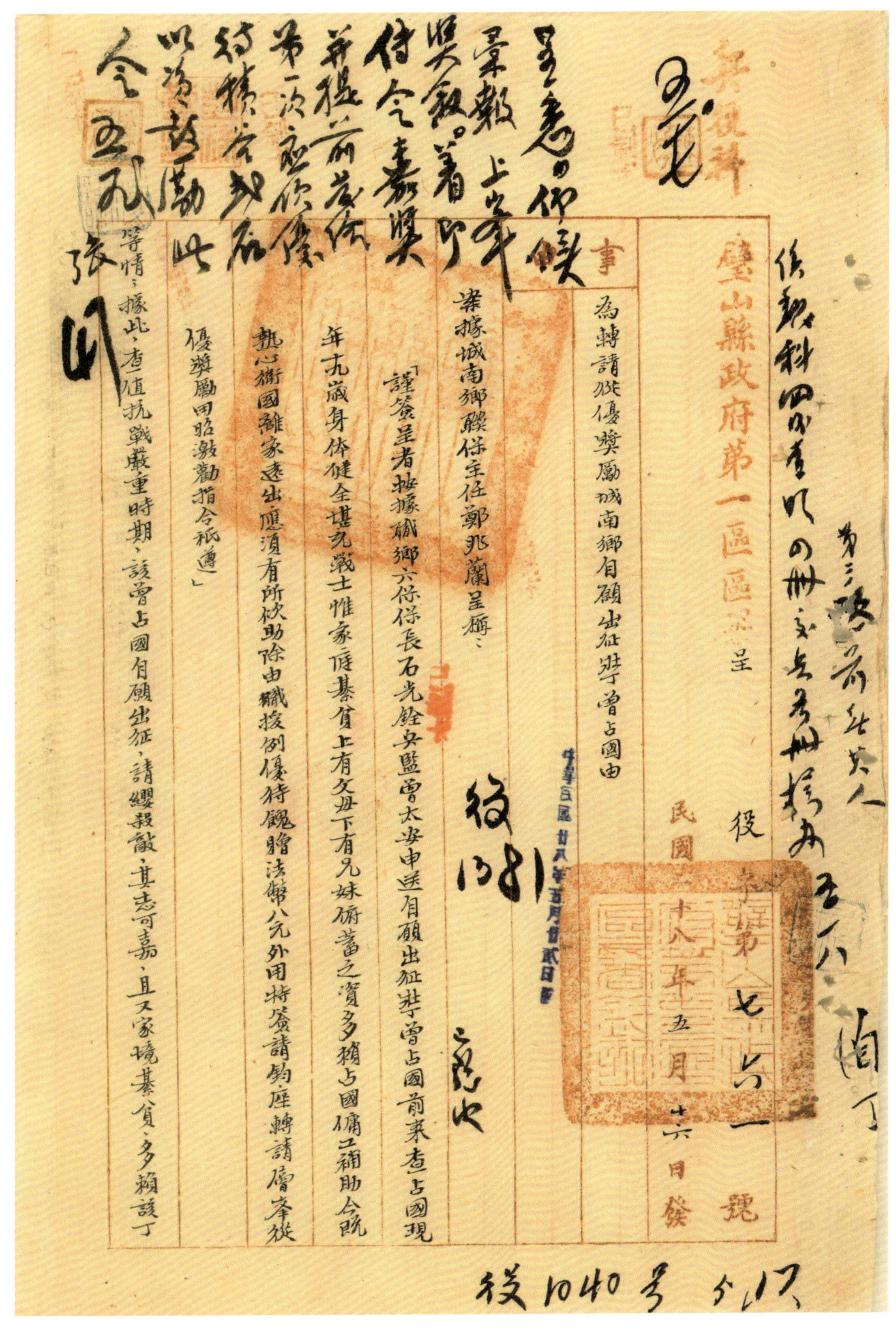

璧山縣政府第一區區署呈　役字第七六一號

民國二十八年五月十六日發

事由：為轉請從優獎勵城南鄉自願出征壯丁曾占國由

案據城南鄉聯保主任鄭兆蘭呈稱：「謹簽呈者，按據職鄉六保保長石光銓與監〔甲〕曾太安申送自願出征壯丁曾占國前來。查占國現年十九歲，身体健全，堪充戰士，惟家庭甚貧，上有父母，下有兄妹，碌無蓄之資，多賴占國傭工補助。今既熱心衛國，離家遠出，應須有所鉄助，除由職援例優待饋贈法幣八元外，用特簽請鈞座轉請層峯從優獎勵，用昭激勸，指令祗遵。」等情。據此，查值抗戰嚴重時期，該曾占國自願出征，請纓殺敵，其志可嘉，且又家境甚貧，多賴該丁

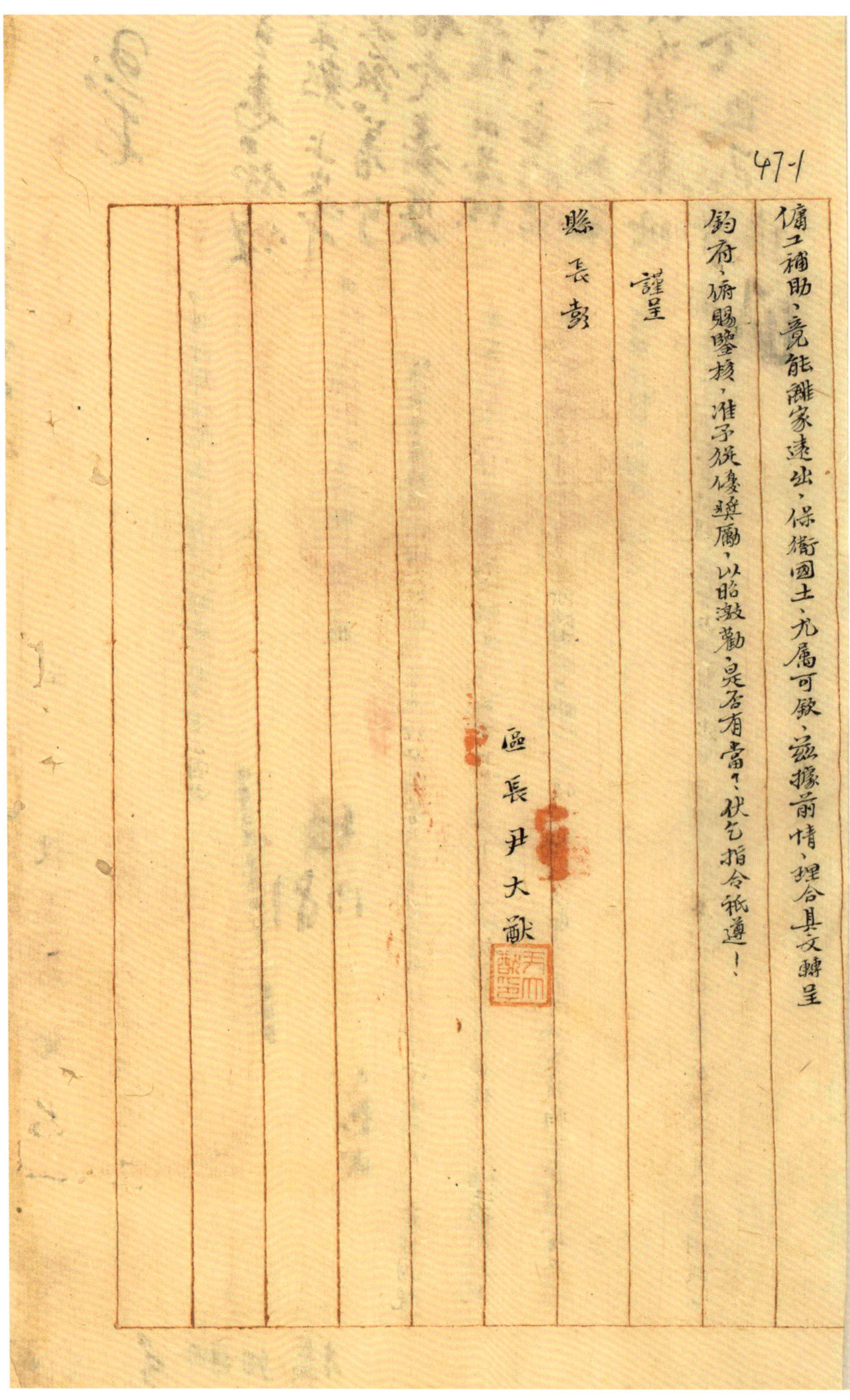

47-1

傭工補助，竟能離家遠出，保衛國土，尤屬可欽，茲據前情，理合具文轉呈

鈞府，俯賜鑒核，准予從優獎勵，以昭激勸，是否有當，伏乞指令祇遵！

謹呈

縣長彭

區長尹大猷

璧山县第二区健龙乡联保兵役监查委员会关于联保兵役协会组成后各保兵役监查委员会应否撤销致璧山县政府的呈（一九三九年八月十九日）

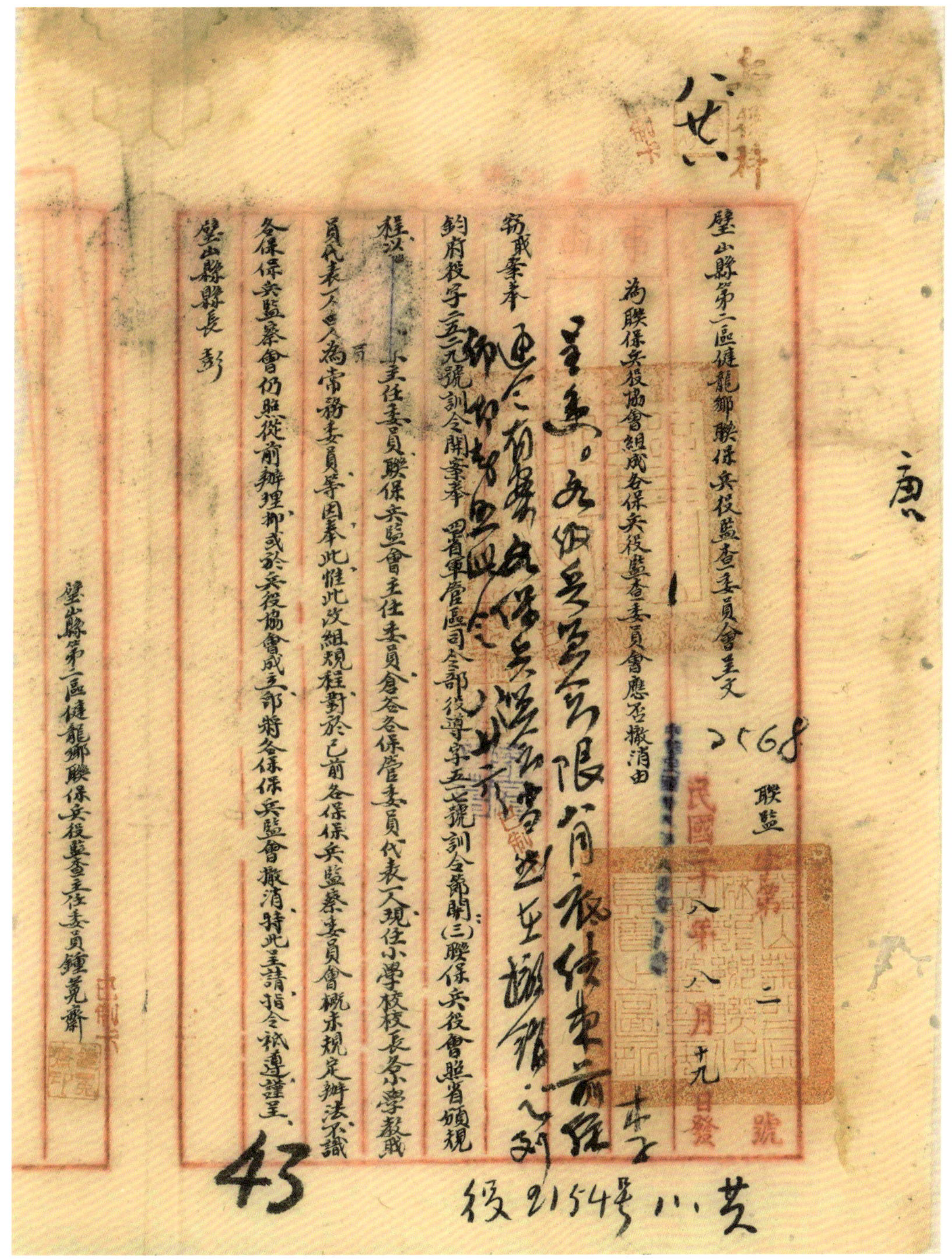

璧山縣第二區健龍鄉聯保兵役監查委員會呈文

聯監 二 號

民國二十八年八月十九日發

為聯保兵役協會組成各保兵役監查委員會應否撤消由

案奉

鈞府役字五三九號訓令開：案奉四川省軍管區司令部役導字五一七號訓令節開：（三）聯保兵役會照省頒規程以小學校長兼任委員，聯保兵監會主任委員會各保管委員代表一人現任小學校校長兼小學教職員代表一人為常務委員等因。奉此，惟此次組規程對於已前各保保兵監察委員會概未規定辦法，不識各保保兵監會仍照從前辦理，抑或於兵役協會成立，即將各保保兵監會撤消，特此呈請指令祗遵。謹呈

璧山縣縣長彭

璧山縣第二區健龍鄉聯保兵役監查主任委員鍾蒐齋

璧山县政府第三区区署关于转报依凤乡组织兵役协会暨职员名册致璧山县政府的呈（一九三九年八月二十五日）

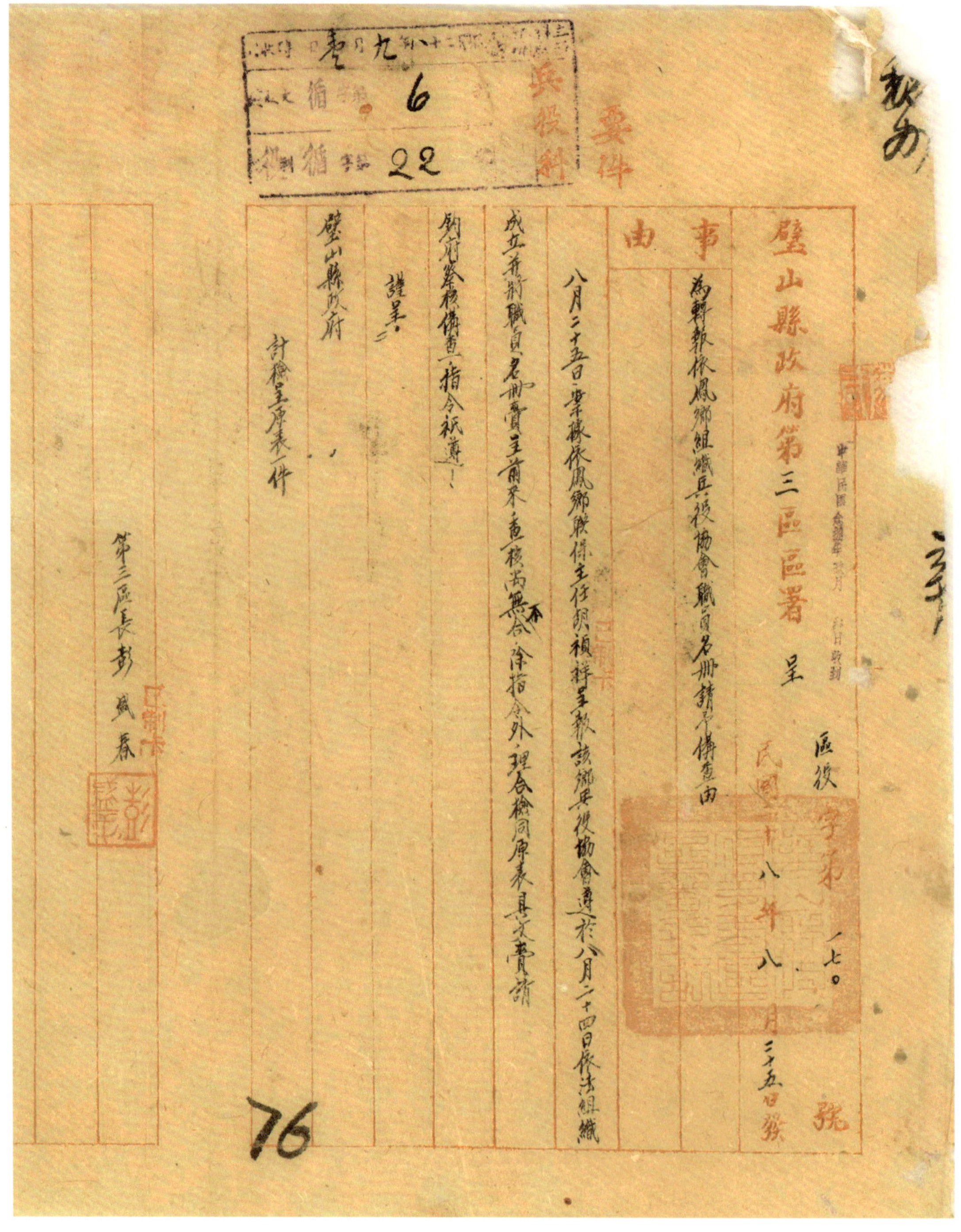
璧山縣政府第三區區署 呈 區役字第一七〇號 民國二十八年八月二十五日發

事由：為轉報依鳳鄉組織兵役協會職員名冊請予備查由

八月二十五日案據依鳳鄉聯保主任胡禎祥呈報該鄉兵役協會遵於八月二十四日依法組織成立並將職員名冊賫呈前來，查核尚無不合，除指令外，理合檢同原表具文賫請

鈞府鑒核備查，指令祇遵！

謹呈

璧山縣政府

計檢呈原表一件

第三區區長 彭鐵森

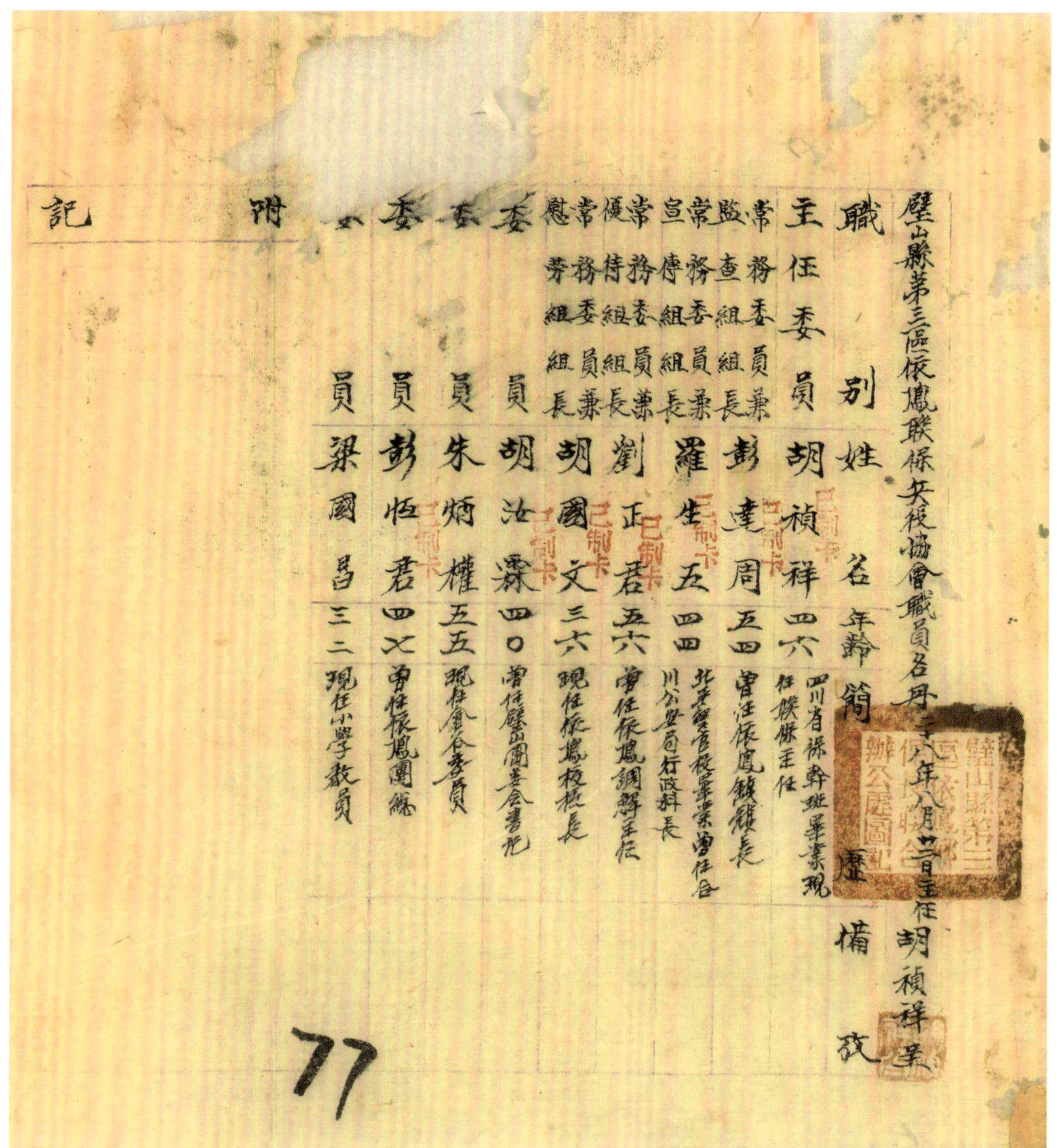

璧山縣第三區依鳳聯保兵役協會職員名冊

職別	姓名	年齡	簡歷	備考
主任委員	胡禎祥	四六	四川省保幹班畢業現任聯保主任	
常務委員兼監查組長	彭達周	五四	曾任依鳳鎮鎮長	
常務委員兼宣傳組長	羅生五	四四	北平[illegible]官校畢業曾任合川公安局行政科長	
常務委員兼優待組長	劉正君	五六	曾任依鳳調解主任	
常務委員兼慰勞組長	胡國文	三六	現任依鳳校校長	
委員	胡汝霖	四〇	曾任璧山團委会書記	
委員	朱炳權	五五	現任倉谷委員	
委員	彭恆君	四七	曾任依鳳團務	
委員	梁國昌	三二	現任小學教員	
附記				

三[illegible]年八月廿一日主任胡禎祥呈

璧山縣第三區依鳳聯保辦公處圖記

77

永川团管区司令部关于速征拨渝万区（征兵）丁额一百五十一名致璧山县政府的快邮代电（一九三九年八月二十八日）

永川團管區司令部快郵代電

急件

永字第628號

事由：為奉軍區電令團區趕配壯丁准于下期配額預征等因該縣配撥渝萬區丁額仰迅如額征送具報由

急璧山彭縣長：頃奉本師區司令韓八月有徵電開：奉軍區巧軍役編一電節開：各團區趕配壯丁准於下期配額內預征等因，該區預征渝萬區兵額，仰速令撥交爲要等因。該縣配撥渝萬區丁額一五一名，接收部隊守候已久，應速征撥，不得再以三峽實驗區丁未送到及其他事件藉詞遷延，致違功令。萬一三峽實驗區丁已另撥或未照送，該縣仍應另由他區如額征送具報，以後自有扣算辦法。併仰參閱本部八月感征代電。奉師軍管區文軍役二字

中華民國二十八年八月廿八日發

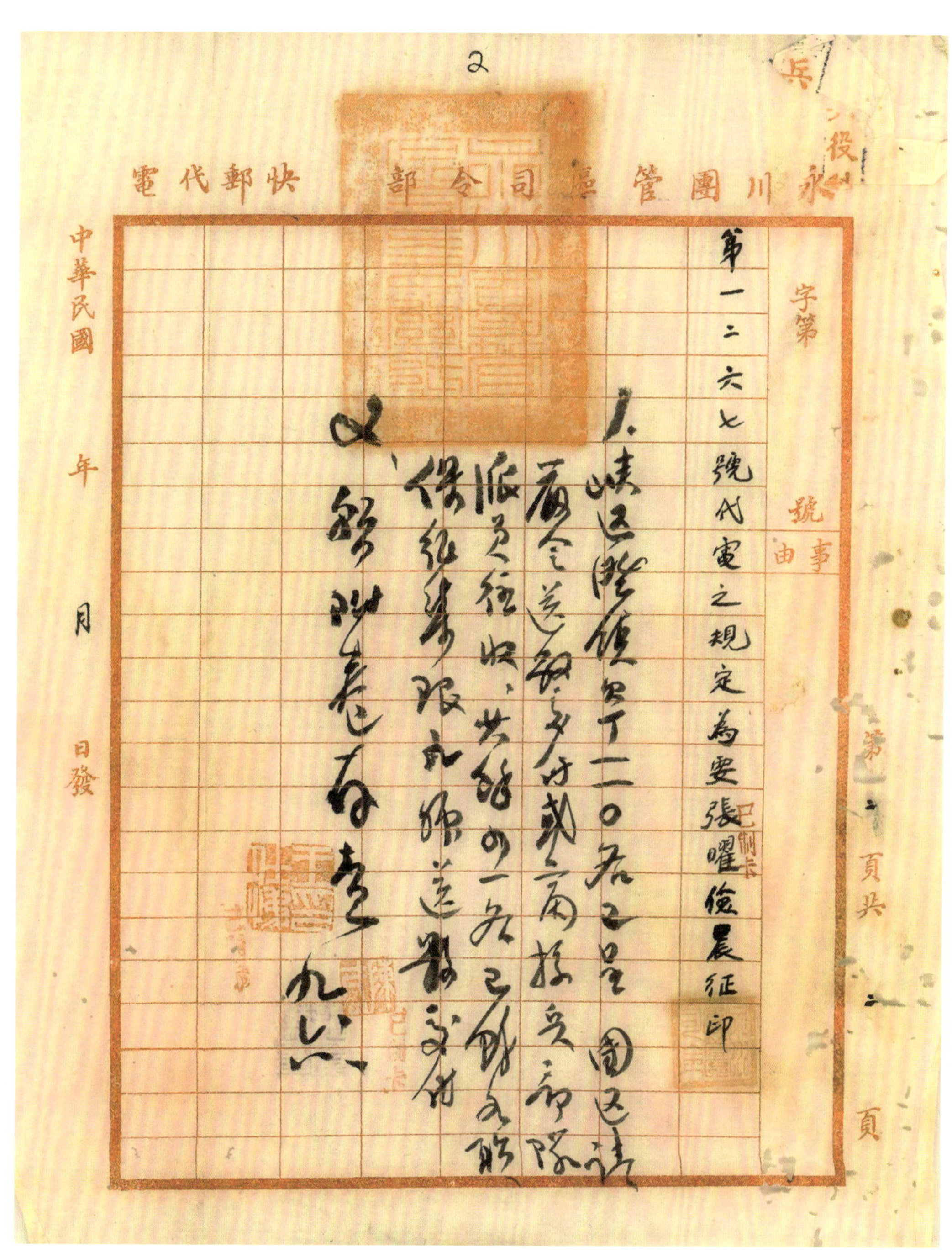

2

兵役

永川團管區司令部　快郵代電

字第　號

事由

第一二六七號代電之規定為要。張曜儉晨征印

八、峽區聯保壯丁一二〇名已呈團區請
備令送新兵補充第二團接兵部隊
派員徑收，共餘四一名已飭各聯
保組集，限期解送團部備用，
以資補充在案。
九六

中華民國　年　月　日發

第二頁　共二頁

璧山县中兴镇联保办公处关于组织兵役协会致璧山县政府的呈（一九三九年八月二十八日）

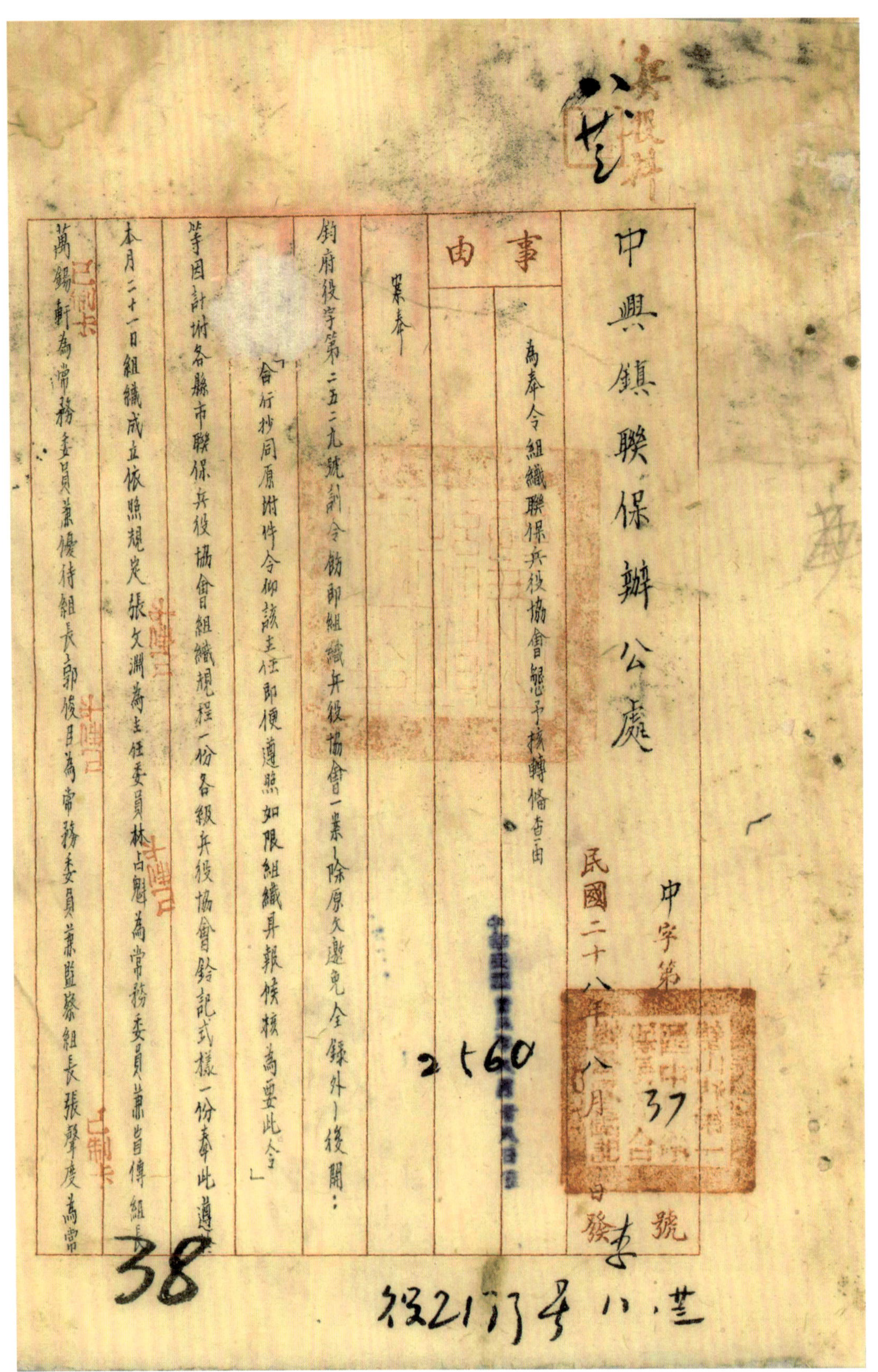

中興鎮聯保辦公處

事由：為奉令組織聯保兵役協會懇予核轉備查由

中字第 號

民國二十八年八月 日發

案奉

鈞府役字第二五二九號訓令飭即組織兵役協會一案，除原文邀免全錄外，後開：

「合行抄同原附件令仰該主任即便遵照如限組織具報候核為要此令」

等因，計附各縣市聯保兵役協會組織規程一份、各級兵役協會鈐記式樣一份。奉此，遵

本月二十一日組織成立，依照規定，張文淵為主任委員，林占魁為常務委員兼宣傳組長，

萬錫軒為常務委員兼優待組長，郭俊臣為常務委員兼監察組長，張聲庚為常

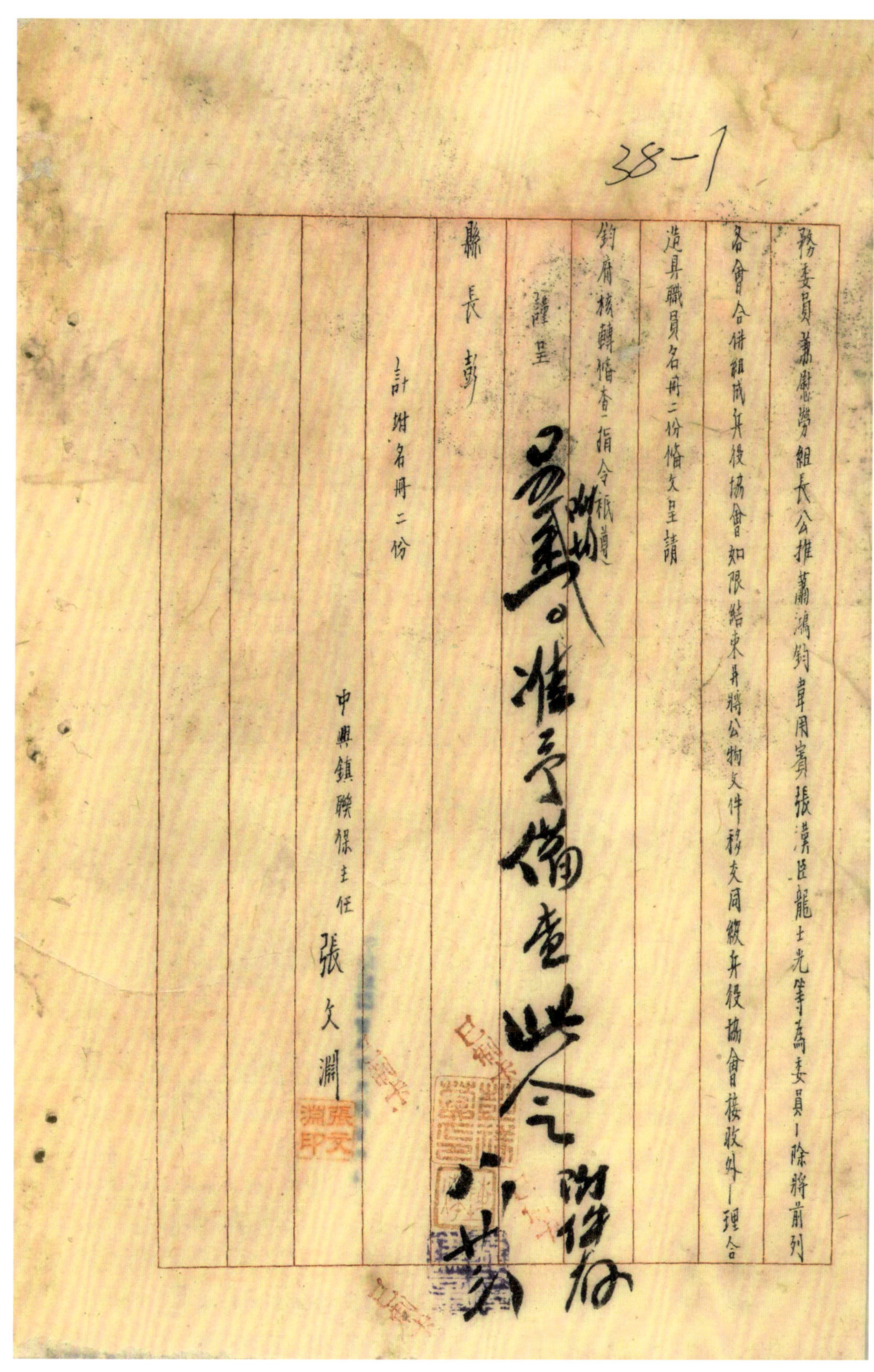

38-1

務委員兼慰勞組長，公推蕭鴻鈞、韋用賓、張漢臣、龍士光等爲委員，除將前列各會合併組成兵役協會，如限結束，并將公物文件移交同級兵役協會接收外，理合造具職員名册二份，備文呈請

鈞府核轉備查，指令祗遵。

謹呈

縣長彭

計附名册二份

中興鎮聯保主任 張文淵

張文淵印

呈暨附件均悉。准予備查。此令。附件存。[illegible]

附：璧山县第一区中兴镇联保兵役协会职员名册

璧山縣第一區中興鎮聯保兵役協會職員姓名冊

職別	姓名	年齡	簡歷
主任委員	張文淵	四〇	四川省保甲幹部訓練班畢業現任聯保主任
常務委員兼宣傳組長	林占魁	四九	璧山師範畢業現任小學校長
常務委員兼優待組長	萬錫軒	五〇	私塾修業現任管倉員
常務委員兼監察組長	郭俊臣	五〇	現任調解主任
常務委員兼慰勞組長	張聲度	二〇	璧山中學畢業現任小學教員
委員	韋用賓	四九	現任調解員
	蕭鴻鈞	五〇	前任閭長
	張漢臣	四八	前任學董糧長

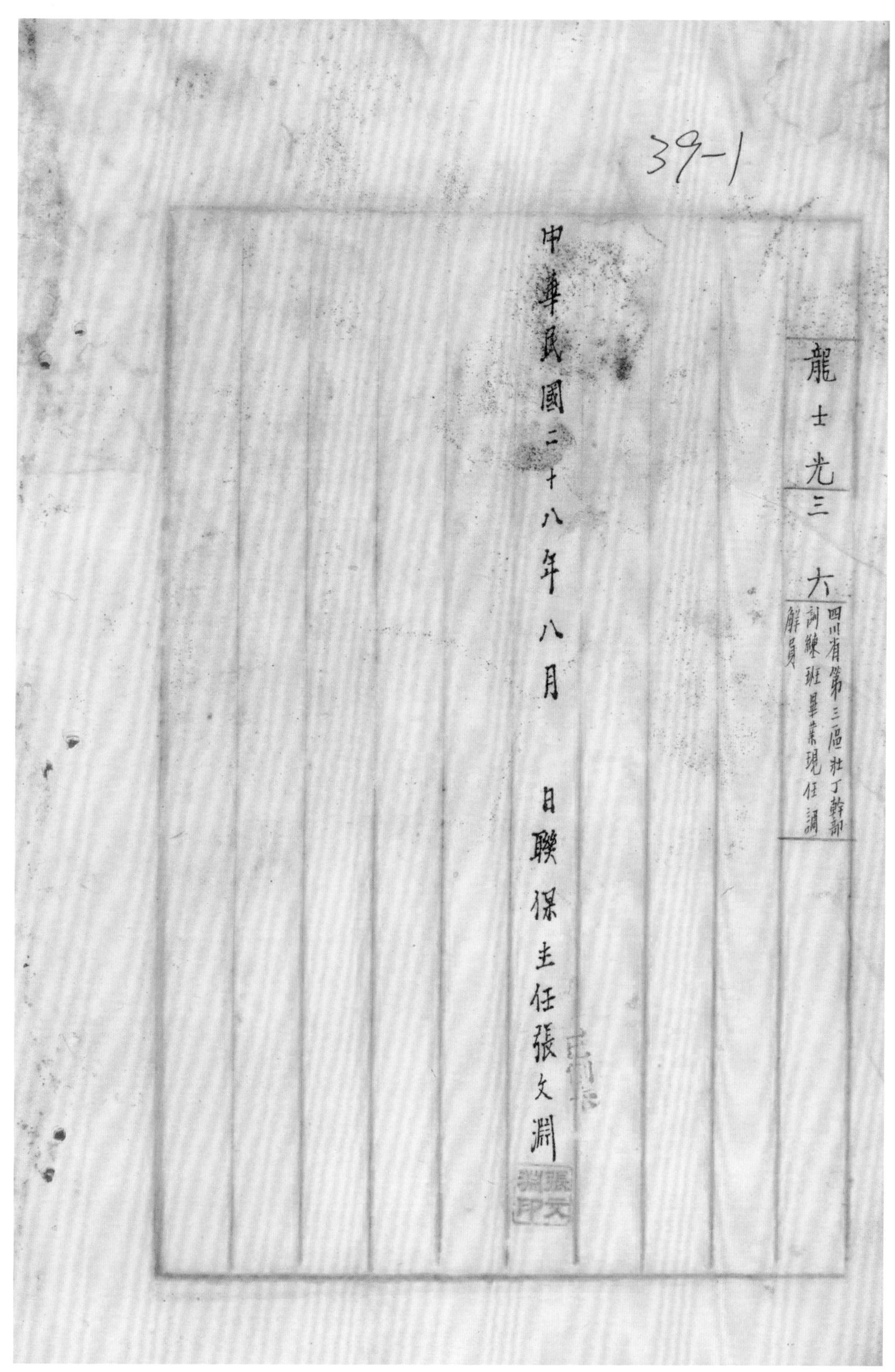

39-1

龍士光 三 六 四川省第三屆壯丁幹部訓練班畢業現任調解員

中華民國二十八年八月　日聯保主任張文淵

張文淵印

璧山县马嘶实验乡乡公所关于组织兵役协会情形致璧山县政府的呈（一九三九年八月二十九日）

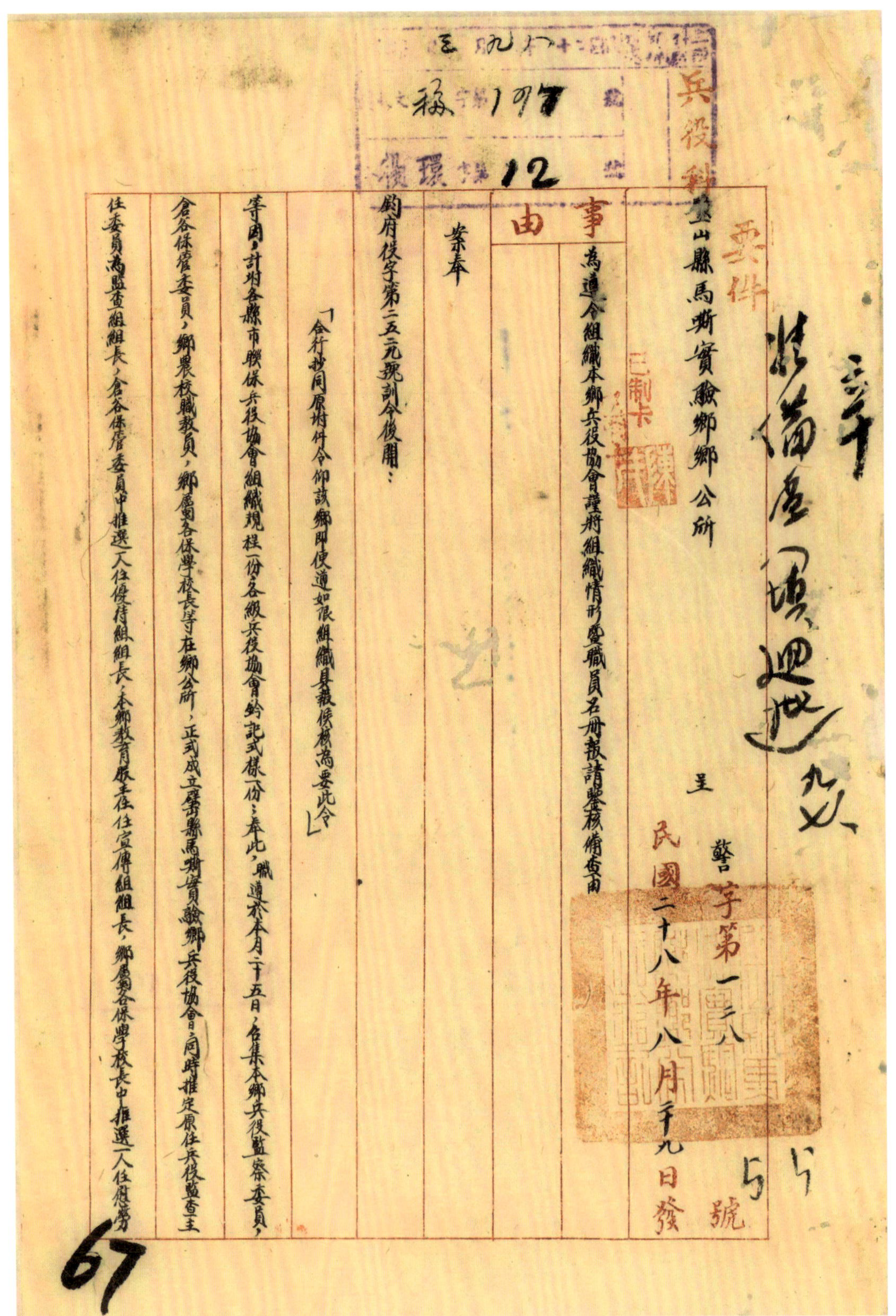

璧山縣馬嘶實驗鄉鄉公所

事由：為遵令組織本鄉兵役協會謹將組織情形暨職員名冊報請鑒核備查由

呈

民國二十八年八月廿九日發

璧字第一二八號

案奉

鈞府役字第二五二九號訓令後開：

「令行抄同原附件令仰該鄉即便遵如限組織具報候核為要此令」

等因，計附各縣市聯保兵役協會組織規程一份、各級兵役協會鈐記式樣一份。奉此，職遵於本月二十五日，召集本鄉兵役監察委員、倉谷保管委員、鄉農校職教員、鄉屬各保學校長等在鄉公所，正式成立璧山縣馬嘶實驗鄉兵役協會。同時推定原任兵役監查主任委員為監查組組長，倉谷保管委員中推選一人任優待組組長，本鄉教育股主任任宣傳組組長，鄉屬各保學校長中推選一人任慰勞

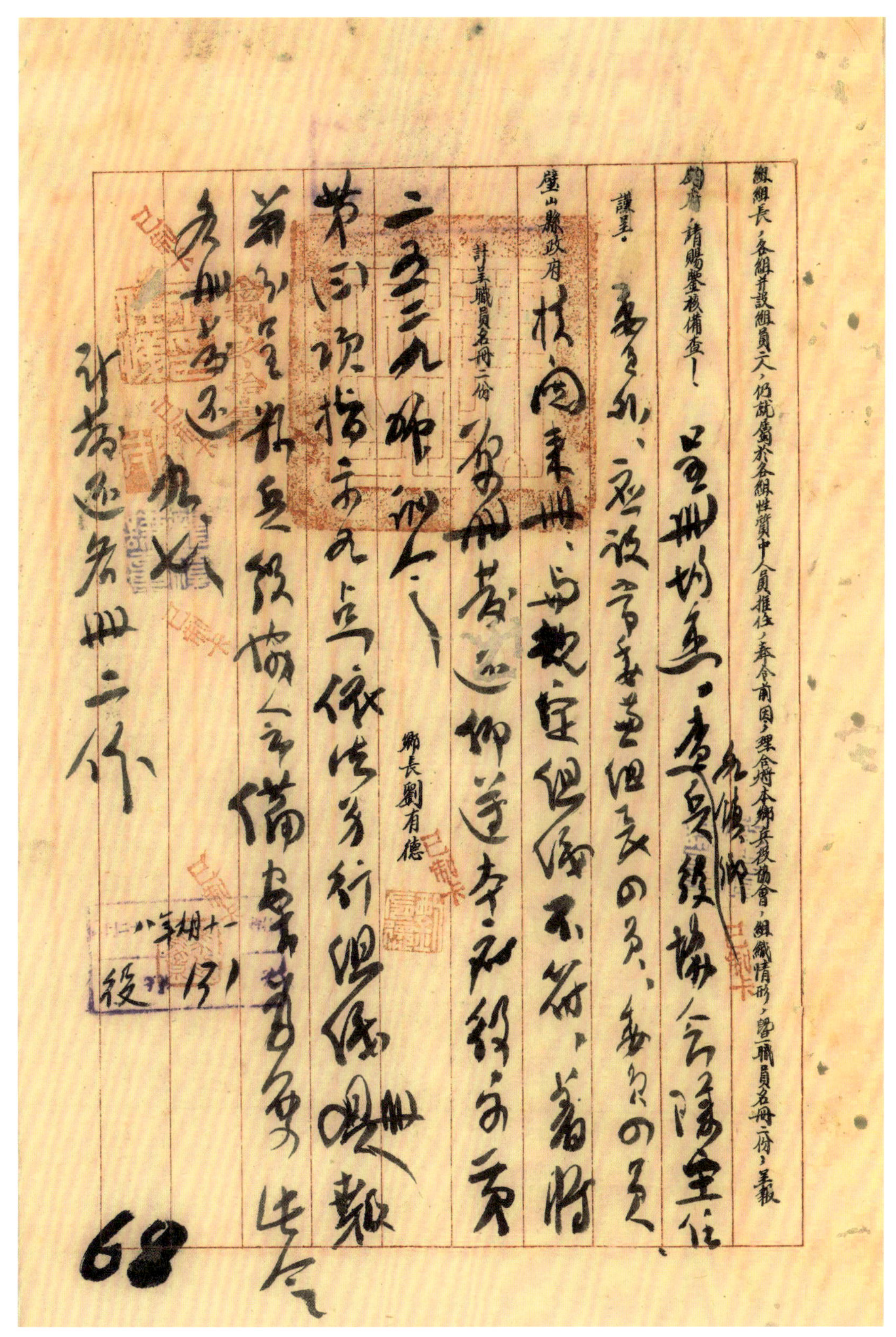

組組長，各組并設組員二人，仍就屬於各組性質中人員推任，奉令前因，理合將本鄉兵役協會，組織情形，暨職員名冊二份，呈報

鈞府 請賜鑒核備查！

謹呈：

璧山縣政府

附呈職員名冊二份

鄉長劉有德

令[illegible]鄉

呈冊均悉。查兵役協會除主任委員外，應設常委並組長、組員、委員、組員，核閱來冊，與規定組織不符，着將原冊發還，仰遵奉頒組織第二五三九號訓令第三項指示之點，依法另行組織，造冊報府，以憑核。兵役協會備案。此令

原冊發還

九.七

計發還名冊二份

卅八年十一月廿一

役 131

68

璧山县转龙乡联保兵役协会关于组织兵役协会情形暨成立日期致璧山县政府的呈（一九三九年八月）

璧山縣轉龍聯保兵役協會呈

事由：為遵令具報組織聯保兵役協會情形暨成立日期懇予鑒核備查示遵由

民國二十八年八月 日 字第 號

竊職案奉

鈞府役字第二五二九號訓令開：除原文有案邀免全錄外，後開"合行抄同原附件令仰該主任即便遵照，如限組織具報，候核為要。此令。"等因。奉此，職遵于八月十九日召集各保長、校長及當地士紳等在聯保處正式開會組織成立，並選舉人員。茲將組織情形、日期檢同職員名冊，除分呈縣兵役協會外，理合具文賫呈

鈞府懇予鑒核備查，是否有當，指令祗遵。謹呈

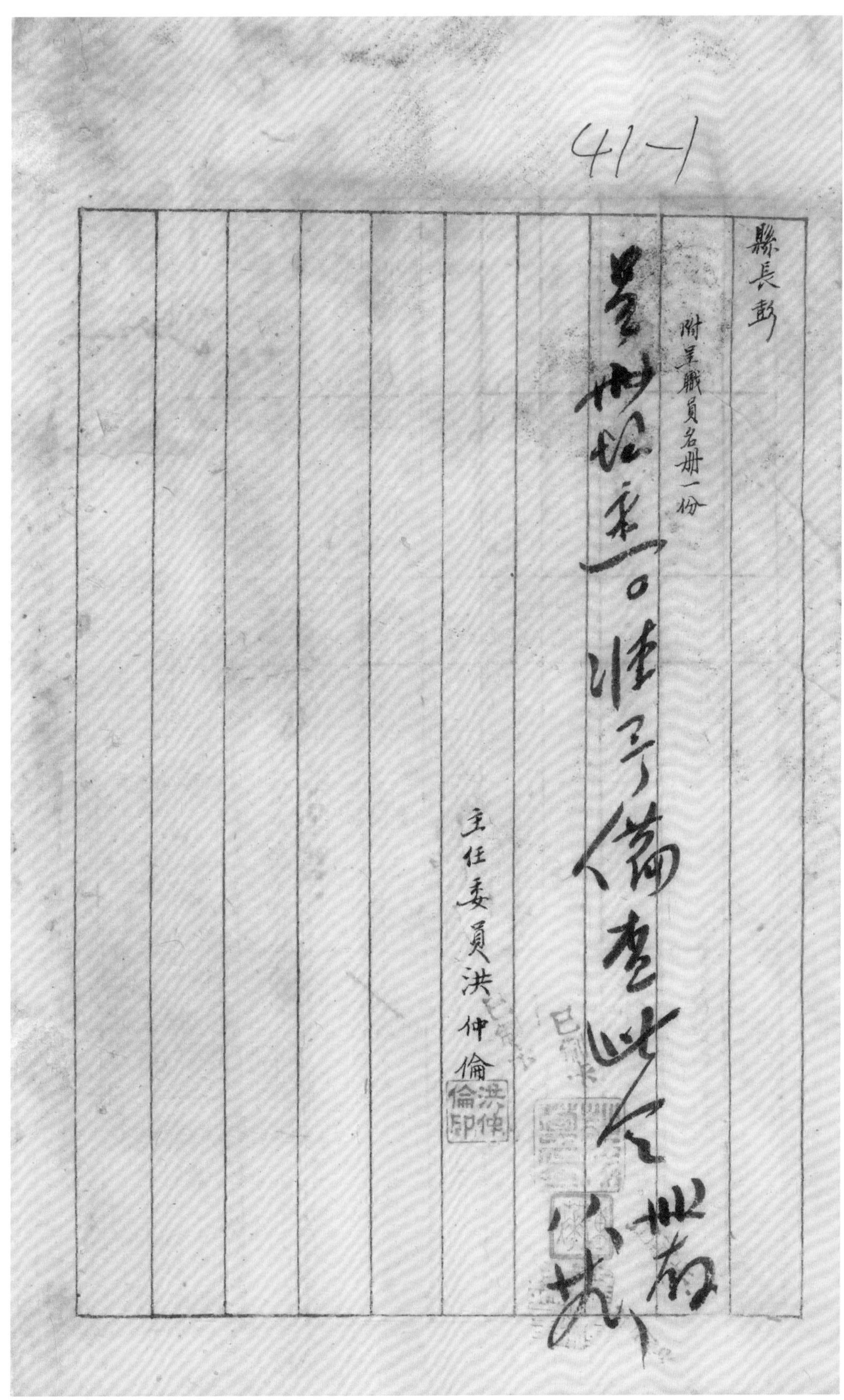

41-1

縣長彭

附呈職員名册一份

呈册均悉。准予備查。此令

主任委員洪仲倫

洪仲倫印

附：璧山县第三区转龙联保兵役协会职员名册

璧山縣第三區轉龍聯保兵役協會職員名冊

職別	姓名	年齡	簡歷	備考
主任委員	洪仲倫	三四	合川舊制中學畢業復于四川省保甲幹訓班畢業現任聯保主任	
常務委員兼監查組組長	洪憲文	四四	曾任聯保兵役監查主任	
常務委員兼宣傳組組長	劉渭深	二九	銅梁中學修業復于璧山童訓班畢業現任文昌宮小學校長	
常務委員兼優待組組長	劉興全	六八	本鄉倉儲委員	
常務委員兼慰勞組組長	洪樹璧	三三	璧山保訓合一幹部訓練畢業	
委員	祝玉臣	四三	曾任十保兵役監查委員	
委員	劉崇高	五〇	曾任本鄉團總	
委員	孫子揚	四八	現任本鄉調解委員	
委員	印純一	三四	曾任保長	

42

璧山县第二区正心镇保长联合办公处关于组织兵役协会致璧山县政府的呈（一九三九年八月）

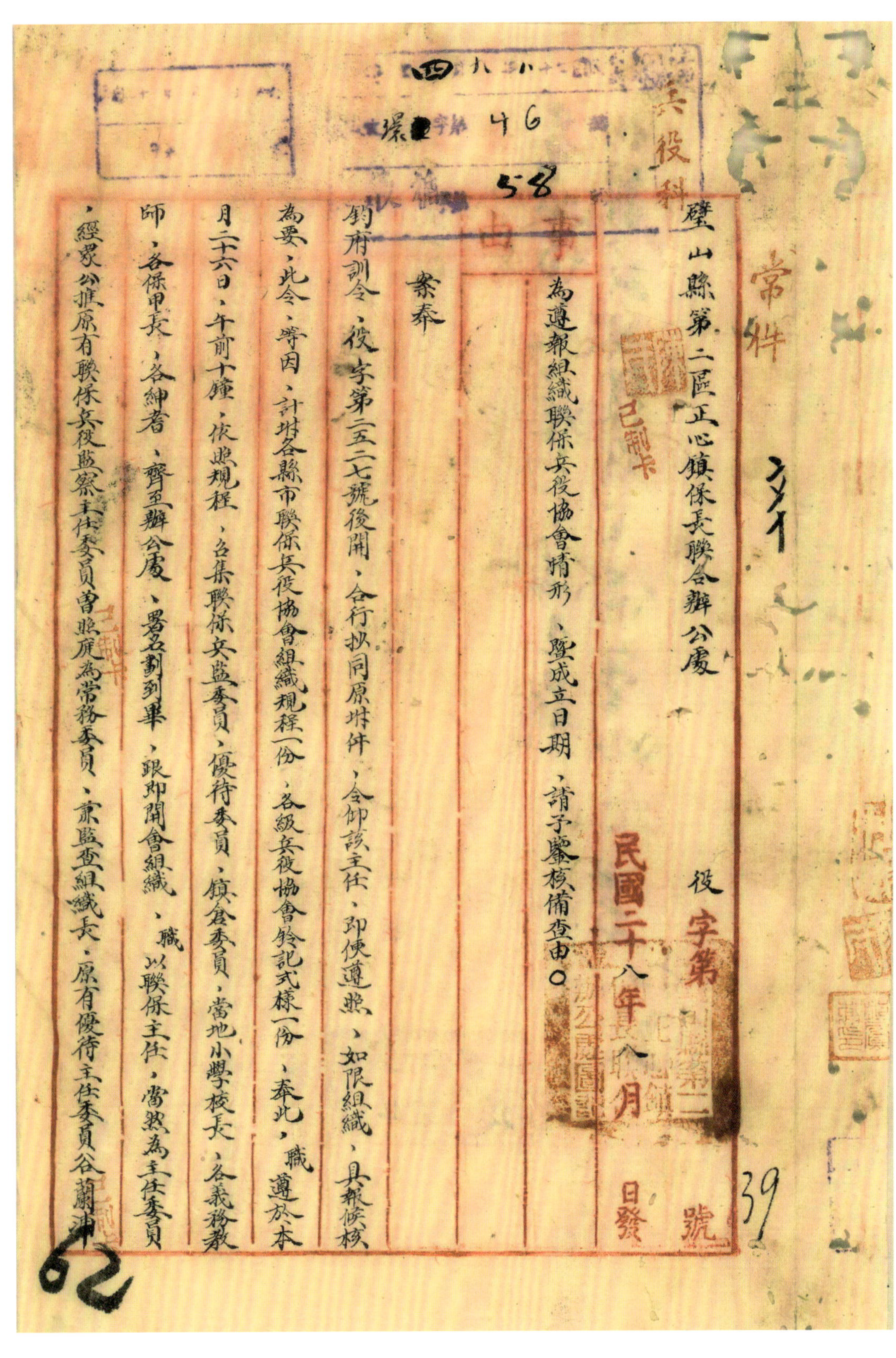

璧山縣第二區正心鎮保長聯合辦公處

役字第39號

為遵報組織聯保兵役協會情形、暨成立日期、請予鑒核備查由。

民國二十八年八月　日發

案奉

鈞府訓令、役字第三五二七號飭開、合行抄同原附件、令仰該主任、即便遵照、如限組織、具報候核為要、此令、等因、計附各縣市聯保兵役協會組織規程一份、各級兵役協會登記式樣一份、奉此、職遵於本月二十六日、午前十鐘、依照規程、召集聯保兵監委員、優待委員、積倉委員、當地小學校長、各義務教師、各保甲長、各紳耆、齊至辦公處、署名到畢、跟即開會組織、職以聯保主任、當然為主任委員、經眾公推原有聯保兵役監察主任委員曾照庚為常務委員、兼監查組織長、原有優待主任委員谷蘭沖

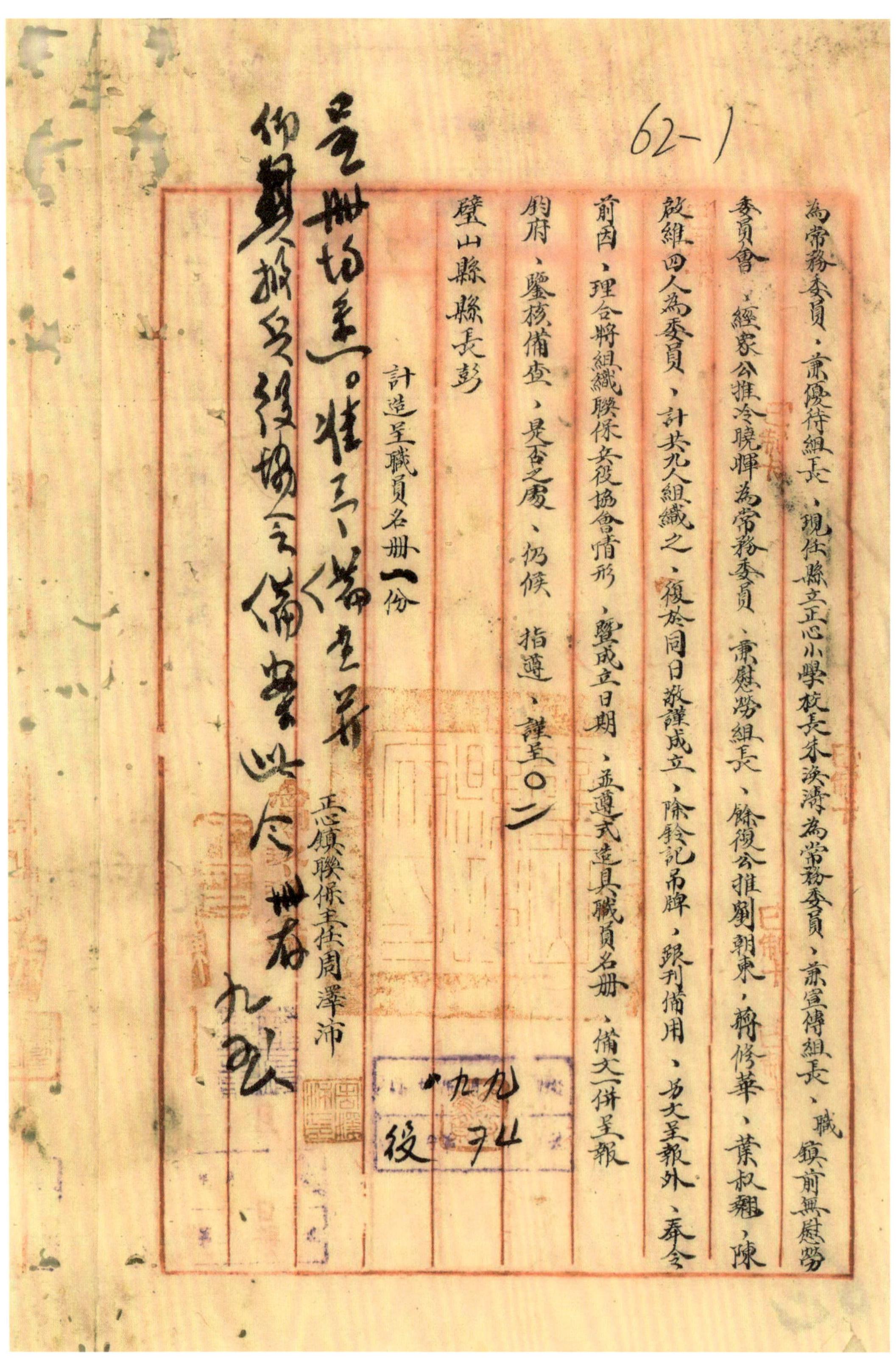
62-1

為常務委員、兼優待組長、現任縣立正心小學校長朱渙濤為常務委員、兼宣傳組長、職鎮前撫慰勞委員會、經衆公推冷曉暉為常務委員、兼慰勞組長、餘復公推劉朝東、蔣修華、葉叔翔、陳啟組四人為委員、計共九人組織之、復於同日敬謹成立、除鈐記吊牌、鋟刊備用、另文呈報外、奉令前因、理合將組織聯保兵役協會情形、暨成立日期、並遵式造具職員名冊、備文一併呈報

鈞府、鑒核備查、是否之處、仍候　指遵、謹呈〇二

璧山縣縣長彭

計造呈職員名冊一份

正心鎮聯保主任周澤沛

九　一九　九月　役

呈冊均悉。准予備查，並仰將該兵役協會備案為要。此令　冊存

九.九

附：璧山县第二区正心镇联保兵役协会职员名册

璧山縣第二區正心鎮聯保兵役協會職員名冊

二十八年
八月份

呈

63

璧山縣第二區正心鎮聯保兵役協會職員名冊

二十八年八月　日呈

職別	姓名	年齡	簡歷	備考
聯保主任兼主任委員	周澤沛	三五	曾任本鎮調解員保長聯保主任及區調解員等職	
常務委員兼監查組長	曾煦庭	五二	四川高等工業校畢業曾任璧中教職員及本鎮鎮立校長鎮長等職	
常務委員兼優待組長	谷蘭沛	四六	曾任本鎮保長調解員優待主任委員等職	
常務委員兼宣傳組長	朱渙濤	五〇	川東師範校畢業歷任璧中教職員及本鎮鎮立縣立校長團總保長等職	
常務委員兼慰勞組長	冷曉暉	四四	成都中校畢業歷任軍界副官參謀等職	
委員	劉朝東	四一	陸軍軍醫校畢業歷任軍界醫官及資中征局財務科長等職	
	蔣修華	三九	三軍七師軍事教育團畢業曾任軍界副官參謀等職	
	葉叔魁	四四	璧山舊制中校畢業曾任本鎮鎮立校教職員調解員等職	

64

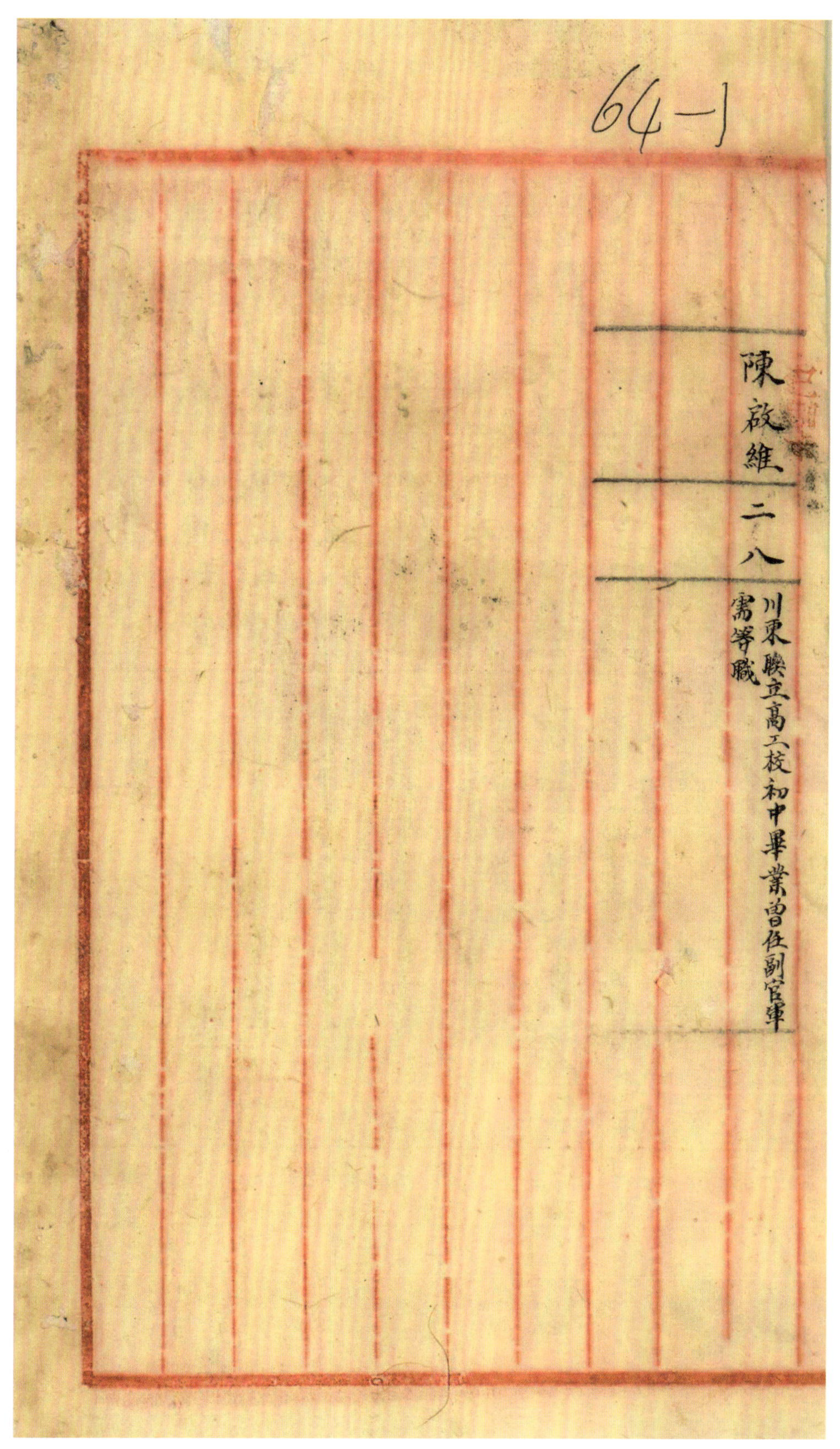

64-1

陳啟維 二八 川東聯立高工校初中畢業曾任副官軍需等職

璧山县第二区石龙乡保长联合办公处关于组织兵役协会致璧山县政府的呈（一九三九年八月）

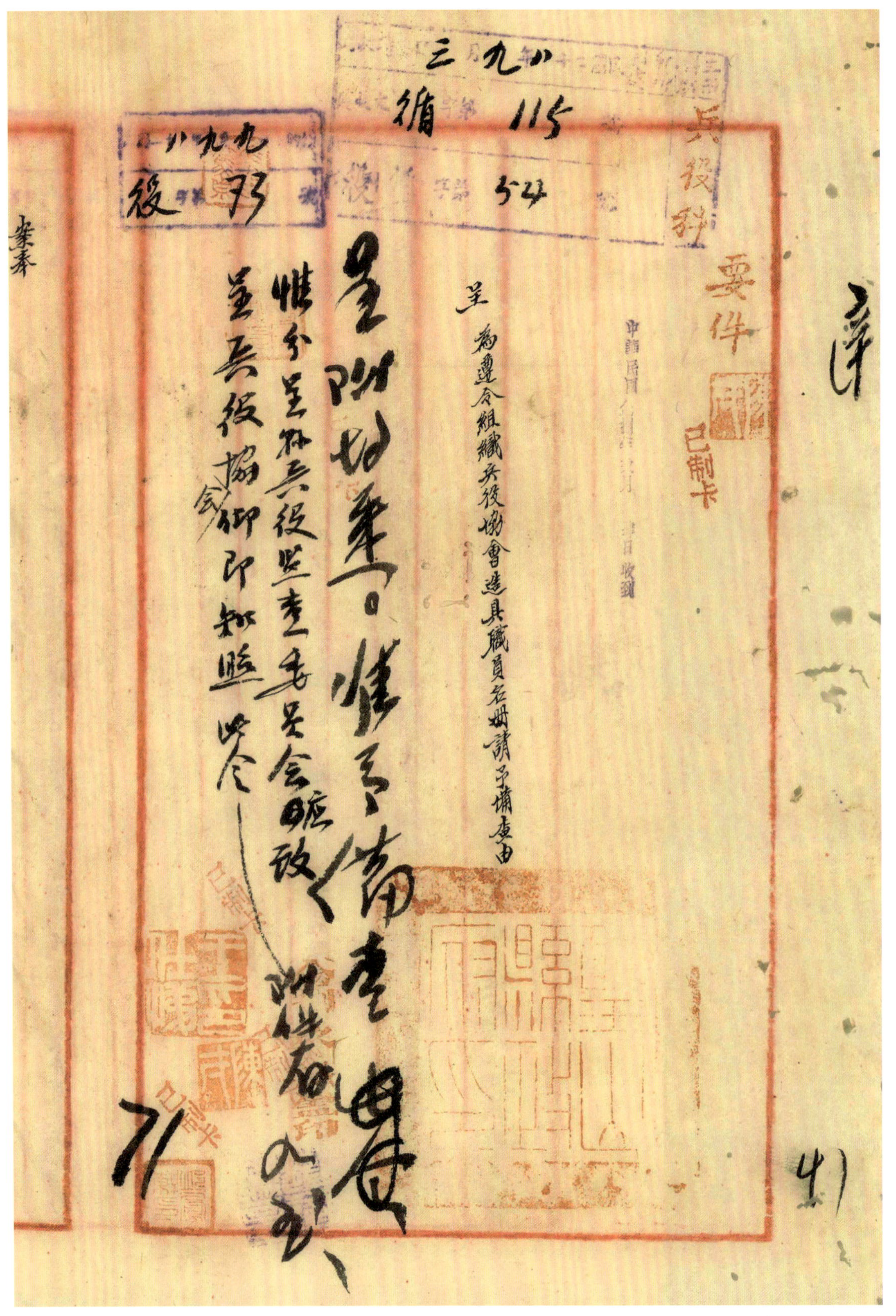

呈

为遵令组织兵役协会造具职员名册请予备查由

71-1

案奉

陵川縣兵役監察委員會訓令縣監政字第一號，為奉令組織兵役協會，附發省頒規程，令仰遵照，並將組織情形

飭限具報一案，後開：

「合亟抄發原附件，令仰該會即便遵照，分別辦理結束，並具報備查為要，此令」

等因，計附發各縣市鄉保兵役協會組織規程一份，各級兵役協會鈐記式樣一份。奉此，遵於八月廿六日召集保甲長紳耆開會選舉，當依規程選得曾炳生為主任委員，王維楨、張傚清、曾俊贊等為常務委員，并分別兼任監察、優待、宣傳、慰勞各組組長，曾海臣、張伯猷、丁海民、張一尊為委員，即日組織成立兵役協會一函

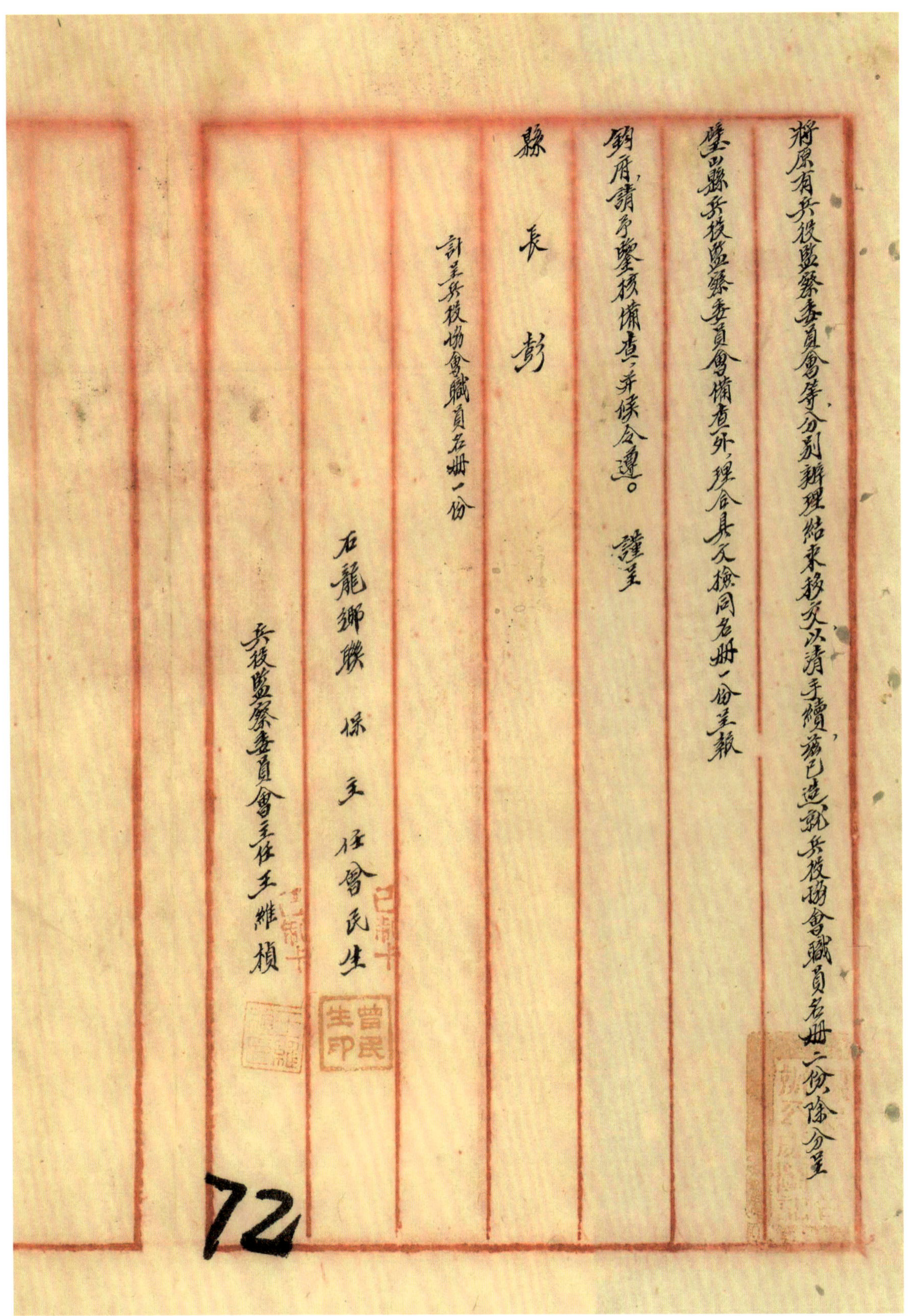

將原有兵役監察委員會等分別辦理結束移交以清手續，茲已造就兵役協會職員名册二份，除分呈

璧山縣兵役監察委員會備查外，理合具文檢同名册一份呈報

鈞府，請予鑒核備查，并候令遵。　謹呈

縣長彭

計呈兵役協會職員名册一份

石龍鄉聯保主任曾民生

兵役監察委員會主任王維楨

72

72-1

中華民國二十八年八月　　日

附：璧山县第二区龙乡联保兵役协会职员名册

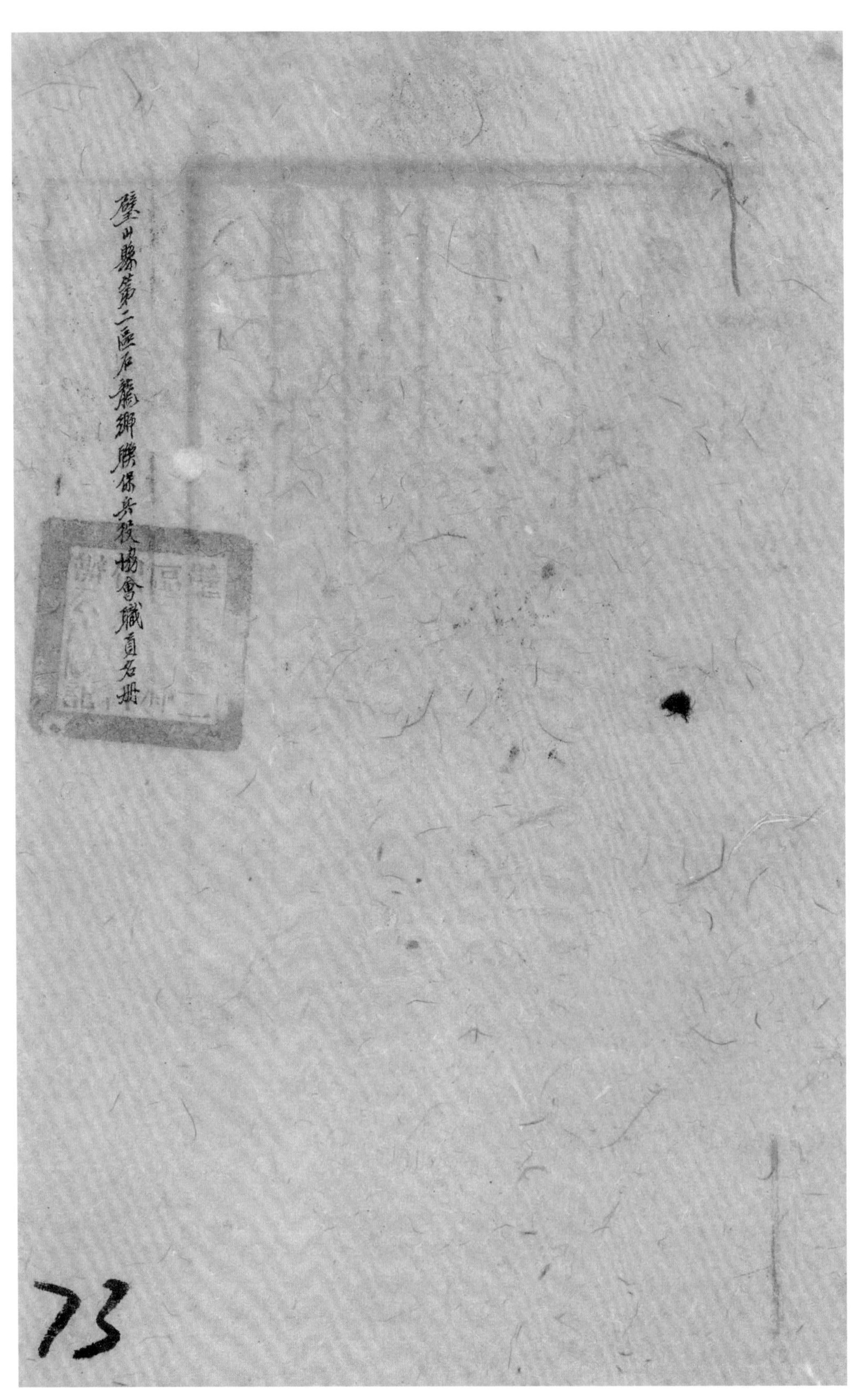

璧山縣第二區石龍鄉聯保兵役協會職員名冊

職別	姓名	年齡	簡歷	備考
主任委員	曾民生　已制卡	二六	現任聯保主任	
常務委員兼監察組長	王維楨　已制卡	二八	原任聯保兵役監察委員會主任	
常務委員兼優待組長	曾俊聲　已制卡	三二	現任倉穀委員	
常務委員兼宣傳組長			現任石龍初小校長	本鄉初小校長前任業已辭職繼任尚未奉委故未列入
常務委員兼慰勞組長	張儉清　已制卡	二二	現任本鄉跳磴初小校長	
委員	曾海臣	四二	前任甲長	
委員	張伯璜	二八	現任助理學董	
委員	丁海臣	四四	現任倉穀委員	
委員	張一尊	四二	現任甲長	

74

璧山县健龙乡联保兵役协会关于组织兵役协会致璧山县政府的呈（一九三九年九月一日）

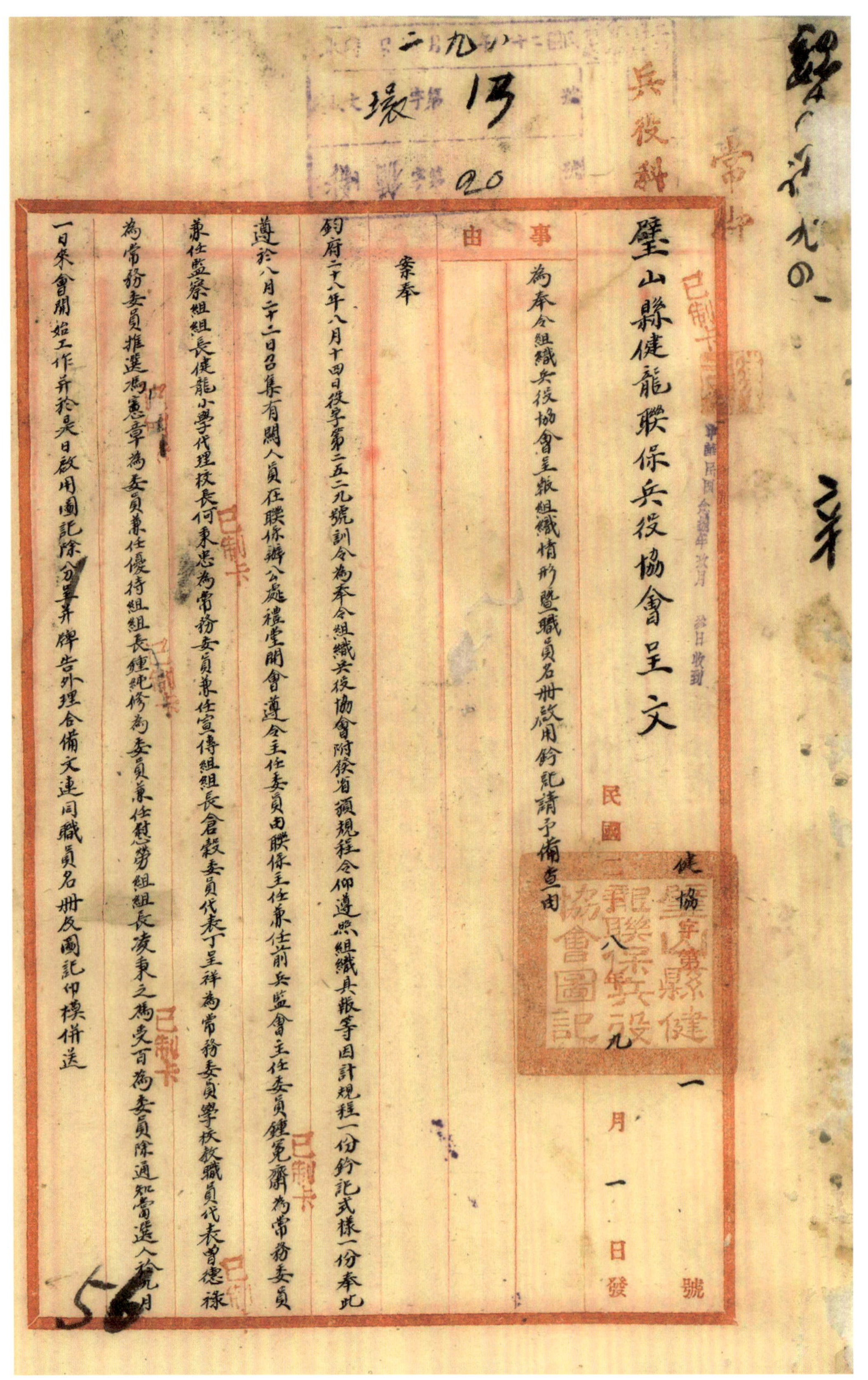
璧山縣健龍聯保兵役協會呈文

健協字第一號

民國二十八年九月一日發

事由：為奉令組織兵役協會呈報組織情形暨職員名冊啟用鈐記請予備查由

案奉

鈞府二十八年八月十四日役字第二五二九號訓令為奉令組織兵役協會附發省頒規程令仰遵照組織具報等因計規程一份鈐記式樣一份奉此

遵於八月二十二日召集有關人員在聯保辦公處禮堂開會遵令主任委員由聯保主任兼任前兵監會主任委員鍾冕齋為常務委員

兼任監察組組長健龍小學代理校長何秉忠為常務委員兼任宣傳組組長倉穀委員代表丁呈祥為常務委員學校教職員代表曾德祿

為常務委員推選馮憲章為委員兼任優待組組長鍾純修為委員兼任慰勞組組長凌秉之馮吏百為委員除通知當選人於九月

一日來會開始工作并於是日啟用圖記除分呈并牌告外理合備文連同職員名冊及圖記印模併送

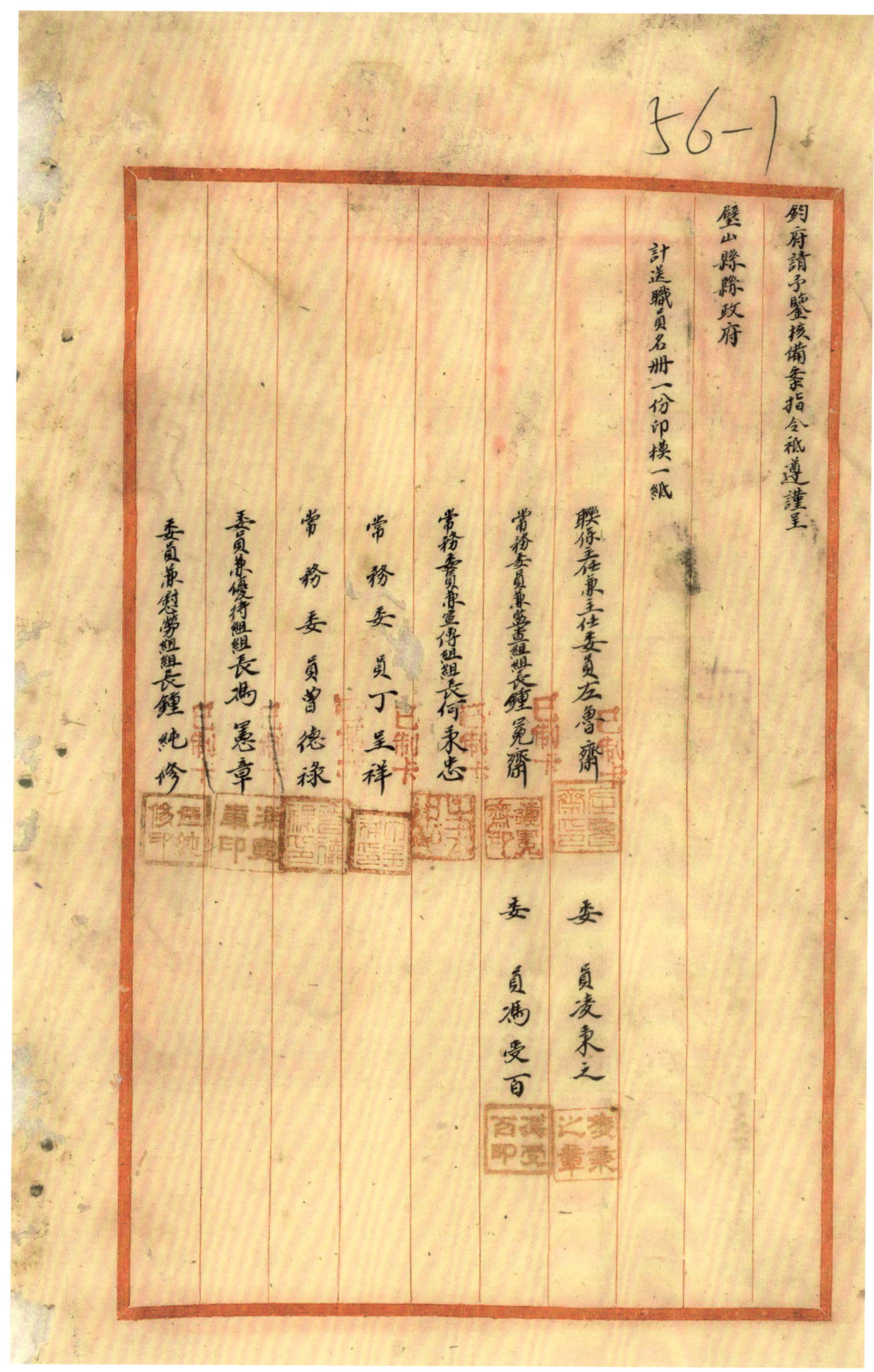

56-1

鈞府請予鑒核備案指令祗遵謹呈

璧山縣縣政府

計送職員名冊一份印模一紙

聯保主任兼主任委員左魯齋　　委　員凌秉之

常務委員兼審查組組長鍾蒐齋　　委　員馮受百

常務委員兼宣傳組組長何秉忠

常　務　委　員丁呈祥

常　務　委　員曾德祿

委員兼優待組組長馮憲章

委員兼慰勞組組長鍾純修

附：璧山县健龙联保兵役协会造呈职员花名清册

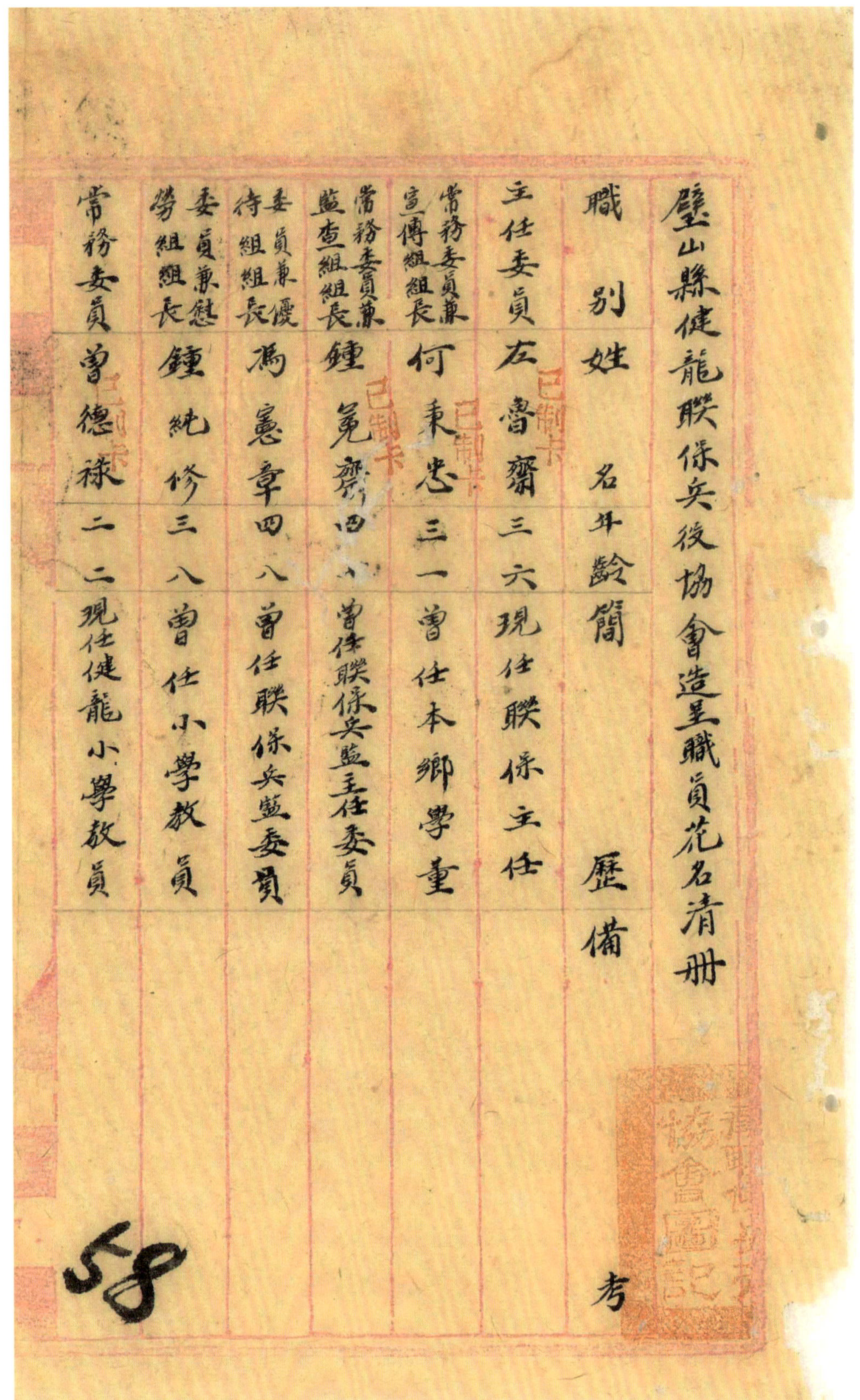

璧山縣健龍聯保兵役協會造呈職員花名清冊

職別	姓名	年齡	簡歷	備考
主任委員	左魯齋	三六	現任聯保主任	
常務委員兼宣傳組組長	何秉忠	三一	曾任本鄉學董	
常務委員兼監查組組長	鍾蒐齋	四八	曾任聯保兵監主任委員	
委員兼優待組組長	馮憲章	四八	曾任聯保兵監委員	
委員兼慰勞組組長	鍾純修	三八	曾任小學教員	
常務委員	曾德祿	二二	現任健龍小學教員	

已制卡

58

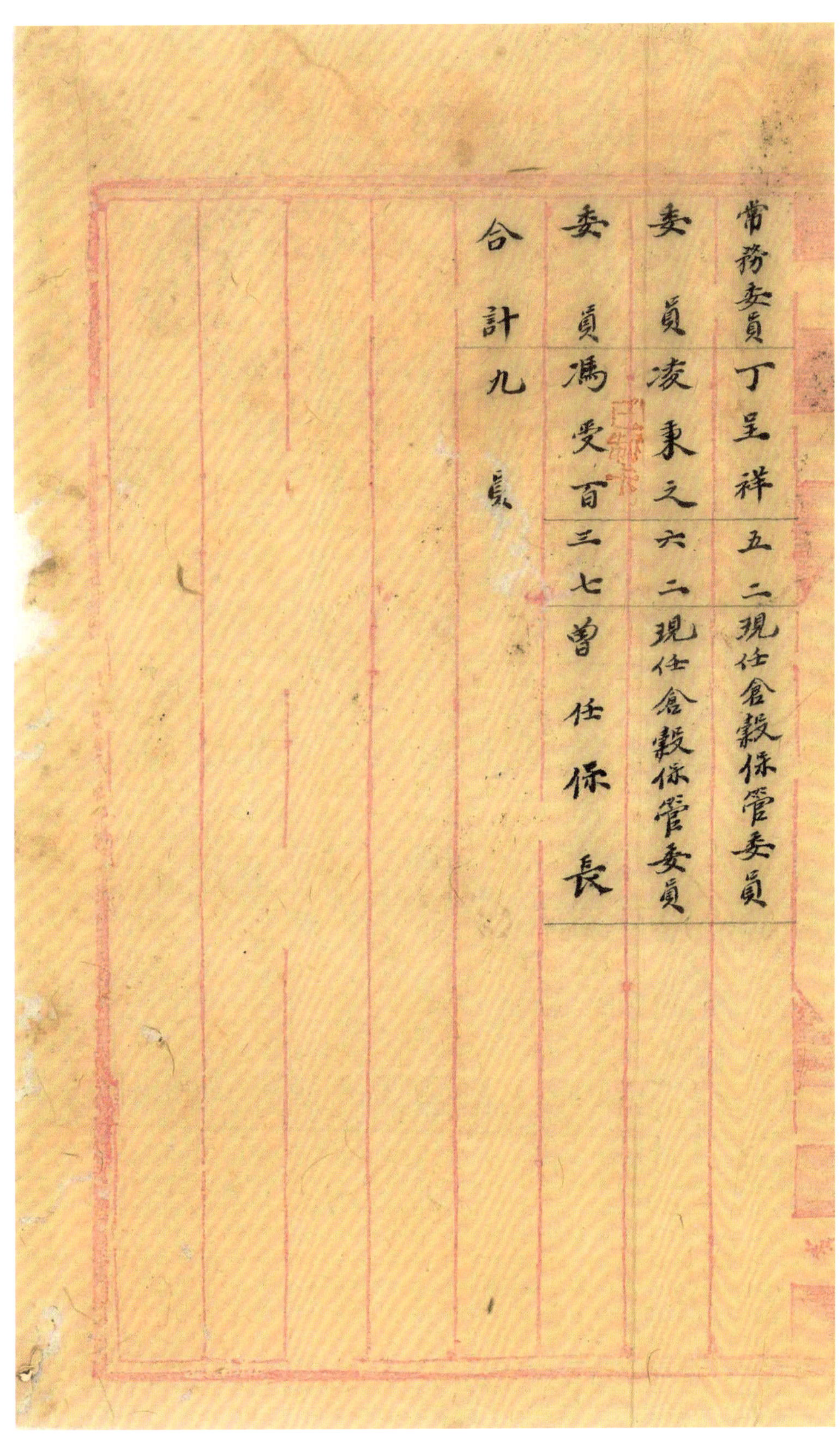

常務委員 丁呈祥 五二 現任倉穀保管委員
委　員 凌秉之 六二 現任倉穀保管委員
委　員 馮受百 三七 曾任保長
合計九員

璧山县政府第三区区署关于呈送八塘镇联保兵役协会成立日期暨职员姓名册致璧山县政府的呈
（一九三九年九月二日）

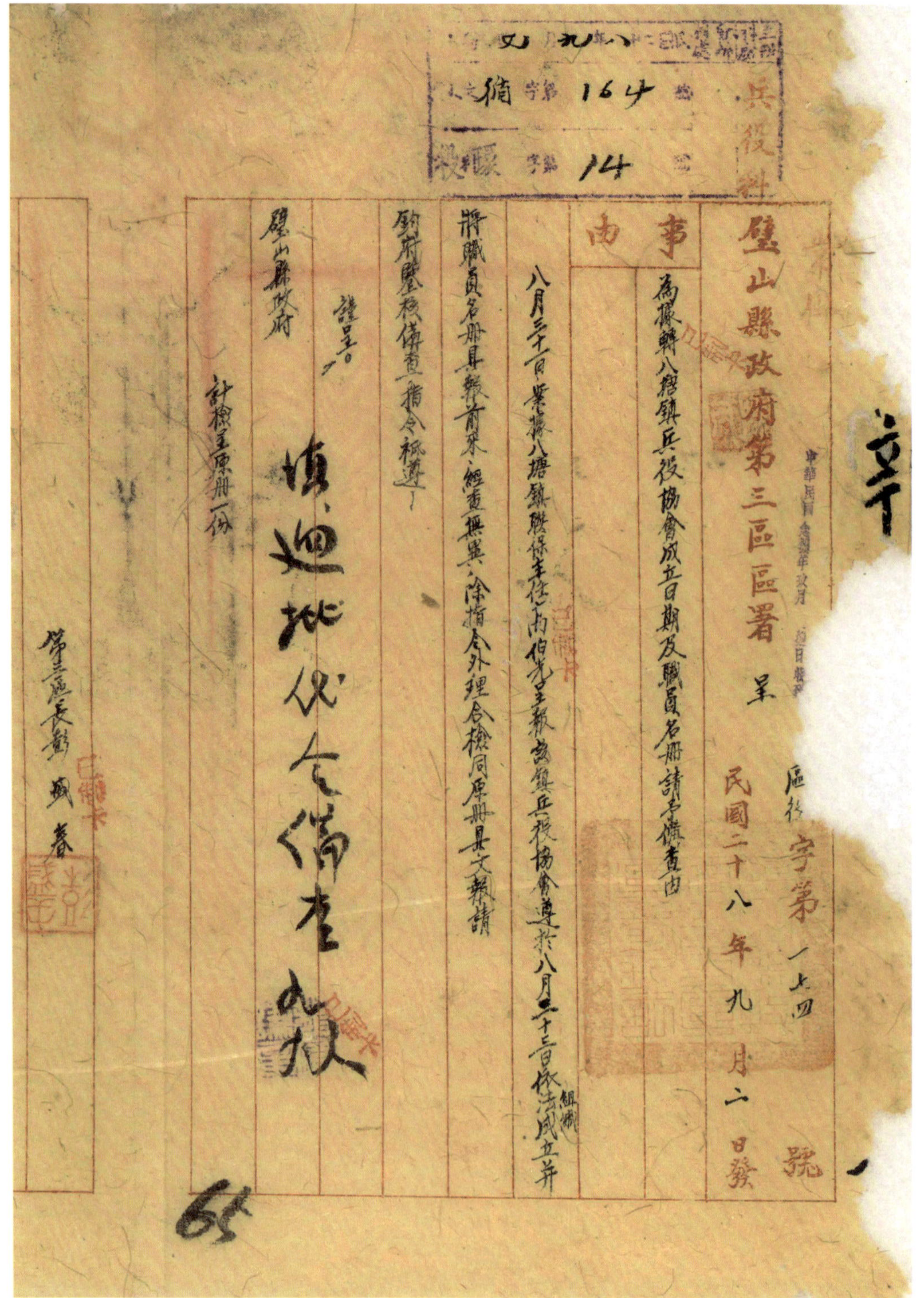
璧山縣政府第三區區署 呈
為據轉八塘鎮兵役協會成立日期及職員名冊請予備查由
民國二十八年九月二日發
八月三十日案據八塘鎮聯保主任向伯光呈報：該鎮兵役協會遵於八月二十三日依法組織成立，并將職員名冊具報前來。經查無異，除指令外，理合檢同原冊具文報請
鈞府鑒核備查，指令祗遵！
謹呈
璧山縣政府
計檢呈原冊一份
第三區區長彭城春

附：璧山县第三区八塘镇联保兵役协会职员姓名册

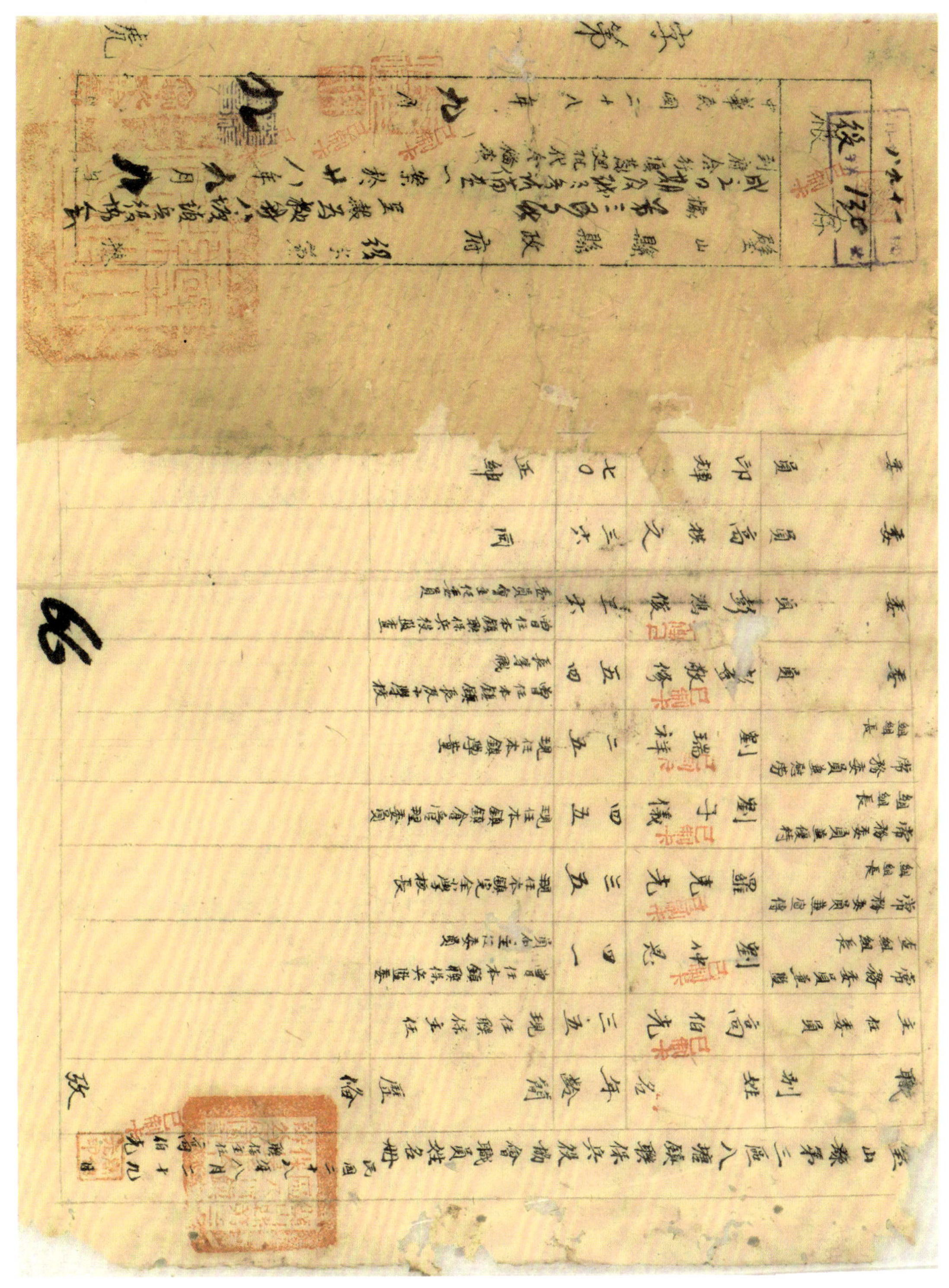

璧山县第二区署关于转报普兴镇联保办公处造呈兵役协会职员一览表致璧山县政府的呈（一九三九年九月五日）

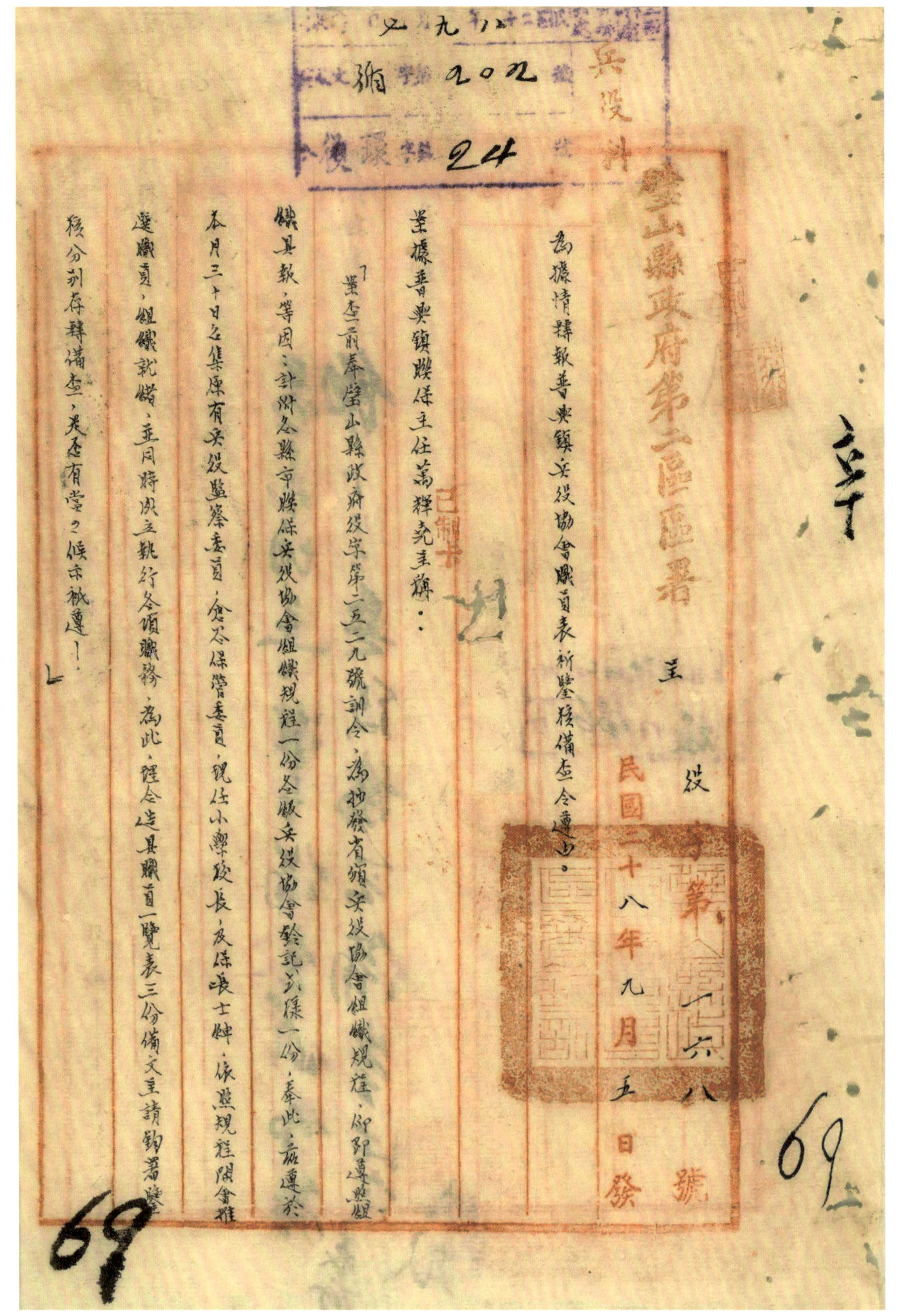

璧山縣政府第二區區署 呈 役字第一六八號

民國二十八年九月五日發

為據情轉報普興鎮兵役協會職員表祈鑒核備查令遵由。

案據普興鎮聯保主任蕭粹堯呈稱：

「案查前奉璧山縣政府役字第二五二九號訓令，為抄發省頒兵役協會組織規程，仰即遵照組織具報，等因；計附各縣市聯保兵役協會組織規程一份、各級兵役協會登記式樣一份。奉此，旋遵於本月三十日召集原有兵役監察委員、倉谷保管委員、現任小學校長及保長士紳，依照規程開會推選職員，組織就緒，並同時成立執行各項職務。為此，理合造具職員一覽表三份，備文呈請鈞署鑒核分別存轉備查，是否有當之處，伏祈祗遵！」

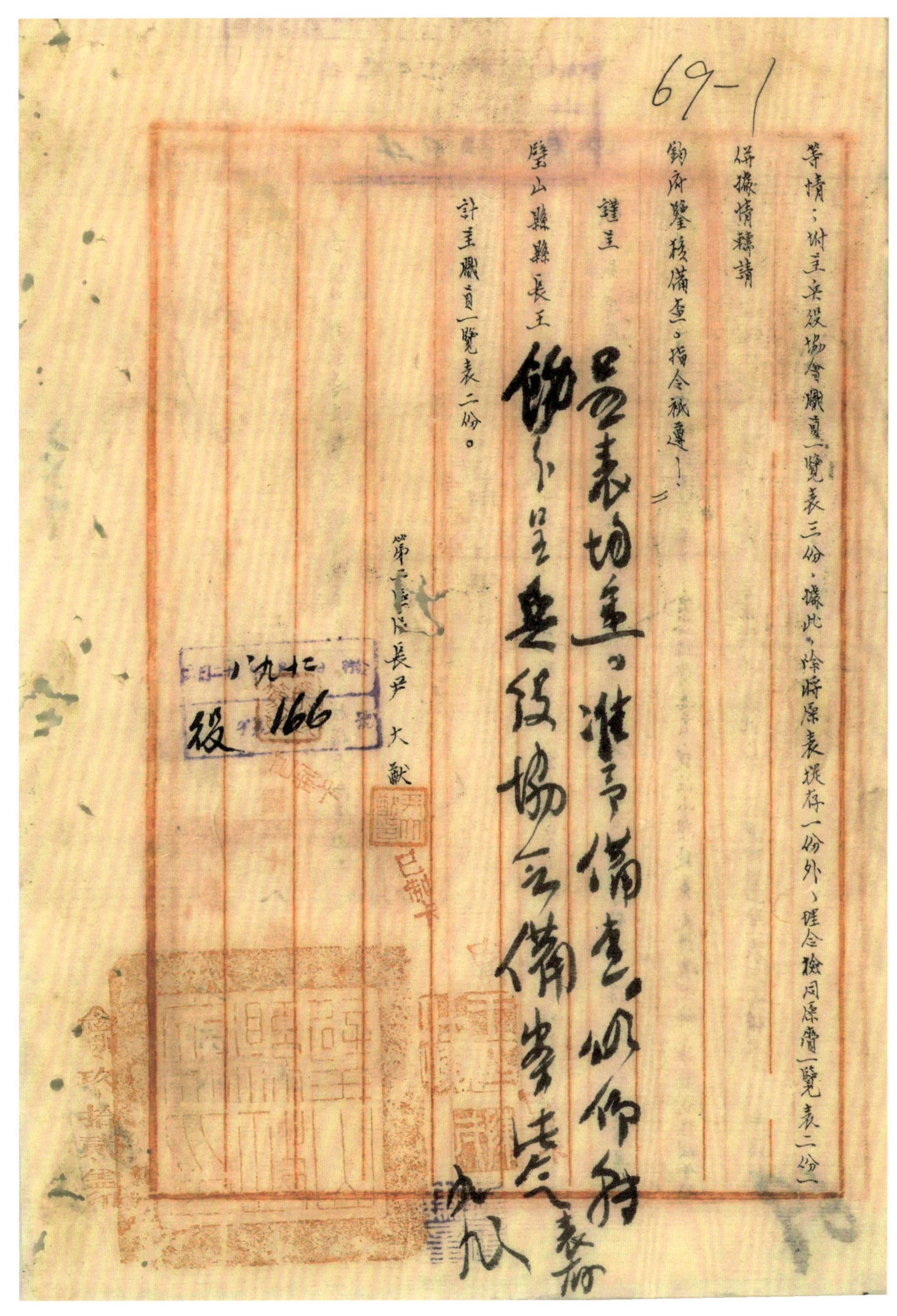
69-1

等情；附呈兵役協會職員一覽表三份。據此，除將原表提存一份外，理合檢同原賚一覽表二份，

併據情轉請

鈞府鑒核備查。指令祇遵！

謹呈

璧山縣縣長王

計呈職員一覽表二份。

第三區區長尹大猷

呈表均悉。准予備查，仰即飭知呈兵役協會備查。表存。

附：璧山县第二区普兴镇联保办公处造呈兵役协会职员一览表

璧山縣第二區普興鎮聯保辦公處造呈兵役協會職員一覽表

中華民國二十八年八月三十日

職別	姓名	年齡	簡歷	備考
主任委員	萬輝堯	二八	曾任小學校長	
常務委員兼監察組長	廖垣欽	四四	曾任鎮長	
常務委員兼宣傳組長	謝紹伯	四五	曾任小學校長	
常務委員兼優待組長	萬龍田	六〇	曾任鎮長	
常務委員兼慰勞組長	萬遠光	八六	曾任初小校長	
委員	李春祿	四八	曾任調解員	
委員	萬玉書	三九	曾任監察員	
委員	譚煥章	五〇	曾任團總	
委員	謝孝莊	二七	曾任學董	

普興鎮聯保主任萬輝堯

呈

70

璧山县城北乡联保办公处关于组织兵役协会致璧山县政府的呈（一九三九年九月九日）

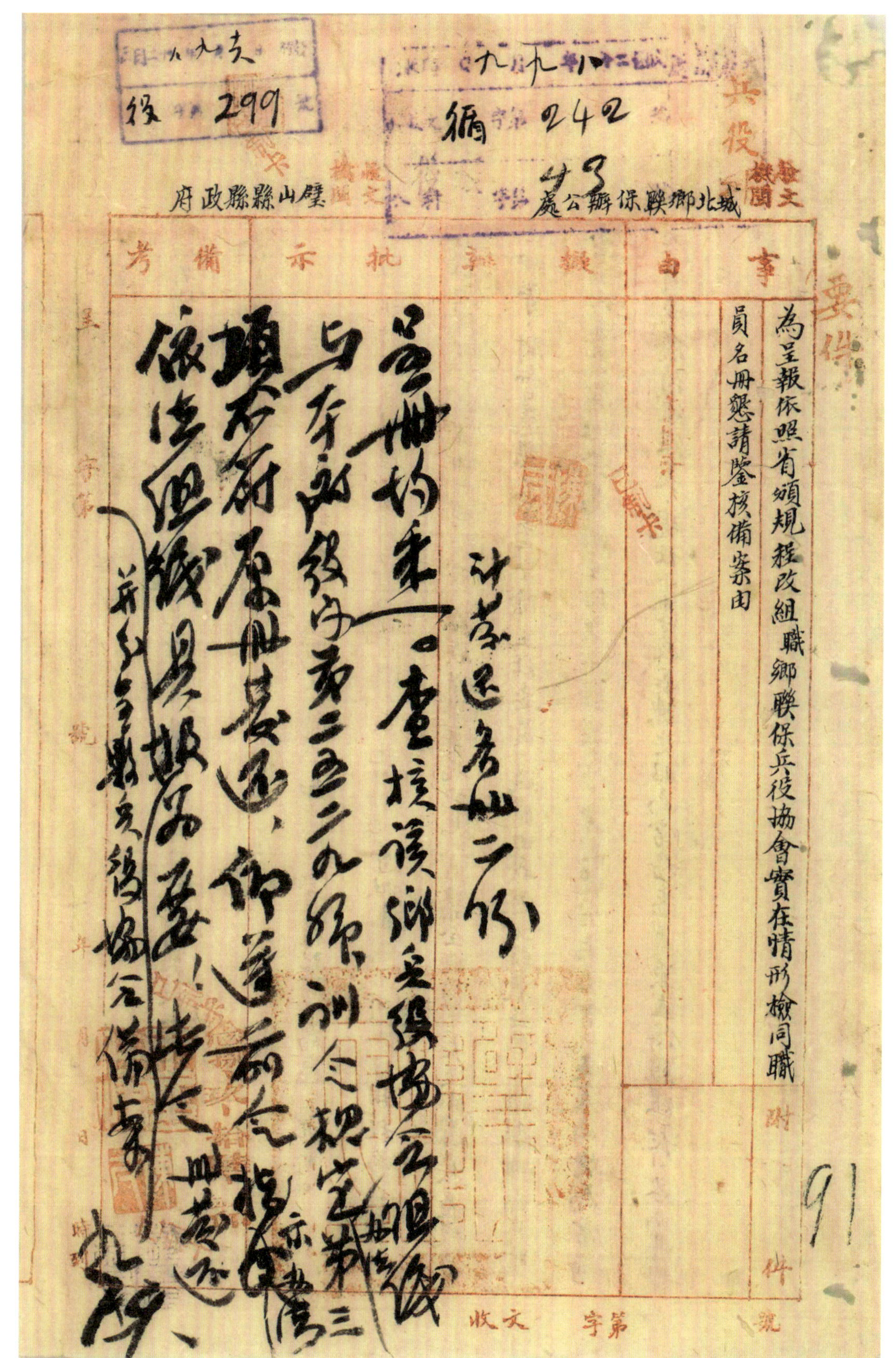
璧山縣政府　城北鄉聯保辦公處

事由：為呈報依照省頒規程改組職鄉聯保兵役協會實在情形檢同職員名册懇請鑒核備案由

79-1

案奉

鈞府役字第二五二九號訓令，轉抄

四川省軍管區司令部頒發各縣「市」聯保兵役協會組織規程及各級兵役協會鈐記式樣一案

、除原文有案邀免全錄外，後開：

「合行抄同原附件令仰該主任即便遵照，如限組織具報候核為要！此令。」

等因，計附組織規程一份鈐記式樣一紙，奉此，主任遵照奉頒上項組織規程第「四」「五」「六」各條之規定，於本年九月七日，在聯保辦公處地點，召集全鄉保甲長及小學校長教員士紳等，開會選舉各委員，除主任委員一職應由聯保主任兼任外，推舉聯保兵監會主任委員蒲海榮為副主任兼常務委員，倉穀保管委員會代表孟炳熾為常務委員兼優待組組長，現任小學校長陳文昭為常務委員兼宣傳組組長，各小學教

已制卡

職員代表陳永儀為常務委員，正紳吳禪唐為委員兼慰勞組組長，張敬安為委員兼監查組組長，陳叔厚、陳學章為委員，至每組組員，并經分別聘就，即日成立職鄉兵役協會，並將從前聯保兵監委會及優待分會，分別辦理結束，此即改組之實在情形也。奉令前因，理合檢同職員名冊具文賫呈

鈞府鑒核備案，指令祇遵。

謹 呈

璧山縣縣長王

計附呈兵役協會職員名冊二份

主任 陳乾元

80

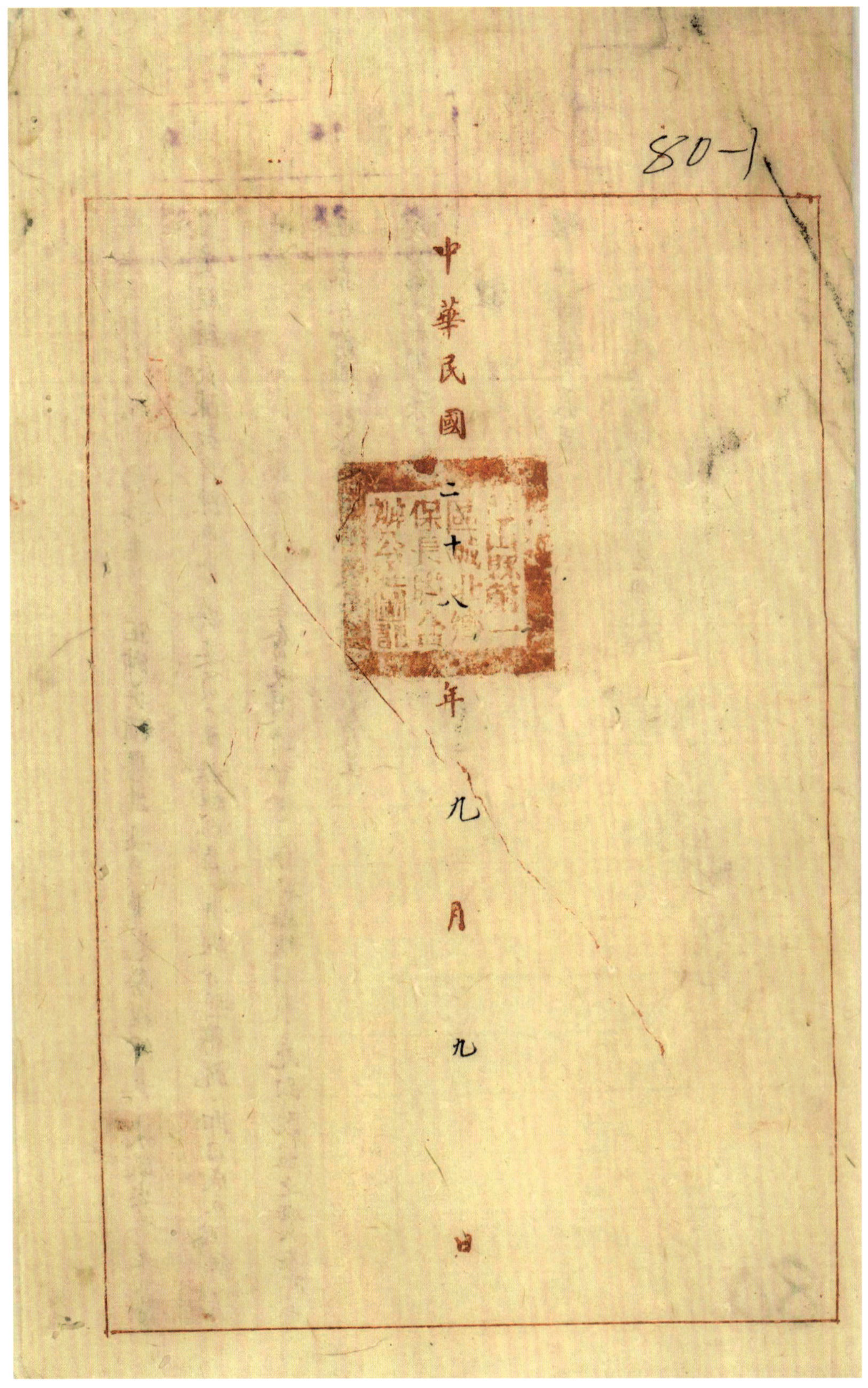
80-1

中華民國二十八年九月九日

璧山县第一区梓潼乡保长联合办公处关于组织成立兵役协会致璧山县政府的呈（一九三九年九月十四日）

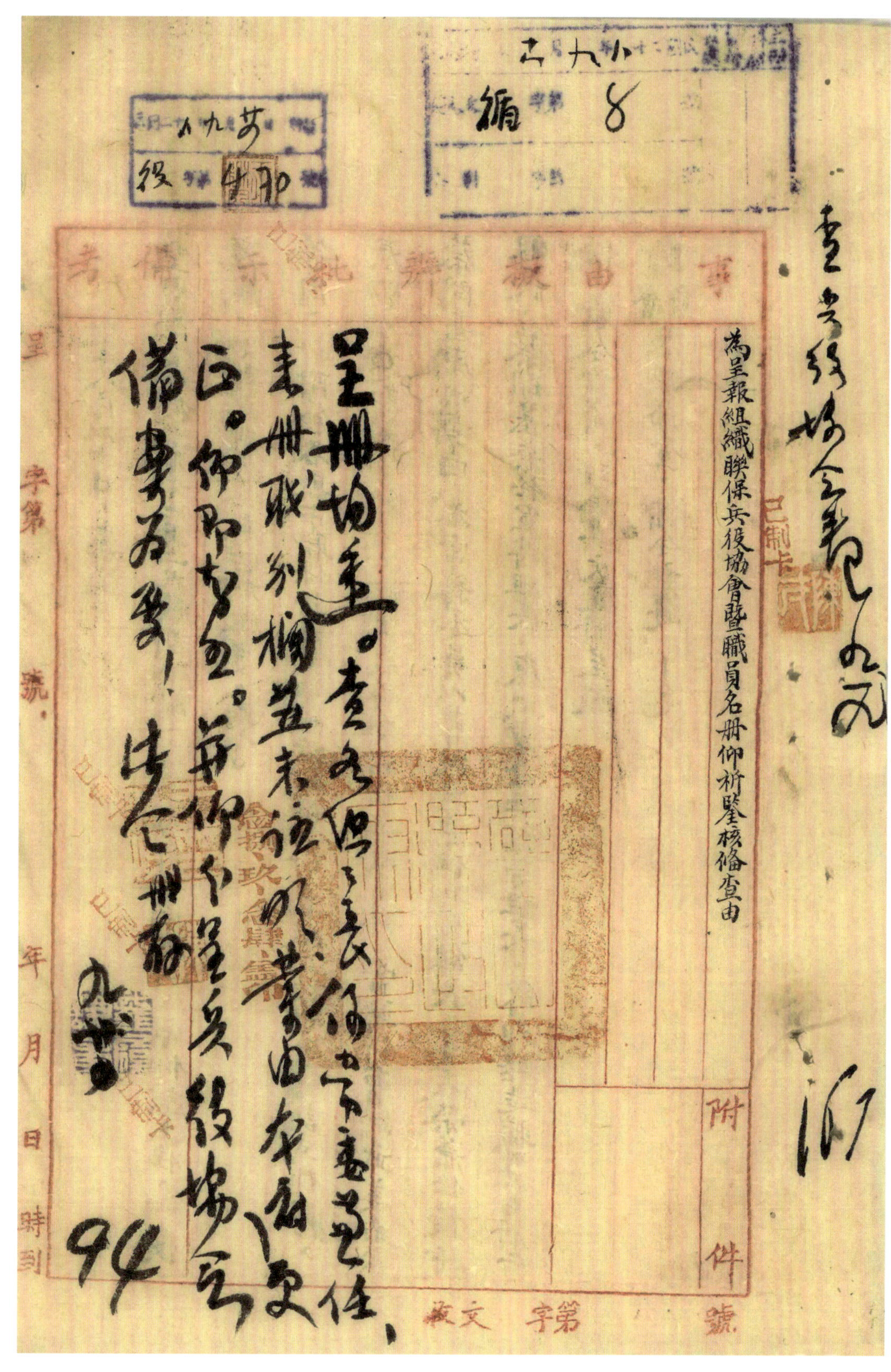
為呈報組織聯保兵役協會暨職員名册仰祈鑒核備查由

94-1

本年八月二十日，案奉

璧山縣政府役字第二五二九號訓令開：「(畧)合行抄同原件，令仰該主任，即便

遵照，如限組織，具報候核為要，此令。」

等因；計附發各縣市聯保兵役協會組織規程一份，各級兵役協會鈐記式樣一份，

奉此。職遵即開會推選，除職應遵令兼任主委員外，當選得曹純武姜森榮

蔡開基廖成章四人為常務委員，以曹純武兼任兵監組長，姜森榮兼任優待

組長，蔡開基兼任宣傳組長，廖成章兼任慰勞組長，賡即繕造職員名冊二

份，奉令前因，理合具文連冊呈報

鈞會府鑒核備查，指令祗遵！

謹呈

璧山縣第二區梓潼鄉

附：璧山县第一区梓潼乡兵役协会造呈职员名册

璧山縣第一區梓潼鄉兵役協會造呈職員名冊

職別	姓名	年齡	簡歷	備攷
主任委員	曹明軒	五三	現任聯保主任	
兵監組組長	曹純武	四六	現任區學董	
優待組組長	姜森榮	五二	倉儲委員	
宣傳組組長	[illegible][illegible]基	四二	公立小學校長	
慰勞組組長	廖成章	四七	前任兵監委員	
優待組委員	曹銀輝	四一	現任調解委員	
兵監組委員	何燦章	三八	前任兵監委員	
宣傳組委員	蔡開文	四〇	公立小學教員	
慰勞組委員	趙元章	四八	前任兵監委員	

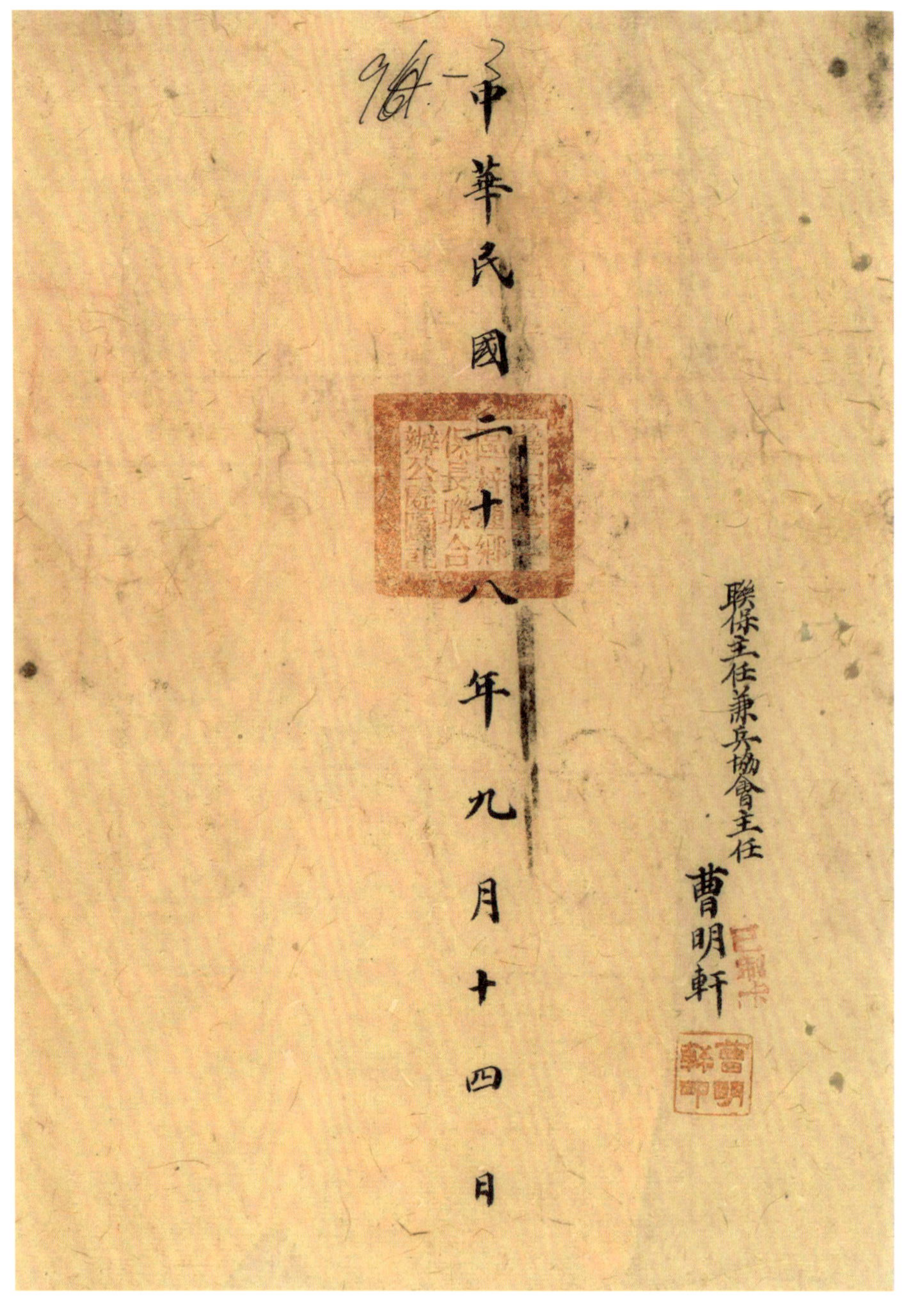

中華民國二十八年九月十四日

聯保主任兼兵協會主任 曹明軒

璧山县马嘶实验乡乡公所关于另行组织兵役协会致璧山县政府的呈（一九三九年九月十九日）

璧　縣　嘶實驗鄉鄉公所

事由：為遵令另行組織兵役協會暨報職員名冊請鑒核令遵由

填迴批併備查　九.廿

警字第一三七號

民國二十八年九月十九日發

案查職鄉兵役協會，前經遵限組織，冊報在案。茲奉

鈞府二十八年九月十一日役字第一三一號指令內開：

「仰遵本府役字第二五二九號訓令第(三)項指示各點依法另行組織冊報并分

呈縣兵役協會備案為要此令名冊發還」

等因，計發還名冊二份。奉此，遵即另行組織璧山縣馬嘶實驗鄉兵役協會，除職

任主任委員外，并推選本鄉兵役監查委員會主任委員唐銓安、教育主任張德福、詹谷

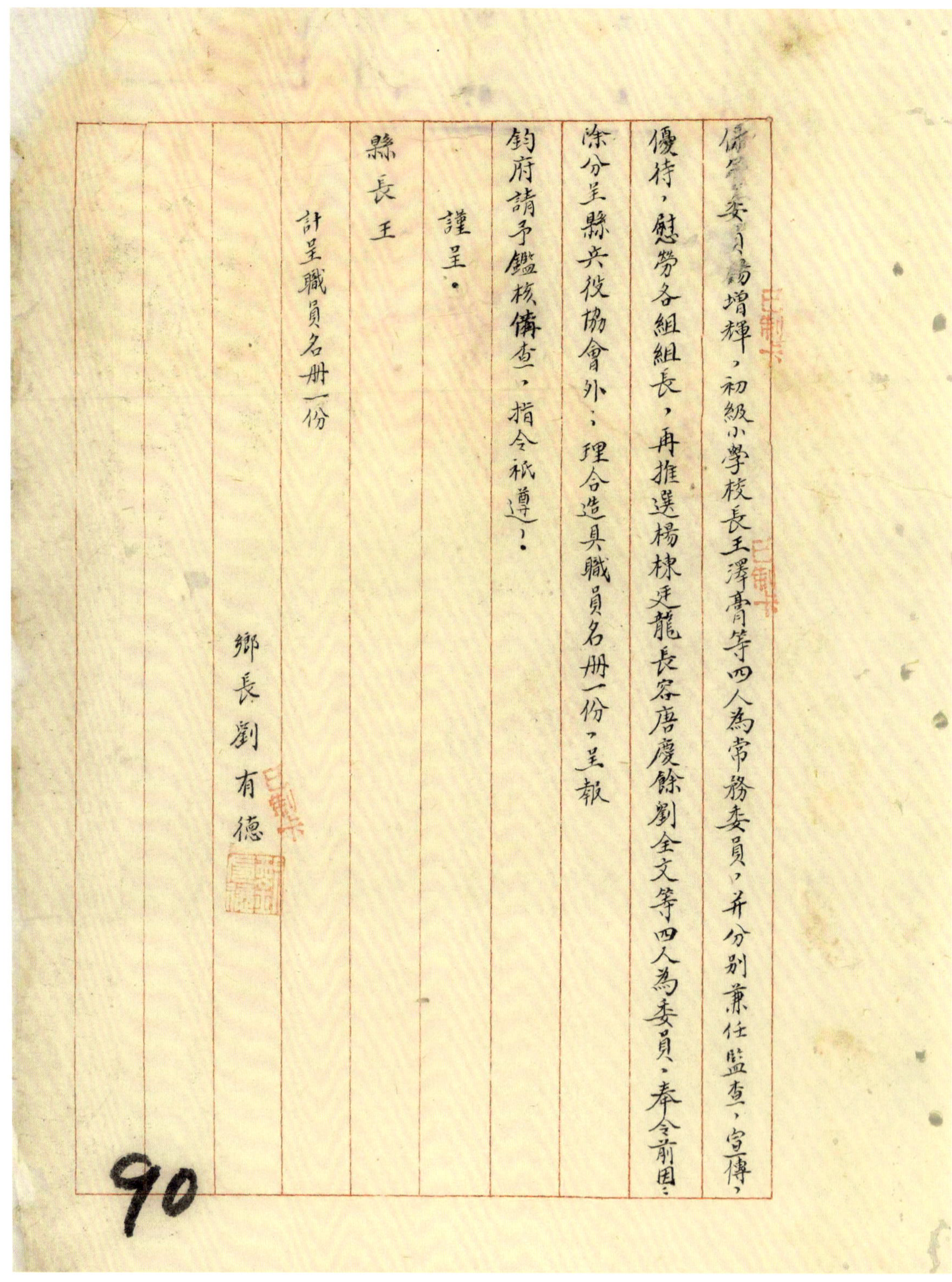

儲備委員楊增輝，初級小學校長王澤膏等四人為常務委員，并分別兼任監查、宣傳、優待、慰勞各組組長，再推選楊棟廷、龍長容、唐慶餘、劉全文等四人為委員。奉令前因，除分呈縣兵役協會外，理合造具職員名冊一份，呈報

鈞府請予鑒核備查，指令祗遵。

謹呈

縣長王

計呈職員名冊一份

鄉長劉有德

90

附：璧山县马嘶实验乡兵役协会职员姓名册

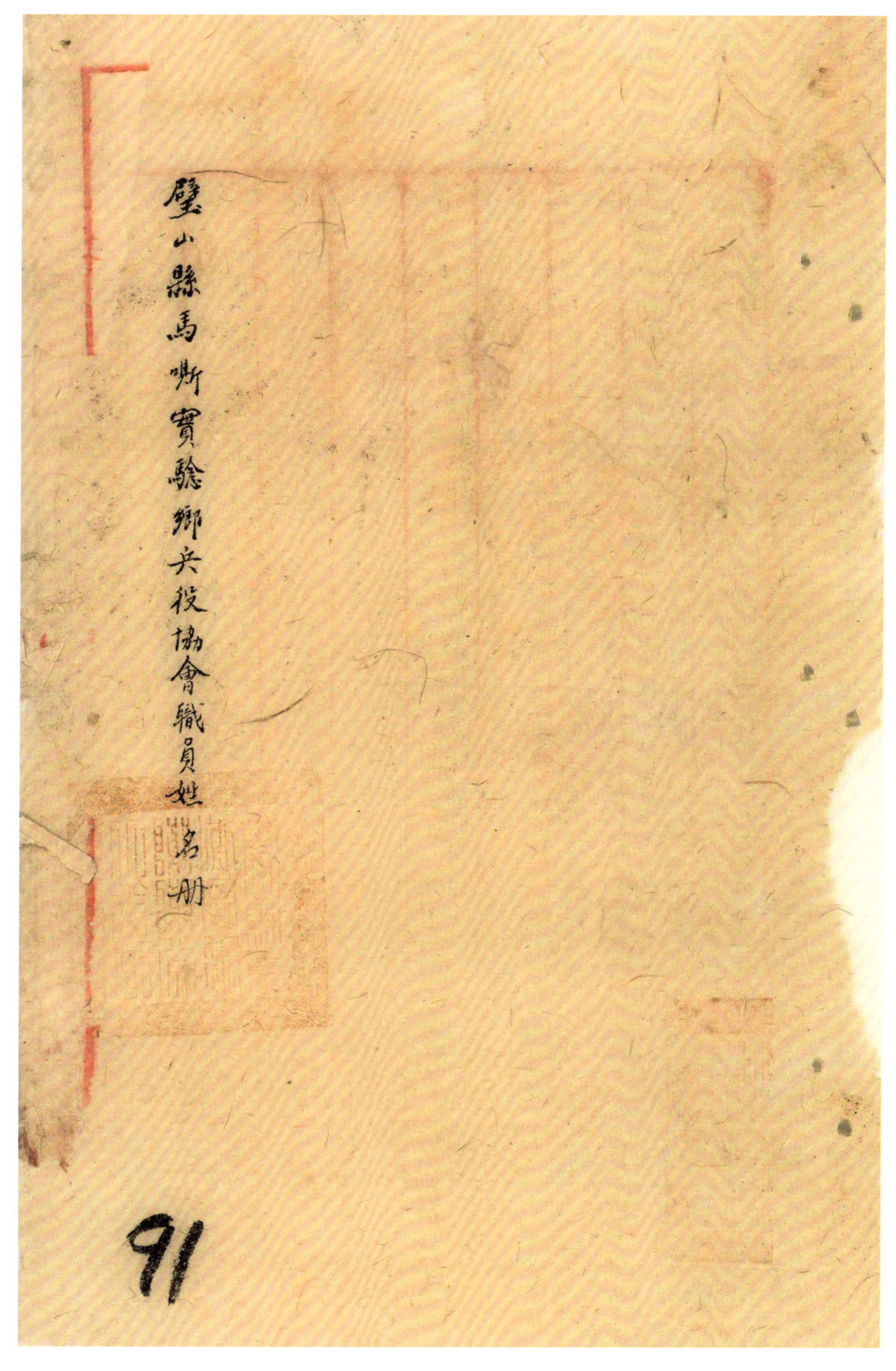

職別	姓名	年齡	簡歷	備考
主任委員	劉有德	二六	鄉長兼校長	
常務委員兼監查組組長	唐銓安	五二	曾任兵役監查主任委員	
常務委員兼宣傳組組長	張德穆	二六	本鄉教育主任	
常務委員兼優待組組長	楊增輝	五六	曾任倉谷保管委員	
常務委員兼慰勞組組長	王澤膏	五五	曾任小學校長	
委員	楊棟廷	五六	曾本鄉兵役委員	
	龍長容	二八	本鄉鄉農校教員	
	唐慶餘	五五	曾任倉谷保管委員	
	劉全文	二四	本鄉初小校長	

92

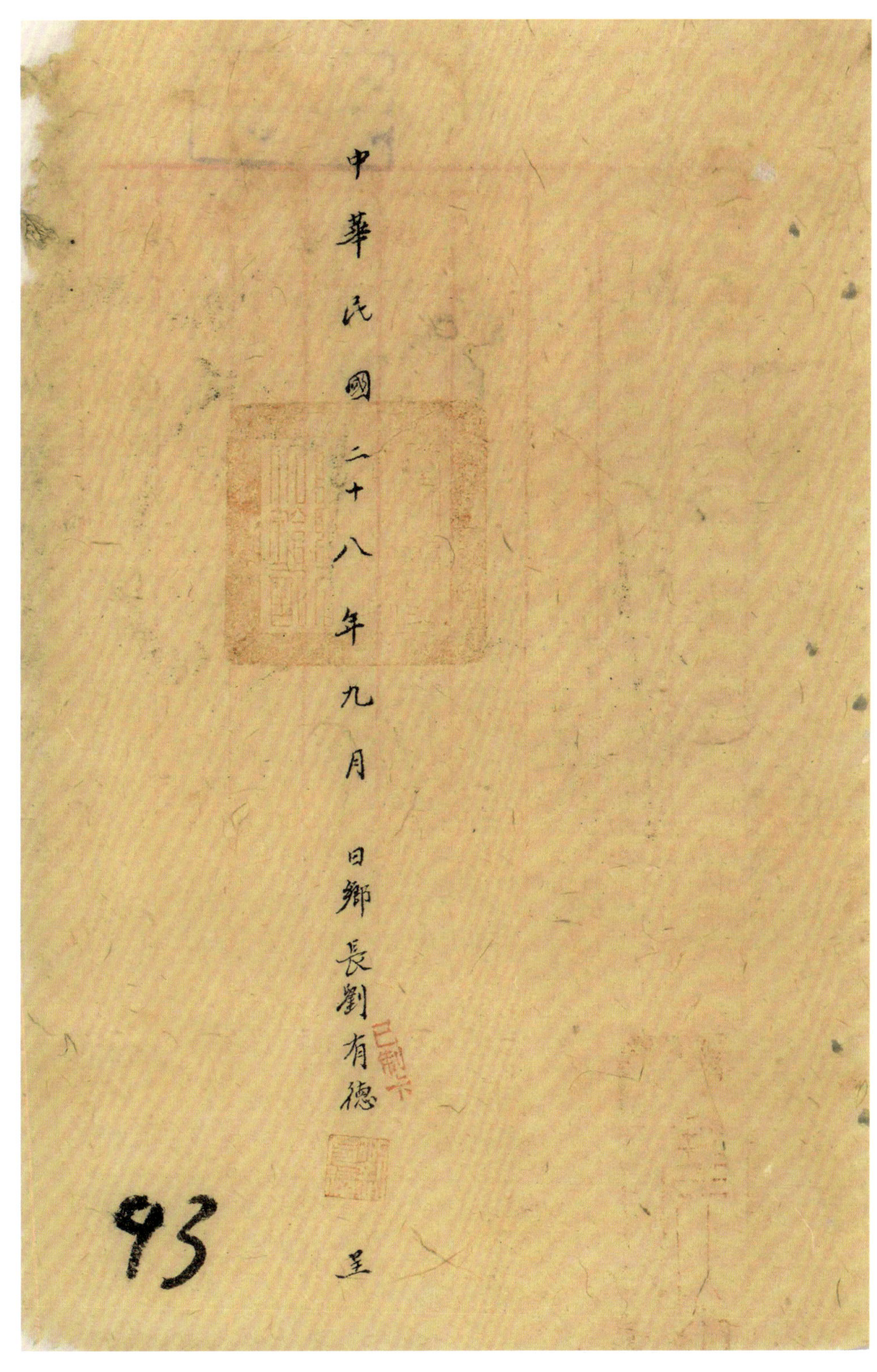

中華民國二十八年九月　日鄉長劉有德　呈

璧山县第一区城西乡联保办公处关于组织成立兵役协会致璧山县政府的呈（一九三九年九月二十日）

璧山縣第一區城西鄉聯保辦公處呈

役字第三六號

民國二十八年九月二十日

事由：為遵令組織兵役協會附具職員名册呈請察核備查由

竊職前奉

鈞府本年八月十四日役字第二五二九號訓令内開：「奉轉四川省軍管區司令部役導字第五一七號令飭組織兵役協會附發省頒規程，令仰組織具報等因，附發各縣市聯保兵役協會組織規程一份、各級兵役錄記式樣一份。」奉此，遵於本年八月二十七日召集地方各級人員公開推選，經衆議决以聯保兵役監察主任羅芝園充任監察組組長，倉儲委員陳竹修充任優待組組長，小學校長李玉涵充任宣傳組組長，毛善夫充任慰勞組組長兼為常務委員，并推毛明全、劉有光、宋適中、劉克忠為委員，分別協助各組工作。除

（批示：準予備查。十三）

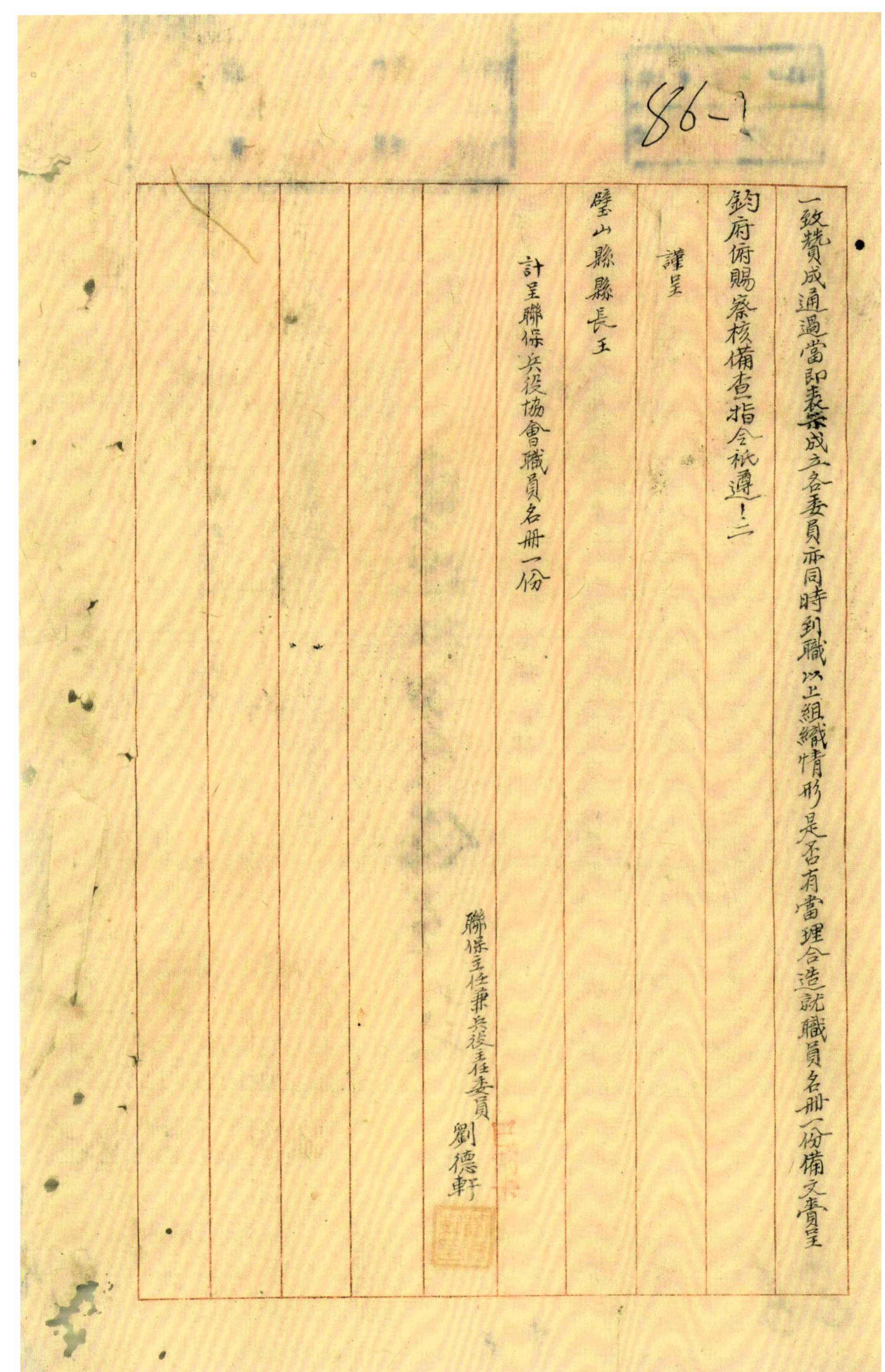

86-1

一致贊成通過當即表示成立各委員亦同時到職以上組織情形是否有當理合造就職員名冊一份備文賫呈

鈞府俯賜察核備查指令祇遵。

謹呈

璧山縣縣長王

計呈聯保兵役協會職員名冊一份

聯保主任兼兵役主任委員　劉德軒

附：璧山县第一区城西乡联保兵役协会职员姓名册

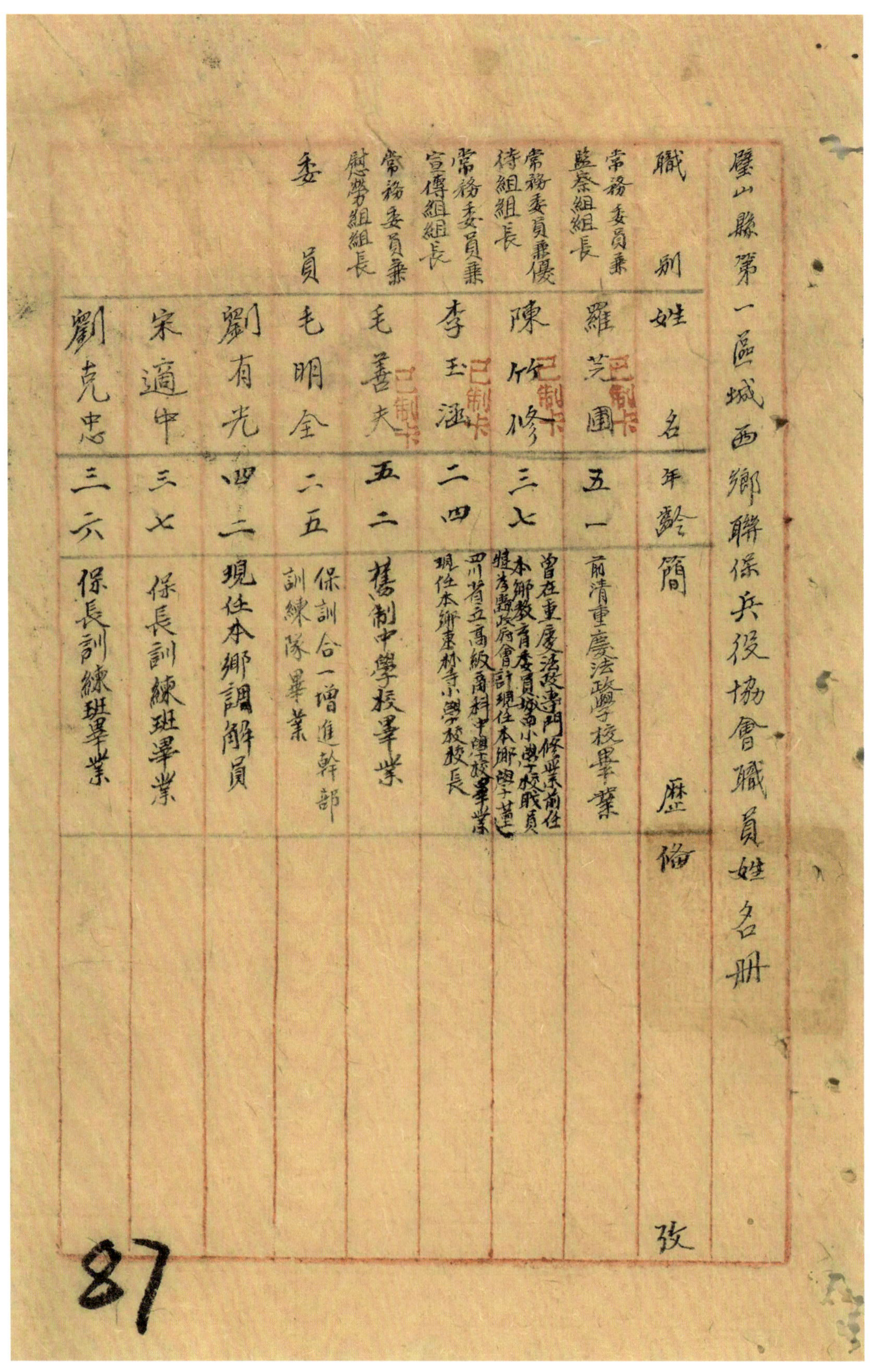

璧山縣第一區城西鄉聯保兵役協會職員姓名册

職別	姓名	年齡	簡歷
常務委員兼監察組組長	羅芝圃	五一	前清重慶法政學校畢業
常務委員兼優待組組長	陳竹修	三七	曾在重慶法政專門修業前任本鄉教育委員城西小學校職員駐渝縣政府會計現任本鄉學董
常務委員兼宣傳組組長	李玉涵	二四	四川省立高級商科中學校畢業現任本鄉東林寺小學校校長
常務委員兼慰勞組組長	毛善夫	五二	舊制中學校畢業
委員	毛明全	二五	保訓合一增進幹部訓練隊畢業
	劉有光	四二	現任本鄉調解員
	宋適中	三七	保長訓練班畢業
	劉克忠	三六	保長訓練班畢業

已製卡

87

87-1

聯保主任兼兵役主任委員劉德軒

璧山县第一区城北乡联保办公处关于重新组织成立兵役协会致璧山县政府的呈（一九三九年九月二十日）

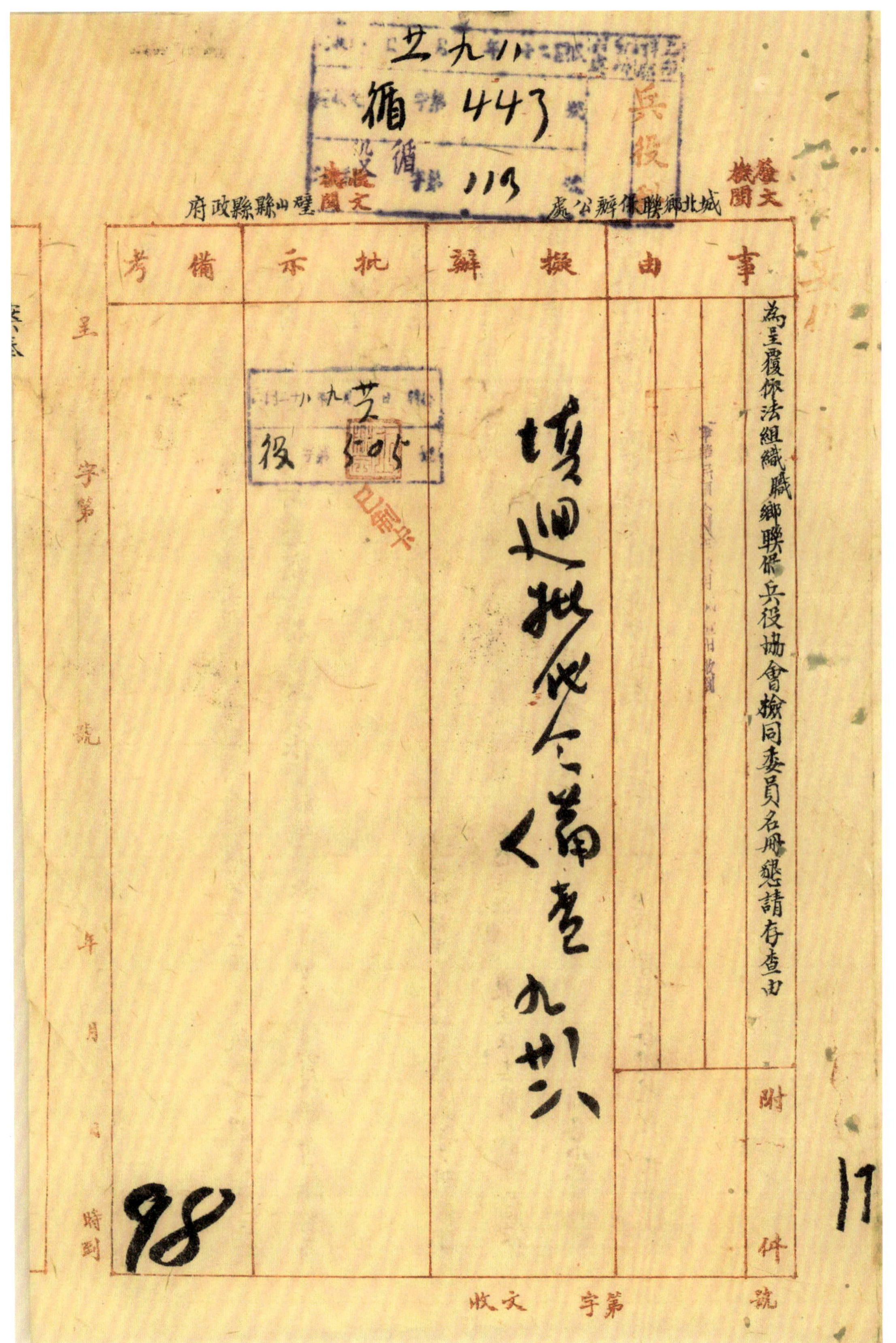
發文機關：城北鄉聯保辦公處

收文機關：璧山縣政府

事由	擬辦	批示	備考
為呈覆依法組織職鄉聯保兵役協會檢同委員名冊懇請存查由			

附件

收文 字第 號

案奉

鈞府役字第二九九號指令，為據職鄉呈報組織兵役協會情形檢同職員名冊懇請鑒核一案內開：

「呈冊均悉。查核該鄉兵役協會組織與本府役字第二五二九號訓令規定第三項不符，原冊發還，仰遵前令指示辦法依法組織具報，并分呈縣兵役協會備案為要！此令。冊發還。」

等因；奉此，主任遵照上開指示各節於本年九月十八日再召集本鄉保甲長及紳耆學校等，開會推選職鄉兵役協會委員，經大會議決，依照省頒規程，以聯保主任乾元兼主任委員，聯保兵監會主任委員蒲海棠、倉穀保管委員會代表温炳熵、現任北鄉老鷹塝小學校校長陳文照、各小學教職員代表陳永儀四人為常務委員，并分別兼任「監察」「優待」「宣傳」「慰勞」各組組長，其餘推舉揖唐陈叔厚张敬安陈学章四人为委员，分别帮助「监察」「优待」「宣传」「慰劳」各组工作，即日宣布成立，各委员亦同时就职，并将从前联保兵监会及优待分会，分别办理结束，移交兵役协会接收，此即遵照前令依法组织之实在情形也。除分呈县兵役协会备案外，理合检同职员名册具文呈覆钧府鉴核，赐准存查，仍候指令祗遵。

谨呈

璧山县县长王

计附呈城北联保兵役协会职员名册二份

主任陈乾元

99

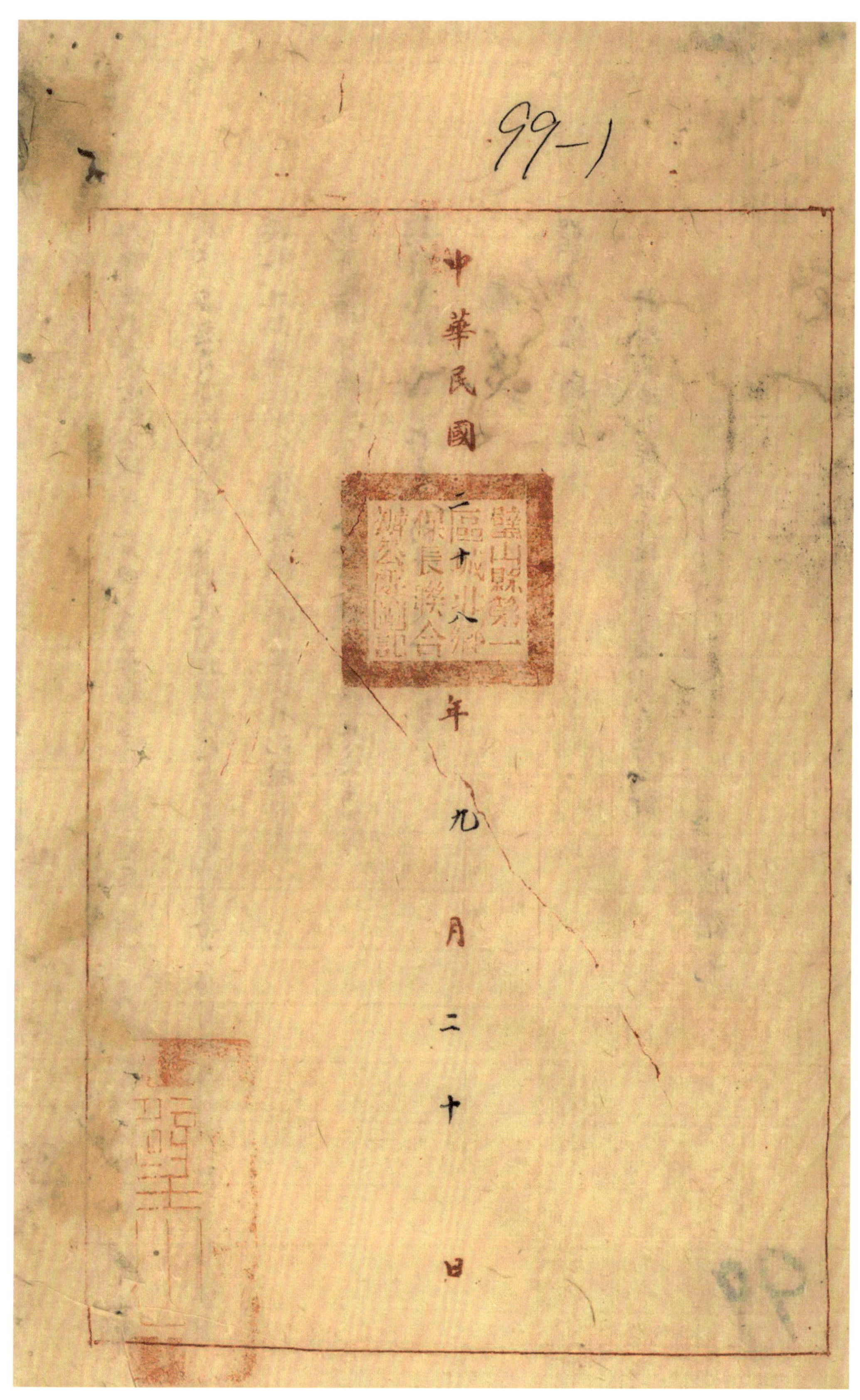

99-1

中華民國二十八年九月二十日

璧山縣第一區城北鎮保長聯合辦公處圖記

附：璧山县城北联保兵役协会职员名册

璧山縣城北聯保兵役協會職員名冊

璧山縣第一區城北鄉保長聯合辦公處圖記

100

璧山縣城北聯保兵役協會職員名冊

中華民國二十八年九月製

職別	姓名	年齡	簡歷	備攷
主任委員	陳乾元	三七	城北鄉聯保主任	
常務委員兼監察組組長	蒲海榮	四三	城北鄉聯保兵監會主任委員	
常務委員兼優待組組長	温炳煸	五一	城北鄉倉穀保管委員會代表	
常務委員兼宣傳組組長	陳文昭	二九	城北鄉小學校校長	
常務委員兼慰勞組組長	陳永儀	二六	城北鄉各小學教職員代表	
委員	吳揖唐	三七	璧山縣舊制中學校畢業	
委員	陳叔厚	四一	仝前	
委員	張敬安	五〇	仝前	

101

101-1

委員陳學章三六仝前

璧山縣第二區大佛鄉联保兵役協会職員名册 二十八年九月二十三日

職別	姓名	年齡	簡歷	備攷
主任委員	徐輝先	三五	江津中校及永川專署壯幹班畢業	
常務委員兼宣傳組長	榮耀	二六	曾任小學校長多年	
常務委員兼優待組長	徐棟樑	三二	曾任保長三年倉委一年	
常務委員兼財務組長	歐子賢	三一	四川警監專門學校畢業曾任四川省警備司令部少校副官等職	
常務委員兼監察組長	葉祖林	三〇	曾任兵役監察委員会主任委員	
委員	徐有榮	三六	曾任联隊附二年	
	何漢高	三八	曾任清平鄉調解委員多年	
	鄧伯侯	三二	永川專署壯幹班畢業	
	徐子賢	四〇	江津中學畢業	

联保主任徐輝先

107

璧山县政府第三区区署关于转报七塘镇联保兵役协会职员名册致璧山县政府的呈（一九三九年九月二十五日）

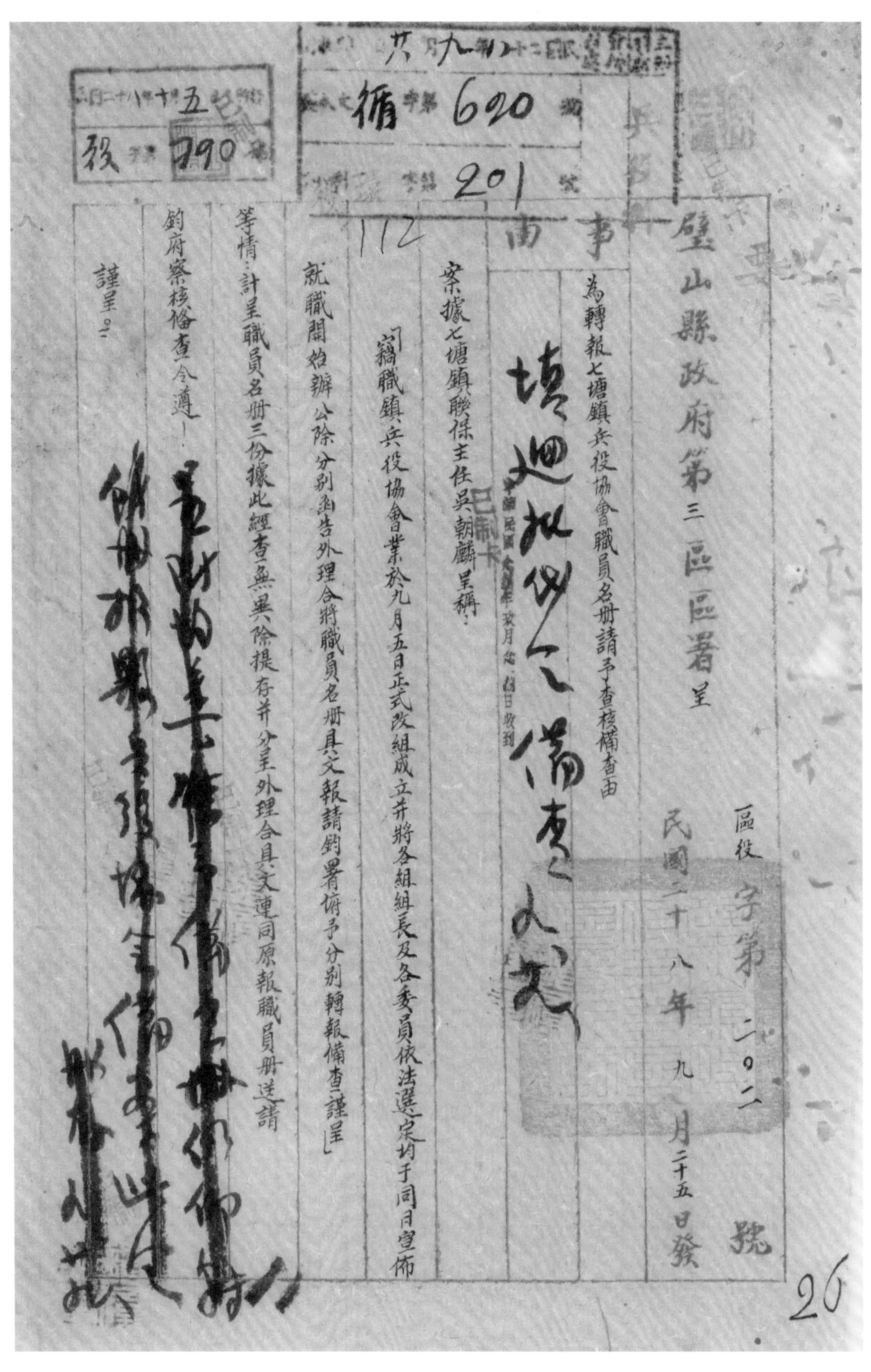

璧山縣政府第三區區署 呈

區役字第二〇二號

民國二十八年九月二十五日發

事由：為轉報七塘鎮兵役協會職員名冊請予查核備查由

案據七塘鎮聯保主任吳朝麟呈稱：「竊職鎮兵役協會業於九月五日正式改組成立，并將各組組長及各委員依法選定，均于同日宣佈就職開始辦公，除分别函告外，理合將職員名冊具文報請鈞署俯予分别轉報備查。謹呈。」等情。計呈職員名冊三份。據此，經查無異，除提存并分呈外，理合具文連同原報職員冊送請鈞府察核備查令遵。謹呈。

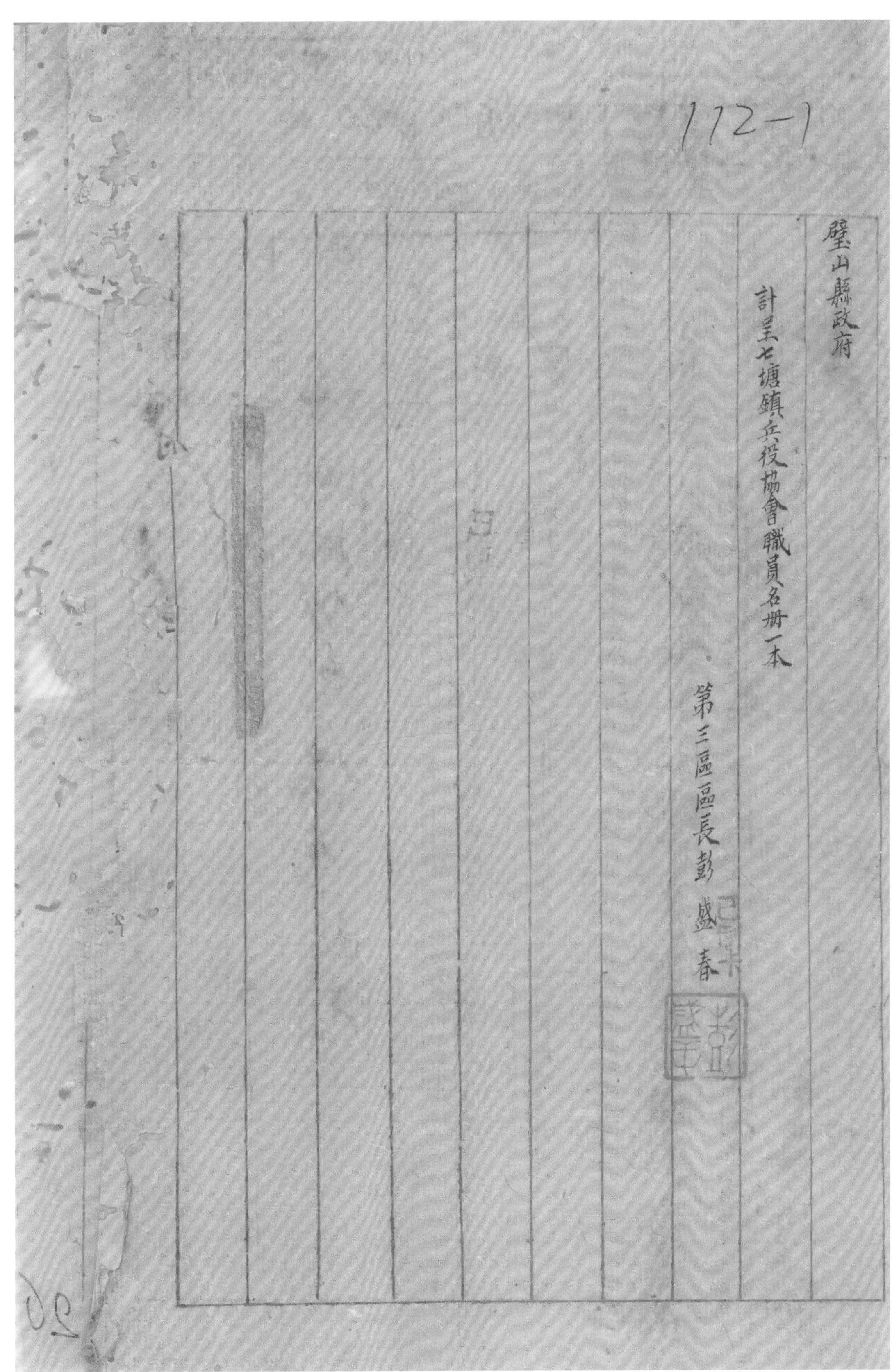

112-1

璧山縣政府

計呈七塘鎮兵役協會職員名册一本

第三區區長彭盛春

附：璧山县第三区七塘联保兵役协会职员名册

璧山縣第三區七塘聯保兵役協會職員名冊

職別	姓名	年齡	簡歷	備考
主任委員	吳朝麟	三〇	四川省保安幹部班卒業	
常務委員兼監查組組長	程良駒	二八	四川三區壯幹班畢業	
常務委員兼宣傳組組長	饒尚模	三〇	璧師校畢業	
常務委員兼優待組組長	何鼎臣	三七	四川三區壯幹班卒業	
常務委員兼慰勞組組長	魯久榮	三九	璧中校卒業	
委員	楊宏敷	五〇	璧保訓畢業	
委員	宋君燮	二五	大路高小卒業	
委員	何正全	二二	四川三區壯幹班畢業	
委員	鄒明高	四五	曾任閭鄰甲長多年現任保長	

已制卡

113

璧山县第一区太和乡联保办公处关于组织成立兵役协会致璧山县政府的呈（一九三九年九月二十七日）

璧山縣第一區太和鄉聯保辦公處 呈 字第 號

民國二十八年九月廿七日發

事由：為呈報組織兵役協會及成立日期請予鑒核備查一案由

呈為呈報組織情形及成立日期請予鑒核備查事竊職於本年八月十八日案奉

鈞府役字第二五二九號訓令為飭組織兵役協會附發省頒規程及各級兵役協會鈐記式樣令仰遵照組織具報等因一案遵於四月廿日召集本鄉各級公務人員暨小學校長教職員士紳等到處開會組織當推舉戢為兵役協會主任委員并推現任兵役監察主任委員吳式堯優待委員吳德金鍾倉儲保管委員陳錫周現任小學校長王文明分别兼任「監查」

108-1

「優待」「慰勞」「宣傳」各組組長其餘另推委員四人已於廿六日正式組織
成立除呈報縣兵役監察委員會備查外理合造具職員名冊隨文送
呈
鈞府鑒核備查指令祇遵謹呈
縣長王

計附職員名冊一份

太和鄉聯保主任吳子家

附：璧山县第一区太和乡联保兵役协会委员姓名册

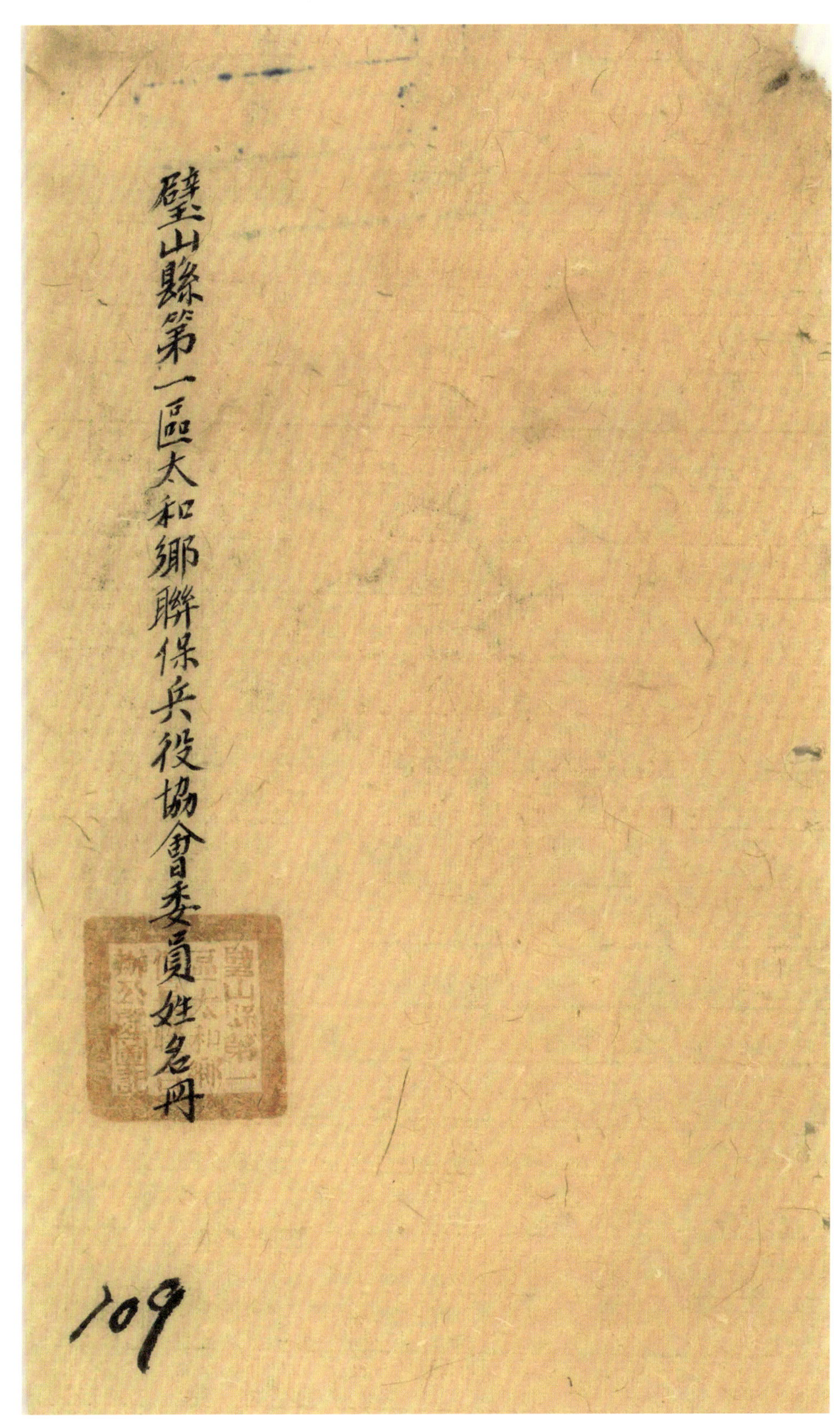
璧山縣第一區太和鄉聯保兵役協會委員姓名冊

109

璧山縣第一區太和鄉聯保兵役協會委員名冊

職別	姓名	年齡	簡明履歷	備攷
聯保主任兼主任委員	吳子家	五二	高中畢業曾任中學教員及煙酒局長暨稅收統征處長等職	
常務委員兼監查組長	吳式憑	六三	曾任兵役監察主任	
常務委員兼優待組長	吳德鑫	二四	高中畢業曾任會計主任	
常務委員兼宣傳組長	王文明	二三	本縣鄉村師範校畢業現任小學校長	
常務委員兼慰勞組長	陳錫周	六二	現任本鄉倉儲保委員及調解員	
委員	向榮光	三五	曾任兵役監察委員及現任甲長	
同	王輔臣	五七	曾任保長及兵役監察委員	
同	徐漢昌	二五	中學肄業現任小學校長	

已制卡

110

110-1

同

陳鈞軸

二八

永川鄉村師範校畢業曾任區員及小學校長

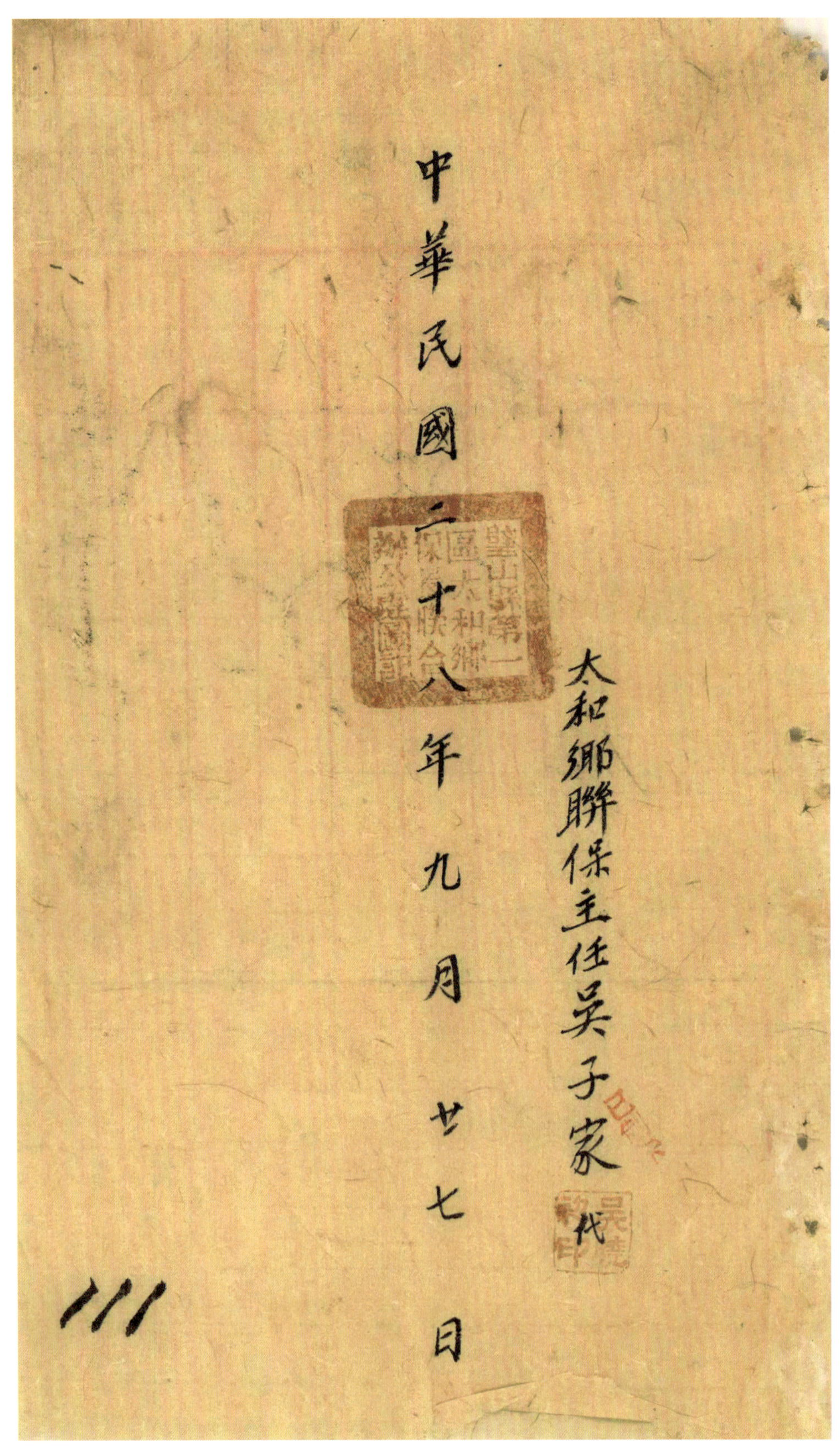

太和鄉聯保主任吳子家 代

中華民國二十八年九月廿七日

111

璧山县第一区璧山联保兵役协会委员名册（一九三九年九月二十九日）

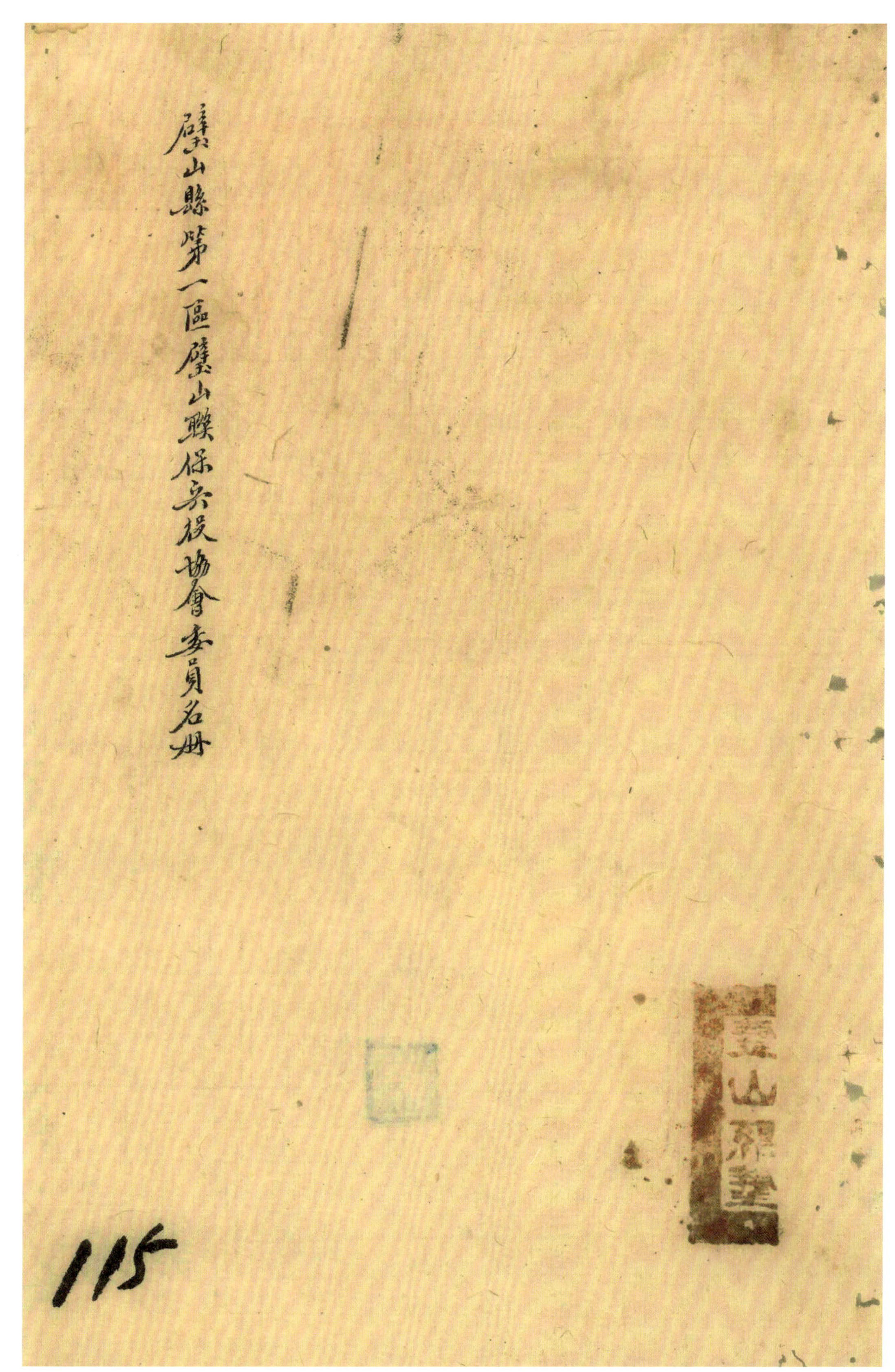

璧山縣第一區璧山聯保兵役協會委員名冊

115

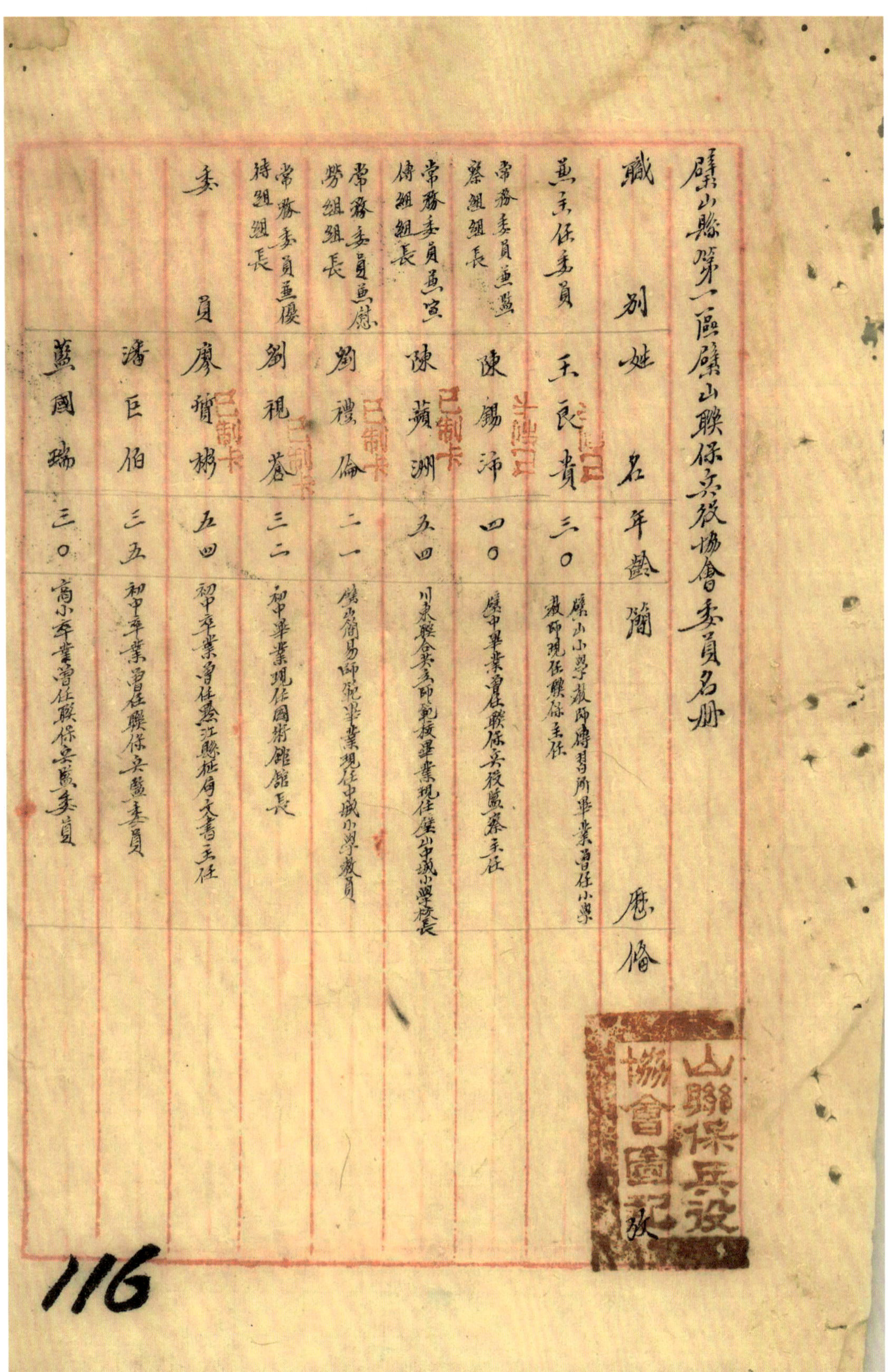

璧山縣第一區璧山聯保兵役協會委員名册

職別	姓名	年齡	簡歷
主任委員	王良貴	三〇	璧山小學教師講習所畢業曾任小學教師現任聯保主任
常務委員兼監察組組長	陳錫沛	四〇	縣中畢業曾任聯保兵役監察主任
常務委員兼宣傳組組長	陳蘋洲	五四	川東聯合縣立師範校畢業現任璧山中城小學校長
常務委員兼慰勞組組長	劉禮倫	二一	縣立簡易師範畢業現任中城小學教員
常務委員兼優待組組長	劉視蒼	三二	初中畢業現任國術館館長
委員	廖贊彬	五四	初中卒業曾任綦江縣政府文書主任
	潘巨伯	三五	初中卒業曾任聯保兵役委員
	藍國瑞	三〇	高小卒業曾任聯保兵役委員

已制卡

璧山聯保兵役協會圖記

116

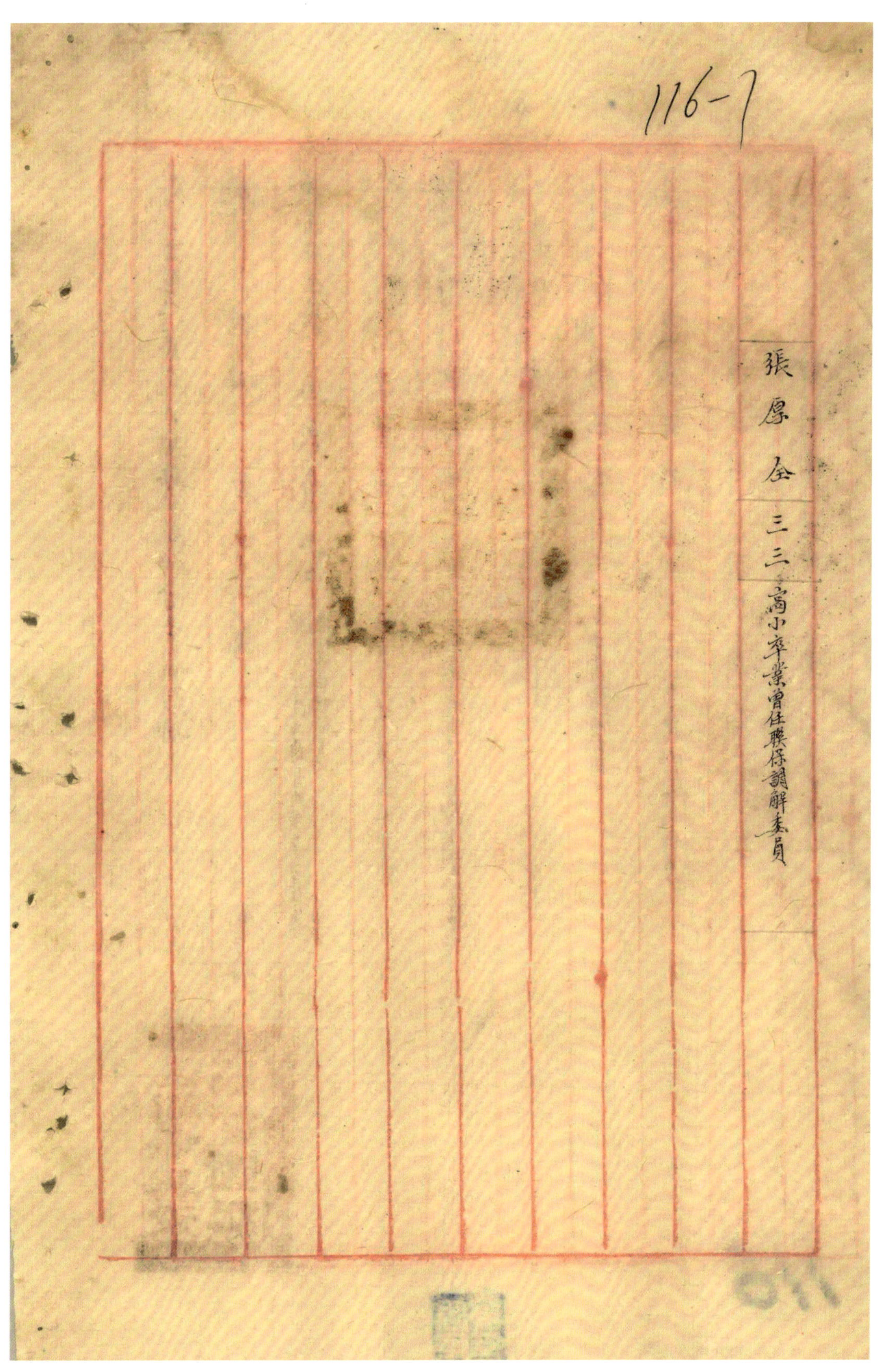

116-7

張厚全	三三	高小卒業曾任聯保調解委員

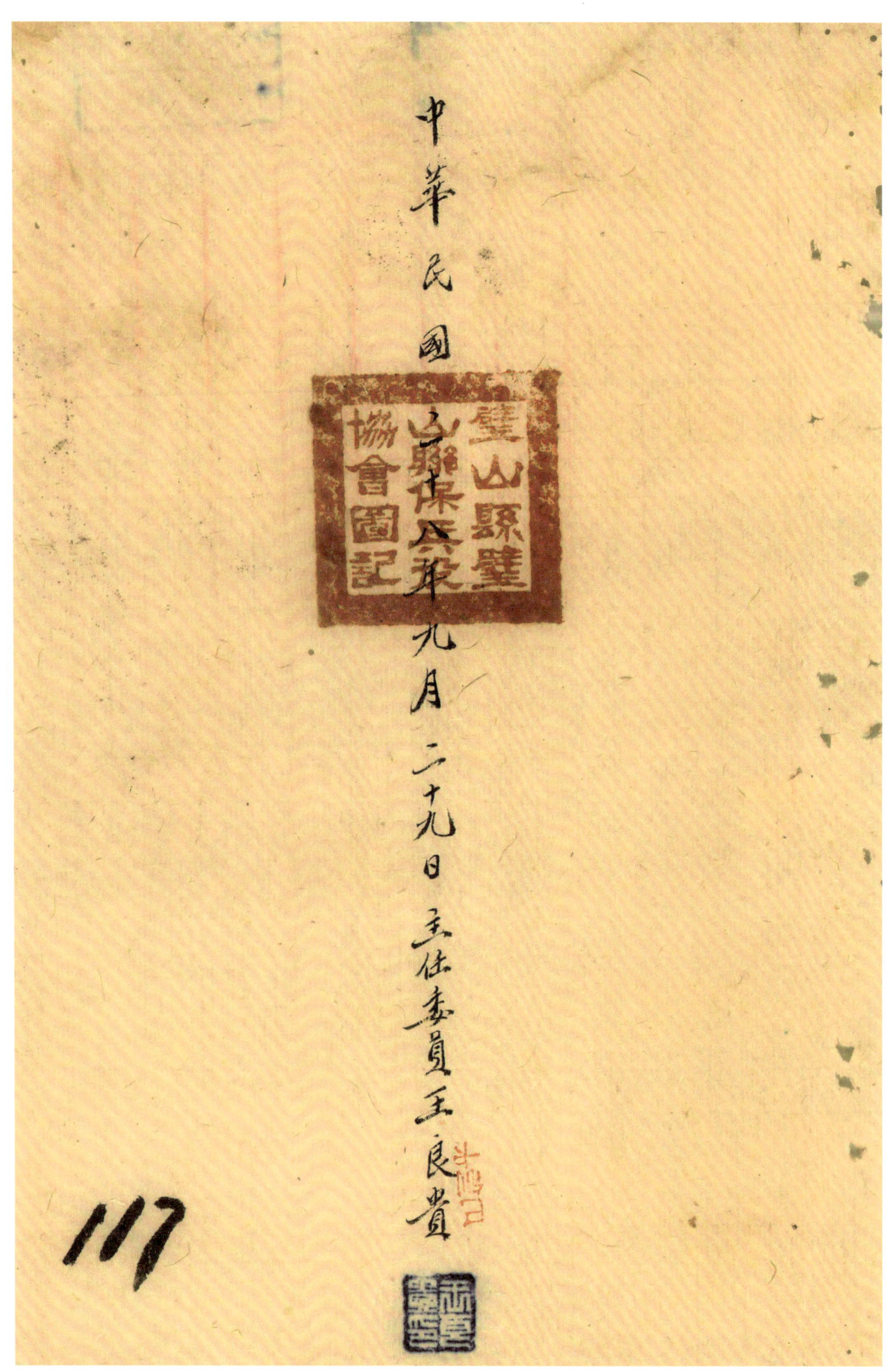

中華民國二十八年九月二十九日 主任委員王良貴

117

璧山縣第一區丹鳳鎮聯保兵役協會職員資歷表

中華民國二十八年九月　日製

姓名	年齡	籍貫	職別	資歷	備考
鄧事咸	三八	璧山	主任委員	重慶聯合縣立舊制中學畢業現任聯保主任	
張治良	三六	同	監查組長兼常務委員	浮圖關軍官教育團畢業曾任本鎮教導隊教官	
白仲倫	三六	同	優待組長兼常務委員	璧山縣立中學肄業曾任本鎮調解委員及教育委員	
楊登傑	二九	同	宣傳組長兼常務委員	璧山縣立鄉村師範校畢業曾任丹鳳小學校長現任教員	
任輔臣	三四	同	慰勞組長兼常務委員	璧山縣保訓班畢業現任保長	
陳志嘉	四八	同	委員	成都高等警察學校畢業曾任合縣警察所巡官暨彭縣警局警佐	
許臨淵	二八	同	委員	璧山縣立初級職業中學畢業曾任丹鳳小學教員	
吳元禮	二八	同	委員	黔彭聯立初級中學畢業現任倉谷保管委員	
夏承禹	三五	同	委員	二十四軍軍官教育團畢業曾任本鎮聯隊附現任調解委員	

璧山县第二区会兴联保兵役协会职员姓名册（一九三九年九月）

璧山縣第二區會興聯保兵役協會職員姓名册

璧山縣第二區會興鄉保長聯合辦公處圖記

149

璧山縣第二區會興聯保兵役協會職員姓名册

民國二十八年九月 日 主任委員朱鳳池造呈

職別	姓名	年齡	簡歷	備攷
主任委員	朱鳳池	四九	代理聯保主任	
常務委員兼監察組長	左月風	七一	歷任地方公務	
常務委員兼優待組長	朱正倫	三八	現任鄉倉委員	
常務委員兼宣傳組組長	朱庭輝	三一	現任小學校長	
常務委員兼慰勞組組長	朱子貽	四六	歷任各軍營長	
委員	朱家駿	二七	現任小學校長	
	朱象高	二六	現任小學教員	
	朱翰光	二八	同前	

150

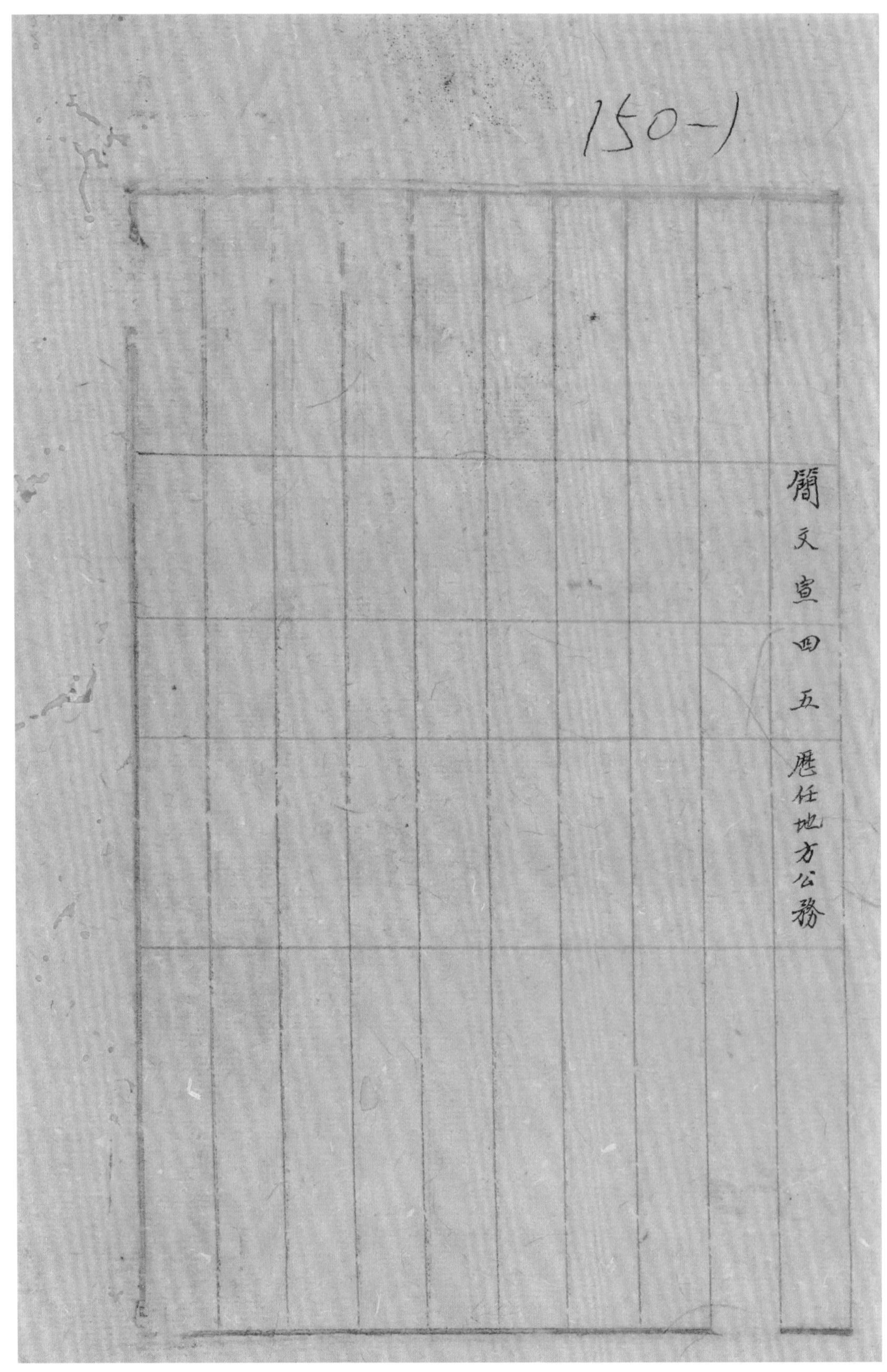

150-1

簡文宣四五
歷任地方公務

璧山縣平安聯保兵役協會職員名冊

民國二十八年十月三日 造呈

職別	姓名	年齡	簡	考
主任委員	何歆修	四五	歷任各軍治療所長及醫務主任書記現任聯保主任	
常務委員兼監察組組長	彭瀞南	六二	曾任區長團総等職現任兵役監察主任委員	
常務委員兼優待組組長	彭世軒	三七	曾任鄉長團總[illegible]大隊長現任倉儲主任委員	
常務委員兼宣傳組組長	羅祥書	三五	現任小學校長	
常務委員兼慰勞組組長	彭硯揚	三二	現任校長兼教員	
委員	楊君祿	三六	曾任教育委員	
同	周炳三	六〇	曾任保長職務	
同	魏鳳堂	五九	曾任鄉長副團總等職	

124

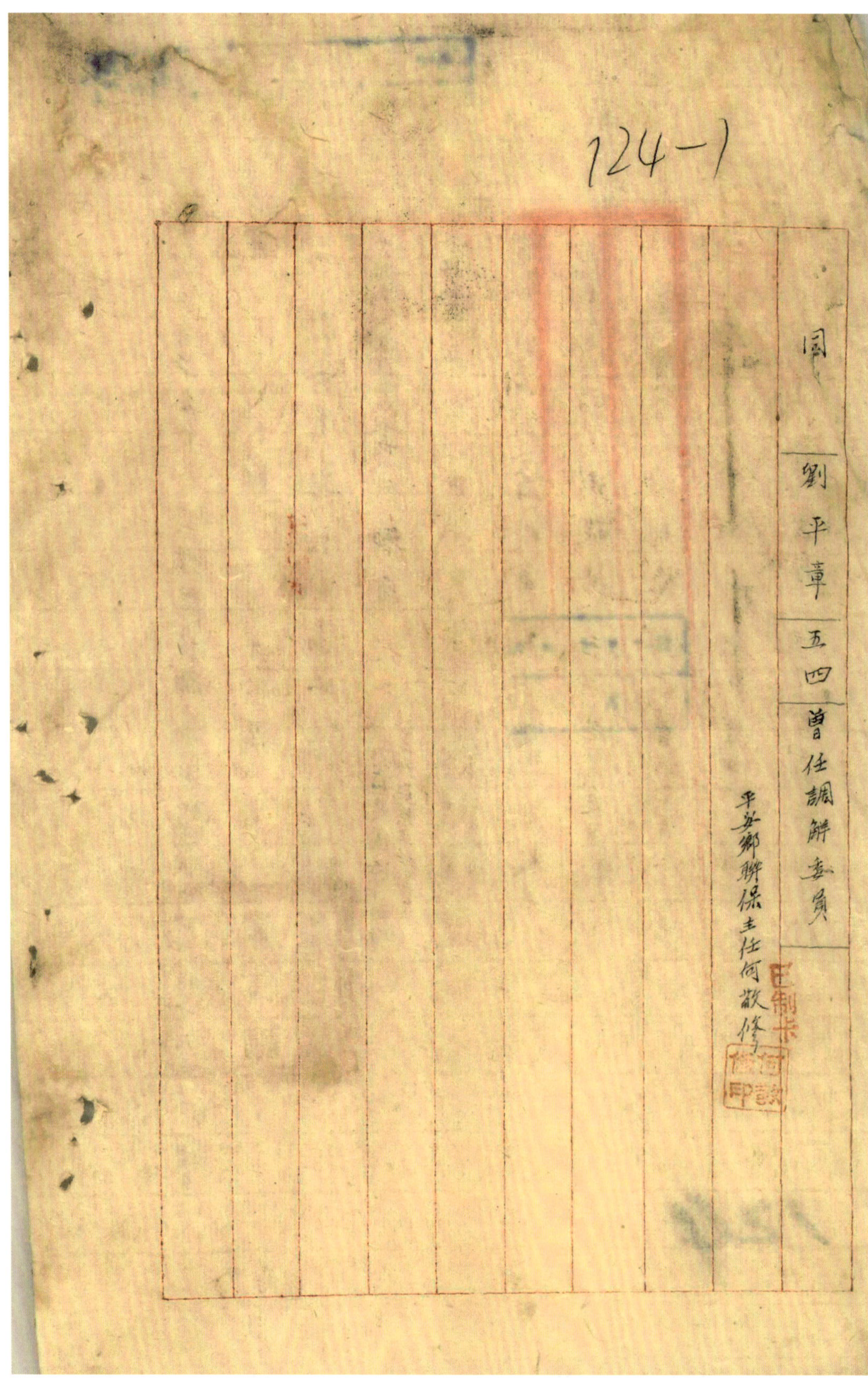
124-1

同

劉平章 五四 曾任調解委員

平安鄉聯保主任何歆修

璧山县政府第一区区署关于陈报罗荣自行入伍请核销原有丁额致璧山县政府的呈（一九三九年十月二十二日）

璧山縣政府第一區區署 呈 役字第一〇三號

民國二十八年十月二十二日發

事由：為據城南呈報壯丁羅榮自行入伍請予核銷原有丁名轉請核示由

案據城南聯保主任鄭兆蘭呈稱：「案據職鄉第十六保保長陳炳之呈稱：茲據職保六甲甲長李崇穀稱：頃據本甲住戶家長羅炳盛面稱：竊民之子羅榮，即治清，因鑒於國戰方殷，需用士兵孔急，故於本年六月前往第一補充兵訓練處自行入伍，以盡國民天職。惟於在鄉原有丁額無法減銷，茲特附證一份，懇請賞甲長轉呈，以資証明而便銷額等情，附証書一份。據此，經職復查，果屬不虛，理合據情連同証明書呈請賞保長呈轉示遵等情，附証書一份。據此，查該羅榮原有丁額，前曾呈報有案，理合連同証明書一份呈請鈞處鑒核，轉呈核銷丁額

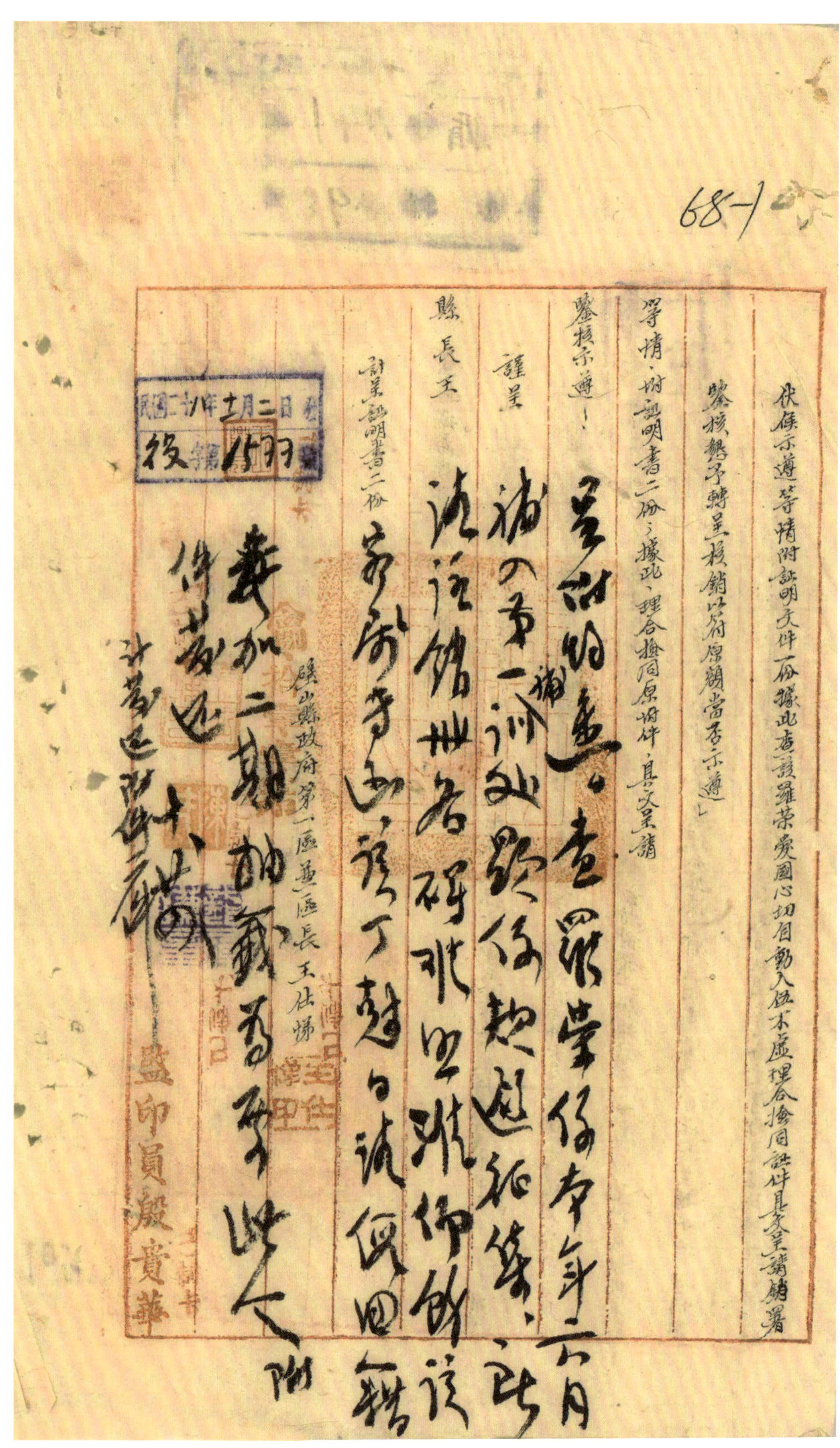

68-1

伏候示遵等情附証明文件一份，據此查該羅榮燮國心切自動入伍本屬理合檢同証件具文呈請鈞署鑒核，懇予轉呈核銷以符原額，當否示遵。
等情，附証明書二份，據此，理合檢同原附件，具文呈請
鑒核示遵！
謹呈
縣長王
計呈証明書二份
璧山縣政府第一區署區長王仕悌

民國二十八年十二月二日 收字第1533號

監印員殷賓華

璧山县福禄联保兵役协会关于组织成立兵役协会致璧山县政府的呈（一九三九年十月）

璧山縣福祿聯保兵役協會呈

爲遵照規程組織成立兵役協會造具職員名册報請核備由

會字第零零零一號

民國二十八年十月　日發

本年八月二十七日，案奉

鈞府訓令役字第二五二九號，爲奉令組織兵役協會，附發前項規程，令照辦具報一案。（中略）後開：

「合行抄同原附件，令仰該主任即便遵照，如限組織，具報備查爲要。此令。」

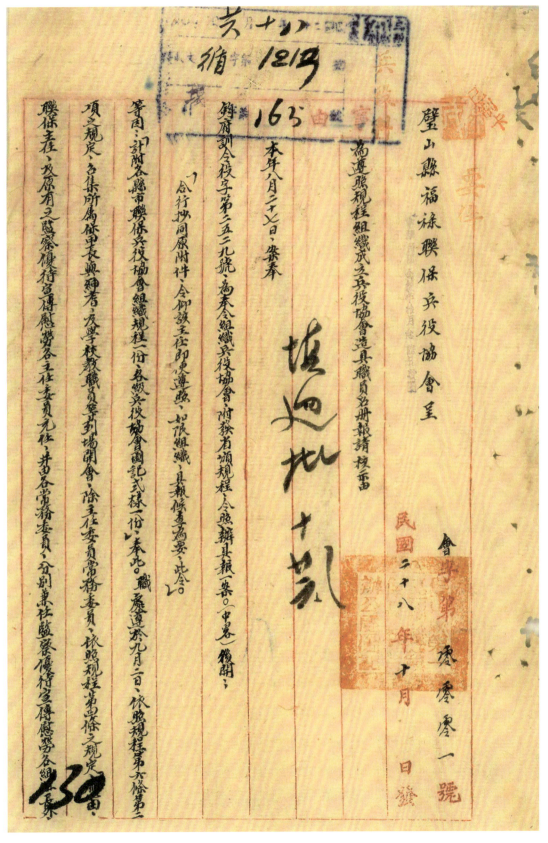

等因，計附各縣市聯保兵役協會組織規程一份，各級兵役協會圖記式樣一份，奉此。職處遵於九月二日，依照規程第六條第二項之規定，召集所屬保甲長與紳耆，及學校教職員等到場開會，除主任委員、常務委員，依照規程第四條之規定，由聯保主任、及原有之監察優待宣傳慰勞各主任委員充任，並由各常務委員，分別兼任監察優待宣傳慰勞各組組長，業

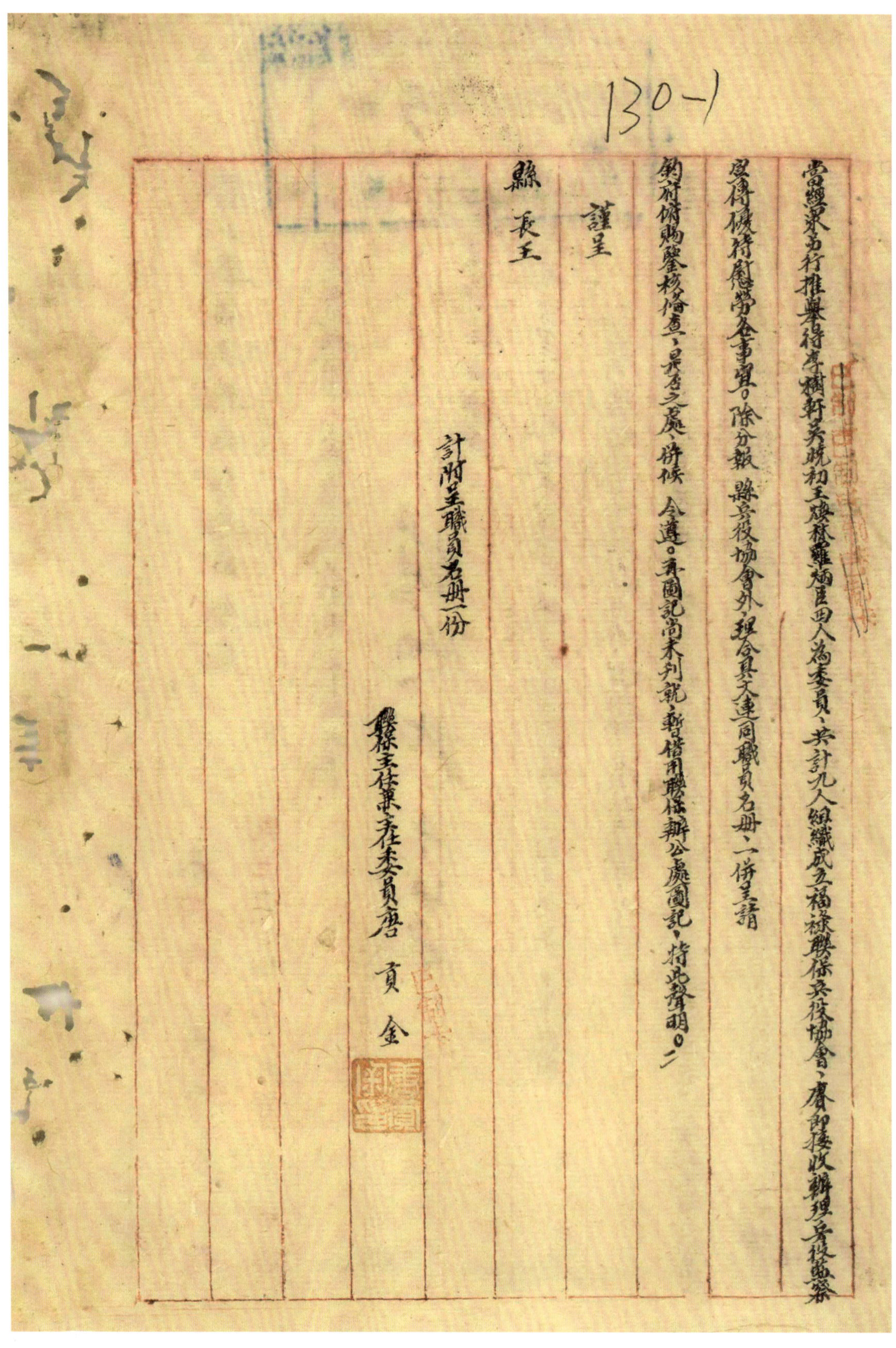

130-1

當經衆另行推舉侍孝樹、軒英魁、初玉陵、蔡羅炳、匡西人為委員，共計九人組織成立福祿聯保兵役協會，當即接收辦理兵役監察及優待慰勞各事宜。除分報縣兵役協會外，理合具文連同職員名冊一併呈請鈞府俯賜鑒核備查，是否之處，併候令遵。再圖記尚未刊就，暫借用聯保辦公處圖記，特此聲明。二

謹呈

縣長王

計附呈職員名冊一份

聯保主任兼主任委員唐貢金

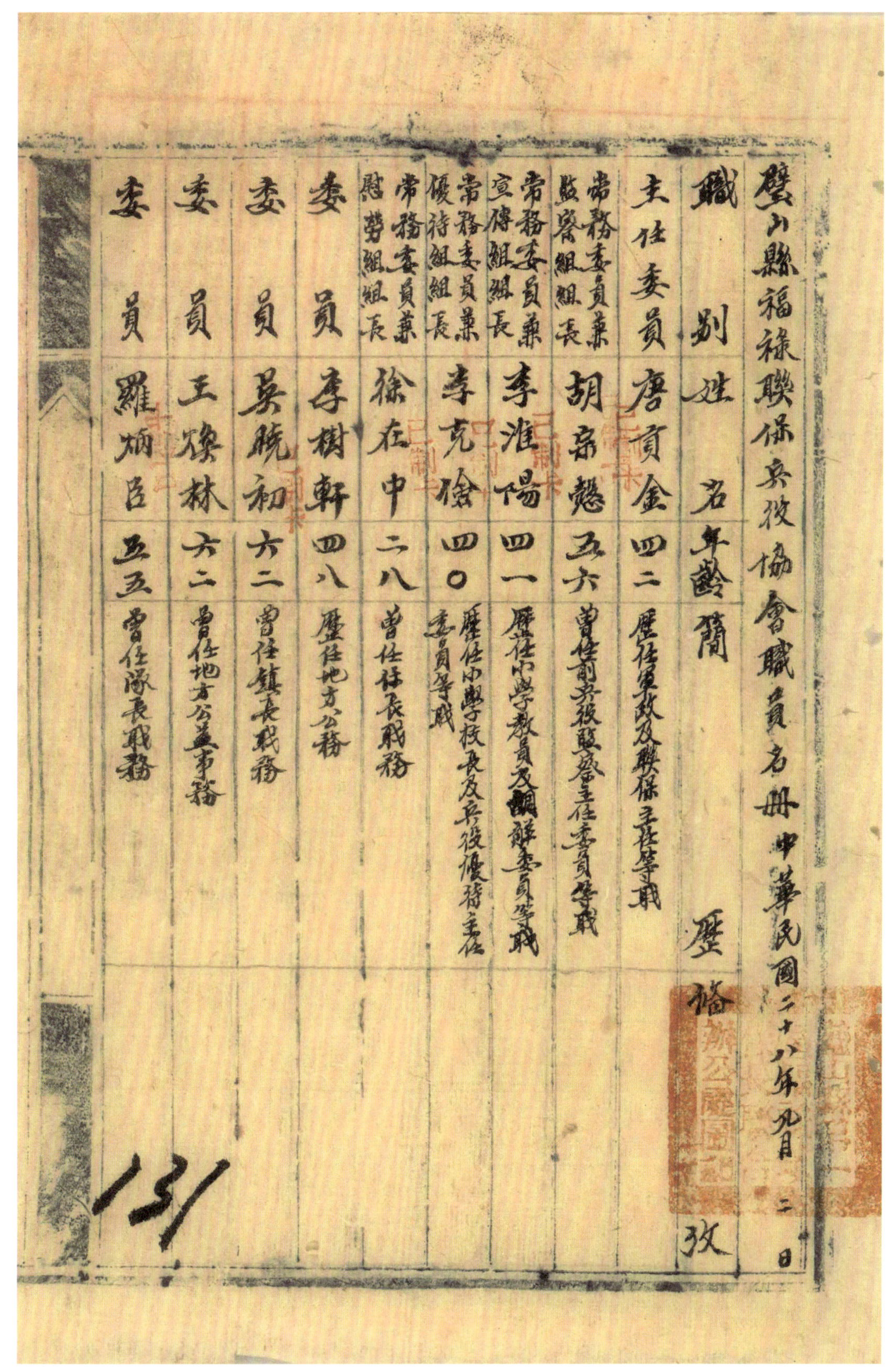

璧山縣福祿聯保兵役協會職員名册

職別	姓名	年齡	簡歷
主任委員	唐貢金	四二	歷任黨政及聯保主任等職
常務委員兼監察組組長	胡宗懿	五六	曾任前兵役監察主任委員等職
常務委員兼宣傳組組長	李淮陽	四一	歷任小學教員及調解委員等職
常務委員兼優待組組長	李克儉	四〇	歷任小學校長及兵役優待主任委員等職
常務委員兼慰勞組組長	徐在中	二八	曾任保長職務
委員	李樹軒	四八	歷任地方公務
委員	吳毓初	六二	曾任鎮長職務
委員	王煥林	六二	曾任地方公益事務
委員	羅炳臣	五五	曾任隊長職務

中華民國二十八年九月二日

131

璧山县第三区临江联保兵役协会职员名册（一九三九年十月）

璧山縣第三區臨江聯保兵役協会職員名册

璧山縣第三區臨江鄉保長聯合辦公處圖記

131

璧山縣第三區臨江聯保兵役協会職員名冊

職別	姓名	年齡	簡歷	備攷
主任委員	蔡廷榮	三四	璧山縣立中學畢業現任本鄉聯保主任	
常務委員兼監察組組長	魯清平	六〇	前任本鄉聯保主任	
常務委員兼宣傳組組長	趙世文	二二	現任智燈小學校長	
常務委員兼優待組組長	黃安五	三六	前聯保兵監委員	
常務委員兼慰勞組組長	羅繼伯	三六	前聯保兵監委員	
委員	李克勤	三六	前聯保兵監委員	
委員	甘友德	二八	法專畢業現任本鄉助理學董	
委員	蔡讀正	二八	前聯保兵監委員	

138

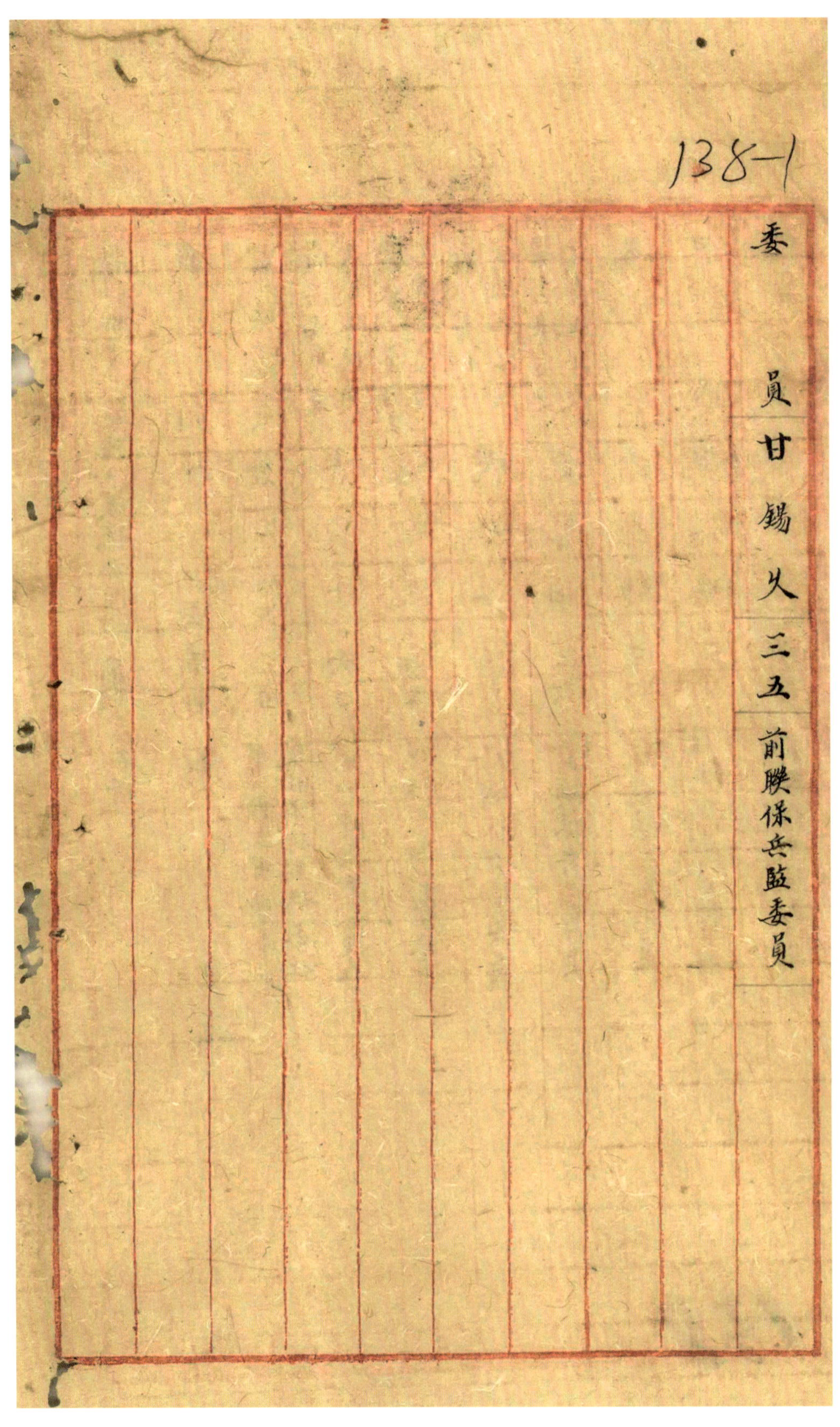
138-1

委　　員甘錫久　三五　前聯保兵監委員

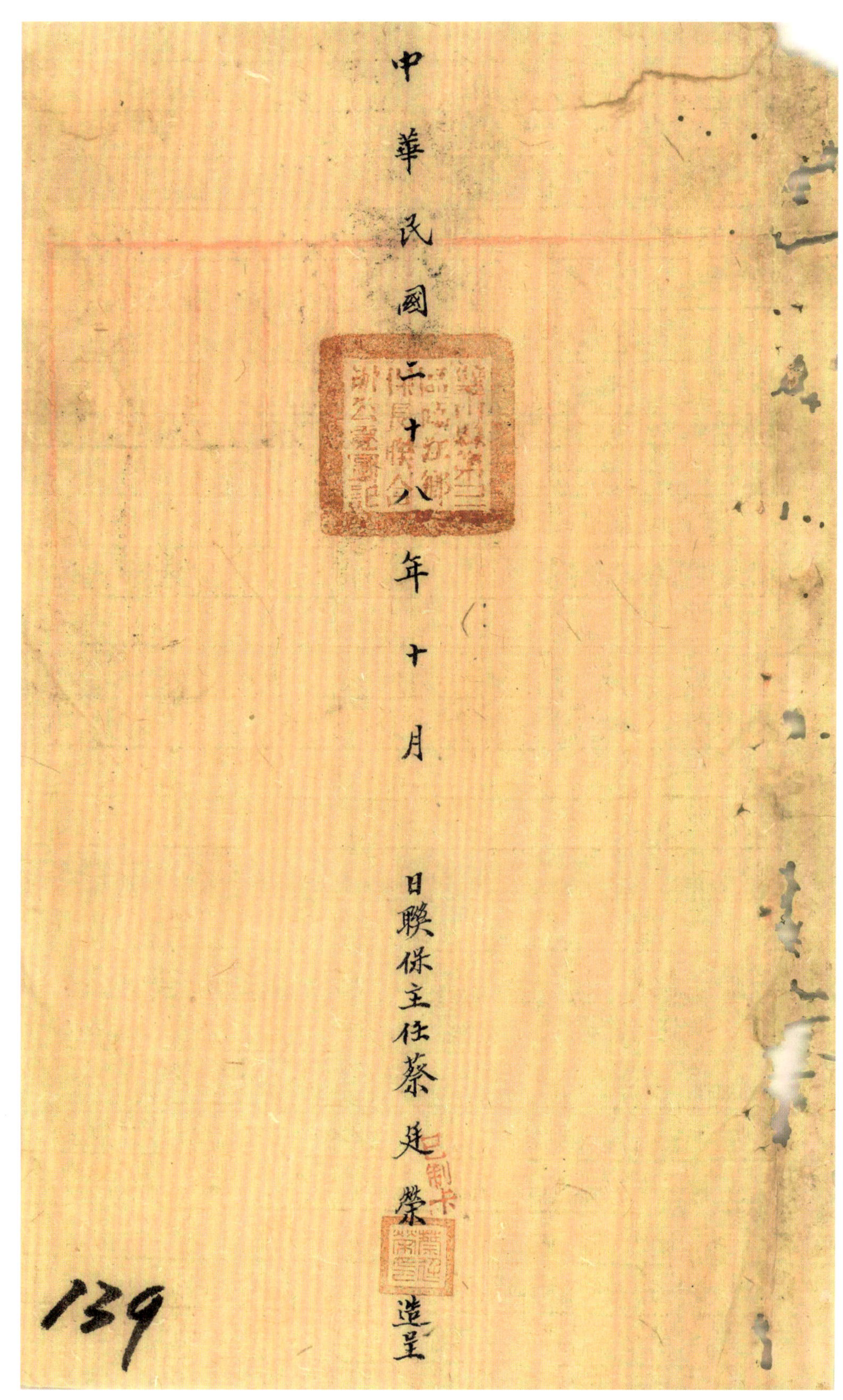
中華民國二十八年十月　日聯保主任蔡廷榮造呈

已制卡

139

璧山县第一区三教联保兵役协会关于组织兵役协会致璧山县政府的呈（一九三九年十一月二十一日）

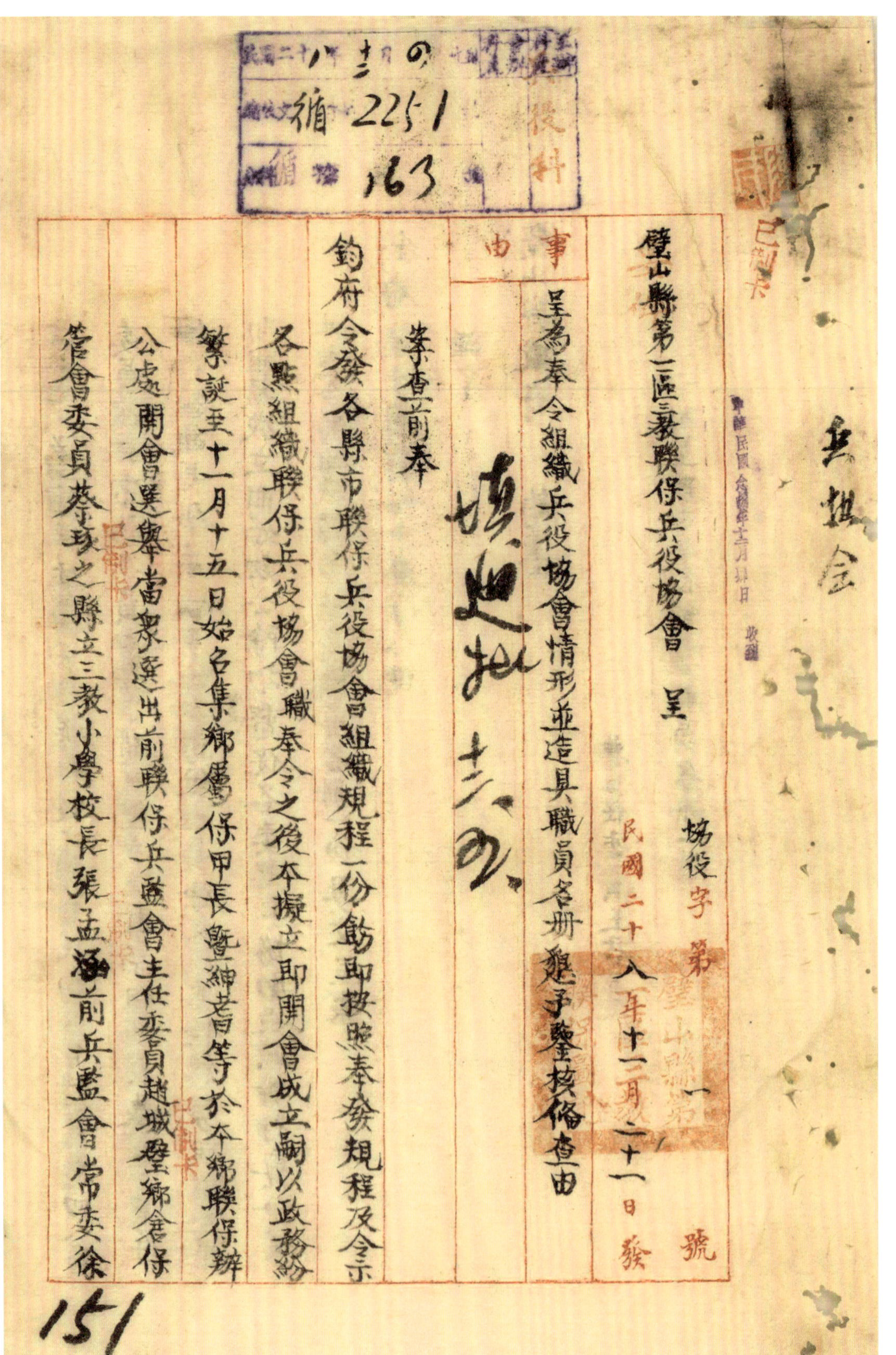
兵役會

璧山縣第一區三教聯保兵役協會　呈

協役字第一號

民國二十八年十一月二十一日發

事由：呈爲奉令組織兵役協會情形並造具職員名册懇予鑒核備查由

竊查前奉

鈞府令發各縣市聯保兵役協會組織規程一份，飭即按照奉發規程及令示各點組織聯保兵役協會。職奉令之後，本擬立即開會成立，嗣以政務紛繁，延至十一月十五日始召集鄉屬保甲長暨紳耆等於本鄉聯保辦公處開會選舉，當衆選出前聯保兵監會主任委員趙城璧、鄉倉保管會委員綦琰之、縣立三教小學校長張孟涵、前兵監會常委徐

151

文安四人為常務委員另選蔡從之趙哲民向大有趙秉忠四人為
委員復就常務委員中指定趙城璧兼任監察組組長蔡琢之兼任
優待組組長張孟涵兼任宣傳組組長徐文安兼任慰勞組組長隨
即組織成立開始辦公除切實督促各委認真協助役政推行暨分呈
外理合將組織情形並造職員名册一份具文呈報
鈞府懇予鑒核備查至深公便
謹呈
璧山縣政府　鈞鑒
兼主任委員王君堯
附呈縣優待兵役協會職員名册一份

附：璧山县第一区三教联保兵役协会职员名册

璧山縣第一區三教聯保兵役協會職員名冊

中華民國二十八年十一月　日製

職別	姓名	年齡	簡歷	備考
主任委員	王君堯	四六	曾任欽南護商大隊長璧山本鄉各項公職現任聯保主任	
常務委員兼監察組組長	趙城璧	四八	曾任犍為鹽亭潼南各縣府職員本鄉團正兵監會主任委員	
常務委員兼優待組組長	蔡琢之	五一	歷任鄉長教育委員[illegible][illegible]鄉倉保管委員聯保主任	
常務委員兼宣傳組組長	張孟涵	三一	歷任巴璧兩縣各小學校長及教職員現任縣立三教小學校長	
常務委員兼慰勞組組長	徐文安	五二	曾任本鄉團總及各項公職	
委員	蔡從之	四七	曾任本鄉團總調解主任代理聯保主任各職	
委員	向大有	二五	曾任本鄉鄉立小學校校長教育委員第二保保長	
委員	趙哲民	二八	本鄉教育委員潼南縣政府第一科科員	

一區三教聯保團記

152

152-1

委員 趙秉忠 二六 前任聯保主任現任縣立姜家堰初級小學校長

陆军第二十九军第二十六师司令部关于函送抗日阵亡官兵名册并书牌送入忠烈祠致璧山县政府的公函

（一九三九年十一月三十日）

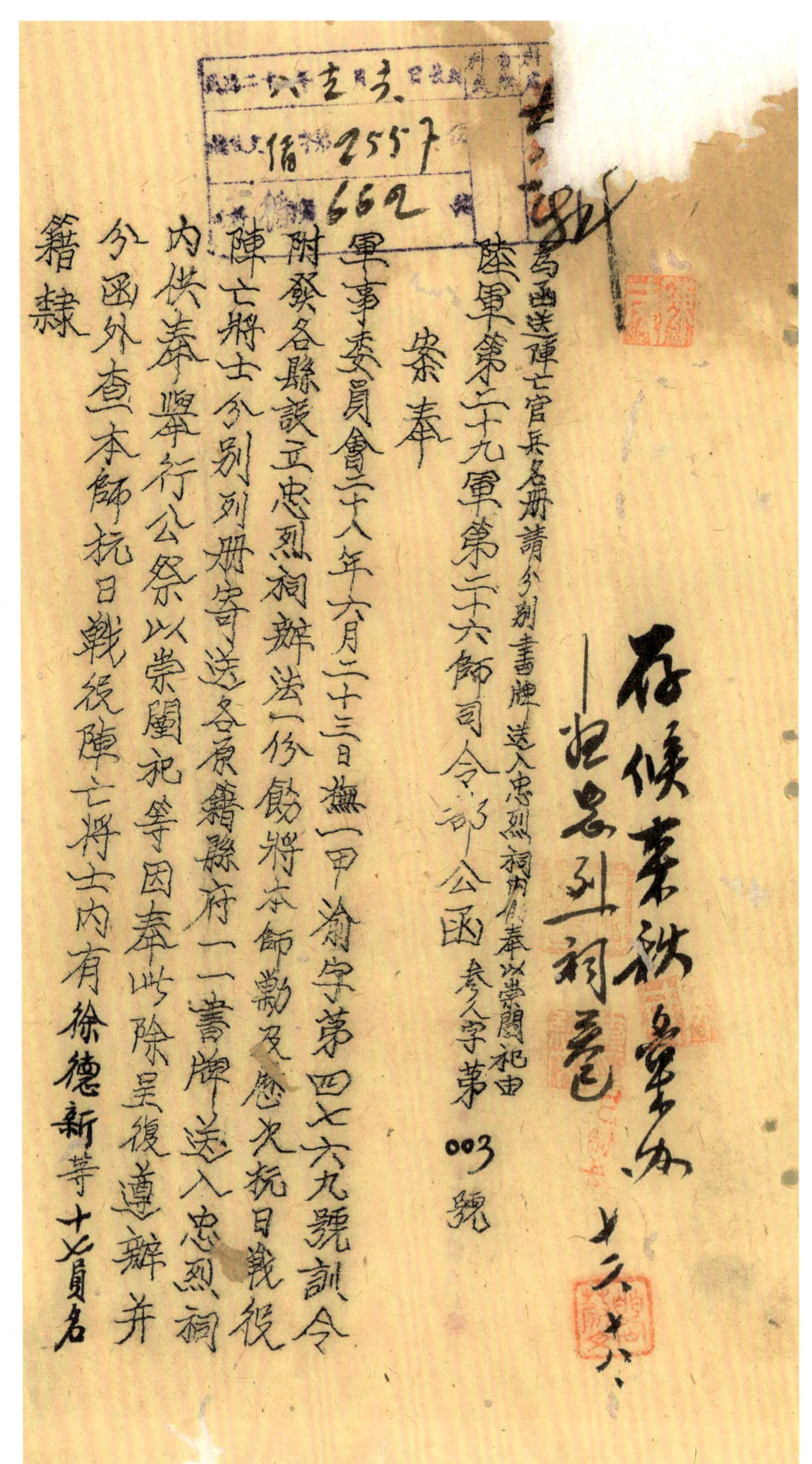
存候春秋彙辦

一併忠烈祠卷

十一、六

為函送陣亡官兵名册請分别書牌送入忠烈祠内供奉以崇闕祀由

陸軍第二十九軍第二十六師司令部公函 叁人字第003號

案奉

軍事委員會二十八年六月二十三日撫一甲渝字第四七六九號訓令

附發各縣設立忠烈祠辦法一份飭將本師勦及歷次抗日戰役

陣亡將士分别列册寄送各原籍縣府一一書牌送入忠烈祠

内供奉舉行公祭以崇闕祀等因奉此除呈復遵辦并

分函外查本師抗日戰役陣亡將士内有徐德新等十七員名

籍隸

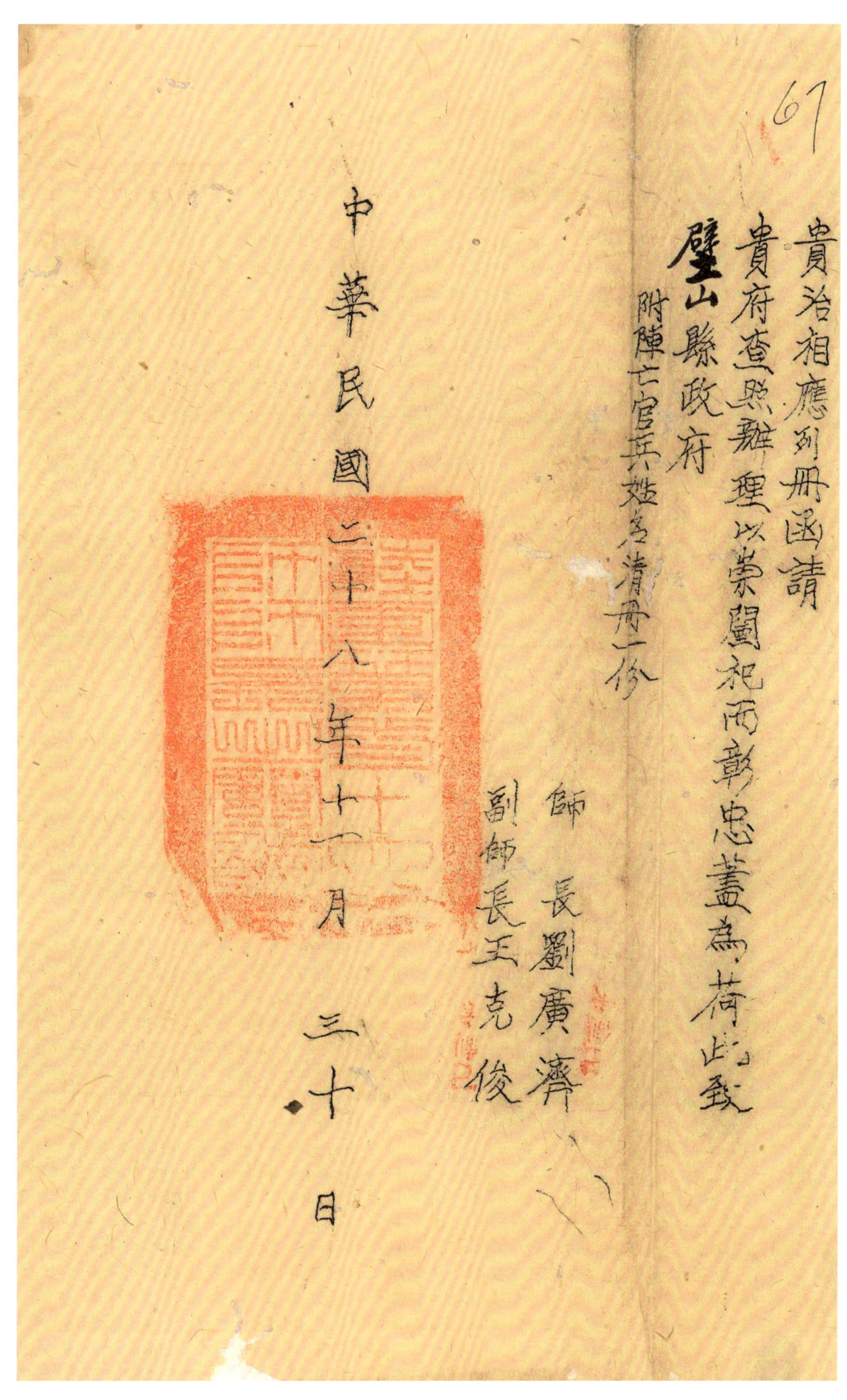

67

貴治相應列冊函請

貴府查照辦理以崇闔祀而彰忠藎爲荷此致

璧山縣政府

附陣亡官兵姓名清冊一份

師　長劉廣濟

副師長王克俊

中華民國二十八年十一月三十日

附：陆军第二十六师阵亡官佐士兵入忠烈祠姓名册

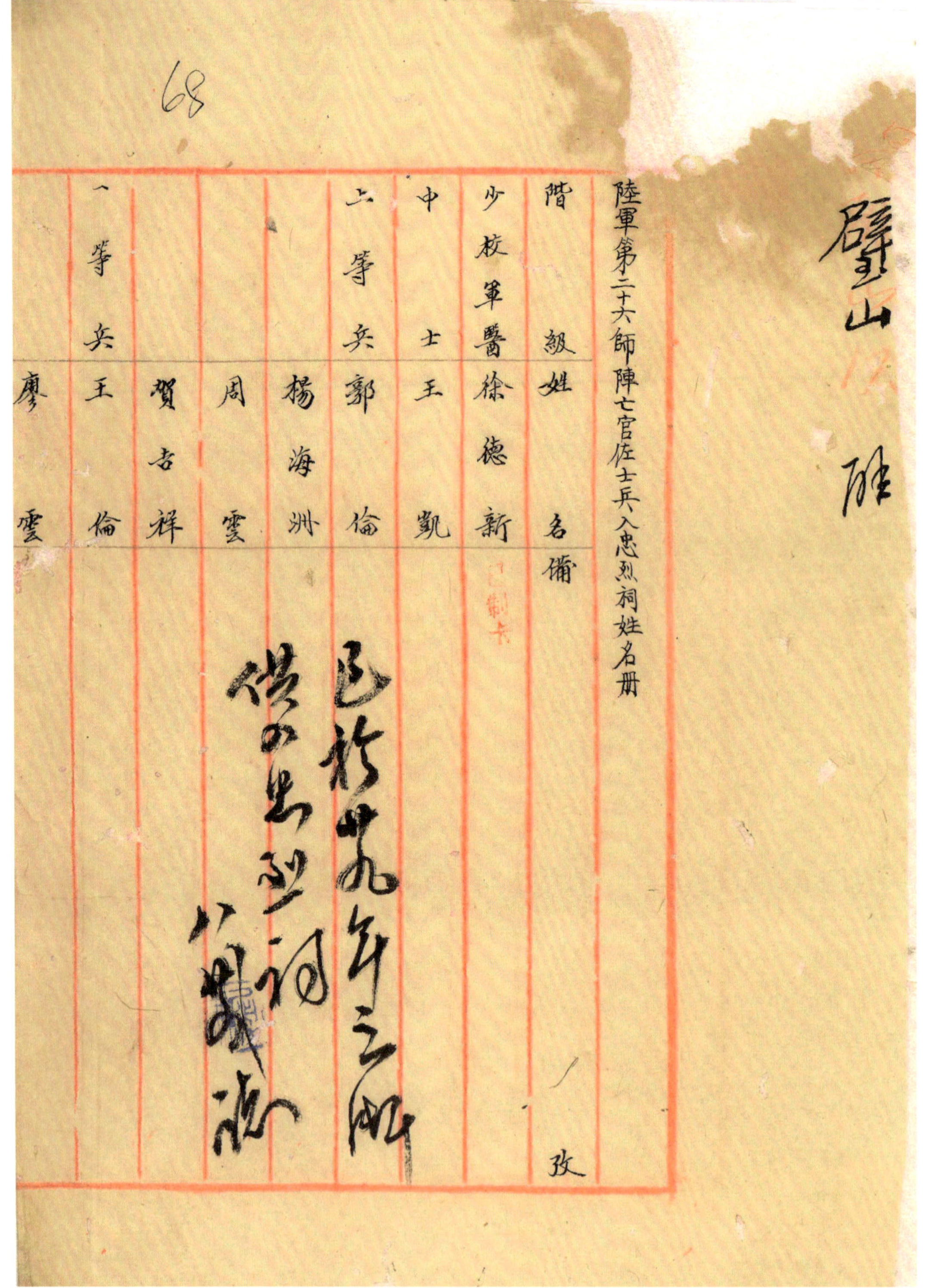
68

璧山县

陆軍第二十六師陣亡官佐士兵入忠烈祠姓名册

階級	姓名	備攷
少校軍醫	徐德新	
中士	王凱	
上等兵	郭倫	
	楊海洲	
	周雲	
	賀吉祥	
一等兵	王倫	
	廖雲	

已于卅九年三月供入忠烈祠

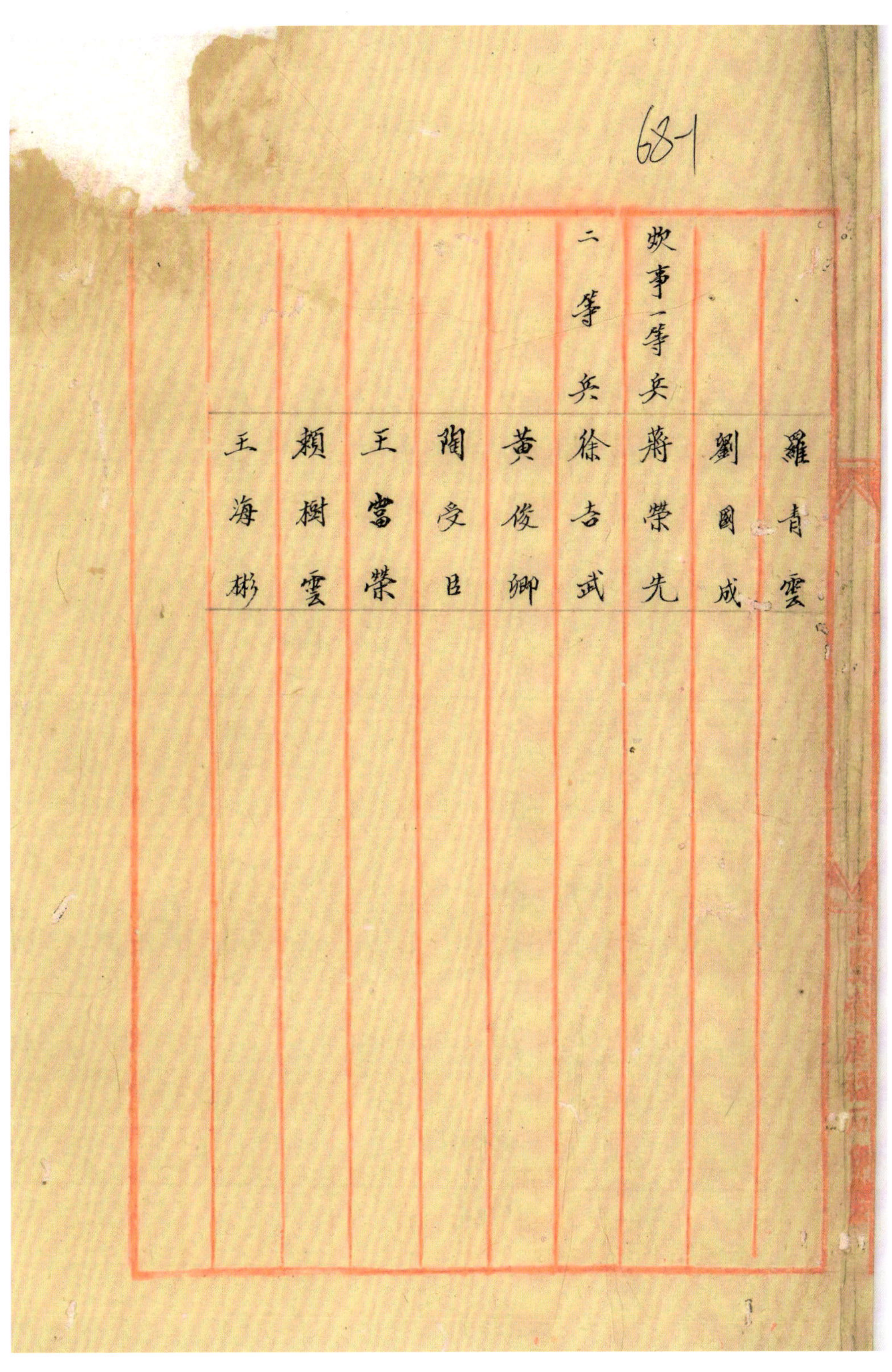

68-1

羅青雲

劉國成

炊事一等兵　蔣榮先

二等兵　徐吉武

黃俊卿

陶受呂

王當榮

賴樹雲

王海彬

璧山县政府第三区区署关于奉令补征剔退壮丁名额及所欠丁额致璧山县临江乡联保的训令

（一九三九年十二月十九日）

璧山縣政府第三區區署訓令　征役字第　　號
事由：為奉令補征剔退壯丁名額及前欠丁額仰令到日即遵照如額加緊補送來署以憑送縣由　民國二十八年十二月十九日

令臨江聯保辦公處

案奉

璧山縣政府
　　　國民兵團團部　役團字第八六五號訓令開：

「查本縣常備第一二兩中隊第一期入營壯丁三六〇名已奉團區司令部令飭悉數撥交渝區補四團接收，經于本月十三十四兩日交由該團驗收二七〇名，業已開拔出縣，其餘九十名限期本月廿日一次交足。查合壯丁除上項交付額及前次奉令復驗因病退回各區十三名外（均有訓令），現有留隊壯丁計七七名，經補四團軍醫複驗僅三五名及格，允予接收，其餘不及格之四十二名內有十名患病較輕，已飭常備中隊加緊治療，俟痊愈後交兵時設法交出，其餘患重病之三二名非短期所能療愈，亟應剔退，令各聯保飭另征補，並核定征補丁額，准予交撥完畢結算。除飭各常備中隊長將上項剔退壯丁造送各聯保並分令外，合行抄發該區各聯保剔退壯丁名表一份，仰速轉飭各聯保如額遞夜趕征，銖限本月廿日

48

征交常备中队长孙叔武验收，以便接交师区补四团补足应拨兵额

至法项征补壮丁如已送入第二期参加抽签名册，即应于备考栏内注

明呈报，以凭查核为要。此令

等因；计被剔退第三区各联保壮丁名表一纸。奉此，查高炳林、杨运成、赵树林、

刘国江、王伦等五名因病剔退，业经本署以区役字第四三二号令饬青木八

塘、腾龙各联保迅速补送在案。惟青木剔退之刘国经复验收及格交

接，保前退之四名系县府与国民兵团自行复验认为不合，此次剔退之

八名经接收部队复验不合，本署尚欠七四名，各联保共应补送十六名始足配

查接收部队急待开拔，而验收标准又较前严格，亟须打破保甲界线，由联

保统筹督征，采取非常手段，漏夜赶紧加倍办理，用赴事功。除分令外，合

行亟抄名表，令仰该主任即便遵照办理，并勒限廿日午后送署集中检送

为要。再查关系急要，拨各联保务照附表人额标准格挑选，并无暗病

痼者加倍征送备验，交付悬欠情形，准在下次配额内照实增减，合併饬知

切速切速。此令

区长 彭盛春

已制卡

附：璧山县国民兵团常备中队第一期剔退第三区各联保壮丁名表

璧山縣國民兵團常備中隊第一期剔退第三區各聯保壯丁名表

聯保別	壯丁姓名	住址	隊別	剔退原因	備考
八塘	黃火全	六保	一中隊	不健	
	趙樹林	十三保	同	潰瘍	
依鳳	龔慶欽	九保	同	淺骨病	
大路	朱華傑	—	同	腳瘡	
龍溪	楊述云	七保	同	同	
福龍	湯青云		同	逃亡	
青木	江正倫	四保	同	潰瘍	
七塘	龐金成	二保	同	眼疾	
臨江	陳炳林	四保	同	腳瘡	
	周德君		同	逃亡	
	劉正全		同	逃亡	
轉龍	苟海清		同	逃亡	
	楊運成	八保	同	腿跛	
	馬炳林	二保	同	潰瘍	
	彭興盛	五保	同	皮膚病	
青木	陳方周	二保	同	痔瘡	
合計	一六名				

璧山县第二区鹿鸣联保造呈兵役协会职员履历表（一九三九年十二月二十五日）

璧山縣第二區鹿鳴聯保造呈兵役協會職員履歷表

職別	姓名	年齡	籍貫	住址	經歷
主任委員	周德操	三四	璧山縣	鹿鳴聯保	曾任書記現任聯保主任
常務委員兼宣傳組組長	林錫九	三〇	璧山縣	正心鎮	歷任小學校長現任小學校長
常務委員兼監察組長	徐可大	三七	璧山縣	鹿鳴聯保	曾任本聯保學董及教員
常務委員兼優待組長	田春和	四八	璧山縣	鹿鳴聯保	曾任調解員現任營倉委員
常務委員兼慰勞組長	龍長堯	二七	璧山縣	鹿鳴聯保	曾任小學教員
委員	張朋高	四〇	同右	同右	曾任書記員
委員	龍揚波	三二	同右	同右	曾任保長

民國二十八年十二月二十五日

主任周德操呈

歷脩秀

160

璧山县政府第三区区署转报大路联保兵役协会组织成立日期暨职员名册致璧山县政府的呈（一九三九年十二月三十日）

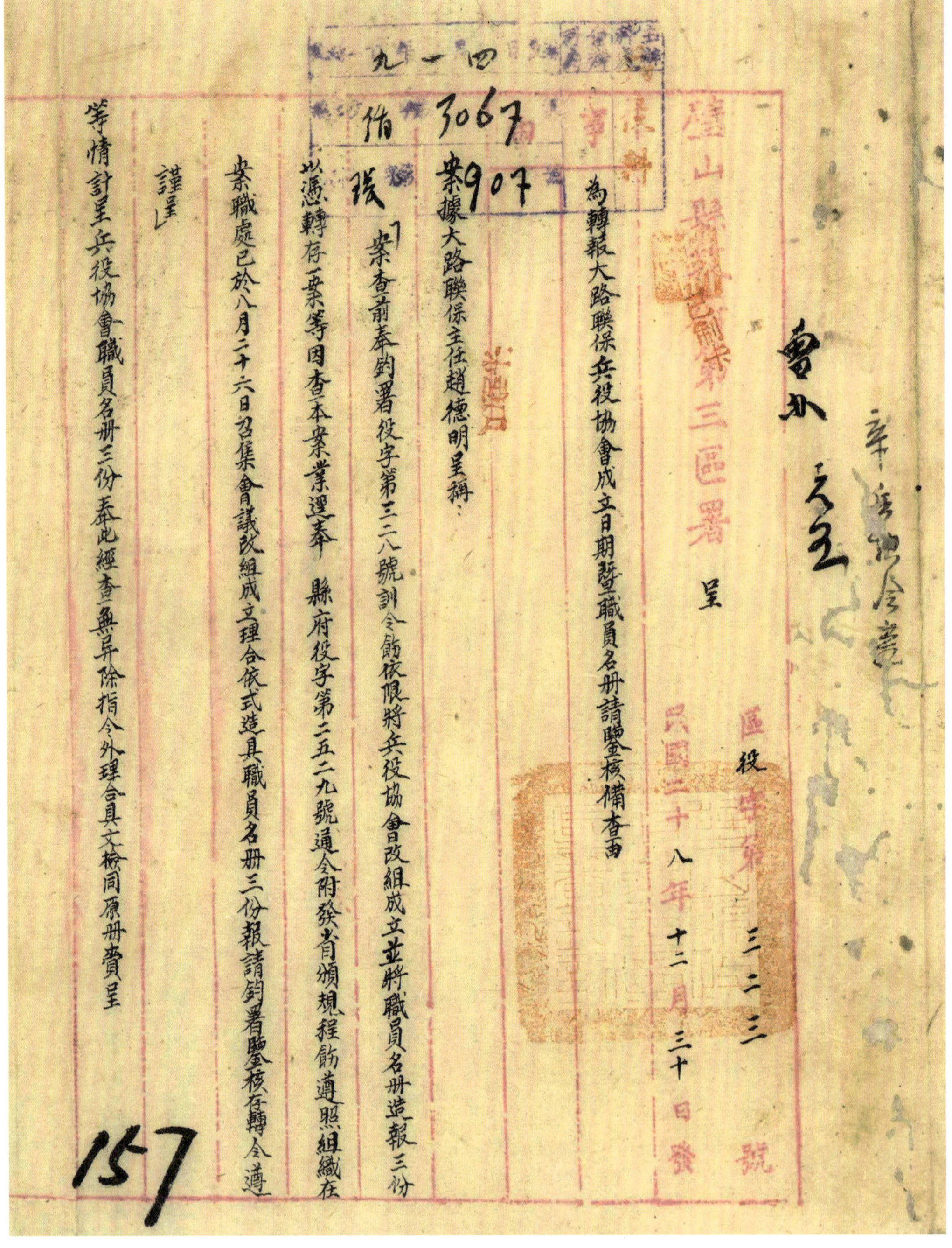

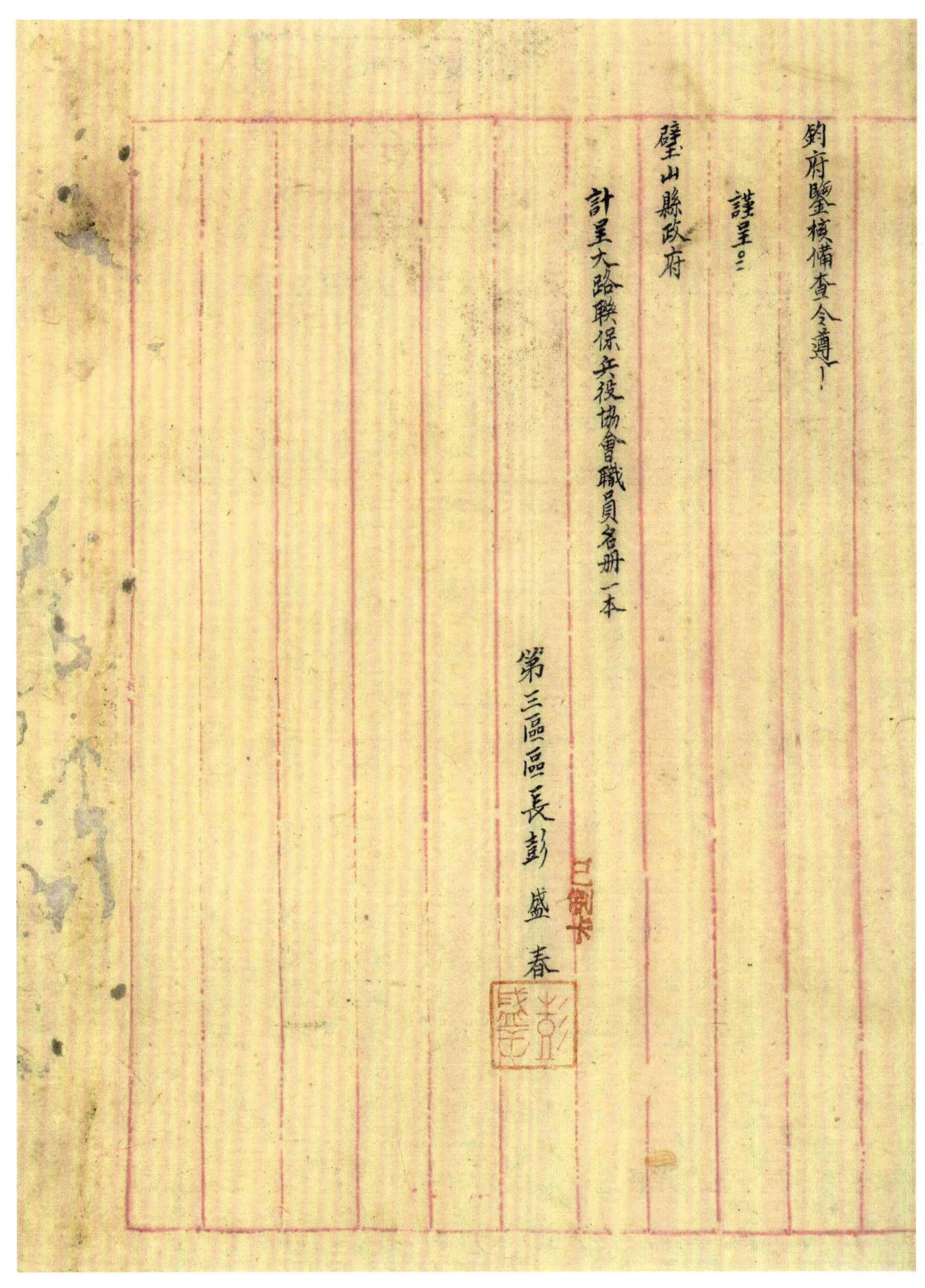

鈞府鑒核備查令遵！

謹呈

璧山縣政府

計呈大路聯保兵役協會職員名册一本

第三區區長彭盛春

附：璧山县第三区大路联保兵役协会职员名册

璧山縣第三區大路聯保兵役協會職員名册

職别	姓名	年齡	簡歷	備攷
主任委員	趙德明	三五	曾任排連長小學教員現任聯保主任	
常務委員兼監察組組長	何海僧	三〇	曾任小學校教員	
常務委員兼宣傳組組長	劉子原	二八	現任校長	
常務委員兼優待組組長	傅雨生	四八	曾任團總	
常務委員兼慰勞組組長	周國祿	三五	現任校長	
兵役協會委員	趙愜烈	五六	曾任視學區員鎮長等職	
仝	江汝揖	四二	曾任鎮長	
仝	吳輝光	五一	曾任書記	
仝	何安民	四三	曾任鎮長	

158

璧山县马嘶实验乡乡公所关于报送夜间警戒员丁组织系统表及教育实施学术科课程表致璧山县政府的呈（一九三九年十二月三十一日）

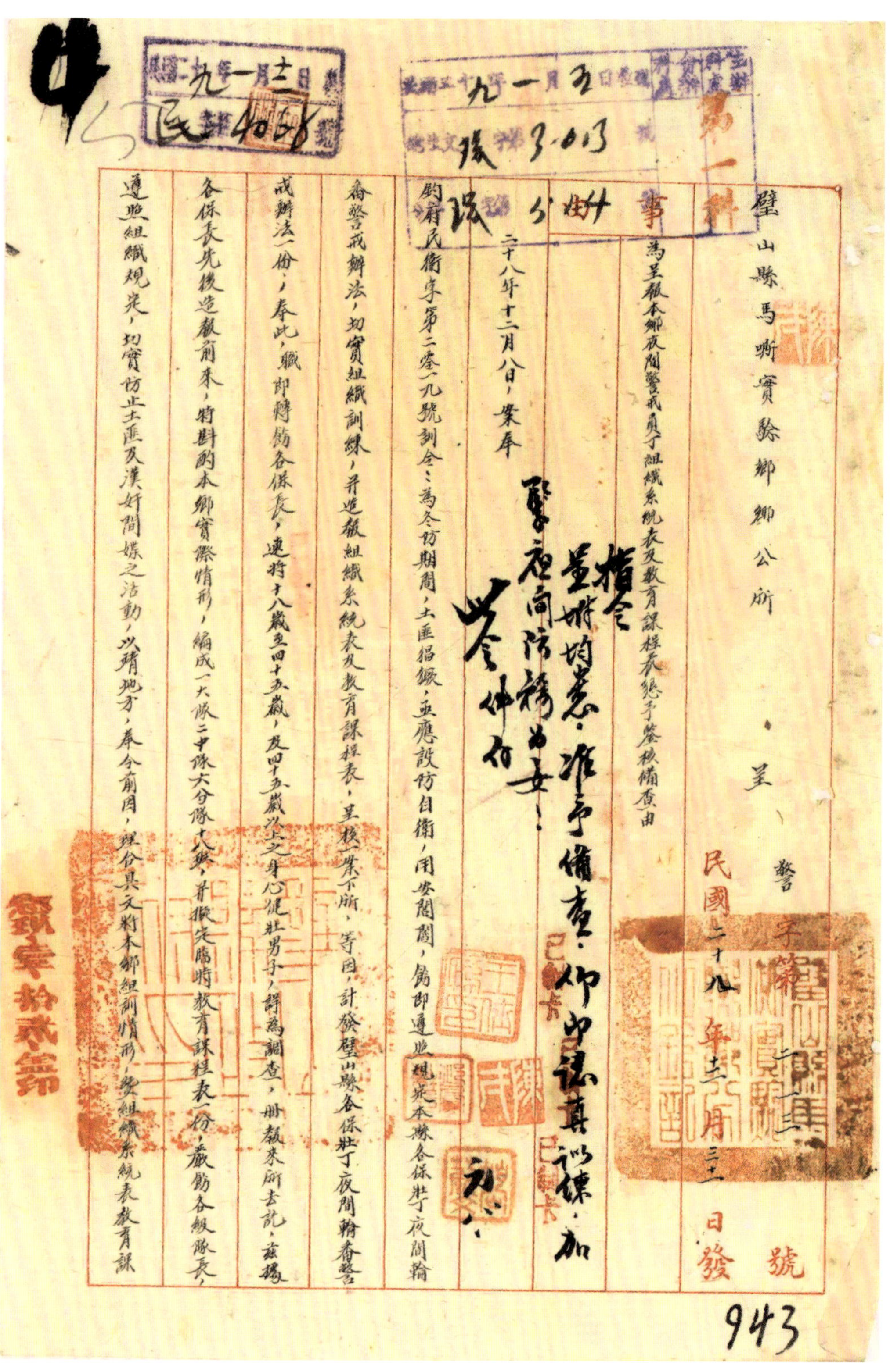
壁山縣馬嘶實驗鄉鄉公所　呈　警字第一二三號

為呈報本鄉夜間警戒員丁組織系統表及教育課程表懇予鑒核備查由

民國二十九年十二月三十一日發

二十八年十二月八日，案奉
鈞府民衛字第二零一九號訓令，為冬防期間，土匪猖獗，亟應設防自衛，用安閭閻，飭即遵照規定本縣各保壯丁夜間輪番警戒辦法，切實組織訓練，并造報組織系統表及教育課程表，呈核，等因，計發壁山縣各保壯丁夜間輪番警戒辦法一份，奉此，職即轉飭各保長，速將十八歲至四十五歲，及四十五歲以上之身心健壯男子，詳為調查，册報來所去訖，茲據各保長先後造報前來，特斟酌本鄉實際情形，編成一大隊二中隊六分隊十八班，并擬定臨時教育課程表一份，嚴飭各級隊長，遵照組織規定，切實防止土匪及漢奸間諜之活動，以靖地方，奉令前因，理合具文，將本鄉組訓情形，暨組織系統表教育課

943

程表各一份，呈敬

鈞府，懇予鑒核備查，是否之處，候令祇遵。

謹呈

縣長王

附呈璧山縣馬坊實驗鄉夜間警戒員丁組織系統表一份教育課程表一份

鄉長 劉有德

已制卡

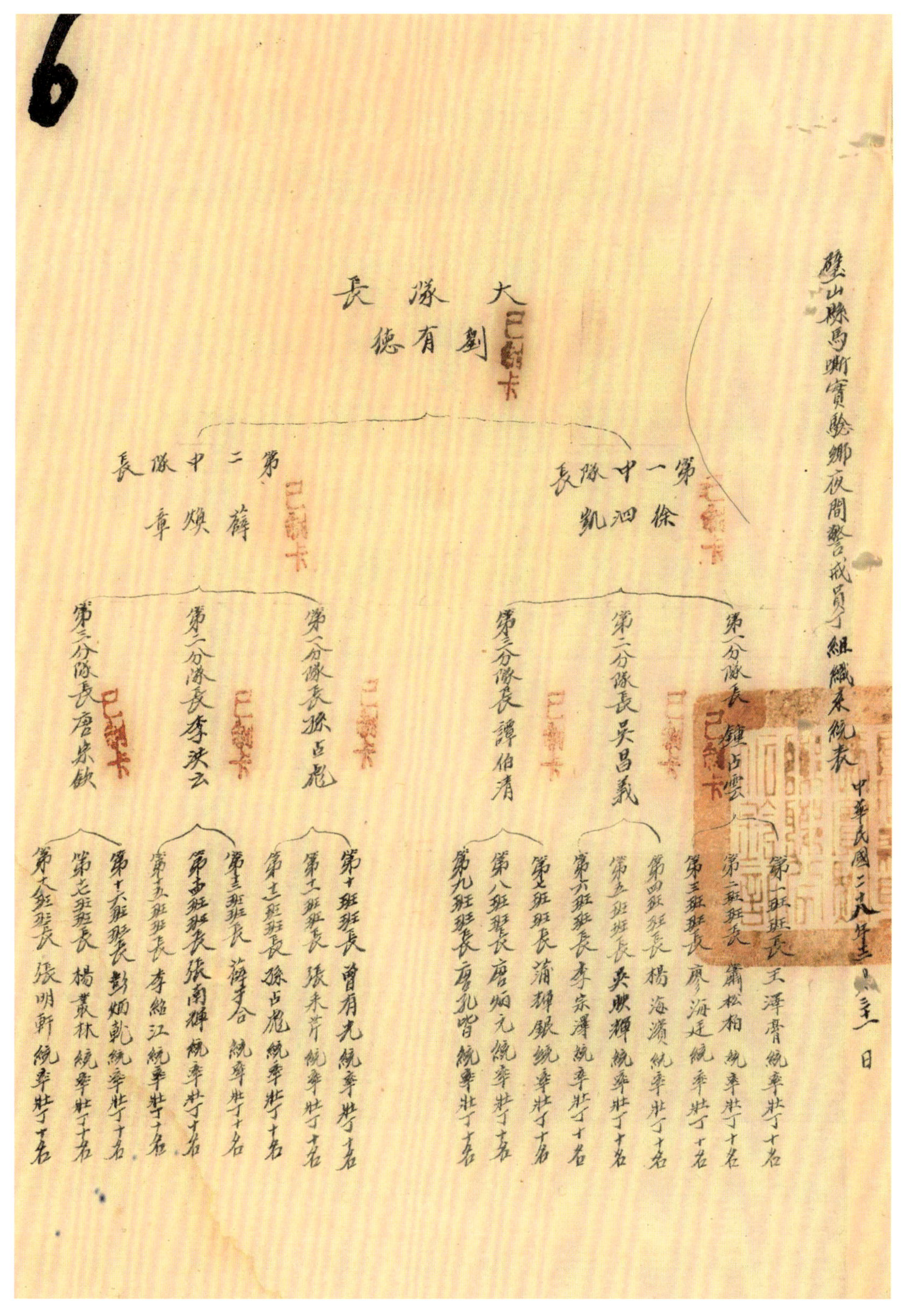

璧山縣馬嘶實驗鄉夜間警戒員丁組織系統表

中華民國二十八年十二月三十一日

大隊長 劉有德

第一中隊長 徐泗凱

第二中隊長 薛煥章

第一分隊長 鍾占雲

第二分隊長 吴昌義

第三分隊長 譚伯清

第一分隊長 孫占彪

第二分隊長 李秋云

第三分隊長 唐宗欽

第一班班長 王澤胥 統率壯丁十名

第二班班長 蕭松柏 統率壯丁十名

第三班班長 廖海廷 統率壯丁十名

第四班班長 楊海濱 統率壯丁十名

第五班班長 吴耿輝 統率壯丁十名

第六班班長 李宗澤 統率壯丁十名

第七班班長 蒲耀銀 統率壯丁十名

第八班班長 唐炳元 統率壯丁十名

第九班班長 廖孔皆 統率壯丁十名

第十班班長 曾有光 統率壯丁十名

第十一班班長 張秉芹 統率壯丁十名

第十二班班長 孫占彪 統率壯丁十名

第十三班班長 蔣才合 統率壯丁十名

第十四班班長 張南輝 統率壯丁十名

第十五班班長 李紹江 統率壯丁十名

第十六班班長 彭炳乾 統率壯丁十名

第十七班班長 楊叢林 統率壯丁十名

第十八班班長 張明軒 統率壯丁十名

附（一）璧山县马蛳实验乡夜间警戒员丁组织系统表

附（二）壁山县马嘶实验乡夜间警戒壮丁教育实施学术科课程表

璧山縣馬嘶實驗鄉夜間警戒壯丁教育實施學術科課程表

中華民國二十九年十二月三十一日填

週別	術科	學科	備攷
第一週	徒手教練	臨時斟酌教授	
第二週	持槍各個教練		
第三週	班教練		
第四週	綜合複習		

說明：學術科之進度，照表施行，如果天雨術科時間改為學科。

璧山县第二区丁家联保办公处造具兵役协会职员名册（一九三九年）

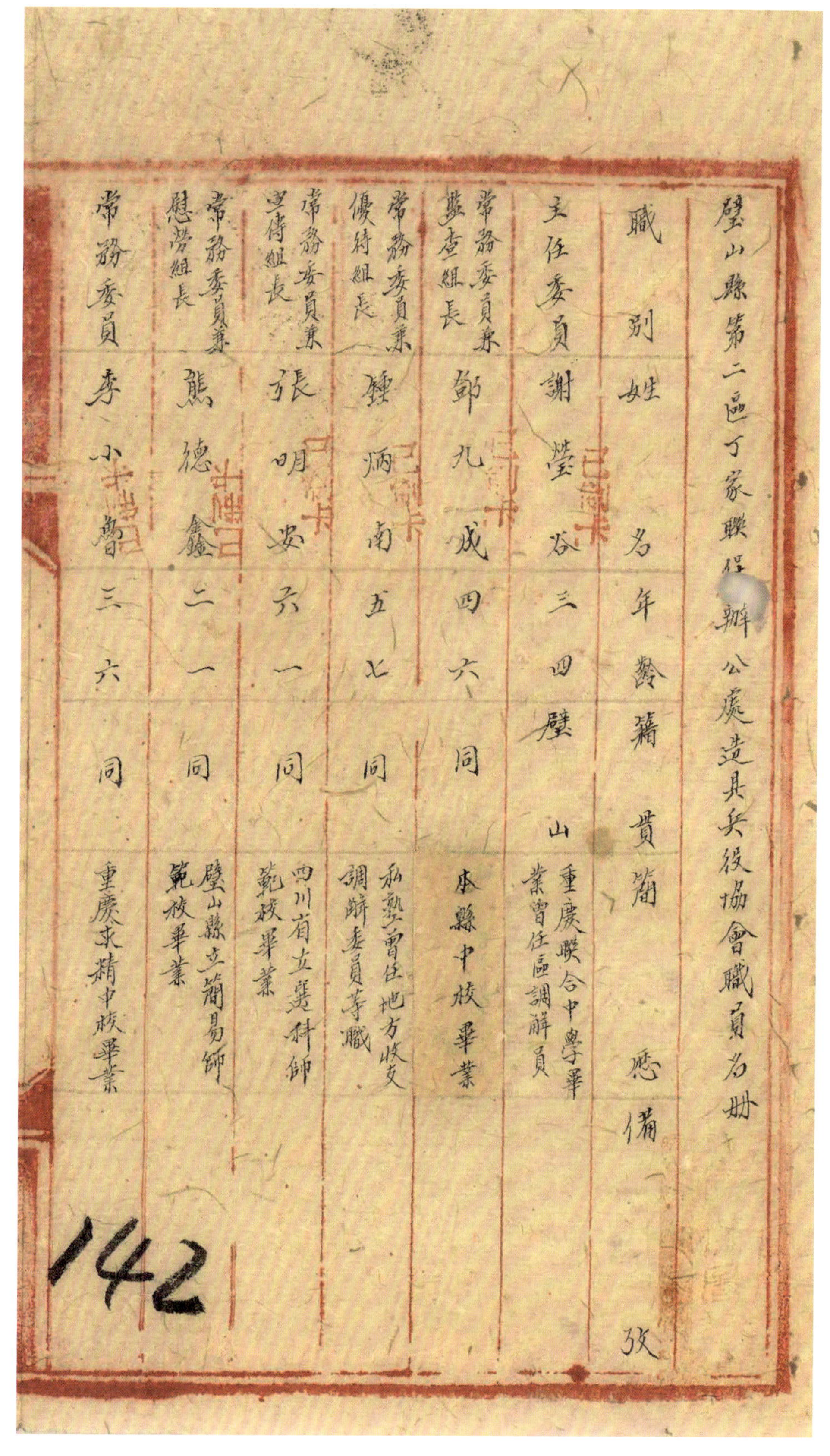

璧山縣第二區丁家聯保辦公處造具兵役協會職員名册

職別	姓名	年齡	籍貫	履歷	備攷
主任委員	謝瑩谷	三四	璧山	重慶聯合中學畢業曾任區調解員	
常務委員兼監查組長	鄧九成	四六	同	本縣中校畢業	
常務委員兼優待組長	鍾炳南	五七	同	私塾曾任地方收支調解委員等職	
常務委員兼宣傳組長	張明安	六一	同	四川省立蠶科師範校畢業	
常務委員兼慰勞組長	熊德鑫	二一	同	璧山縣立簡易師範校畢業	
常務委員	李小魯	三六	同	重慶求精中校畢業	

142

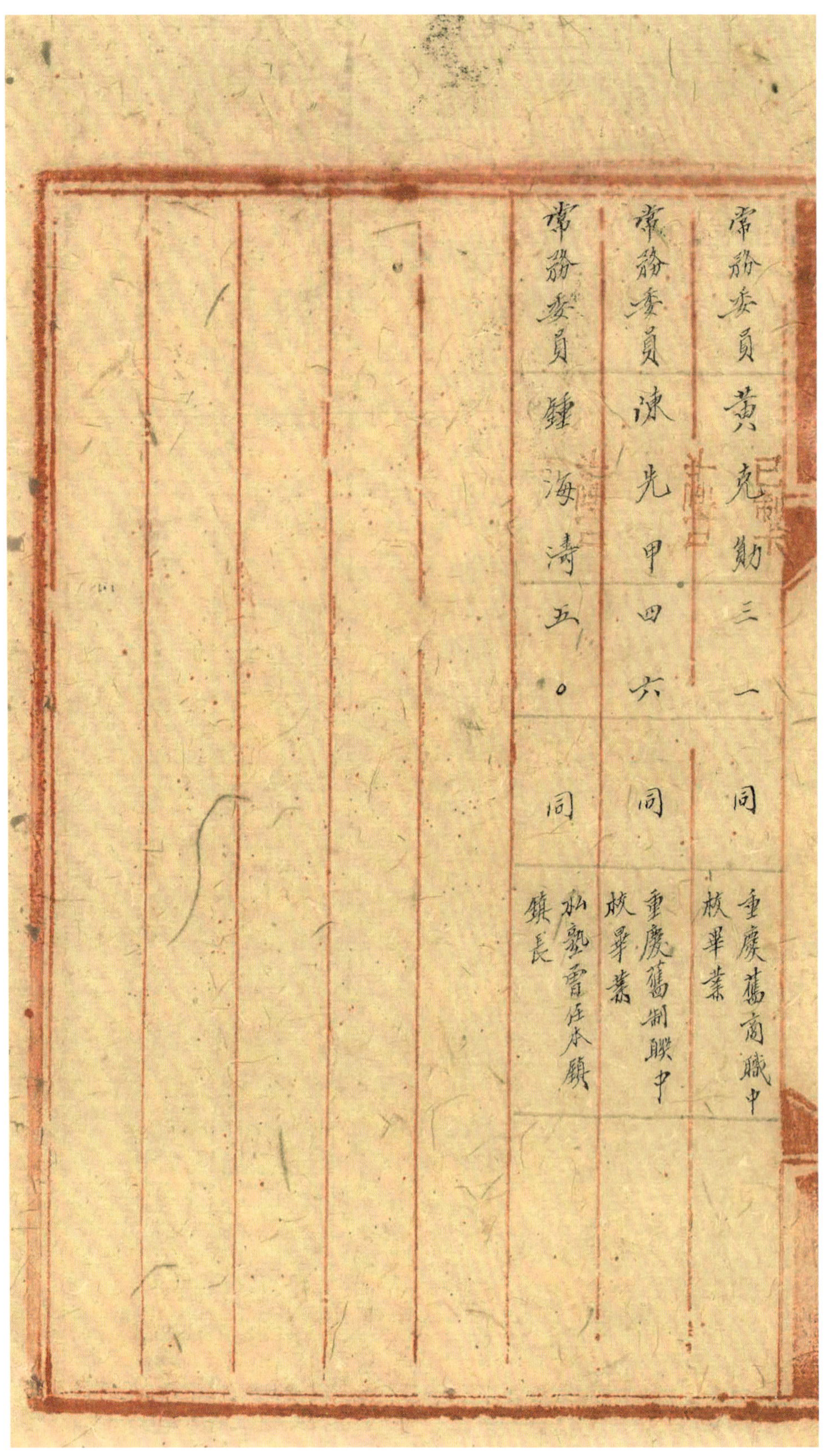

常務委員	黄克勛	三一	同	重慶舊商職中校畢業
常務委員	陳先甲	四六	同	重慶舊制聯中校畢業
常務委員	鍾海濤	五〇	同	私塾曾任本鎮鎮長

璧山县第一区狮子联保（办公处）造呈联保兵役协会委员履历表（一九三九年）

璧山縣第一區獅子聯保造呈聯保兵役協會委員履歷表

職級	姓名	年齡	學歷	經歷	備攷
主任委員	陳大海	四五	璧山舊制中學畢業陸軍三十師軍官教育團二十軍軍事政治訓練班畢業	曾任全川江防軍二十八軍獨立師排連暨營副等職現任聯保主任職	
常務委員兼監察組組長	張懷珹	五〇	璧山巡警教練所畢業	曾任川軍二十九軍軍需及本廟團總等職	
常務委員兼優待組組長	陳業恢	五一	同右	曾任團正職現任本廟倉穀委員職	
常務委員兼宣傳組組長	黃元書	二八	國立四川大學畢業	現任璧山縣立獅子小學校校長職	
常務委員兼慰勞組組長	柯學融	三六	璧山舊制中學肄業	現任璧山縣立獅子廟何家橋初級小學校校長職	
委員	王有光	四四	四川保甲幹部訓練班畢業	曾任本鎮副鎮長及聯保主任等職	
委員	譚庚先	四六	璧山舊制中學畢業	曾任團正團總等職	
委員	陳士佩	五〇	重慶巡警教練所畢業	曾任川軍軍需書記及本廟團總鎮長等職	

已制卡 已制卡 已制卡 已制卡 已制卡 已制卡
147

璧山县政府、璧山县国民兵团团部关于征集国民兵常备队一九三九年十二月份壮丁致临江乡联保办公处的训令

（一九四〇年一月二十七日）

為征集本團常備隊二十八年十二月份壯丁令仰遵照征送由

璧山縣縣政府
國民兵團團部 訓令 役團字第 號

民國二十九年一月廿七日

令臨江聯保主任

查本縣第二次壯丁抽籤事項業經本部府辦理竣事，并將各鄉鎮中籤壯丁名冊發交各該鄉鎮代表帶回遵辦在案。本縣自二十八年十一月份起月征常備隊丁額共二百九十二名，規定每月一日征集中籤壯丁入營訓練。昨奉令十二月份應征常備隊兵二九二名，悉數撥交與師區補二團接收，現在接兵幹部業已到縣守待撥交，亟應赶日征撥，茲規定各項如下：（一）各區鄉聯保應征送廿八年十二月份丁額，以中籤壯丁名冊所列籤號數計，每號應征送壯丁一名，詳附表（二）第一

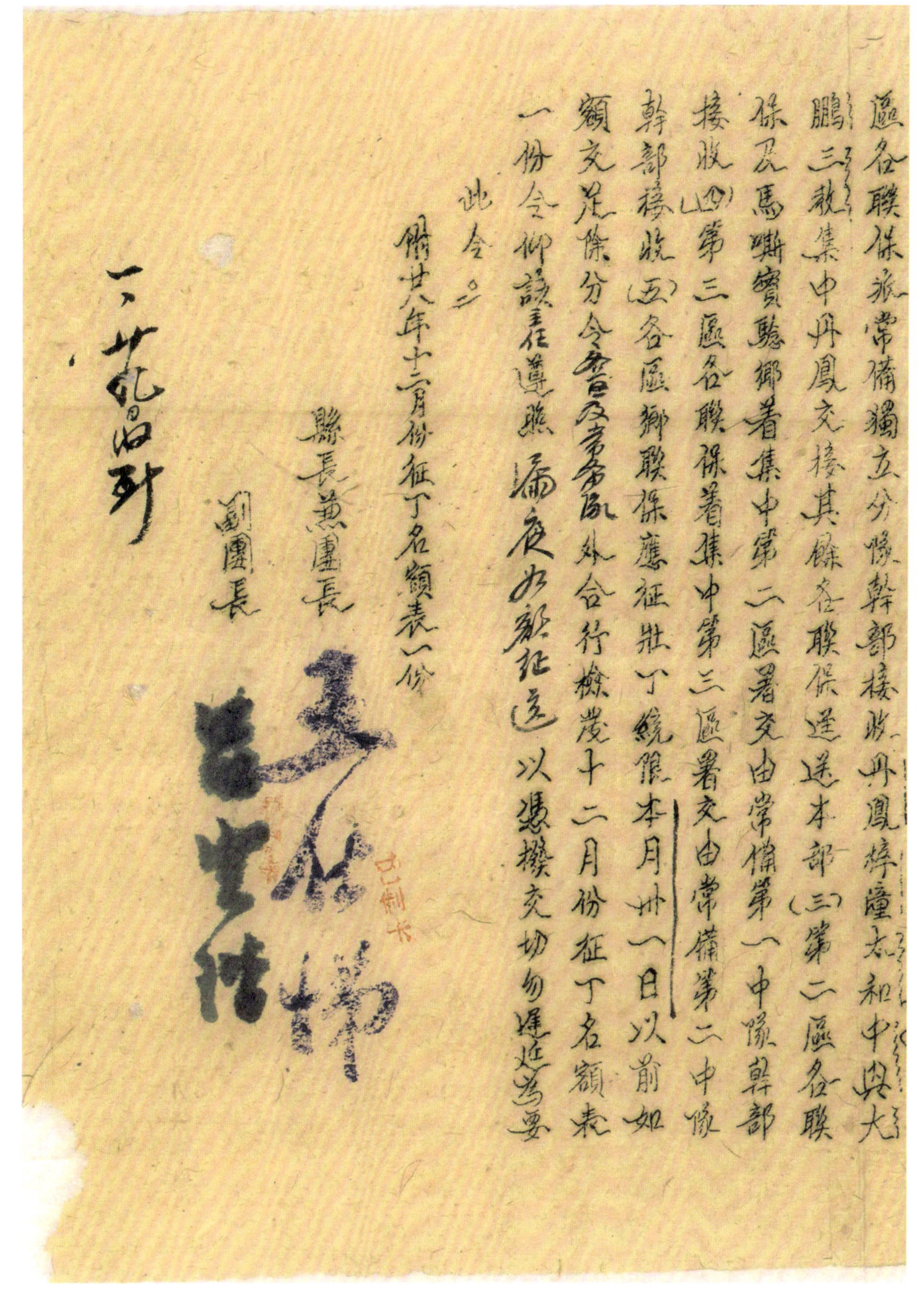

區各聯保、常備獨立分隊幹部接收丹鳳、樟潼、太和、中興、大
鵬三鄉集中丹鳳交接，其餘各聯保逕送本部；（三）第二區各聯
保及馬蹄、寶豐鄉着集中第二區署交由常備第一中隊幹部
接收；（四）第三區各聯保着集中第三區署交由常備第二中隊
幹部接收；（五）各區鄉聯保應征壯丁，統限本月卅一日以前如
額交足。除分令各區署及常備各隊外，合行檢發十二月份征丁名額表
一份，令仰該主任遵照，編定如額征送，以憑撥交，切勿遲延為要。

此令。

附廿八年十二月份征丁名額表一份

縣長兼團長

副團長

一、廿九日到

璧山县征集组训优待宣传整顿办法（一九四〇年三月）

139

遵国民兵团以组训事项加具整顿意见并请将各[illegible]改

二三六

璧山县征集组训优待宣传整顿办法

本县实行征兵以来，已历年余，因保甲人员智识程度低落，致未能按期办理，兼之将兵役政令，任其推行，有欠圆满，固属难免，若能人事自修，严厉执法，则下层人员之舞弊，必可稍减。然而今日户籍界务，尚属混乱，而遗漏不常，无非实行抽签征兵，以昭公允，似亦相当困难，以致常生问题，为此谨将征集组训优待宣传各项，略予整顿，俾使役政推行尽利，其整顿办法谨述如后：

（甲）征集：

1．常备队同征兵

本縣常備隊因征兵，每月需費二九三三元，係由征抽中籤票

壯丁征集入營，其中籤者不能征集，得因準備抽籤，為附

鼓同黨間壯丁居住移動者有之，遷出者有之，死亡逃亡者有之，

推因保甲之不健全，雖經調報，未與甲報，致至之組籤票，

內之中籤壯丁，往往為該征兵，又因籌劃辦法之組織未臻完

備，所以大股壯丁，多論中籤與否，互相推諉，致為兵

可征，今欲謀補救之方，非先健全保甲不可，因于壯丁數字

一有變動，立即呈報，務使戶口確實，而保於管理，以期除

弊而選兵。

又，廿八年九月前分發

141

廿年四至九月召募數字頗大，雖屬採取雅集辦法，以求徵集迅速，但因本縣壯丁，為數不過萬七千餘名，除去歷次徵送及能讀書者，同胞伴數，乃營商暨殘疾共外，所餘丁數，實際不過三四千而已。此三四千人中，如抽徵一次，張羅殘餘，實難供應下年之徵集。要使以後徵集不感困難，該將以前召募者從緩免，由常備隊乃普通壯丁撥補，並有每年三次輪徵壯丁，漸有增加，並須切實調查，以裕兵源。

(乙)組訓：

1.組織：本縣常備隊，原係兩個中隊，廿年一月間成立，十月編成訓練，十二月奉令改為乙種中隊，三班至分隊，一班三分隊，係十二月成立，三兩中隊係廿九年一月整編。

乙、訓練、

常備一二兩中隊成立後，即行征集十月份壯丁三百六十名，乃實訓練，至十二月撥交五師區補充四團接收，十一月份兵額（屆年月份部因征兵額三九二名）奉令撥交五師區補充四團接收，現正征集訓練交撥中，十二月份兵額，奉令撥交五師區補二團接收，業經撥交殆多，係隨征隨撥，并未組訓，廿九年一二兩月份兵額，奉令仍照隨征隨撥，三月份將征集分營訓練。

丙、本縣自衛一中隊，業已依法編組訓練，各表呈報

143

組訓、

六、本縣後備隊現正籌備組訓、

(丙)優待：

1.優待出征軍人家屬

本縣壯丁，自廿九年九月開始徵發甲等，連同隨營出征現在籍已達壹萬七千餘名，所有壯丁之優待手續，在廿七年十月份以前入營壯丁，由各聯保填具抗屬調查表，來府發證給發；十一月份以後入營壯丁，由縣府填表，分發各中心學校，查明填報，以憑發證給發；但各學校多僻處鄉野不便，由府發給優待證多未轉發，而各聯保亦多未徹底清查填報，以

144

致一般抗屬，未克享受物質優待，而受困生活。嗣後凡屬抗屬之確實狀況，應飭學校聯保協同調查，列為考覈之一端；仍前敷衍，即予撤究，使抗屬免內顧之憂，俾可拚命抗戰。

乙、救濟

本縣救濟機關全者，計有東萬壽鮮元，以出征抗屬，遇有災異發生，即可呈由保甲轉報本府，即始核發救濟費，然車薪杯水，不克有濟。應由各聯保長照本府所頒臨時救濟辦法，籌集糧食現金，予以臨時救濟。但各抗屬多不諳請領手續，而未請領，而各聯保亦多漠視，放任之，未予抗屬臨時救濟，殊為憾事。以後應將救濟抗屬之事，作為行政中心工作，并擬具

145

規定條例，督飭保甲辦理，俾抗屬獲得實惠，鮮有怨嗟。

(丁)優待：

1. 經常優待（即普通優待）

本縣各區聯保，均組有優待隊，經常優待，但因日久玩生，多未按期舉行，即使長期舉行，又不免司空見慣，因而所發生感應收效極微，且因優待次多，每係臨時召集（均派書記擔任隊長），亦不足以擴大其效，應宜書寫大字，分張編寫優待，較為有效。

2. 臨時優待

本縣臨時優待，並常附舉行，但收效甚微，蓋優待如拜年也，總之，即使優待，但其性質難以持久，應加具詳細辦法，並同利用良好的獄，代某強謂以期激動群衆心理，油然生其愛護之信念，然後勸募應徵，夫何易之，足見官廳之勢，勝於物質，良不誣也。

以上各項，應喚起群衆，謹擇其管見所及，略臚陳上者，倘蒙備加採納，予以嚴密實施，則收效不難推動云云。

璧山县国民兵团团部关于协缉马嘶实验乡逃逸壮丁致临江乡公所的训令（一九四〇年四月）

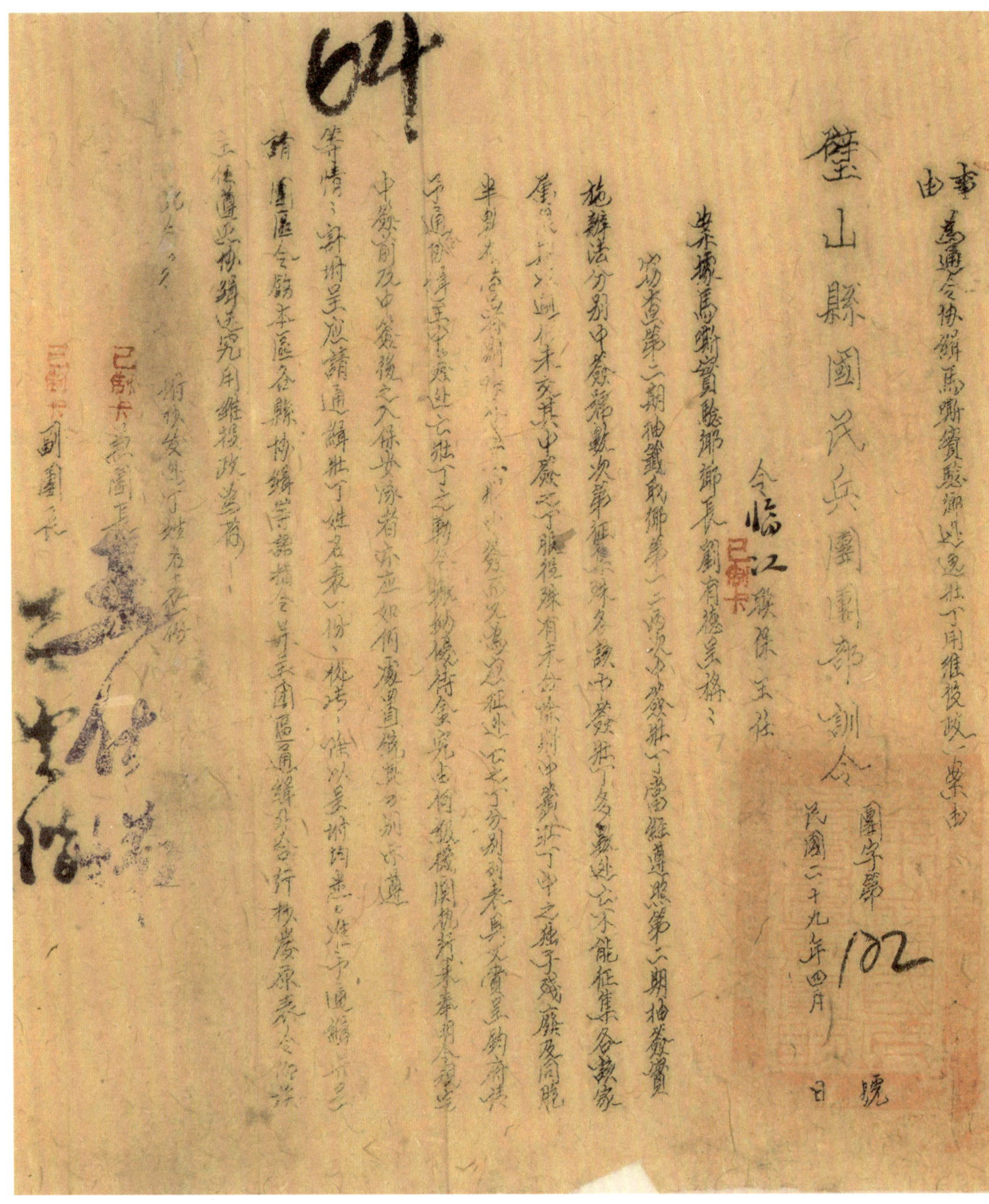

事由：為通令協緝馬嘶實驗鄉逃逸壯丁用維役政一案由

璧山縣國民兵團團部訓令　團字第102號

民國二十九年四月　日

令臨江聯保主任

案據馬嘶實驗鄉鄉長劉有德呈稱：「協查第二期抽籤敝鄉第一二兩次中籤壯丁，當經遵照第二期抽籤實施辦法分別中籤籤數次第征集，殊各該中籤壯丁多數逃亡，不能征集，各該家屬[illegible]」

[illegible]

簽發組號	簽發類別	姓名	保甲別
二	正	朱世明	三保八甲
二	預二	高[illegible]之	[illegible]
三	預一	白海官	四保二甲
三	預二	唐祖富	四保一甲
八	正	謝太學	九保八甲
	預一	謝炳文	九保八甲
	預二	謝太詳	九保三甲
九	預二	譚運喜	十保一甲
十	正	陳樹輝	十三保二甲
十一	預一	唐[illegible]	[illegible]
	[illegible]	[illegible]子昌	十二保一甲
十一	正	楊啟亮	十三保五甲
十二	預一	李太二	十三保六甲
十三	正	周懷輝	同
二	正	明樹云	三保十甲
三	預二	羅海云	三保八甲
四	預二	蕭光法	四保五甲
六	預一	詹秀榮	八保二甲
	預二	肖樹春	七保一甲
七	正	劉樹清	八保四甲
	預一	陳樹云	八保二甲
	預二	薛友尚	九保四甲
八	正	蘇紹忠	九保一甲
	預二	薛云[illegible]	九保四甲
九	預一	李純照	十一保五甲
	預二	俞宗明	十一保一甲
十	正	李在章	十二保十甲
	預二	楊麗安	十三保五甲
十三	正	郭映輝	十五保一甲
	預一	祝占云	十五保二甲
十四	預一	譚朝華	十七保一甲
十五	正	白志成	十八保五甲

四月廿八日收到

苏龙氏关于请发给优待积谷致璧山县动员委员会的呈（一九四〇年五月二十二日）

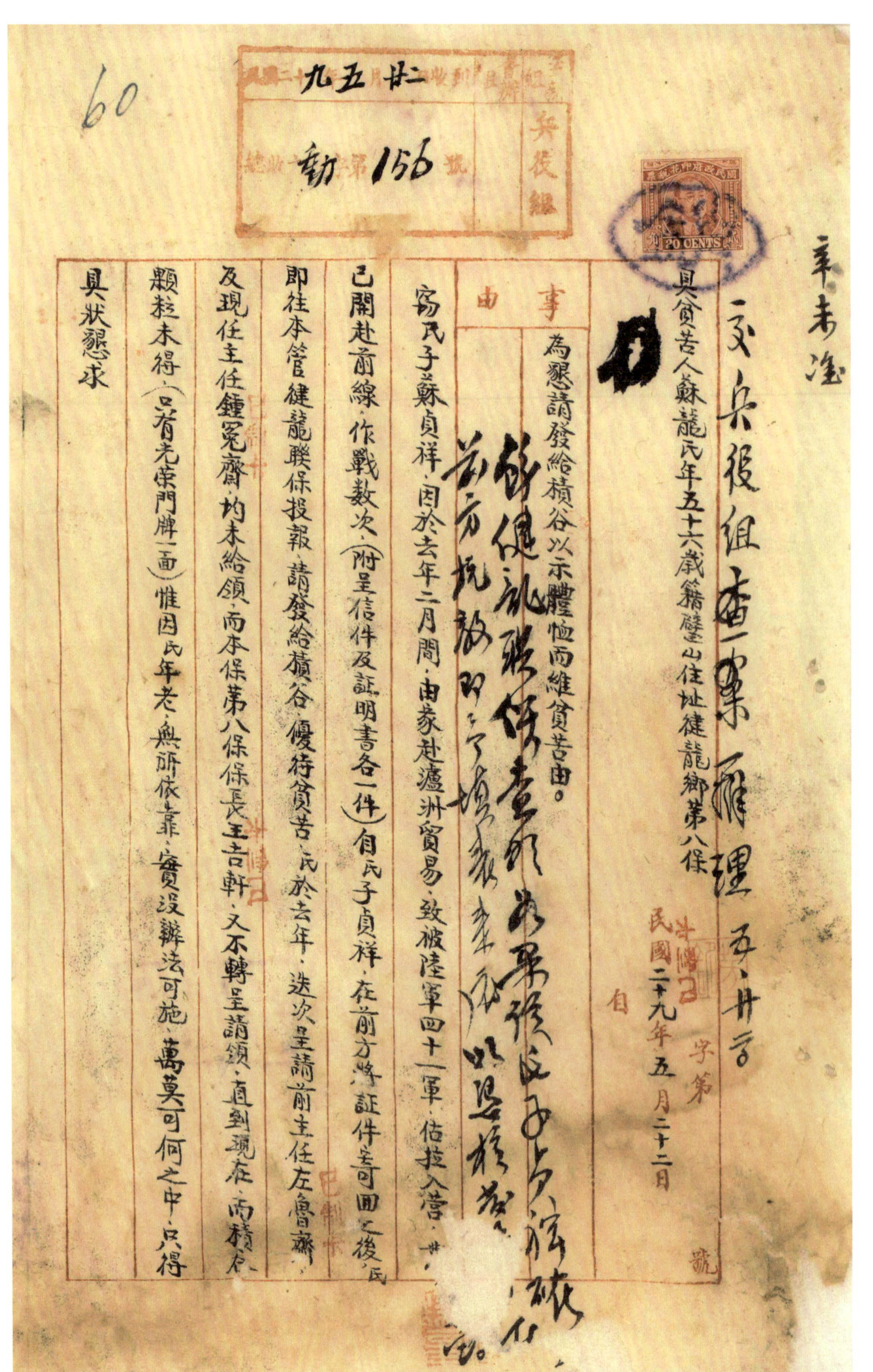

交兵役组查案办理 五、廿三

具貧苦人蘇龍氏年五十六歲籍璧山住址健龍鄉第八保

事由：為懇請發給積谷以示體恤而維貧苦由。

竊氏子蘇貞祥，因於去年二月間，由家赴瀘州貿易，致被陸軍四十一軍，估拉入營，廿八年已開赴前線，作戰數次，（附呈信件及証明書各一件）自氏子貞祥，在前方將証件寄回之後，氏即往本管健龍聯保投報，請發給積谷，優待貧苦，氏於去年，迭次呈請前主任左魯齋，及現任主任鍾冕齋，均未給領，而本保第八保保長王吉軒，又不轉呈請領，直到現在，而積谷顆粒未得，（只有光榮門牌一面）惟因氏年老，無所依靠，寔沒辦法可施，萬莫可何之中，只得具狀懇求

民國二十九年五月二十二日

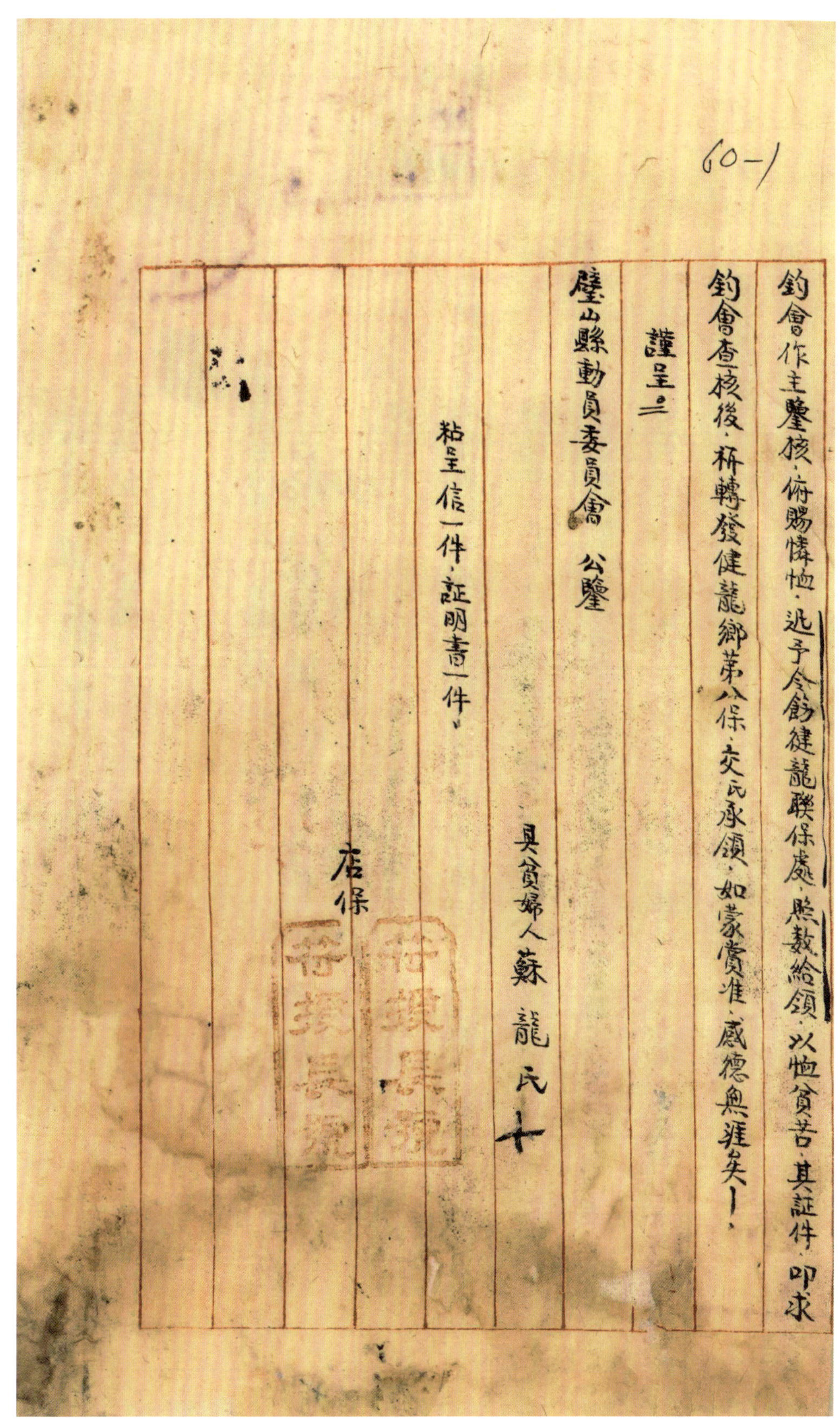

60-1

鈞會作主鑒核，俯賜憐恤，迅予令飭健龍聯保處，照數給領，以恤貧苦。其証件，叩求

鈞會查核後，祈轉發健龍鄉第八保，交氏承領，如蒙賞准，感德無涯矣！

謹呈

璧山縣動員委員會　公鑒

粘呈信一件，証明書一件。

具貧婦人蘇龍氏　十

店保

璧山县第一区城南乡公所关于改选兵役协会致璧山县政府的呈（一九四〇年八月二十四日）

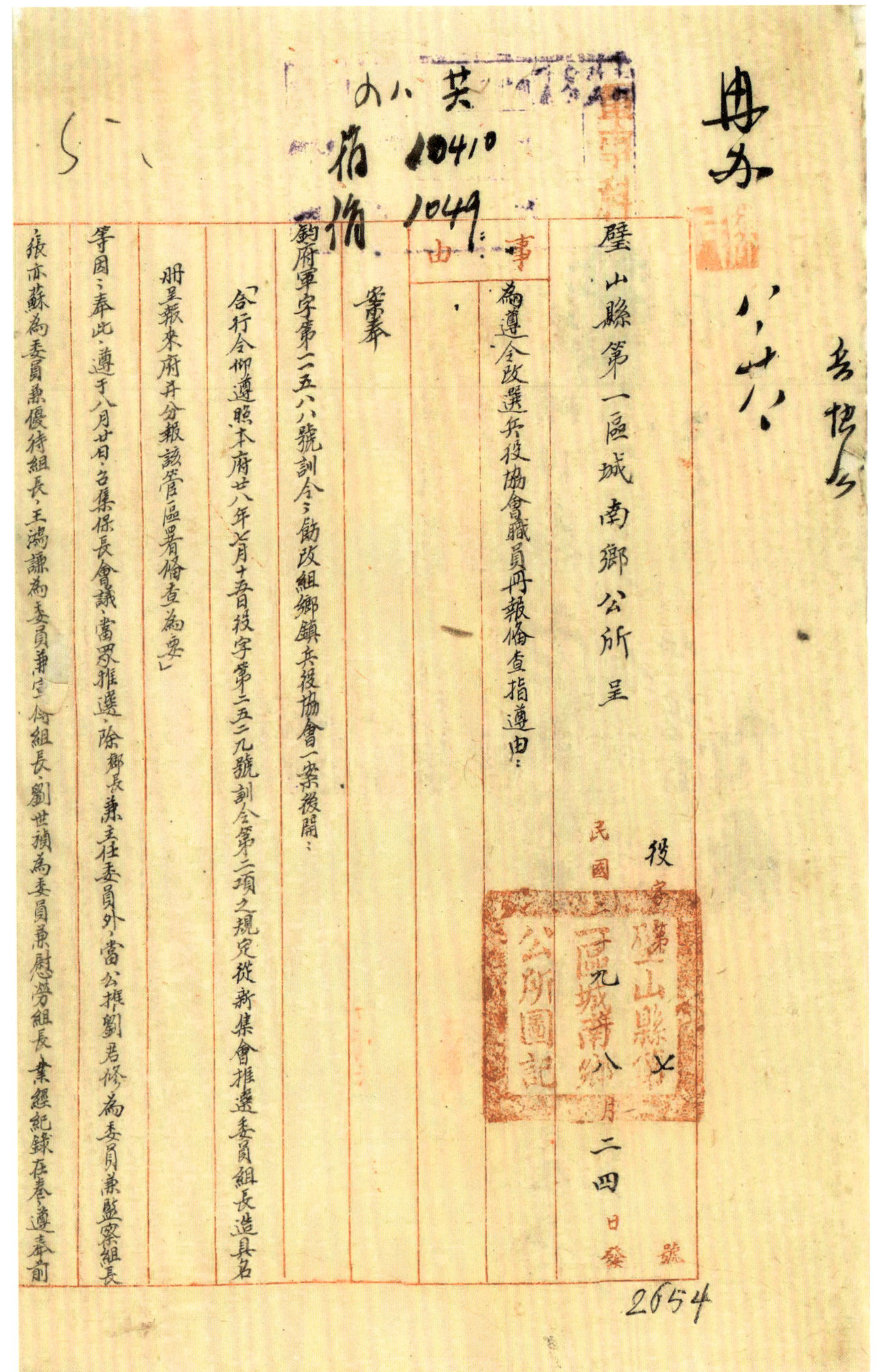

璧山縣第一區城南鄉公所呈 役字第　號 民國二十九年八月二四日發

事由：為遵令改選兵役協會職員冊報備查指遵由：

案奉

鈞府軍字第一二五八八號訓令：飭改組鄉鎮兵役協會一案，後開：

「合行令仰遵照本府廿八年七月十五日役字第一二五二九號訓令第二項之規定從新集會推選委員組長，造具名冊呈報來府并分報該管區署備查為要」

等因。奉此，遵于八月廿日召集保長會議，當眾推選，除鄉長兼主任委員外，當公推劉君修為委員兼監察組長，張亦蘇為委員兼優待組長，王鴻謙為委員兼宣傳組長，劉世禎為委員兼慰勞組長，業經紀錄在卷。遵奉前

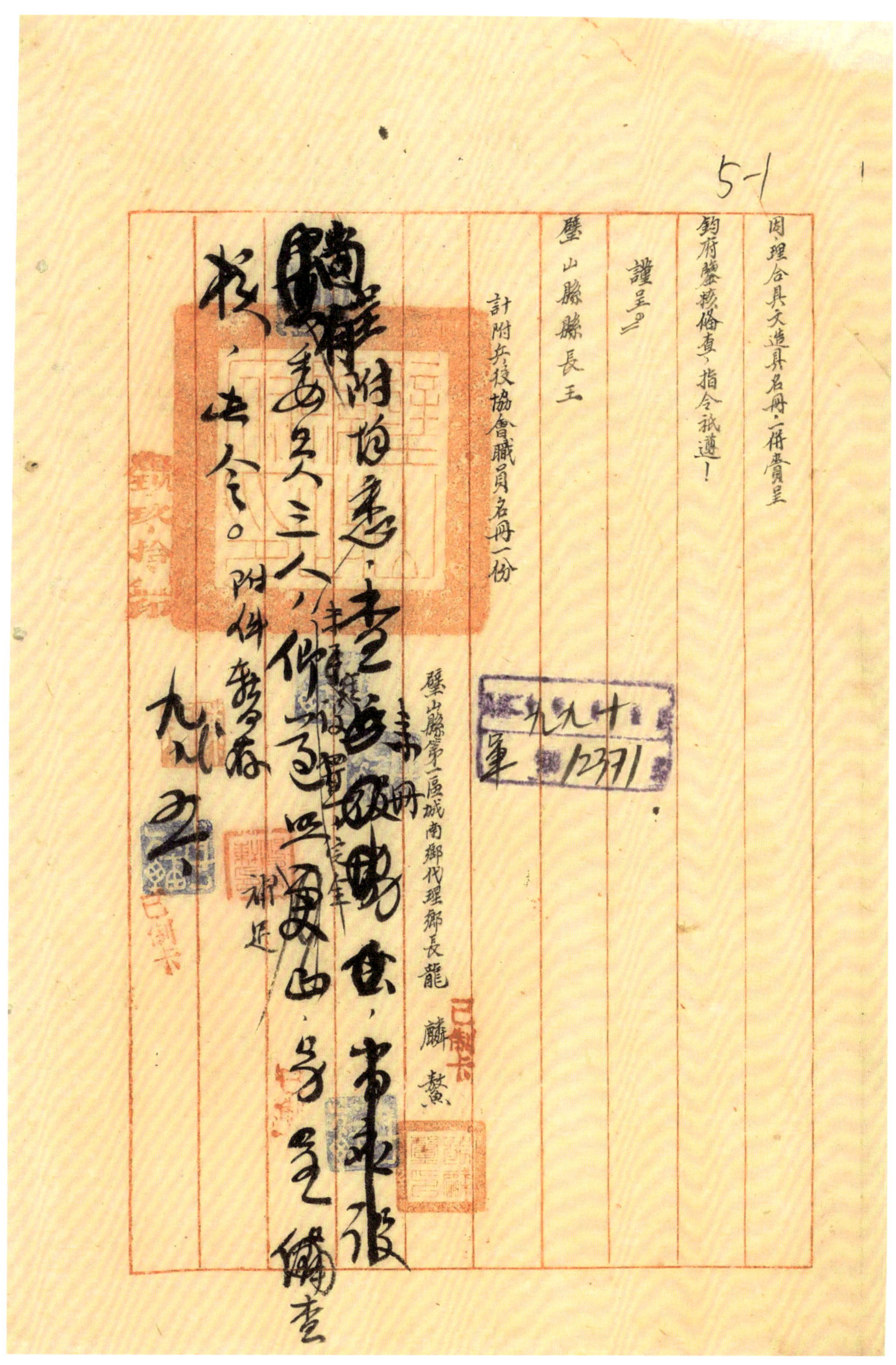

因理合具文造具名册一併賫呈

鈞府鑒核備查，指令祇遵！

謹呈

璧山縣縣長王

計附兵役協會職員名册一份

璧山縣第一區城南鄉代理鄉長龍麟蟄

附：璧山县第一区城南乡兵役协会职员名册

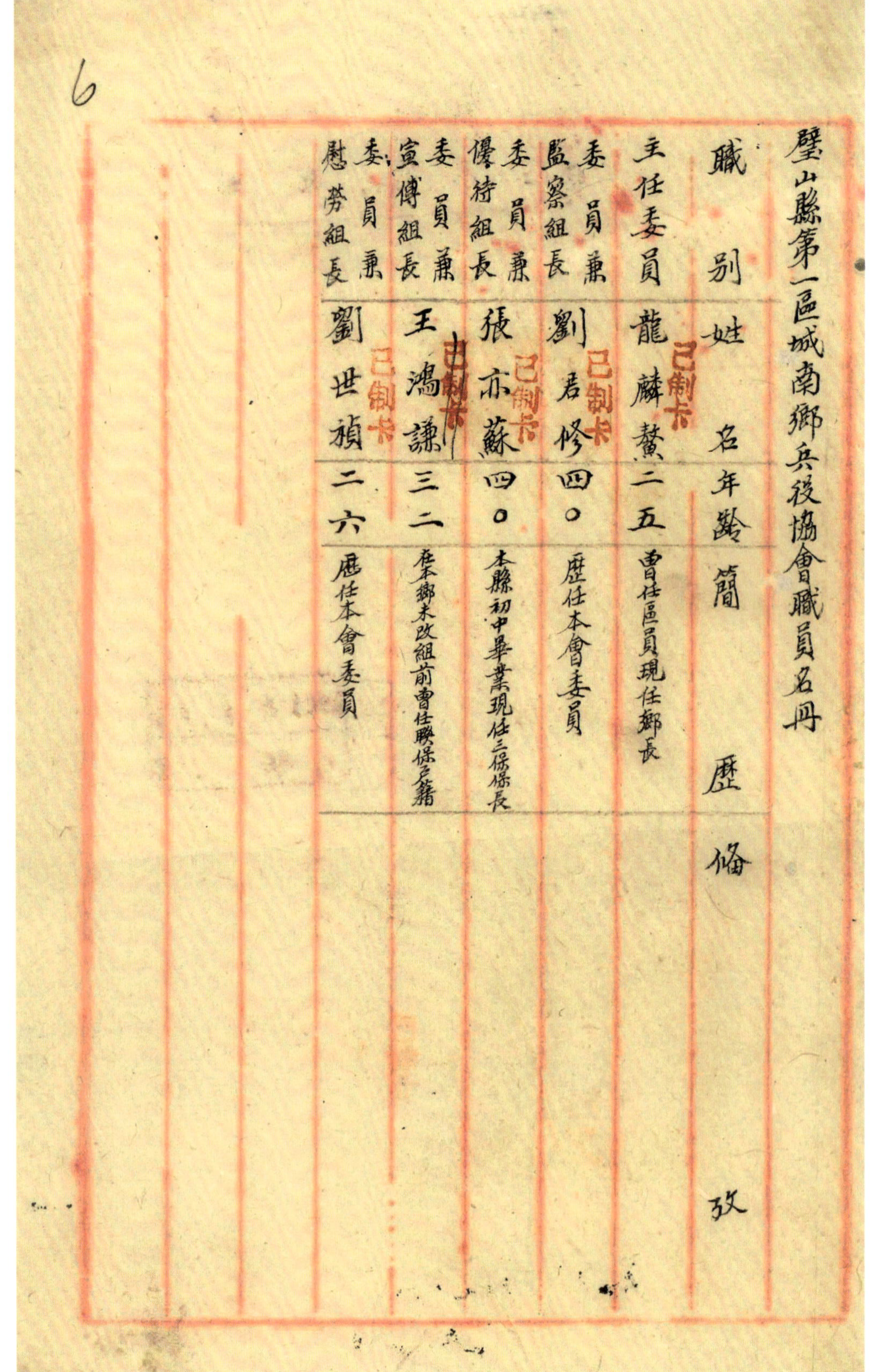

6

璧山縣第一區城南鄉兵役協會職員名冊

職別	姓名	年齡	簡歷	備攷
主任委員	龍麟贅	二五	曾任區員現任鄉長	
委員兼監察組長	劉君修	四〇	歷任本會委員	
委員兼優待組長	張亦蘇	四〇	本縣初中畢業現任三保保長	
委員兼宣傳組長	王鴻謙	三二	在本鄉未改組前曾任聯保戶籍	
委員兼慰勞組長	劉世禎	二六	歷任本會委員	

已制卡 已制卡 已制卡 已制卡 已制卡

璧山县第二区太和乡乡公所等关于改组兵役协会致璧山县政府的呈（一九四〇年八月二十四日）

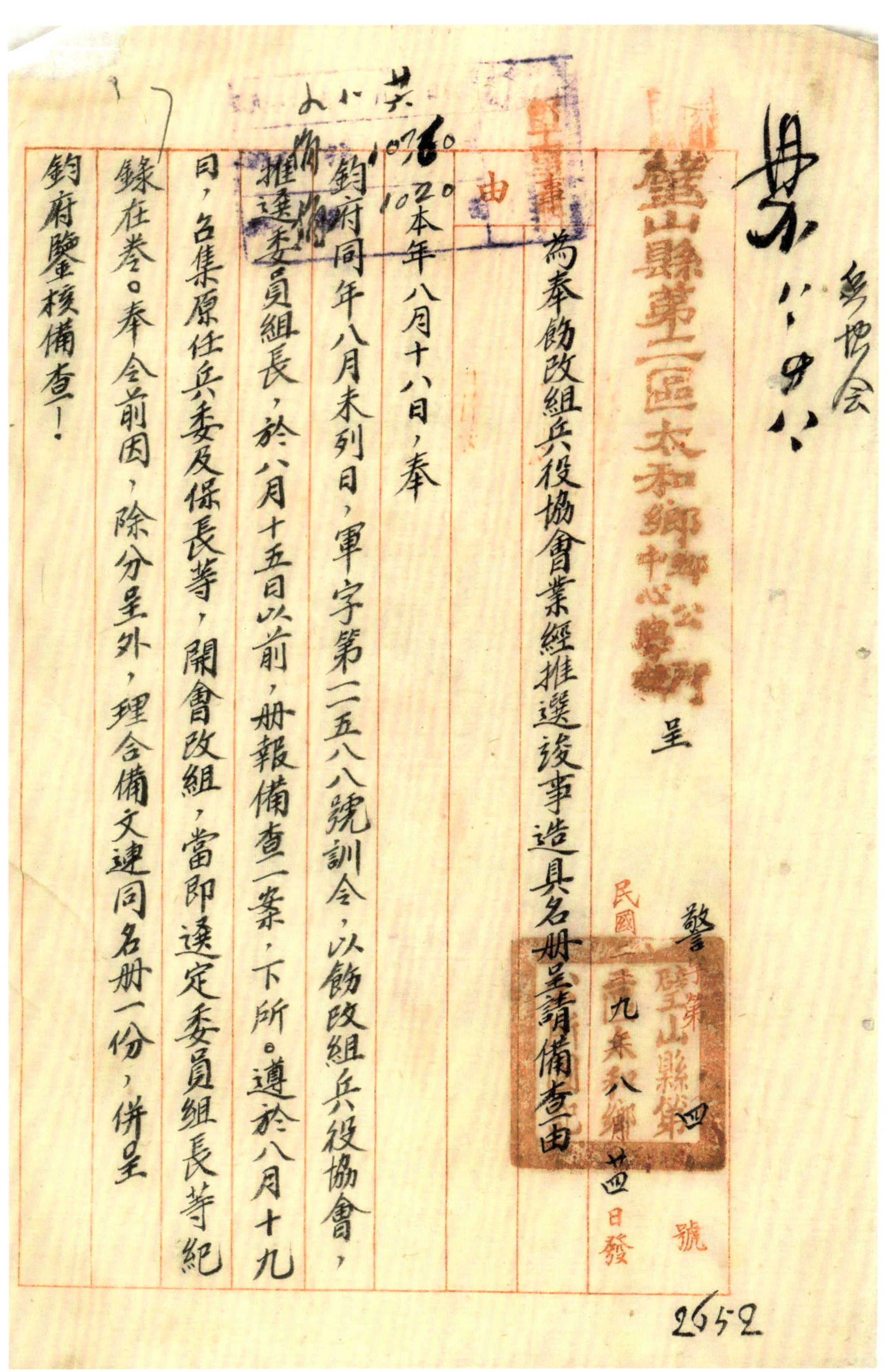
璧山縣第二區太和鄉中心鄉公所　呈

警字第　四　號

民國二十九年八月廿四日發

由：為奉飭改組兵役協會業經推選竣事造具名冊呈請備查由

本年八月十八日，奉

鈞府同年八月未列日，軍字第一五八八號訓令，以飭改組兵役協會，推選委員組長，於八月十五日以前，冊報備查一案，下所。遵於八月十九日，召集原任兵委及保長等，開會改組，當即選定委員組長等紀錄在卷。奉令前因，除分呈外，理合備文連同名冊一份，併呈

鈞府鑒核備查！

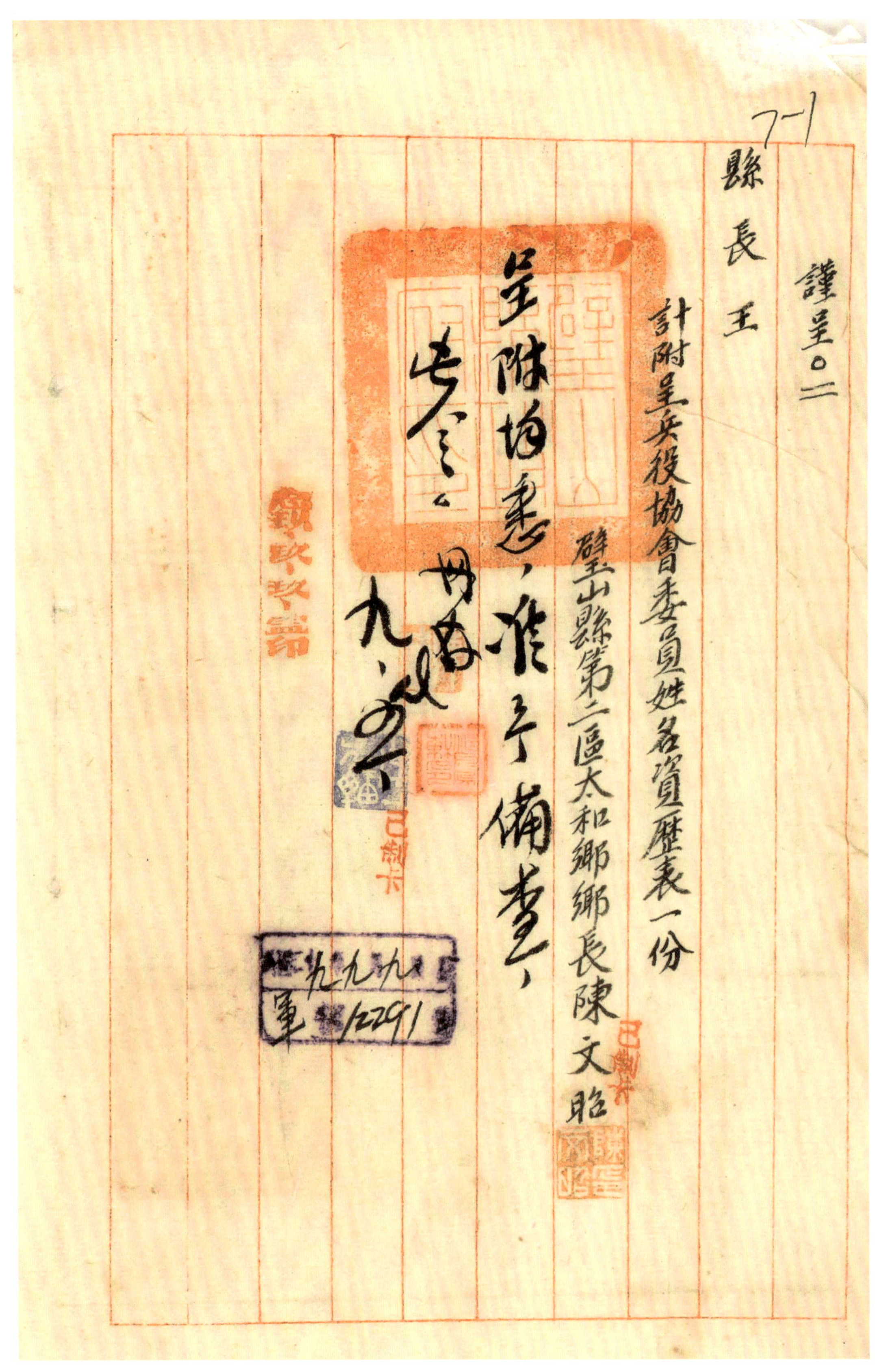

7-1

謹呈〇二

計附呈兵役協會委員姓名資歷表一份

縣長王

璧山縣第二區太和鄉鄉長陳文昭

呈附均悉，准予備查，此令。

九九九
第12291號

8

璧山縣第二區太和鄉兵役協會委員姓名資歷表

職別	姓名	年齡	簡歷	備考
兼主任委員	陳文昭	三一	曾任區科員代理區長實驗鄉長等職	
兼副主任委員	陳永浩	二八	曾任小學教員隊附等職	
委員兼監察組長	吳式憑	六三	曾任團指教委調委各職	
委員兼優待組長	向榮光	三八	曾任鄉倉委員	
委員兼宣傳組長	陳輝瀾	二六	曾任縣黨部幹事	
委員兼慰勞組長	陳錫周	六〇	曾任倉委調委	
委員	吳德鑫	二九	曾任小學校長	
委員	王輔臣	五四	曾任保長	
委員	葉襄陵	四六	曾任聯保主任	

璧山縣第二區太和鄉長陳文昭

中華民國二十九年八月　日

璧山县第二区龙凤乡公所关于重新组织成立兵役协会致璧山县政府的呈（一九四〇年八月）

11

8426

2257

事由：為遵令從新組織兵役協會造具名冊呈請備查由

民國二十九年八月　日　自字第　號

案奉

鈞府訓令軍字第一五八八號，為飭從新組織兵役協會推選委員組長一案，遵即依照法令，從新集會，推選委員組長，組織成立龍鳳鄉兵役協會，茲已造具名冊一份，除分呈區署備查外，理合呈報

鈞府，請予備查！

謹呈

2749

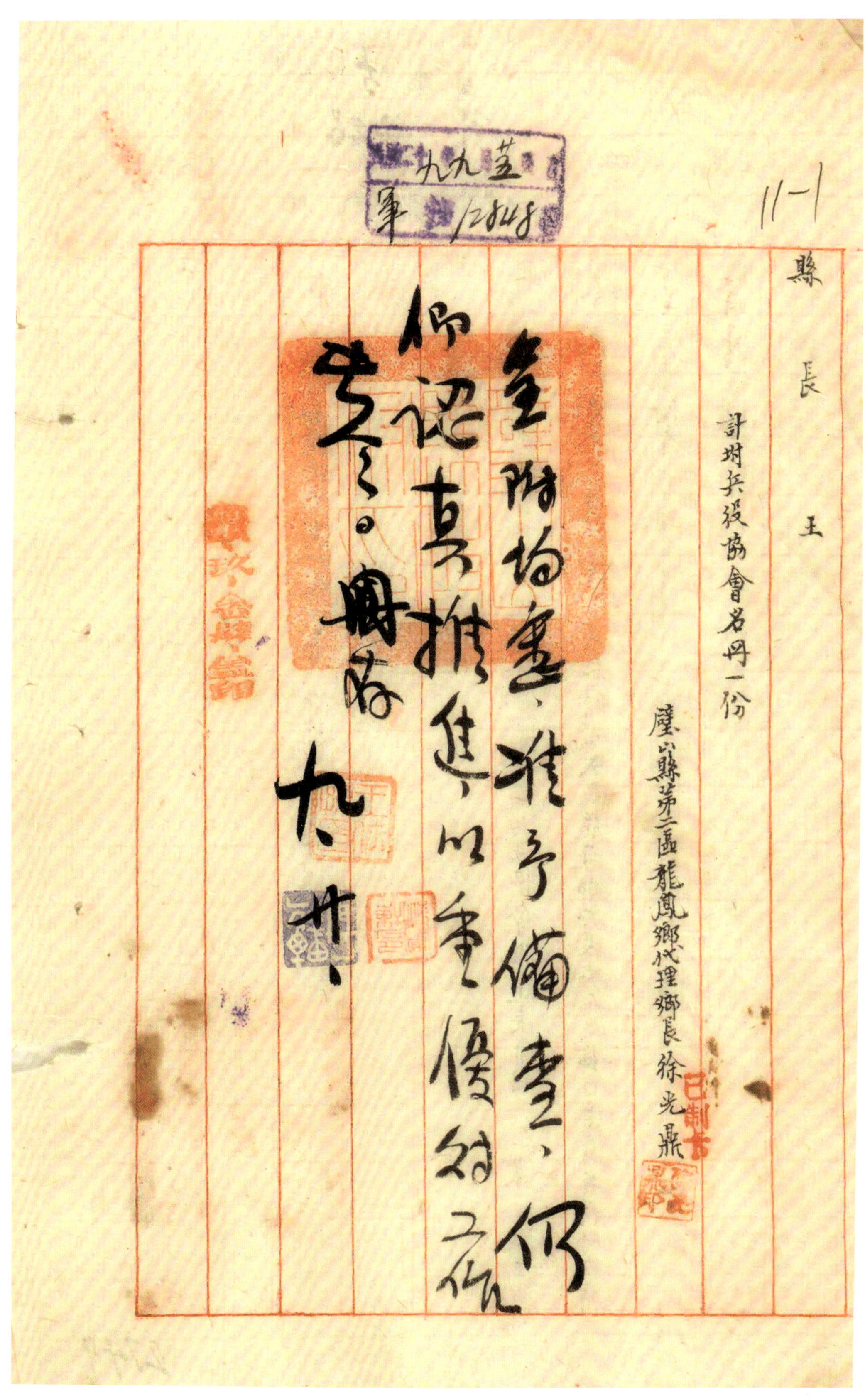

縣長王

計附兵役協會名册一份

璧山縣第三區龍鳳鄉代理鄉長徐光鼎

附：璧山县第二区龙凤乡兵役协会（职员）名册

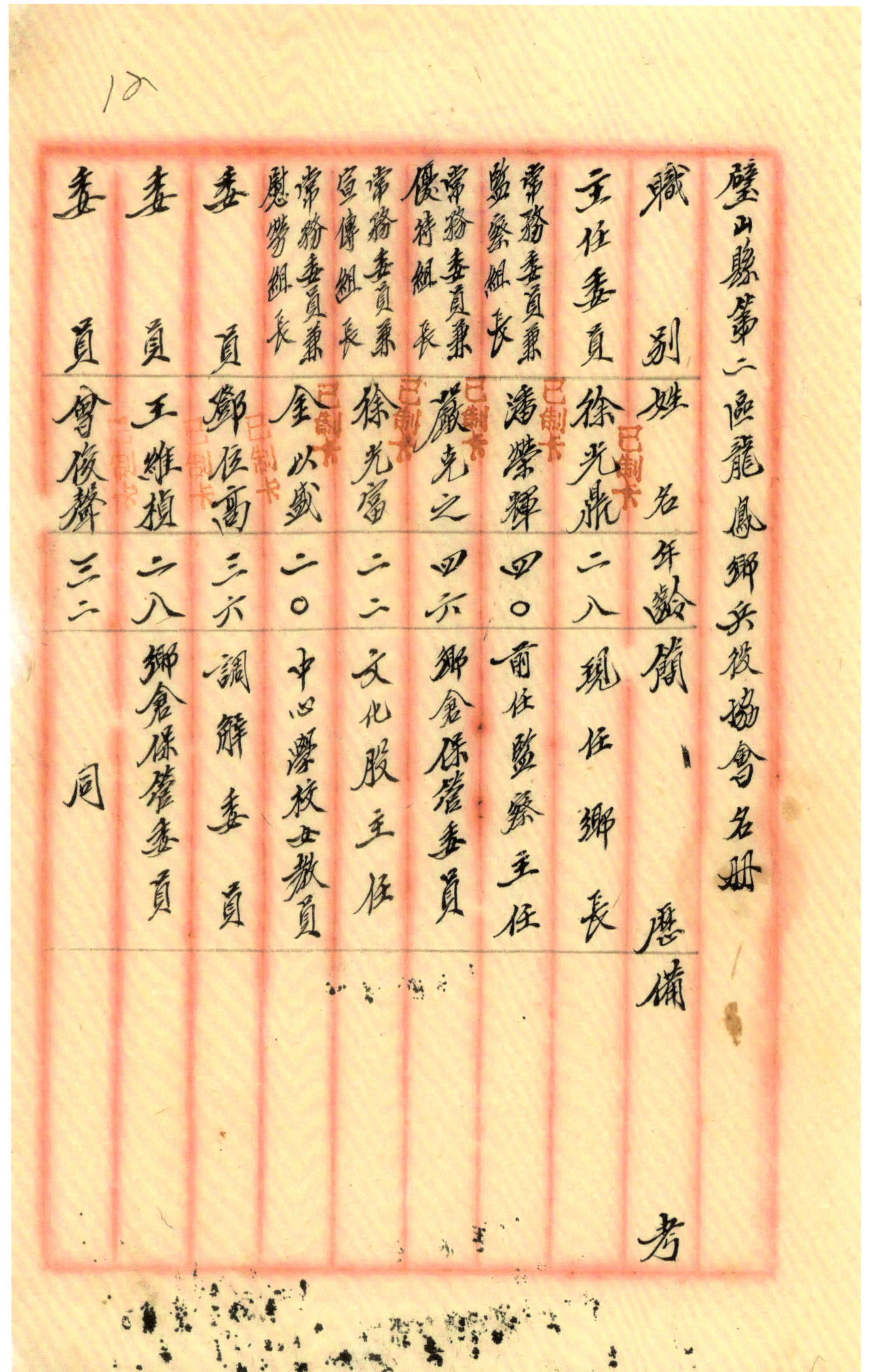

18

璧山縣第二區龍鳳鄉兵役協會名冊

職別	姓名	年齡	簡歷	備考
主任委員	徐光鼎	二八	現任鄉長	
常務委員兼監察組長	潘榮輝	四〇	前任監察主任	
常務委員兼優待組長	嚴克之	四六	鄉倉保管委員	
常務委員兼宣傳組長	徐光當	二二	文化股主任	
常務委員兼慰勞組長	金以盛	二〇	中心學校女教員	
委員	鄭位高	三六	調解委員	
委員	王維楨	二八	鄉倉保管委員	
委員	曾俊聲	三二	同	

已制卡

璧山县政府关于抄发馈送征属月饼办法致璧山县临江乡公所的训令（一九四〇年九月）

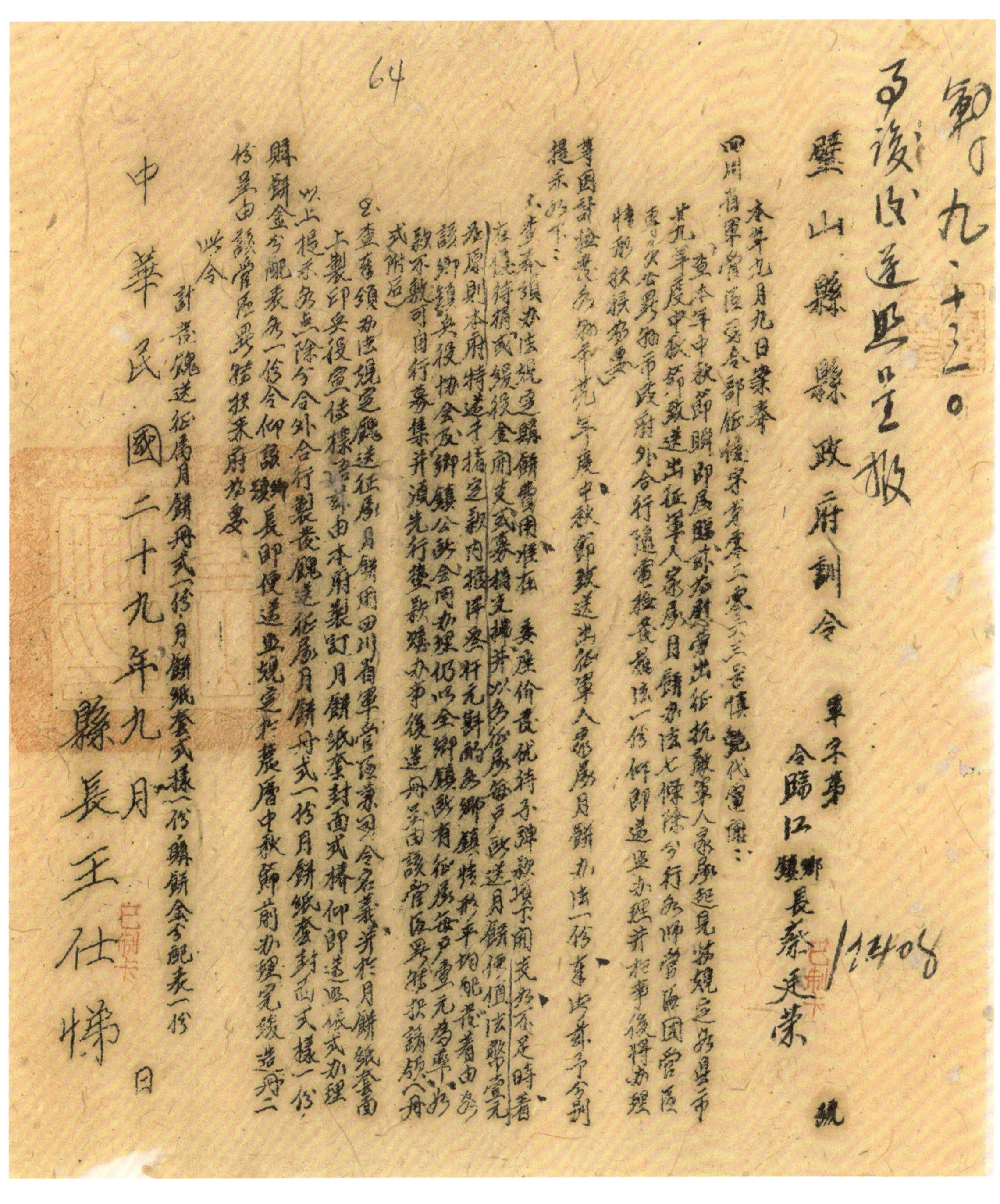

第[illegible]九、十三。

另後改送照呈報

璧山縣縣政府訓令 軍示第 號

令臨江鄉鄉長秦廷榮

本年九月九日案奉

四川省軍管區司令部征撥字第二零六三號代電開：

查本年中秋節瞬即屆臨，亦為慰勞出征抗敵軍人家屬起見，茲規定各縣市廿九年度中秋節致送出征軍人家屬月餅辦法七條，除分行各師管區團管區暨各縣市政府外，合行隨電檢發辦法一份，仰即遵照辦理，并於事後將辦理情形報核為要。

等因，附發檢發各縣市廿九年度中秋節致送出征軍人家屬月餅辦法一份，奉此，兹予分別提示於下：

一、查第[illegible]項辦法規定縣餅費用准在 委座倫費就特予彈款項下開支，如不足時，着在縣待獎或緩役金開支或募捐支撥，并以各征屬每戶致送月餅價值法幣壹元為原則，本府特遵予指定款內撥洋[illegible]仟元，斟酌各鄉鎮情形平均配發，着由各該鄉鎮兵役協會及鄉鎮公所會同辦理，仍以全鄉鎮所有征屬每戶壹元為準，如款不敷，可自行募集，并須先行墊款照辦，事後造冊呈由該管區署核撥歸墊（冊式附后）。

二、查第[illegible]項辦法規定餽送征屬月餅用四川省軍管區兼司令名義，并於月餅紙套面上製印兵役宣傳標語，茲由本府製訂月餅紙套封面式樣，仰即遵照樣式辦理。

以上提示各點，除分令外，合行製發餽送征屬月餅冊式一份、月餅紙套封面式樣一份、縣餅金分配表各一份，令仰該鄉長即便遵照規定於農曆中秋節前辦理完竣，造冊二份呈由該管區署轉報來府為要。

此令

計發餽送征屬月餅冊式一份、月餅紙套式樣一份、縣餅金分配表一份

中華民國二十九年九月 日

縣長王仕悌

附（一）璧山县临江乡兵役协会、镇公所造具军管区兼司令秋节馈送征属月饼姓名册

65

璧山縣臨江鄉兵役協會鎮公所造具軍管區兼司令秋節餽送征属月餅姓名冊

出征軍人姓名	住址		征属姓名	餽送月餅數量	備攷
	保	甲			

附記 一、本鄉（鎮）共計征属　　戶，餽送月餅　　，共價值法幣　　元

中華民國二十九年九月　　日　鄉（鎮）長兼兵役協會主任委員

說明 一、此項名冊，用紅十行紙造報

二、此冊填造二份，由區署彙齊以一份呈本府備查，以一份轉報軍管區司令部

此冊照發交[illegible]冊 完全[illegible]送看

附（二）璧山县一九四〇年度馈送各乡镇征属秋节月饼金分配表

66

璧山縣二十九年度饋送各鄉鎮征屬秋節月餅金分配表

鄉鎮別	分配數		備考	鄉鎮別	分配數		備考
城中鎮	八〇	〇〇		龍鳳鄉	九〇	〇〇	
城東鄉	八〇	〇〇		[illegible]鄉	九〇	〇〇	
城南鄉	八〇	〇〇		梓潼鄉	九〇	〇〇	
城西鄉	八〇	〇〇		馬坊鄉	九〇	〇〇	
城北鄉	八〇	〇〇		接龍鄉	九〇	〇〇	
丁家鎮	八〇	〇〇		依鳳鄉	九〇	〇〇	
来鳳鎮	八〇	〇〇		蒲元鄉	九〇	〇〇	
正興鄉	九〇	〇〇		龍溪鄉	九〇	〇〇	
健龍鄉	九〇	〇〇		六塘鄉	九〇	〇〇	
大興鄉	一〇〇	〇〇		臨江鄉	九〇	〇〇	
定林鄉	九〇	〇〇		轉龍鄉	九〇	〇〇	
中興鎮	九〇	〇〇		河邊鎮	一〇〇	〇〇	
獅子鎮	九〇	〇〇		八塘鎮	九〇	〇〇	
三鳳鄉	九〇	〇〇		福祿鎮	九〇	〇〇	
廣普鄉	九〇	〇〇		七塘鎮	九〇	〇〇	
三合鄉	一〇〇	〇〇		大路鎮	一〇〇	〇〇	
太和鄉	九〇	〇〇		青木鄉	六〇	〇〇	
合計	三,〇〇〇	〇〇					

附（三）月饼包装式样

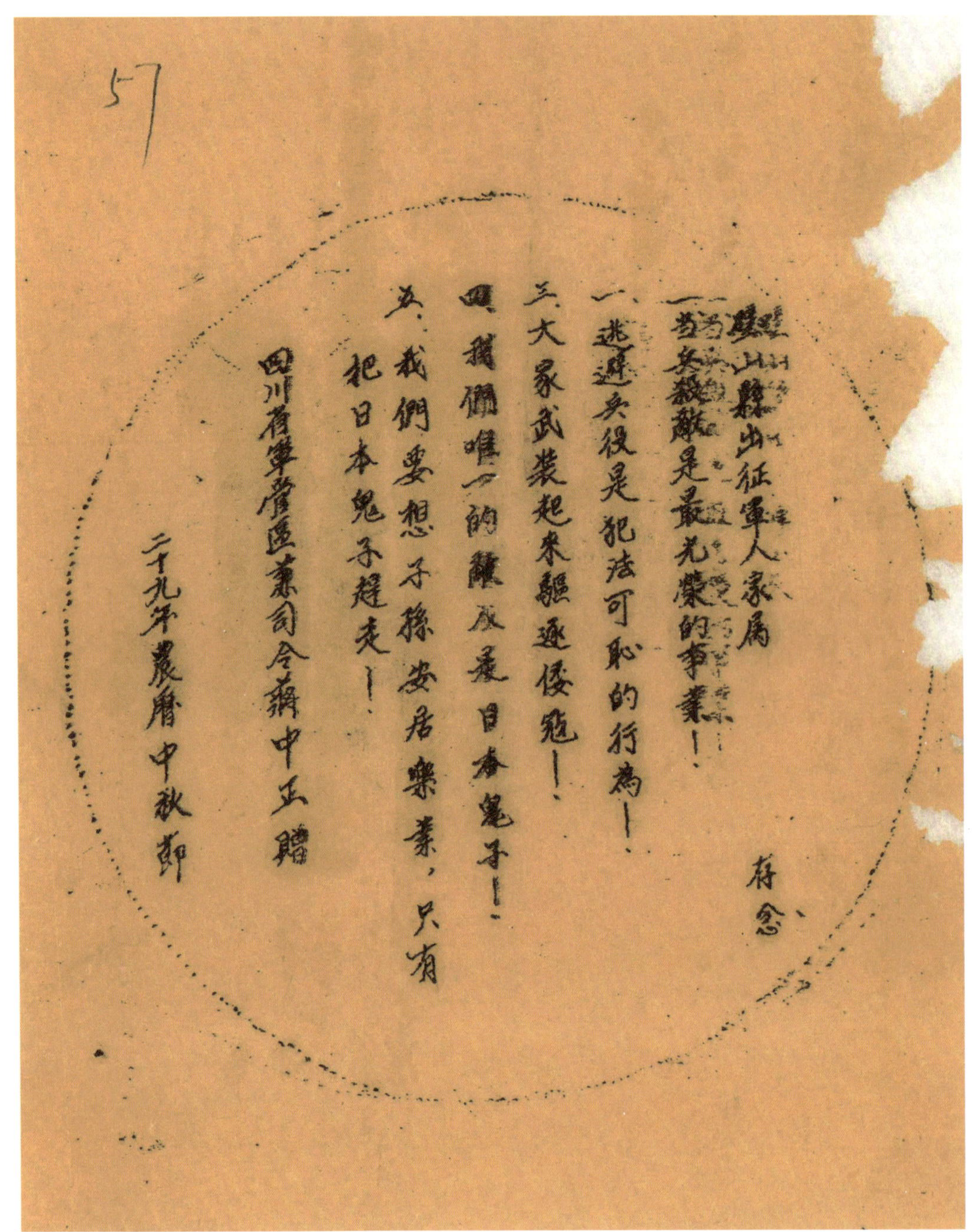

57

璧山縣出征軍人家屬　存念

一、當兵殺敵是最光榮的事業！

二、逃避兵役是犯法可恥的行為！

三、大家武裝起來驅逐倭寇！

四、我們唯一的仇敵是日本鬼子！

五、我們要想子孫安居樂業，只有把日本鬼子趕走！

四川省軍管區兼司令蔣中正贈

二十九年農曆中秋節

璧山县第二区梓潼乡公所关于重新组织成立兵役协会致璧山县兵役协会的呈（一九四〇年九月）

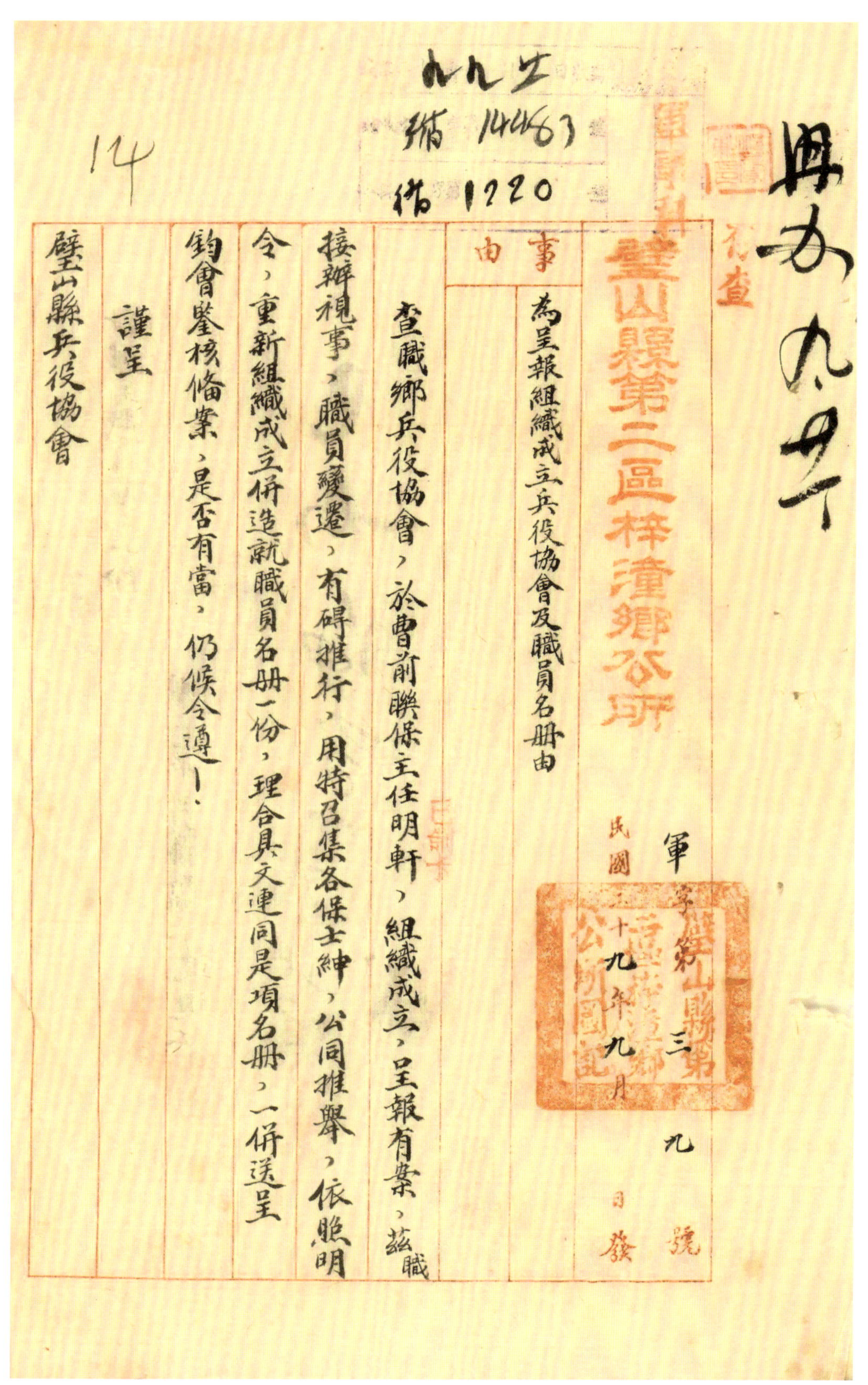

事由　為呈報組織成立兵役協會及職員名册由

璧山縣第二區梓潼鄉公所　軍字第　三　九　號

民國二十九年九月　日發

查職鄉兵役協會，於曹前聯保主任明軒，組織成立，呈報有案，茲職接辦視事，職員變遷，有碍推行，用特召集各保士紳，公同推舉，依照明令，重新組織成立，併造就職員名册一份，理合具文連同是項名册，一併送呈鈞會鑒核備案，是否有當，仍候令遵！

謹呈

璧山縣兵役協會

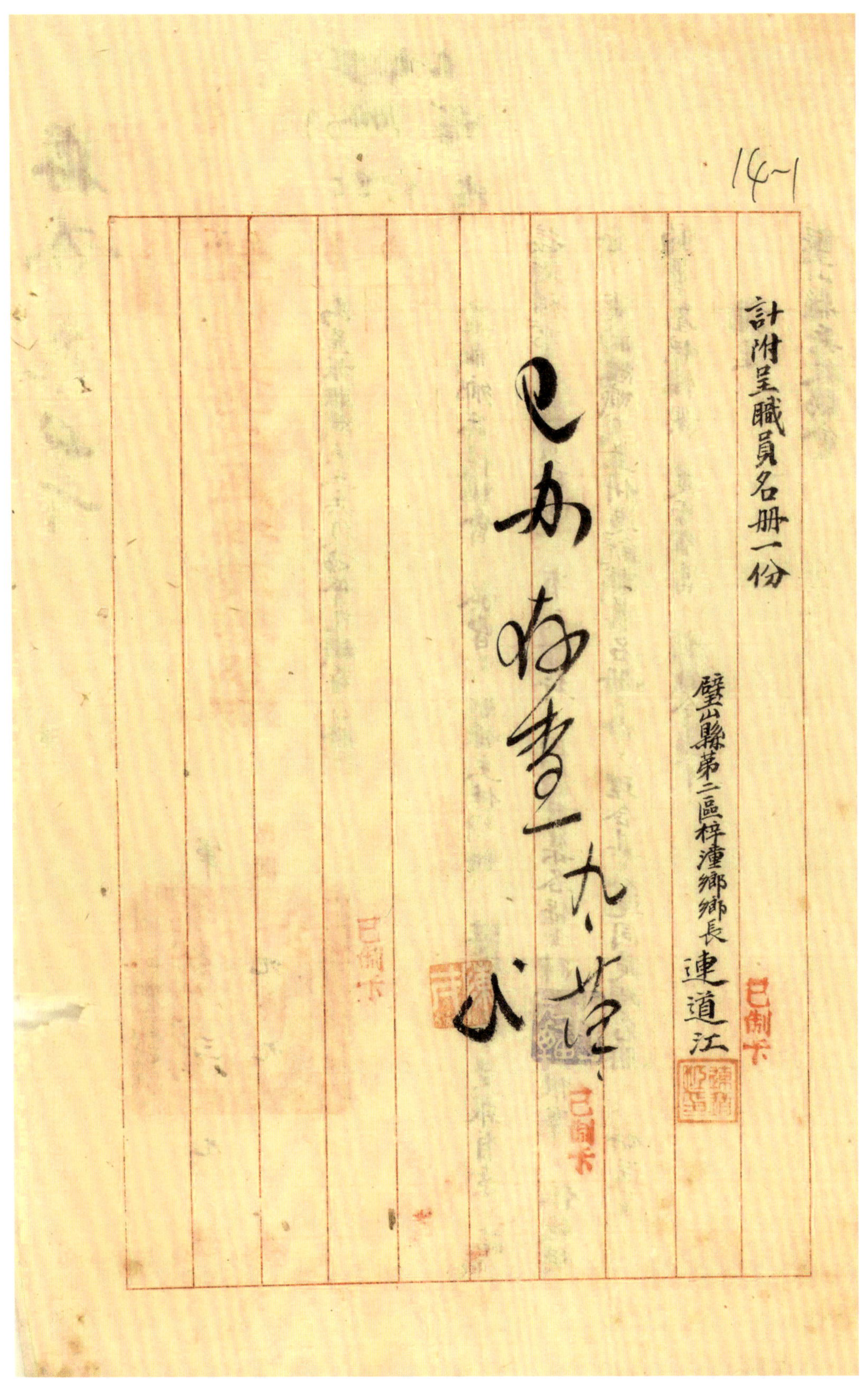

14-1

計附呈職員名冊一份

璧山縣第二區梓潼鄉鄉長 連道江

已办存查

85

璧山縣第二區梓潼鄉公所兵役協會職員名册

職別	姓名	籍貫	年齡	住址	備攷
監察組長	匡漢卿	璧山	四八	本鄉二保	
組員	何燦章	同	三二	一保	
優待組長	姜森榮	同	五〇	六保	
組員	蔡炳章	同	五二	四保	
宣傳組長	蔡奎光	同	二八	十一保	
組員	蔡開基	同	三五	三保	
慰勞組長	唐松喬	同	四一	一保	
組員	廖成章	同	四六	一保	

已制卡

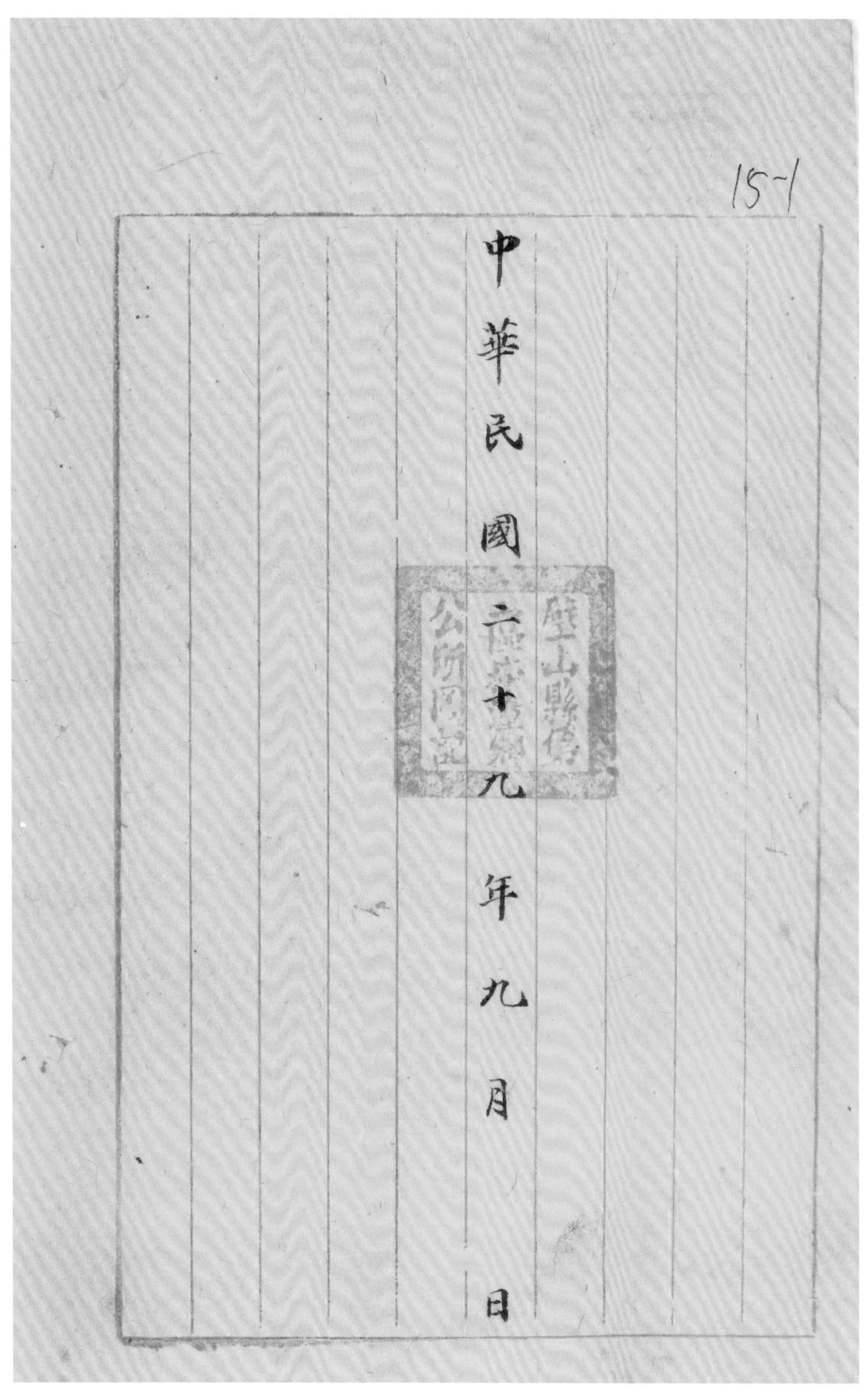
15-1

中華民國二十九年九月 日

壁山縣保甲... 公所圖記

杨思维关于请给予家属优待致璧山县政府的呈（一九四一年二月十七日）

敬呈者：思維於民國二十八年冬間在軍委會戰幹團第五期畢業後，奉政治部長陳電派第九戰區司令部政治部服務，三年奔走，艱苦備嘗，現奉調任五十一師辦理接收補充兵事宜，暫駐巴縣冷水場。適接舍間來函，謂思維二十八年冬間奉派到九戰區工作電文於二十九年古一月內粘呈鈞府，尚未批示。茲請查明鈞府二十九年古曆一月內三教鄉家父楊新山原呈，援抗敵優待軍人家屬條例予以優待，而勵來茲，并乞祇遵，實為公便。

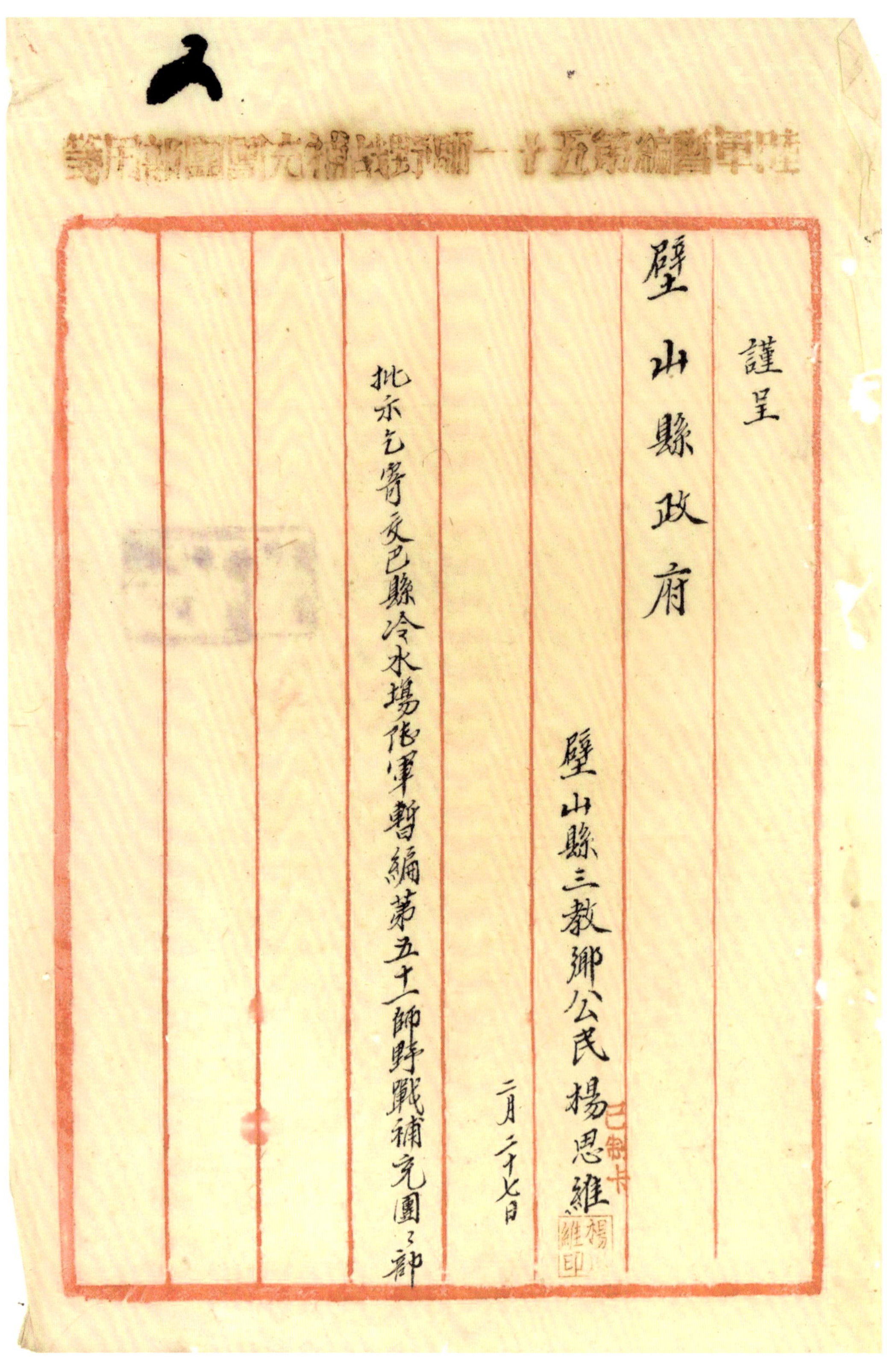

陸軍暫編第五十一師野戰補充團團部用箋

謹呈

璧山縣政府

璧山縣三教鄉公民楊思維

二月二十七日

批示乞寄交巴縣冷水場陸軍暫編第五十一師野戰補充團團部

永荣师管区关于凡在应征年龄内的壮丁均须参加抽签致璧山县政府的代电（一九四一年二月二十七日）

事由：為奉電凡在應征年次內之壯丁均須參加抽籤等因轉仰遵照由

中華民國三十年二月廿七日

永募字第383號

璧山縣王縣長：業奉渝師管區司令部三十年一月三十一日渝編（一）字第三八四六號代電開：案奉軍政部渝仁役備（5075）號代電開：國民兵組織管理教育實施辦法大綱第三十七條：常備隊之抽籤徵集，自衛隊預備隊後備隊均應參加。第四十二條：常備隊訓練期滿，如未奉令擬出得令歸休，編為第一預備隊，在歸休後二個月內應在鄉

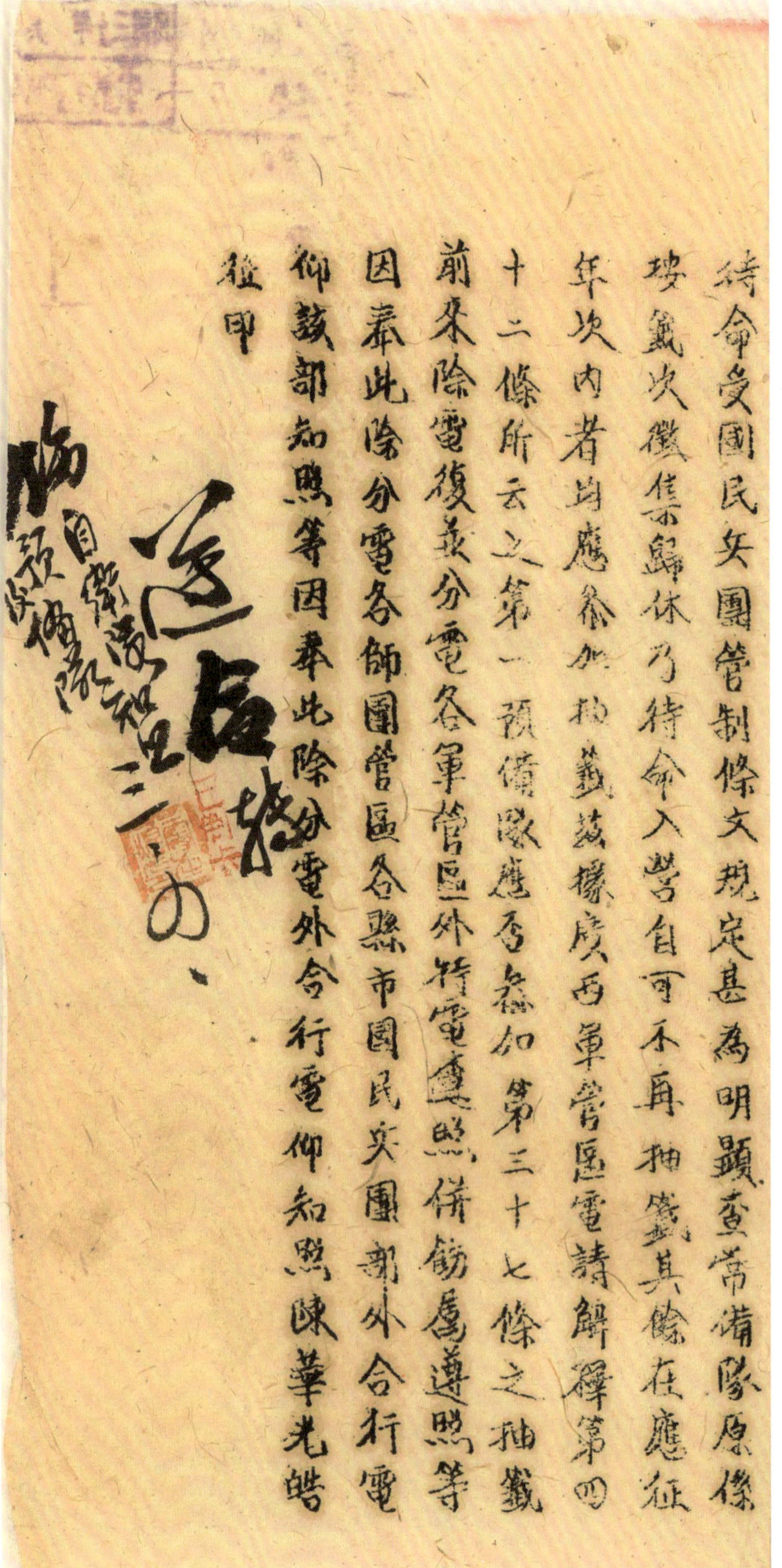

待命受國民兵團管制條文規定甚為明顯查常備隊原係按籤次徵集歸休乃待命入營自可不再抽籤其餘在應征年次內者均應參加抽籤茲據廣西軍管區電請解釋第四十二條所云之第一預備隊應否參加第三十七條之抽籤前來除電復並分電各軍管區外特電查照併飭屬遵照等因奉此除分電各師團管區各縣市國民兵團部外合行電仰該部知照等因奉此除分電外合行電仰知照陳華光皓發印

璧山县政府关于饬查出征人杨思维家况如何应给予何种优待致张淳然的训令（一九四一年三月八日）

事由：為令飭查出征人楊思維家况如何，應予何種優待，填表彙核由

令　　衛訓字第　　號

令第二區三鳳鄉鄉長張淳然

案據該鄉（原三義鄉）居民楊思維呈，現在陸軍暫編第十五師野戰補充團第二部服務，懇予核發優待證書等情到府，除批示外，合亟令仰該鄉長即便查照，切實查明該丁家况如何，應予何種優待，依式填具調查表來府，以憑核辦為要！此令。

縣長　王〇〇

张承绪关于申请征属优待减免临时捐款致璧山县政府的呈（一九四一年三月）

呈為優待征屬懇予減免臨時捐欵事情。民張承緒，年四十八歲，住城北門外鹽市街十九號，業糖食，無案。緣民子禹科，自七七事變，志願入伍，參加抗敵工作，現調黔安順獸醫學校肄業受訓（去年將證明文件呈報聯保辦公處，准發光榮牌矣），冒瀆。竊查優待征屬條例註明得免臨時捐款，殊民每月應上營業稅，附帶征收保甲捐，由數角迭增每月一元八角。昨披閱三月七號中央日報，內載有鼓勵人民踴躍從軍，軍政部與財政部重新解釋保甲捐亦係臨時捐款（剪報粘呈）。民既抗征家屬，應享減免權利，故特具呈鈞府，懇轉咨營業稅局璧山稽徵所，減免附帶征收之保甲捐款，以符規定而恤征屬。再者，保甲每年所派積谷金是否係于臨時捐款，並乞明示，以便遵守，則民沾感不既。

謹呈

璧山縣政府縣長 鈞鑒

具呈人 張延緒 寔

民國 三十年 三月 日

第三十集团军总司令部关于请如数发给何宗尧家属慰问谷致璧山县政府的快邮代电（一九四一年三月二十七日）

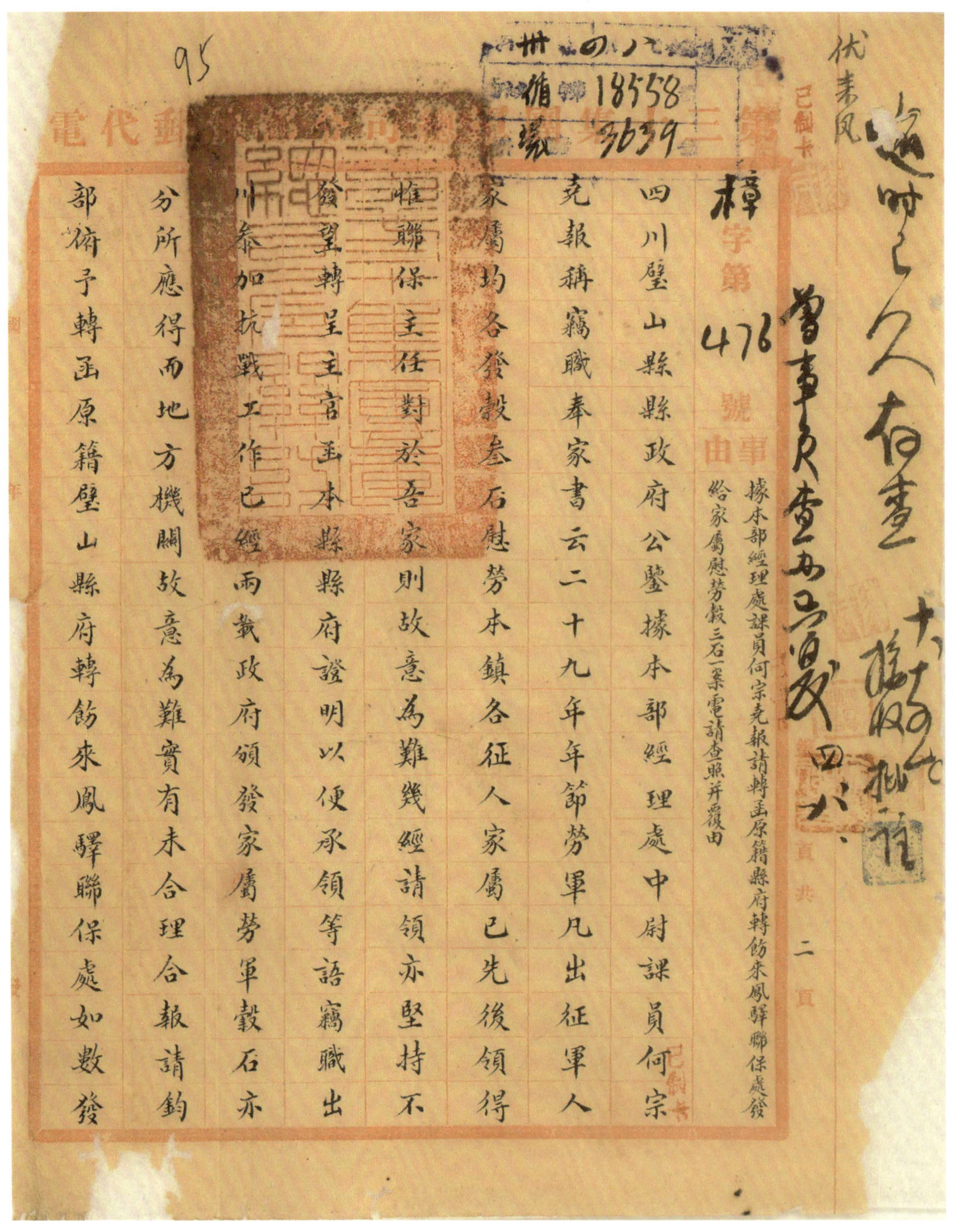

第三十集團軍總司令部快郵代電

事由：據本部經理處課員何宗堯報請轉函原籍縣府轉飭來鳳驛聯保處發給家屬慰勞穀三石一案電請查照并覆由

字第476號

四川璧山縣縣政府公鑒據本部經理處中尉課員何宗
堯報稱竊職奉家書云二十九年年節勞軍凡出征軍人
家屬均各發穀叁石慰勞本鎮各征人家屬已先後領得
惟聯保主任對於吾家則故意為難幾經請領亦堅持不
發望轉呈主官函本縣縣府證明以便承領等語竊職出
川參加抗戰工作已經兩載政府頒發家屬勞軍穀石亦
分所應得而地方機關故意為難實有未合理合報請鈞
部俯予轉函原籍璧山縣府轉飭來鳳驛聯保處如數發

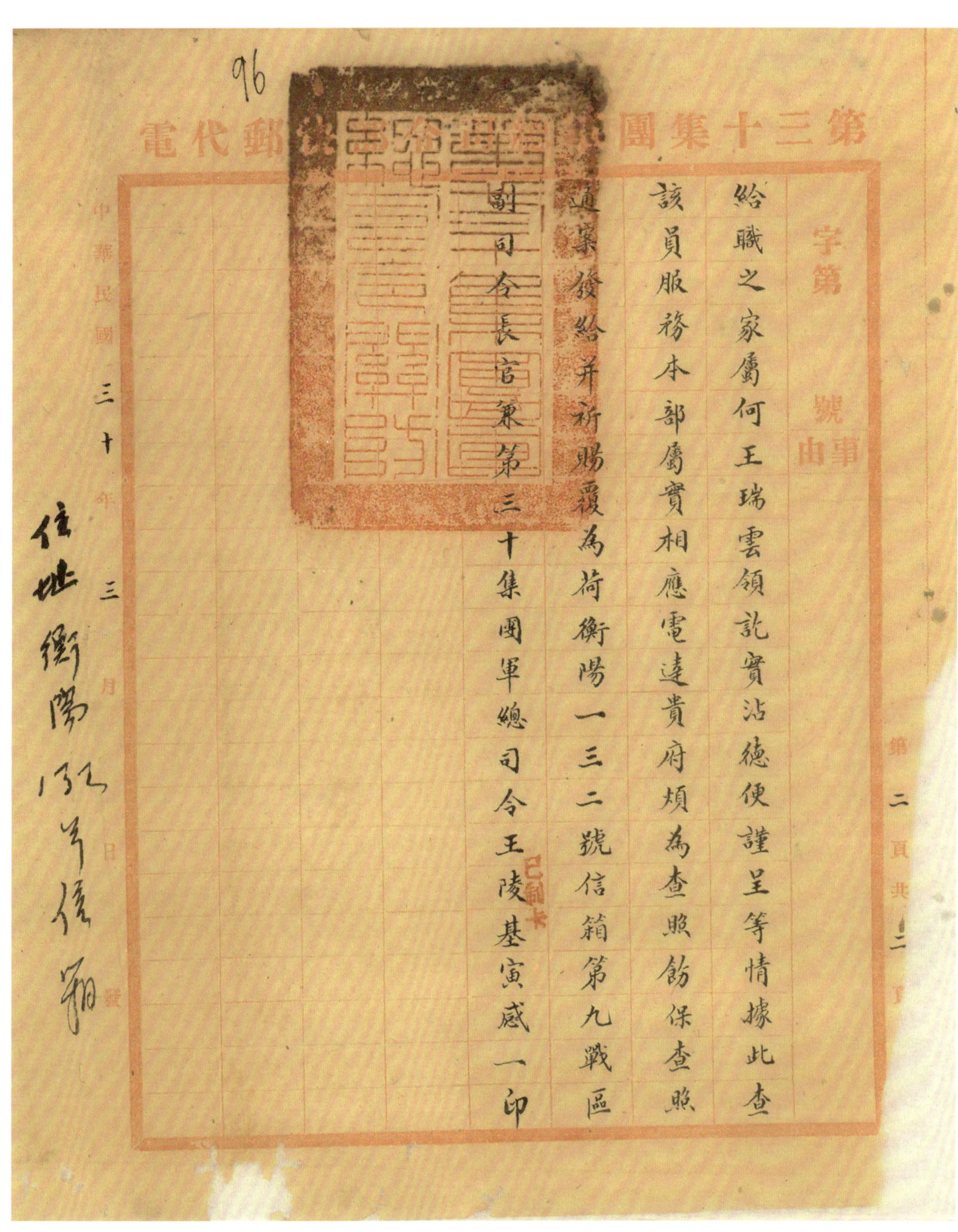

96

第三十集團　　　郵代電

字第　　號

事由

給職之家屬何王瑞雲領訖實沾德便謹呈等情據此查

該員服務本部屬實相應電達貴府煩為查照飭保查照

逕案發給并祈賜覆為荷衡陽一三二號信箱第九戰區

副司令長官兼第三十集團軍總司令王陵基寅感一印

已銷卡

中華民國三十年三月　日發

第二頁共二頁

住址衡陽一三二號信箱

璧山县政府关于抄发璧山县各乡镇保一九四一年度征兵会议应办及注意事项、璧山县各乡镇应征一九四一年度全年兵额配赋表致各乡公所的训令（一九四一年五月）

璧山縣政府訓令

發文第二區署存查

運字第　號

民國三十年五月　日

令各鄉公所

案奉

永川團管區司令部永募字第七一二號訓令開：

「案查前奉 管峯電令配賦本管區三十年度月征丁額一九二零名，并飭轉配區屬各縣，業已轉飭知照，茲奉當以本區征募情形已極困難，乃於本年二月二十四日募字第三零二一號呈文以查本區二十九年月配額為一六四三名，三十年增配為一九二零名，每月加丈數甚鉅，而區屬各縣山多田少，地瘠民貧，一般民眾向多遠出[謀]生，貿易經年鮮歸，又因地近長江，船戶甚多，自抗戰軍興，遠出貿易者益夥，壯丁更少；本區密邇陪都，各地工場礦場林立，壯丁入礦工各場事實上便不易征集，遂為逃役淵藪；又新縣制推行，學校教師、鄉鎮公所職員大量增加，其他公司員工及運輸工人、技術工人，同胞米數在營者等等，皆可緩役，因以上種種原因，故應征壯丁數目日益銳減，即照二十九年度月配額征撥，已感困難萬分，幸賴各級役政人員尚稱努力，與本部極力督催，聲嘶力竭，故滯欠數目尚數無多，茲若再增加配額，將更難於推動，請予仍照上年配額配賦等語，分呈軍師管區，懇准仍照二十九年原配額征集，免予增配在案。茲奉 渝西師管區司令部寅東征乙代電開：「承募字第三〇零三號二月二十四日呈悉。查本區各區縣三十年月配賦，係奉軍管區指配，且均有增額在案，該區所請仍照上年配額配賦一節，事關通案，本部未便轉請，仍希體念時艱，勉力督催為要」等因；復奉 四川省軍管區司令部寅虞賦代電開：「本年二月二十四日永募字第二〇〇三號呈悉。查本省本年度應征月額，係商同四川省政府依據調查各縣市二十八年除去免緩禁不各役及已出征者而外之應征壯丁數，適當配賦各團管區，自極公平，現在各區均無異議，如果再予變更，則牽動整個配額，對於兵員征補影響至鉅，所請仍照上年配額配賦一節，未便照准，仰仍遵本部子元賦電，飭自會商專署轉配各縣，列表具報，用濟時艱，而裕兵源」各等因。奉此，嗣復奉 軍區徵賦字第四四零號丑感代電飭延將區屬各縣三十年度月配額呈核等因除遵照報請鑒查外，合行檢同本區各縣三十年度月征丁額配賦表，令仰知照。查抗戰建國，兵員至要，軍事機構首重服役，務希仰體時艱，達成使命，是為至要。

等因。計發配賦表一份。奉此，查本縣月配額已增為三三三名，似較前增加征集時之困難。惟本縣自奉命征兵以來，深賴各級辦理兵役人員督征努力，成績尚不落後，對抗戰人力貢獻頗堪自慰，仍望體念時艱，如額征撥，用達抗建使命。所有奉征三十年度全年兵額三千九百九十六名，特照各該鄉鎮保甲戶數暨實際情形比例覈實公平列表配賦，並擬定本縣各鄉鎮保三十年度征兵會議應辦及注意事項一種公佈施行。除分令外，合行檢同原表及注意事項，令仰遵照辦理，勿違為要。

此令。

計發配賦表及注意事項各一份

縣長 王仕悌

璧山縣各鄉鎮保三十年度征兵會議應辦及注意事項

（一）各鄉鎮年度征兵會議統限五月二十一日至二十五日一律舉行完畢（第一區由本府派員出席指導第二三兩區由區署派員出席指導其開會日期並由區署規劃通知）

（二）各鄉鎮轉配各保全年兵額時應將第一期送驗數字（即一二三月征額減除配賦（例如某鄉全年度兵額爲一百名第一期已送驗及格二十名則以八十名轉配即可）

（三）各鄉鎮轉配各保全年度兵額時應按各保戶口數甲乙級壯丁數字及實際情形公平配賦不准以保爲單位致失平允影響將來征撥進行；

（四）各保奉到該管鄉鎮公所配賦全年度征兵數目時應由保長督率副

保長保隊附及全體甲長切實調查保内應征壯丁（甲乙丙級）無論依法應行免役緩役停役禁役均造入調查名冊（如附式一）至免緩役申請仍照二十八年度規定辦理其申請書由縣府印製價發以歸劃一（再前經團區核定免緩役者仍應重新申請并限五月二十六日至三十一日辦理完畢層報本府核轉）

（五）各保將應征壯丁調查完畢後統限六月一日至六月八日開保民年度征兵會議確定應征壯丁其應征壯丁數目照配額增加兩倍作為預備額（例如某保全年配額為八名即應增加十六名共為二十四名）

（六）各保開保民年度征兵會議時由鄉鎮公所派員出席指導區署所在地則由區署派員出席指導

（七）各保調查所得壯丁數目不得少於配額（正額與預備額）有多時則就保民年度征兵會議時減除之但減除之丁應先以丁少者（如兩弟

兄或弟兄雖多僅長兄及齡而家庭又不能維持生活者）與其家分貝
者為限。

(八) 各保保民大會確定應征壯丁時應按甲級三分之二乙級三分之一之標準確定之至十八歲至二十二歲之甲級壯丁因組訓關係暫緩征集。

(九) 各保三十年度經保民大會決議確定應征壯丁後統限六月十五日以前將應征壯丁名冊（如附式二）由鄉鎮公所分保彙報本府以憑另令規定抽籤。

(10) 各鄉鎮保召開年度征兵會議時應將決議事項及確定應征壯丁數目及姓名詳細記載於紀錄簿以憑　層峯派員視察。

(11) 各鄉鎮保務須確遵規定日程切實辦理不得稍有遲誤致碍將來抽征工作。

附（二）璧山县各乡镇应征一九四一年度全年兵额配赋表

璧山縣各鄉鎮應征三十年度全年兵額配賦表

鄉鎮別	保數	甲數	戶數	第一期應征兵額	第二期應征兵額	第三期應征兵額	第四期應征兵額	全年應征總額	備攷
城中鎮	12	134	1831	22	22	22	22	88	該鎮因有消防隊員一百五十名暫緩抽征，又係疏散區，故按標準減配三分之一，特注
城東鄉	9	104	1440	25	25	25	25	100	
城南鄉	14	139	2063	38	38	38	38	152	
城西鄉	12	133	1900	35	35	36	36	142	
城北鄉	12	124	1796	34	34	34	34	136	
丁家鄉	14	159	2326	43	43	42	42	170	
來鳳鄉	13	139	1925	38	38	38	38	152	
正興鄉	15	151	2144	40	40	39	39	158	
健龍鄉	11	110	1508	28	28	29	29	114	
大興鄉	13	202	2653	48	48	49	49	194	
定林鄉	7	70	1115	21	21	20	20	82	

新興鄉	獅子鄉	丹鳳鄉	廣普鄉	三合鄉	太和鄉	梓潼鄉	龍鳳鄉	鹿鳴鄉	馬嘶鄉	接龍鄉	依鳳鄉	蒲元鄉
10	11	14	11	8	11	9	7	7	12	9	8	8
110	126	157	110	82	127	110	76	90	122	104	87	88
1528	1740	2222	1631	1139	1410	1389	1136	1136	1745	1319	1299	1318
28	33	40	31	20	27	26	22	21	32	26	24	25
28	33	40	31	20	27	26	21	22	32	26	24	25
29	32	40	30	21	27	26	21	21	33	25	25	24
29	32	40	30	21	27	26	21	21	33	25	25	24
114	130	160	122	82	108	104	85	85	130	102	98	98

龍溪鄉	4	41	611	11	11	11	11	44
六塘鄉	7	34	1201	23	23	23	23	92
臨江鄉	9	96	1393	26	26	27	27	106
轉龍鄉	3	73	1180	23	23	23	23	92
青木鄉	7	69	990	13	13	13	13	52
河邊鄉	14	134	1970	35	36	36	[illegible]	1[illegible]
八塘鄉	11	112	1691	32	32	31	31	126
福祿鄉	15	159	2255	41	41	41	41	164
七塘鄉	9	93	1407	27	27	28	28	110
大路鄉	13	139	2069	40	40	40	40	160
合計	(359)	(3359)	(54535)	(999)	(999)	(999)	(999)	(3996)

青木鄉：該鄉有教育部眷屬三百餘戶無丁可征故酌予減配特註

附記：上述本縣第一期分配額係照過去月征額(292)名計算其當時保甲整編又未完竣故與新配額頗有出入俟此次奉撥十八師兵額結束後所有各該鄉第二期應徵名冊予另令飭遵

璧山县第三区区署关于请核发青木乡出征军人荣正康之家属荣叙五光荣门牌致璧山县政府的呈（一九四一年六月三十日）

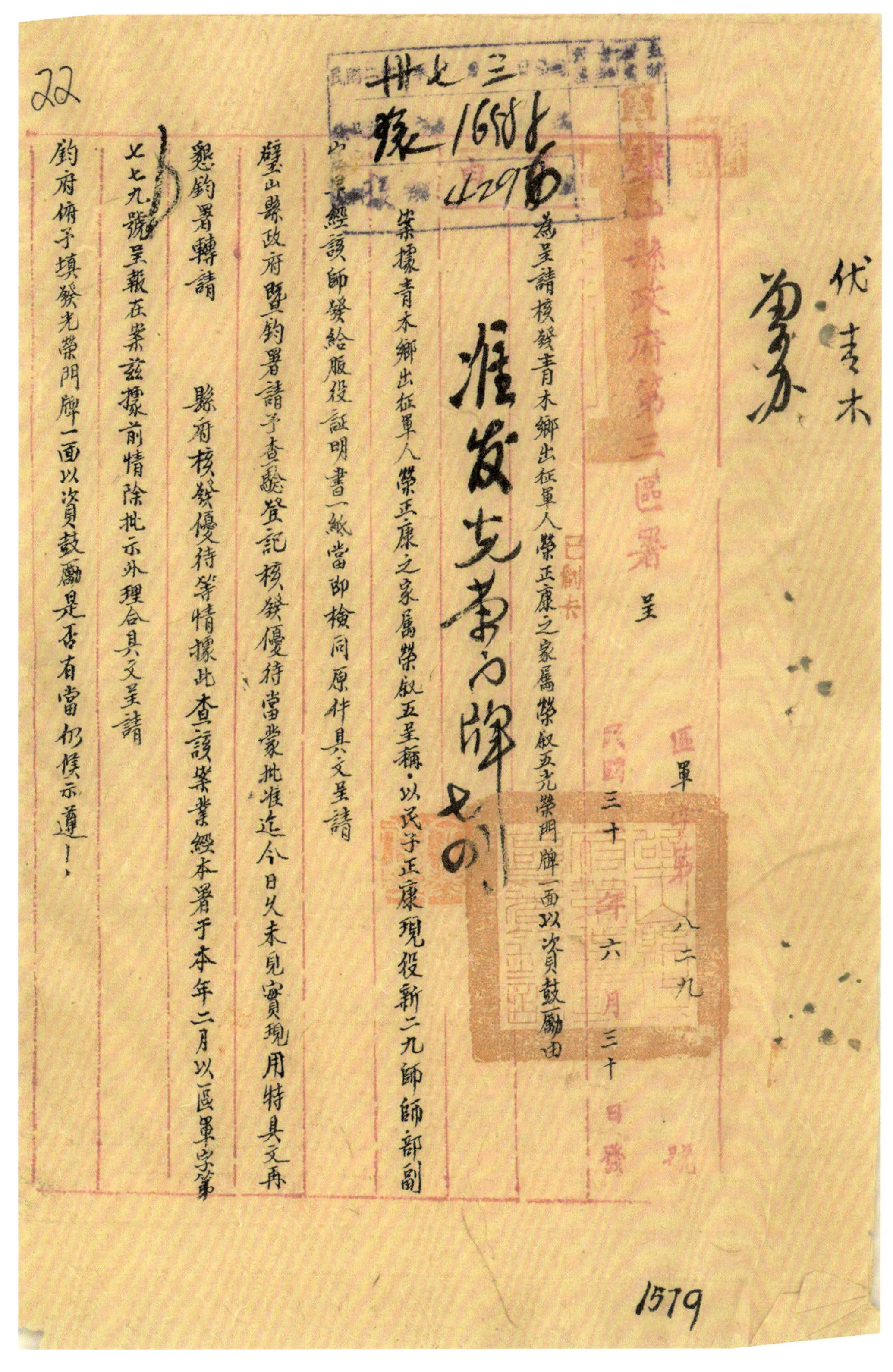

为呈请核发青木乡出征军人荣正康之家属荣叙五光荣门牌一面以资鼓励由

案据青木乡出征军人荣正康之家属荣叙五呈称：以民子正康现役新二九师师部副官，并经该师发给服役证明书一纸，当即检同原件具文呈请璧山县政府暨钧署请予查验登记核发优待，当蒙批准，迄今日久未见实现，用特具文再恳钧署转请县府核发优待等情。据此，查该案业经本署于本年二月以区单字第七七九号呈报在案。兹据前情，除批示外，理合具文呈请钧府俯予填发光荣门牌一面以资鼓励。是否有当，仰候示遵！

谨呈

璧山县政府

璧山县政府第三区署

民国三十年六月三十日发

区单字第八二九号

准发光荣门牌。七、四

22-1

謹呈。
璧山縣政府

第三區區長彭盛春

號 21299
21

尚惠。

移稽本部卿柯某蒙四座，相

查廿九師服移准予優待尚事，嫒應

填發光榮司牌一面，仰即發給諸親屬

照發用昭榮寵！

此序

寸發光榮司牌一面

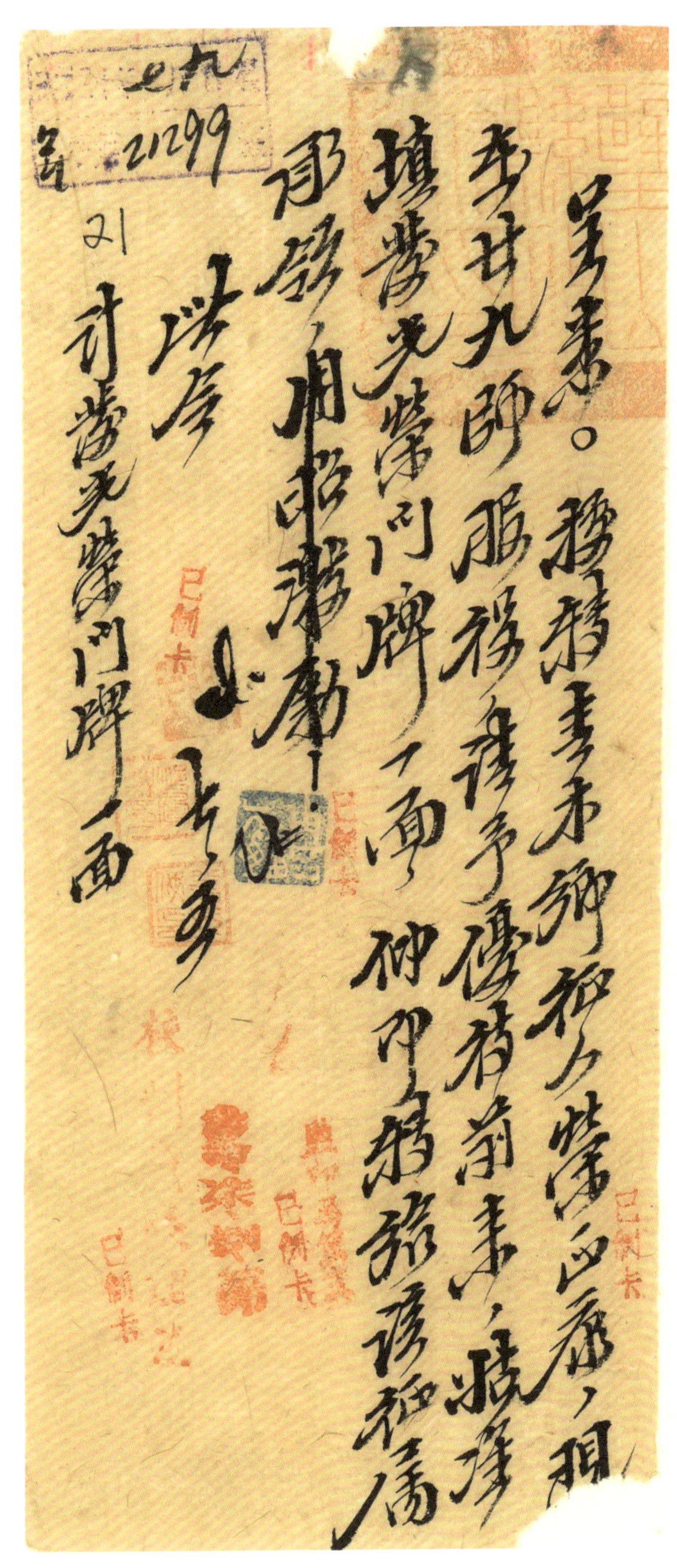

璧山县第一区城中镇公所关于请发给出征壮丁尹天江等家属优待证及光荣门牌致璧山县政府的呈（一九四一年七月）

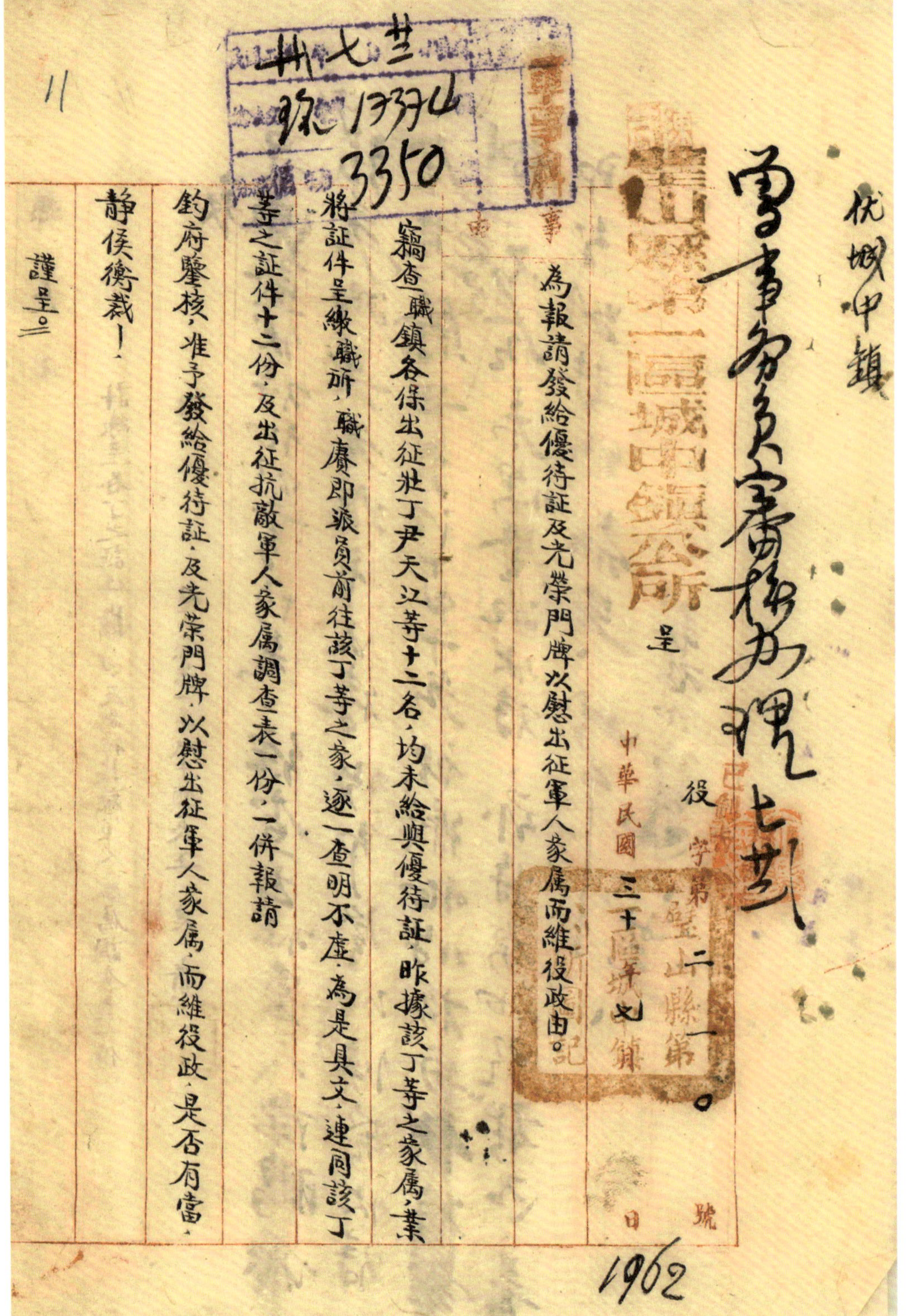

璧山縣第一區城中鎮公所 呈 役字第二一〇號

中華民國三十年 月 日

為報請發給優待証及光榮門牌以慰出征軍人家屬而維役政由。

竊查職鎮各保出征壯丁尹天江等十二名，均未給與優待証，昨據該丁等之家屬，業將証件呈繳職所，職賡即派員前往該丁等之家，逐一查明不虛，為是具文，連同該丁等之証件十二份，及出征抗敵軍人家屬調查表一份，一併報請

鈞府鑒核，准予發給優待証，及光榮門牌，以慰出征軍人家屬，而維役政，是否有當，

靜候衡裁！

謹呈

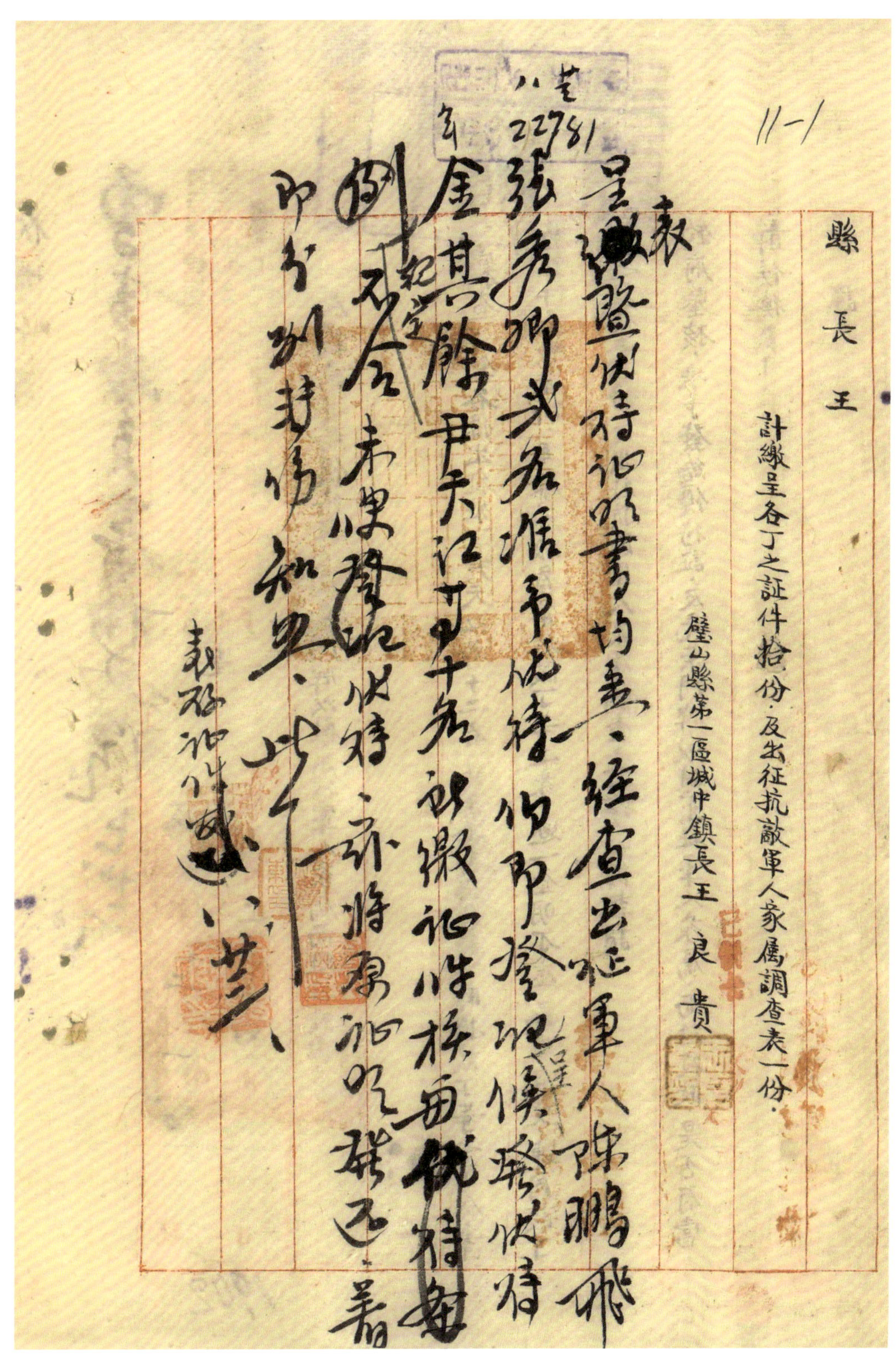

縣長王

計繳呈各丁之証件拾份、及出征抗敵軍人家屬調查表一份、

璧山縣第一區城中鎮長王　良貴

呈件暨優待証明書均悉。經查出征軍人陳鵬飛、張秀卿二名准予優待，仰即登記換發優待證；余甘餘、尹天江等十名缺乏証件，核與優待規例不合，未便登記優待，並將原証明發還，着即分別轉飭知照。此令。

表存，證件發還。八、廿三

附：璧山县出征抗敌军人家属调查表

四川省璧山县出征抗敌军人家属调查表

民国三十年　月　日

姓名	年龄	住址	隶属部队	职级	出征日期	家长姓名	家庭经济状况	备攷
尹天江	二四	縣府前街	憲兵学校政治部	上士文書	民國廿四年	尹田氏	貧苦	民國廿四年從軍現在湖南芷江服務、
張占清	一八	大東門外	防空学校教育科	上等兵	廿九年	張鄒氏	同	民國廿九年係八保乙甲征送入營、
陳鹏飛	二六	北門外	陸軍廿軍工兵連	上士	廿六年	陳俊明	同	民國廿六年自動入伍現抗战前方、
張秀卿	三〇	禹廟后街	第二補充兵訓練提处野战醫院	准尉藥士	廿九年	張范氏	同	民國廿九年自動入伍、
黃德荣	二五	東禹義街	陸軍第十一師	二等兵	三十年	黃張氏	同	本年度五月本鎮第一保征送、
熊世萬	三四	縣政府街	同前	同	同	熊羅氏	同	同前、
徐國材	二六	縣府前街	中央陸軍軍官学校輜重兵營	班長	廿八年	徐石氏	同	現住湖南臨澧縣、
周雲譜	二八	正北街	陸軍一四五師四三三旅八六五團炮兵連	准尉特務長	廿八年	周德清	同	係廿八年一月河边場第四保征送、
王楚清	二六	小東街	陸軍第十九師一百一十三團部	一等兵	廿七年	王海全	同	係廿七年征送入營、
孫洪章	二八	正南街	軍訓部總務廳	傳達	廿八年	孫李氏	同	以上三名敬请核辦
劉九臣	二八	縣府后街	軍訓部軍学編譯处	同	廿八年	劉興安	同	
段海州	三二	二牌坊街	軍訓部總務廳	同	廿九年	段張氏	同	
備註								

璧山縣第一區城中鎮鎮長王良貴

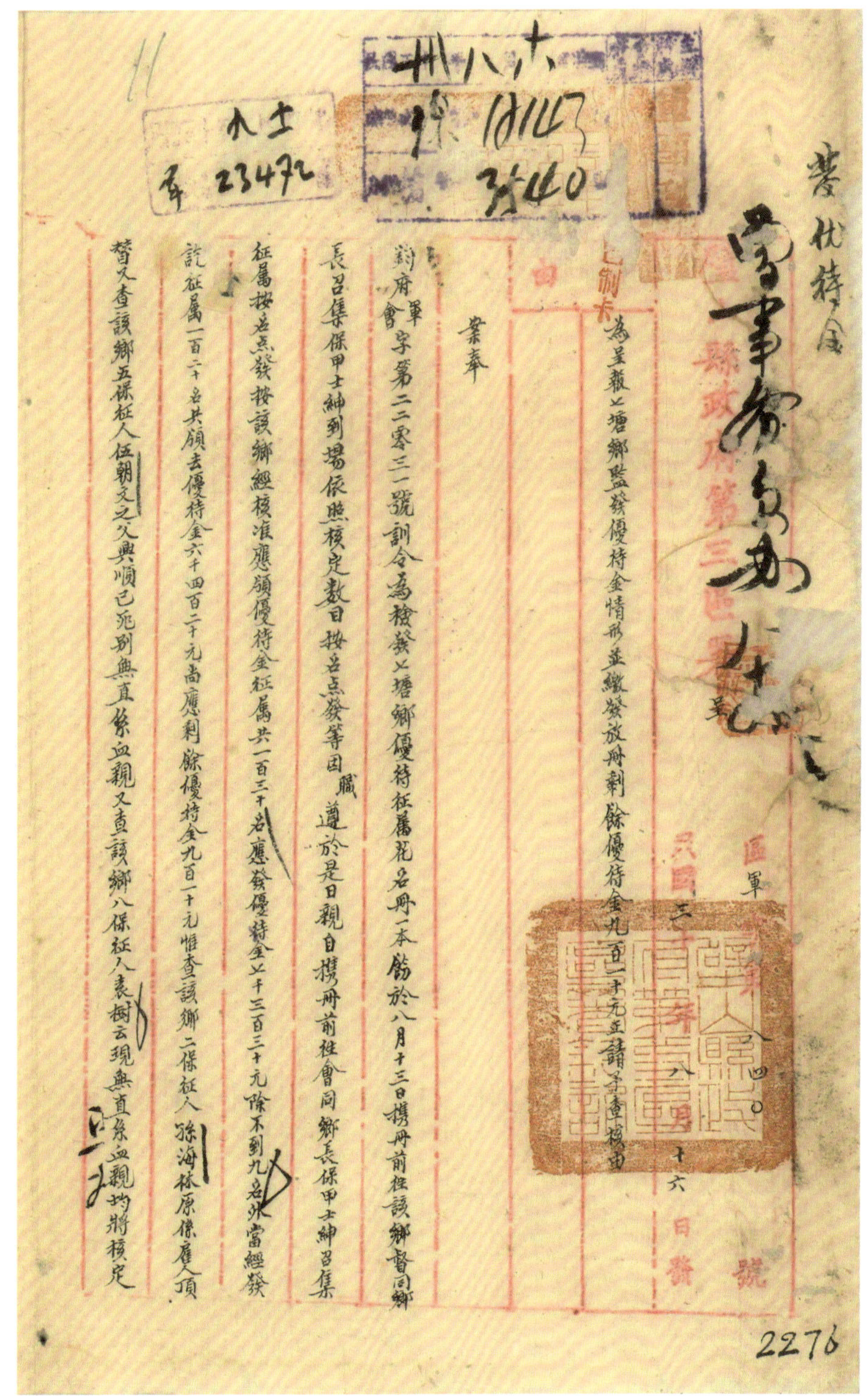

为呈报七塘乡监发优待金情形并缴发放册剩余优待金九百一十元并请予查核由

民国三十年八月十六日发

案奉

钧府军会字第二二零三一号训令为检发七塘乡优待征属花名册一本饬于八月十三日携册前往该乡督同乡长召集保甲士绅到场依照核定数目按名点发等因职遵于是日亲自携册前往会同乡长保甲士绅召集征属按名点发按该乡经核准应领优待金征属共一百三十名应发优待金七千三百三十九元除不到九名外当经发讫征属一百二十名共领去优待金六千四百二十九元尚应剩余优待金九百一十元惟查该乡二保征人孙海林原系雇人顶替又查该乡五保征人伍朝文之父兴顺已死别无直系血亲又查该乡八保征人袁树云现无直系血亲均将核定

璧山县政府第三区区署关于报告七塘乡监发优待金情况致璧山县政府的呈（一九四一年八月十六日）

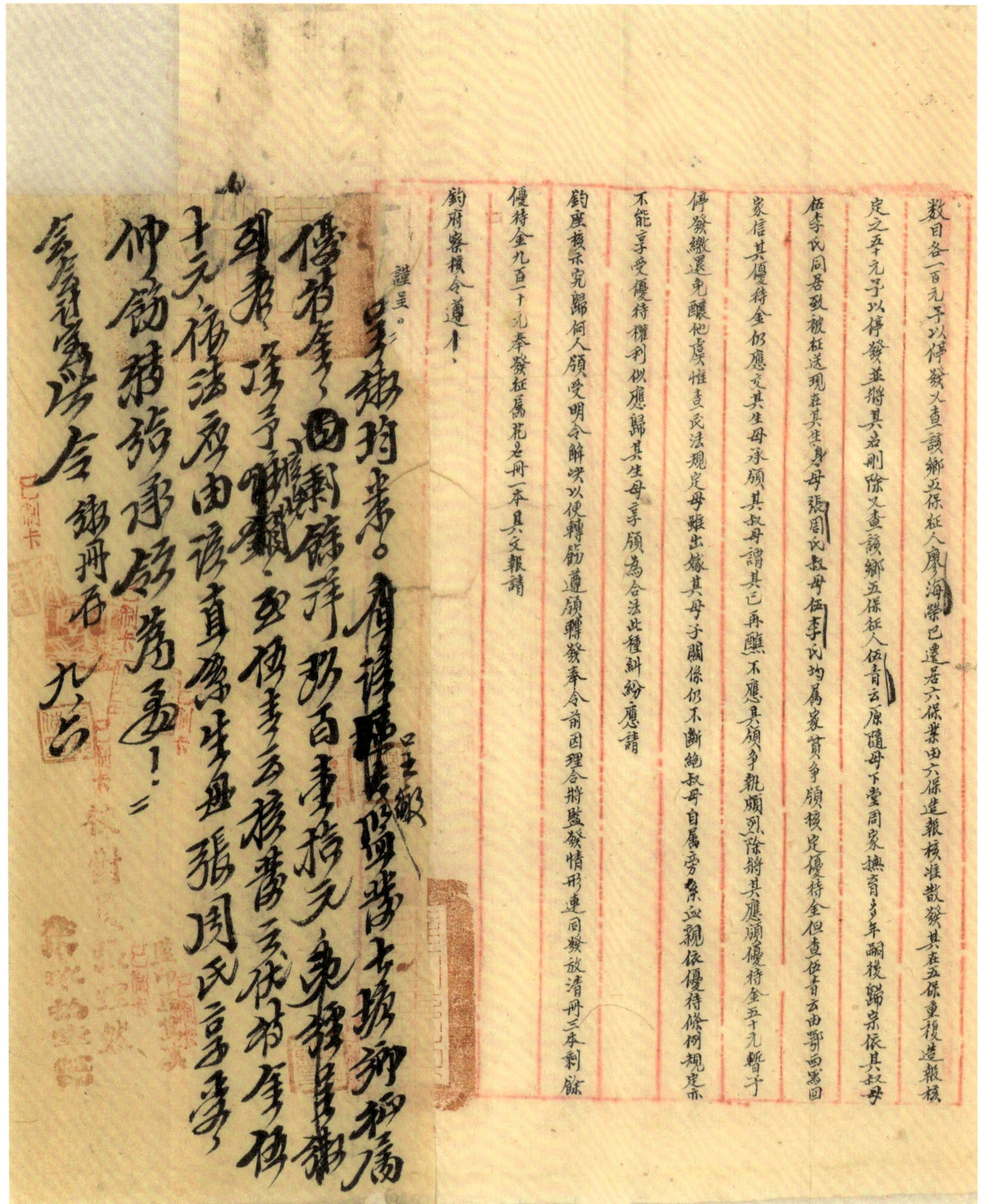

數目各一百元予以停發又查該鄉五保征人廖海榮已遷居六保業由六保造報核准散發其在五保重複造報核定之五十元予以停發並將其名删除又查該鄉五保征人伍青云原隨母下堂周家撫育多年嗣後歸宗依其叔母伍李氏同居致被征送現在其生身母張周氏叔母伍李氏均屬家貧爭領核定優待金但查伍青云由鄂西寄回家信其優待金仍應交其生母承領其叔母謂其已再醮不應具領爭執頗烈除將其應領優待金五十元暫予停發繳還免釀他虞惟查民法規定母雖出嫁其母子關係仍不斷絶叔母自屬旁系血親依優待條例規定而不能享受優待權利似應歸其生母享領為合法此種糾紛應請

鈞座核示究歸何人領受明令解决以便轉飭遵領。奉發奉令前因理合將監發情形連同發放清册三本剩餘優待金九百一十元奉發征屬花名册一本具文報請

鈞府察核令遵！

謹呈。

12

璧山縣政府

計呈發放清册三本原發征属花名册一本發放剩餘優待金九百一十元正

已制卡

第三區區長 彭盛春

已制卡

璧山县政府关于抄发各乡镇交拨第十一师及师区补五团壮丁超欠统计表并分别奖惩致第二区区署的训令（一九四一年八月二十九日）

1/9 收

附卷 九、二

事由：為算明各鄉鎮征交十一師及師區補五團舊欠丁額超交數字并分別奬懲令仰知照由。

璧山縣政府訓令 軍民字第 2264 號

民國三十年八月 日

令第二區區長劉錫華

查各級承辦兵役人員考績期間，上峯明定為每年一、七兩月舉行。茲查本年七月已過，所有各鄉鎮征送十一師丁額及師區補五團舊欠截至六月中旬止已告一段落，茲將各鄉鎮征送數目查明，製定璧山縣各鄉鎮交撥十一師及師區補五團壯丁超欠統計表，并於備攷欄註明應奬懲情由，特予分別録列如下：（一）奬勵部份——（1）第二區丁家鄉鄉長謝榮谷、鄉隊附郎業鈺超送壯丁三名，崑鳴鄉前任鄉長連道江、鄉隊附龍長堯超送壯丁五名，着各記大功一次；（2）第一區城西鄉鄉長陳竹修、鄉隊附彭良，第二區龍鳳鄉鄉長徐光鼎、鄉隊附林慶國，第三區福禄鄉鄉長彭華、鄉隊附伍堯階，依鳳鄉鄉長胡積祥、前任鄉隊附陳志高，臨江鄉鄉長蔡廷燊、鄉隊附蔡誠夫，青木鄉鄉長王鼎彝、鄉隊附劉澤高等各超送壯丁一名，着各記功一次；（3）第一區城北鄉鄉長陳文郊、前任鄉隊附鄧正剛第三區接龍鄉鄉長江蔭科鄉隊附彭志堯蒲元鄉鄉長何焰琥鄉隊附雷燮生轉龍鄉鄉長洪祚倫鄉隊附甘國輿等如限征送足額着均傳令嘉獎(4)第三區全區欠征壯丁十八名占全縣總欠額十分之一足見該區區長彭威春督征努力應予傳令嘉獎(二)懲罰部份——(1)第二區前任火興鄉長詹猷煊鄉隊附蔡克明前任馬嘶鄉鄉長鄒安康鄉隊附盧鳳岐正興鄉鄉長張朝田鄉隊附蘇倫富太和鄉鄉長陳文淑鄉隊附蕭祥中第三區龍溪鄉鄉長姜理中前任鄉隊附江濰非等各欠征壯丁在十名以上者均記過一次(又)第二區全區欠征壯丁九十八名幾占全縣總欠額十分之八足見該區區長劉錫年催征不力應予申斥上開獎懲人員除呈報上峯并分令各區鄉鎮外合行令仰該區長即便知照并轉行應奬應懲人員一體知照為要!!

此令。

計發各鄉鎮交撥十一師及師區補充團壯丁超欠統計表一份

縣長王仕悌

監印馬萬英
校對張理默

附：璧山县各乡镇交拨十一师及师区补五团壮丁超欠统计表

璧山縣各鄉鎮交撥十一師及師區補五團壯丁超欠統計表

鄉鎮別	應交撥壯丁人數 十一師	應交撥壯丁人數 師區補五團	小計	已交撥壯丁人數 十一師	已交撥壯丁人數 師區補五團	小計	品迭 超	品迭 欠	備考
城中鎮	16	5	21	13	4	17	/	4	
城東鄉	20	6	26	19	3	22	/	4	
城南鄉	25	7	32	24	1	25	/	7	
城西鄉	25	7	32	23	10	33	1	/	該鄉鄉長[illegible]鄉隊附[illegible]督征努力丁額超送請予各記功一次
城北鄉	20	6	26	20	6	26	/	/	1.該鄉征交十一師壯丁趙光華一名已擬作有逃[illegible] 2.該鄉鄉長陳[illegible]鄉隊附[illegible]如限征[illegible] 特註
丁家鄉	33	11	44	51	/	51	3	/	該鄉鄉長[illegible]鄉隊附[illegible]督征努力丁額超送請予各記大功一次
定林鄉	20	6	26	22	/	22	/	4	
龍鳳鄉	23	7	30	30	1	31	1	/	該鄉鄉長徐光鼎鄉隊附林慶國督征努力丁額超送請予各記功一次
健龍鄉	25	7	32	25	/	25	/	7	
大興鄉	24	8	32	18	1	19	/	13	欠征十名以上該鄉鄉長唐獻[illegible]鄉隊附蔡[illegible]明應予[illegible]各記過一次
三教鄉	16	4	20	9	1	10	/	10	該鄉於七月一日始行成立姑予免議
梓潼鄉	22	6	28	20	/	20	/	8	
馬嘶鄉	32	10	42	29	/	29	/	13	欠征十名以上該鄉鄉長郭安康鄉隊附[illegible]岐應予[illegible]各記過一次
蒲元鄉	32	9	41	33	4	37	/	4	
獅子鄉	30	9	[illegible]	31	6	37	/	2	
三合鄉	27	8	35	25	7	32	/	3	

5-8

	來鳳鄉	虎鳴鄉	玉興鄉	丹鳳鄉	中興鄉	太和鄉	梭龍鄉	福祿鄉	河邊鄉	蒲光鄉	六塘鄉	龍溪鄉	大路鄉	依鳳鄉	文塘鄉	八塘鄉	臨江鄉	轉龍鄉	青木鄉	合計
行1	46	21	43	32	27	29	20	29	30	20	18	16	27	21	24	25	23	21	10	〈856〉
行2	13	6	12	9	8	8	6	8	9	2	6	5	8	6	6	7	6	6	3	〈250〉
行3	59	27	55	41	35	37	26	37	39	22	24	21	35	27	30	32	29	27	13	〈1126〉
行4	48	32	36	31	32	19	20	29	30	18	18	9	27	22	24	24	25	27	11	〈876〉
行5	7	/	3	6	/	/	6	9	6	4	5	2	4	6	4	6	5	/	3	〈120〉
行6	55	32	41	37	32	19	26	38	36	22	23	11	31	28	28	30	30	27	14	〈996〉
行7	/	5	/	/	/	/	/	1	/	/	/	/	/	1	/	/	1	/	1	14
行8	4	/	14	4	3	18	/	/	3	/	1	10	4	/	2	3	/	/	/	144

備攷：

來鳳鄉：1.玉興鄉征送之蔣文貴一名已撥作該鄉征額特註 又該鄉之長連震江鄉隊附龍大堯督征努力予額超送着記大功一次

玉興鄉：該鄉中送之朱文欽一名已撥作虎鳴鄉征額至蒲光鄉征送之向森衛一名業撥作該鄉送額合併註明

丹鳳鄉：查該鄉[illegible]名以該鄉之長張朝臣鄉隊附徐倫[illegible] 應[illegible]各記過一次

太和鄉：欠征一名以上該鄉之長陳文超鄉隊附簡枝中 應[illegible]各記過一次

梭龍鄉：該鄉之長江盛科鄉隊附彭志堯如限報交足額應予傳令嘉獎

福祿鄉：該鄉之長彭華鄉隊附徐堯階督征努力予額超送着各記功一次

河邊鄉：城北鄉征送之趙光華及龍溪鄉征送朱云康二名已撥作該鄉征額特註

蒲光鄉：1.該鄉征送之蔣福安等子泉楊樹臣等三名已撥作龍溪鄉征額向森衛已撥作玉興鄉送額彭興發已撥作六塘鄉征額特註 又該鄉之長何[illegible]鄉隊附[illegible]征送足額[illegible]

六塘鄉：蒲光鄉征送之彭興發及龍溪鄉征送之向子全張金山等三名已撥作該鄉征額特註

龍溪鄉：1.蒲光鄉征送之蔣福安等子泉楊樹臣等三名已撥作該鄉征額 又該鄉征送之朱云康一名已撥作河邊鄉征額特註 又[illegible]該鄉[illegible] 各記過一次

依鳳鄉：該鄉之長明積祿鄉隊附陳大高督征努力予額超送着各記功一次

文塘鄉：該鄉征送之向子全張金山二名已撥作六塘鄉征額特註

八塘鄉：臨江鄉征送之陳大福一名已撥作該鄉征額特註

臨江鄉：該鄉之長蔡建鄉隊附黎鼓夫督征努力予額超送着各記功一次

轉龍鄉：該鄉之長洪神倫鄉隊附甘國興督征努力如限交清應予傳令嘉獎

青木鄉：該鄉之長王康豪鄉隊附劉澤高督征努力予額超送着各記功一次

說明
1.本表內之數字係根據各交撥區兵役人員繳到之驗收名冊數實計算。又圖表內[illegible]係直接送交接兵部隊驗收者業已撥作原管鄉鎮征額。
2.係經本府核准撥作原籍征額者業已分別增減并於備攷欄註明在案。
3.如有錯誤可將驗收表冊携到軍事科查對。

璧山县第一区城北乡乡公所关于报送出征军人冉青云、张吉源等在营服役证明文件及家属调查表请核发优待金致璧山县政府的呈（一九四一年九月二十五日）

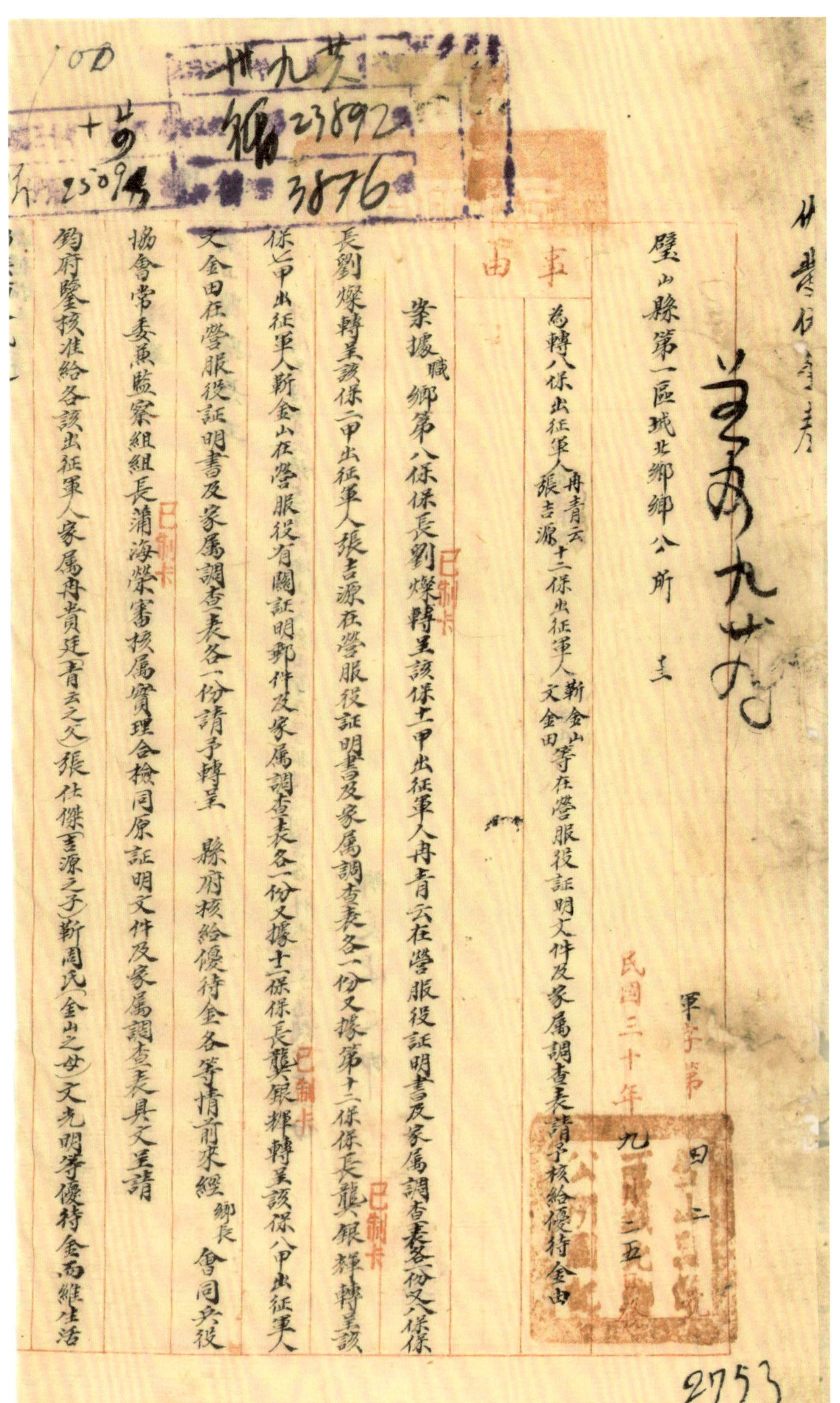

璧山縣第一區城北鄉鄉公所 呈

事由 為轉八保出征軍人冉青云、張吉源，十二保出征軍人靳金山、文金田等在營服役証明文件及家屬調查表請予核給優待金由

民國三十年九月二五日 軍字第 四二 號

案據職鄉第八保保長劉燦轉呈該保十甲出征軍人冉青云在營服役証明書及家屬調查表各一份，又八保保長劉燦轉呈該保二甲出征軍人張吉源在營服役証明書及家屬調查表各一份，又據第十二保保長龔銀輝轉呈該保六甲出征軍人靳金山在營服役有關証明郵件及家屬調查表各一份，又據十二保保長龔銀輝轉呈該保八甲出征軍人文金田在營服役証明書及家屬調查表各一份，請予轉呈縣府核給優待金各等情前來。經鄉長會同兵役協會常委萧監察組組長蒲海榮審核屬實，理合檢同原証明文件及家屬調查表具文呈請鈞府鑒核，准給各該出征軍人家屬冉貴廷（青云之父）、張仕傑（吉源之子）、靳周氏（金山之母）、文光明等優待金，而維生活

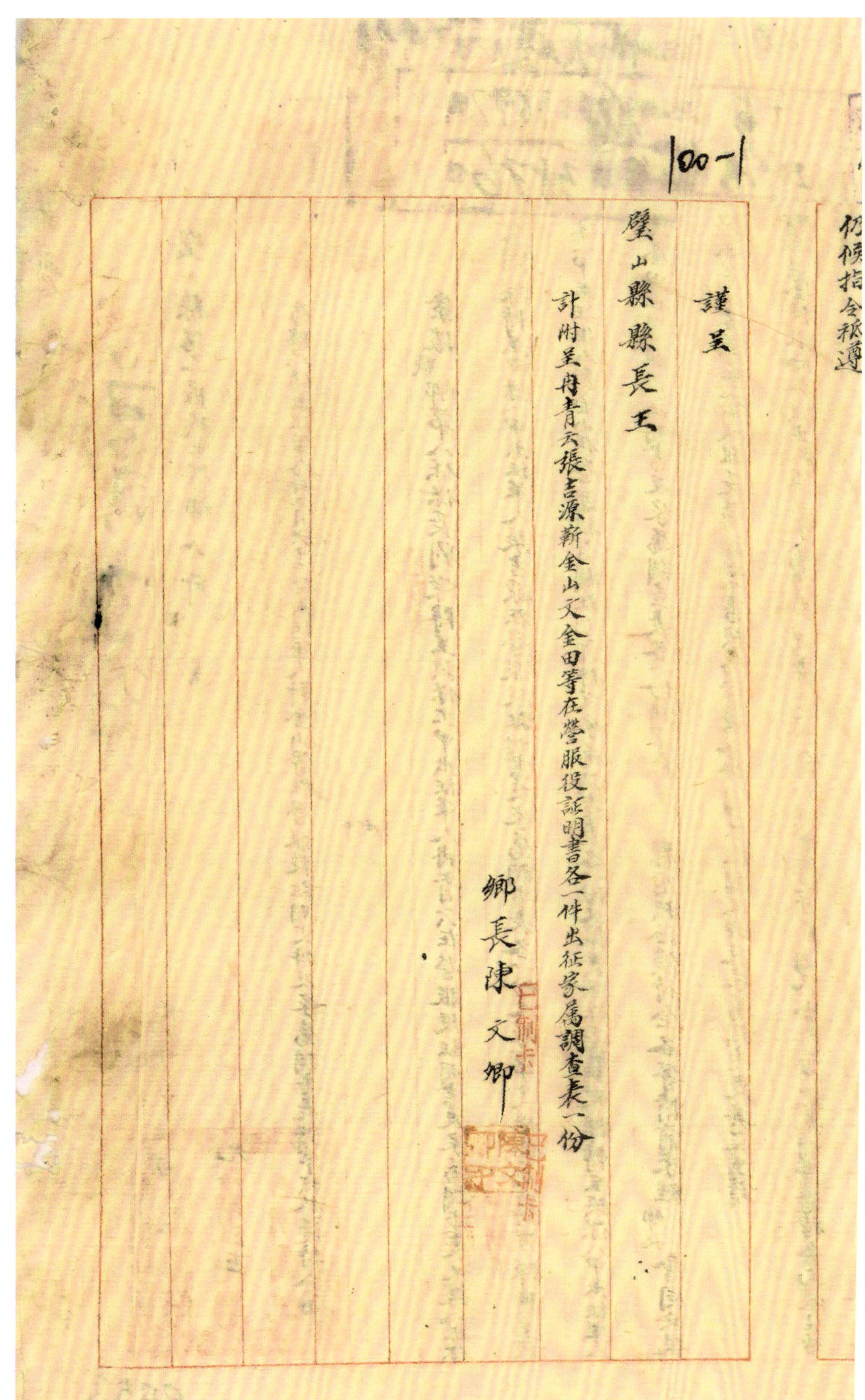

100-1

謹呈

璧山縣縣長王

計附呈冉青云張吉源靳金山文金田等在營服役證明書各一件出征家屬調查表一份

鄉長陳文卿

仍候指令祗遵

附：璧山县出征抗敌军人家属调查表

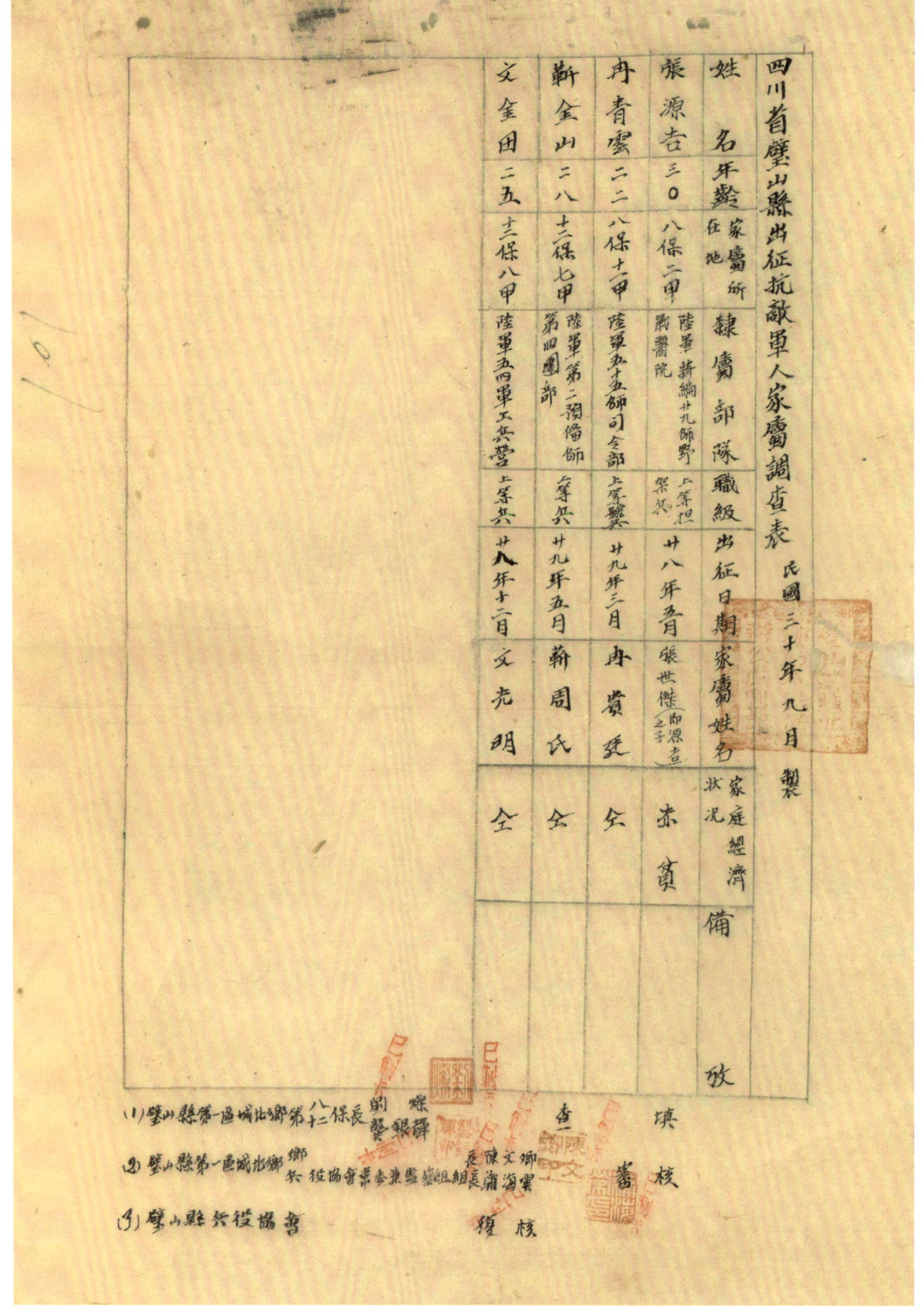

四川省璧山縣出征抗敵軍人家屬調查表

民國三十年九月製

姓名	年齡	家屬所在地	隸屬部隊	職級	出征日期	家屬姓名	家庭經濟狀況	備考
張源吉	三〇	八保二甲	陸軍新編廿九師野戰醫院	上等担架兵	廿八年五月	張世傑（即源吉之子）	赤貧	
冉青雲	二二	八保十一甲	陸軍五十五師司令部	上等號兵	廿九年三月	冉貴廷	仝	
靳金山	二八	十二保七甲	陸軍第二預備師第四團部	一等兵	廿九年五月	靳周氏	仝	
文金田	二五	十二保八甲	陸軍五四軍工兵營	上等兵	廿九年十二月	文光明	仝	

（1）璧山縣第一區城北鄉第八十二保長劉銀輝 填製

（2）璧山縣第一區城北鄉鄉長陳文鄉 鄉兵役協會優委會監察組組長蒲海雲 查審

（3）璧山縣兵役協會 覆核

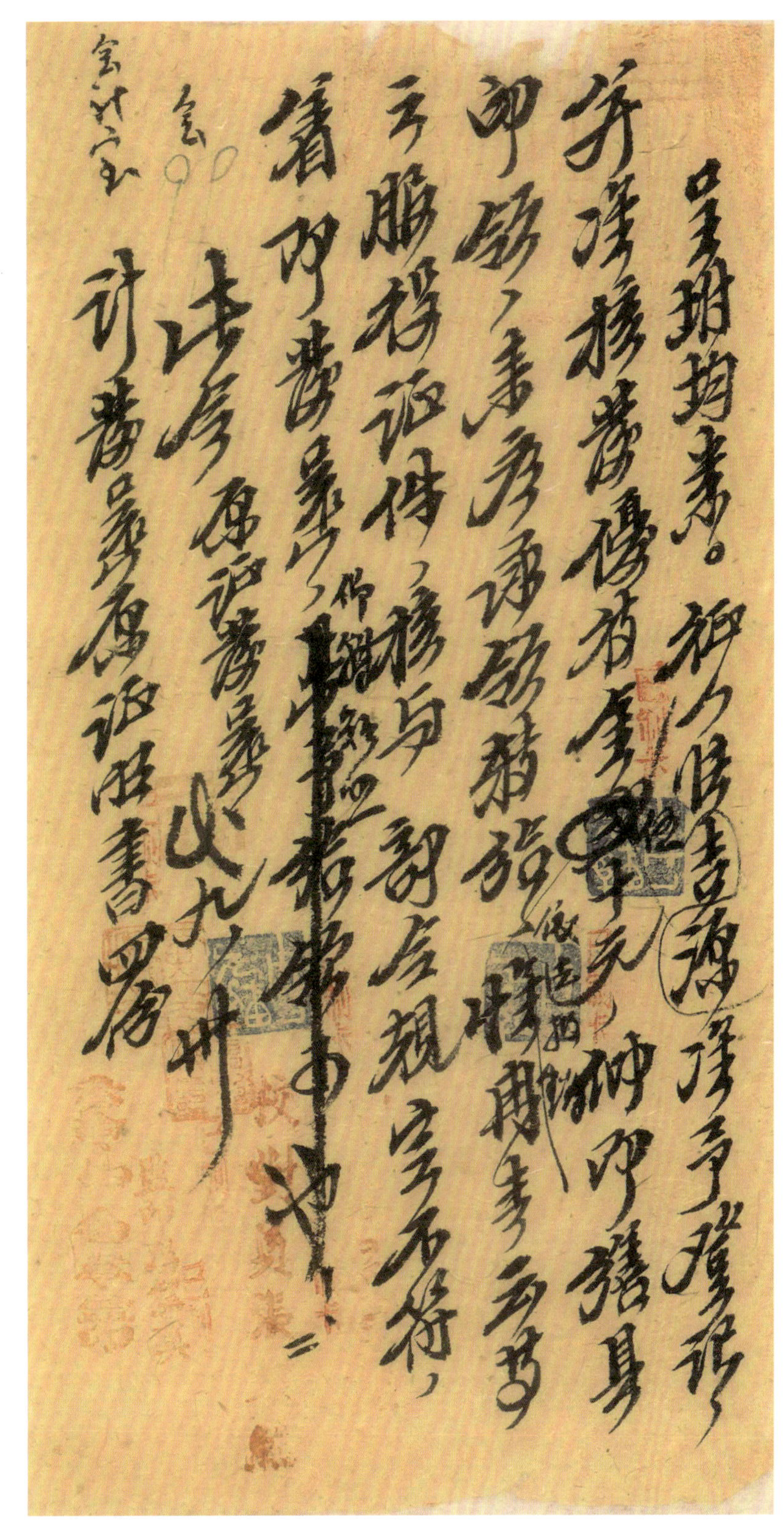

璧山县政府关于交拨第二十三集团军二十一军壮丁办法并抄发交付名册式样、区域划分表致第二交拨区壮丁征监交员的训令（一九四一年九月）

璧山縣縣政府訓令

軍字第　　號
民國三十年九月　　日

令第二交撥區督征監交員劉錫華

本年八月十八日案奉

永川團管區司令部永募字第一九一八號訓令飭撥二十三集團軍
二十一軍壯丁（531）名，限九月十日前交清，其接兵部隊到
縣已與商定交接辦法，特隨令[illegible]縣府交撥二十三集團軍
第五野戰補充團壯丁區域劃分表乙份，仰[illegible]分别提示如左：
一、各鄉鎮奉到此項征兵命令，應將開案由本府或區署令飭勒征入營
及漏報應行服役壯丁儘先征送入營；
二、各交撥區所有各鄉鎮應送丁額，務於本（九）月十六日送到交撥地
點，會同監交員、交接兵部隊驗收，如有剔退，務於兩日內批註原因
并應於五日內征補（至遲不得超過九月底交清），仍造名冊三份（冊
式附后），一交接兵部隊，一交監交員轉呈本府，一批明後帶回存查；
三、各鄉鎮此次征送壯丁，除第一條規定不計外，務遵本府本年九月五日軍
字第二三二五七號密令規定，按籤號順序征集，以便交清後造報中
籤壯丁逃亡表，飭其鄉繳賞金；

4、被征之壯丁如係正籤則於交付名冊上籤號欄填寫「第幾號」如
係預籤則填「第幾號預幾籤」以憑查考。
5、各鄉鎮交付名冊「接交日期」欄應由監交員代填以免錯誤但三本
須完全相符每旬末日并由各監交員會同接兵連長填報旬報一
次（表式附「月日」「接交人數」兩欄即可）務在每旬末日午后五時前由
丁送到本府軍事科以憑次日呈出免干嚴究所有專送旬報公差
旅食費交清後由本府查酌成績情形在征集費項下發給歸墊
上項旬報表極關重要如有遺誤應由監交員負責。
6、各交接區及各鄉鎮應交清丁額後本府即根據「接交日期」欄查明先後
及超欠情形決予分別獎懲。
7、接兵部隊到達交接地點後各該區署及有關鄉鎮公所務須妥覓駐
營地并切實協助一切。
8、此次配賦各鄉鎮壯丁數字係依照縣第一期超欠情形各鄉鎮應遵
照如額送齊或照額超送不能欠額以免積累干究。
以上各點除分令外合行令仰遵照辦理為要！

此令。

計發交付名冊式樣一份區域劃分表一份

縣長 王仕悌

附：璧山县政府交拨二十三集团军第五野战补充团壮丁区域划分表

62

璧山縣政府交撥二十三集團軍第五野戰補充團壯丁區域劃分表

交撥區域	交撥地點	接兵部隊	督征監交人員	鄉鎮別	應交丁額	備攷
城南交撥區	城南鄉藍家院	二十三集團軍第五野戰補充團第三營第八連連長曾滿山	軍事科防空科員桂亞偉	城中鎮	13	
				城東鄉	16	
				城南鄉	22	
				城西鄉	19	
				城北鄉	18	
				福祿鄉	23	
				大興鄉	20	
				三教鄉	13	
				獅子鄉	17	
				梓潼鄉	14	
丁家交撥區	丁家場	二十三集團軍第五野戰補充團第三營第九連連長唐永康	第二區區長劉駿聲	丁家鄉	22	
				來鳳鄉	22	
				正興鄉	24	
				丹鳳鄉	21	
				太和鄉	22	
				中興鄉	17	
				健龍鄉	17	
				[illegible]林鄉	11	
				廣普鄉	17	
				三合鄉	13	
				龍鳳鄉	11	
				馬坊鄉	20	
				鹿鳴鄉	10	
〈169〉接龍交撥區	接龍鄉	二十三集團軍第五野戰補充團第三營第七連連長謝法雲	第三區區長彭戟春	接龍鄉	14	
				青木鄉	8	
				六塘鄉	11	
				七塘鄉	15	
				臨江鄉	14	
				轉龍鄉	13	
				八塘鄉	17	
				依鳳鄉	13	
				大路鄉	20	
				龍溪鄉	10	
				蒲元鄉	12	
				河邊鄉	22	

璧山县第二区大兴乡乡公所关于填报各保出征抗敌军人家属调查表请予优待致璧山县政府的呈及璧山县政府指令（一九四一年十一月二日至十二月八日）

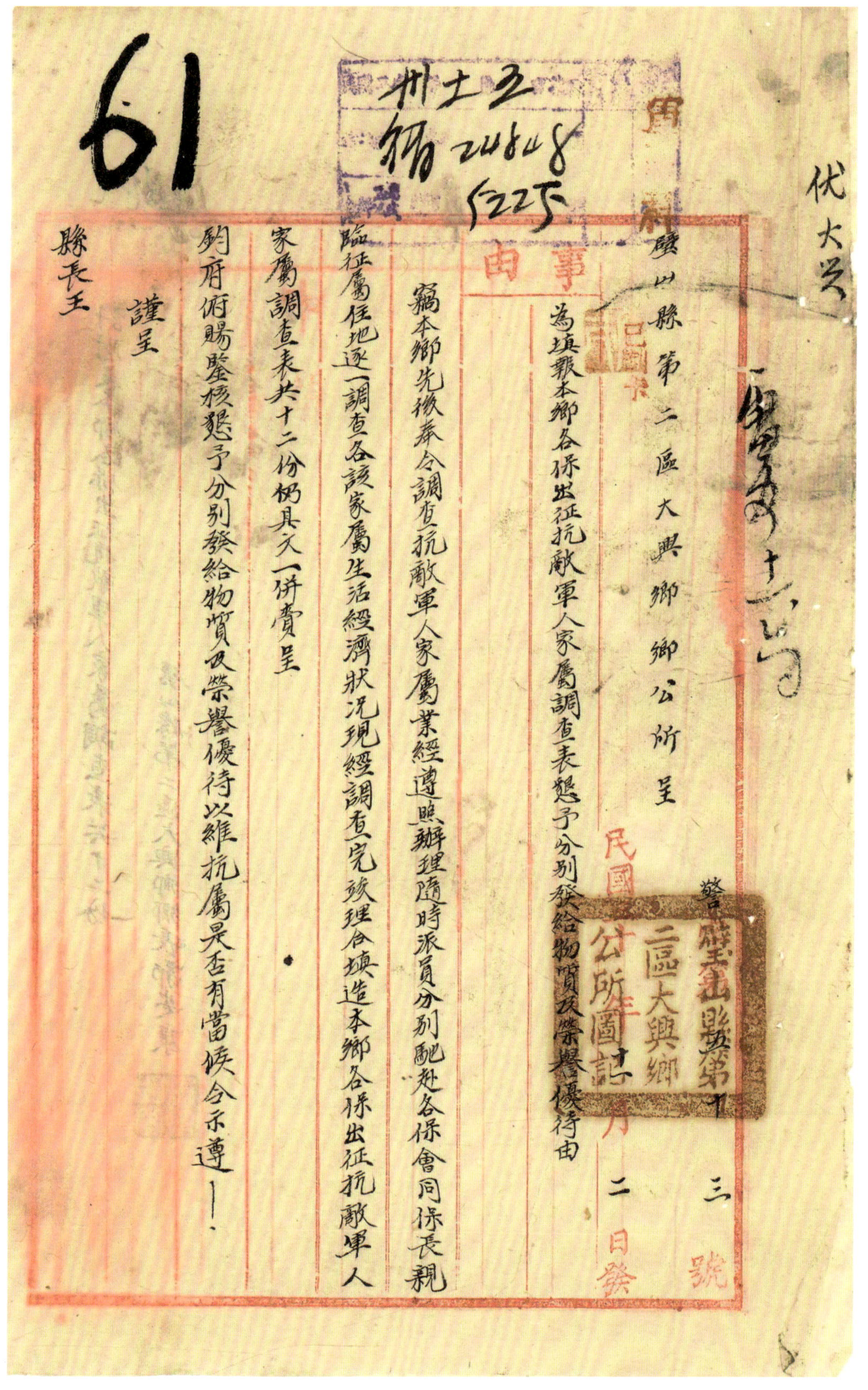

璧山縣第二區大興鄉鄉公所呈　警字第三號

事由：為填報本鄉各保出征抗敵軍人家屬調查表懇予分別發給物質及榮譽優待由

民國　年　月二日發

竊本鄉先後奉令調查抗敵軍人家屬，業經遵照辦理，隨時派員分別馳赴各保，會同保長親臨征屬住地逐一調查各該家屬生活經濟狀況，現經調查完竣，理合填造本鄉各保出征抗敵軍人家屬調查表共十二份，仍具文一併賫呈

鈞府俯賜鑒核，懇予分別發給物質及榮譽優待，以維抗屬。是否有當，候令示遵！

謹呈

縣長王

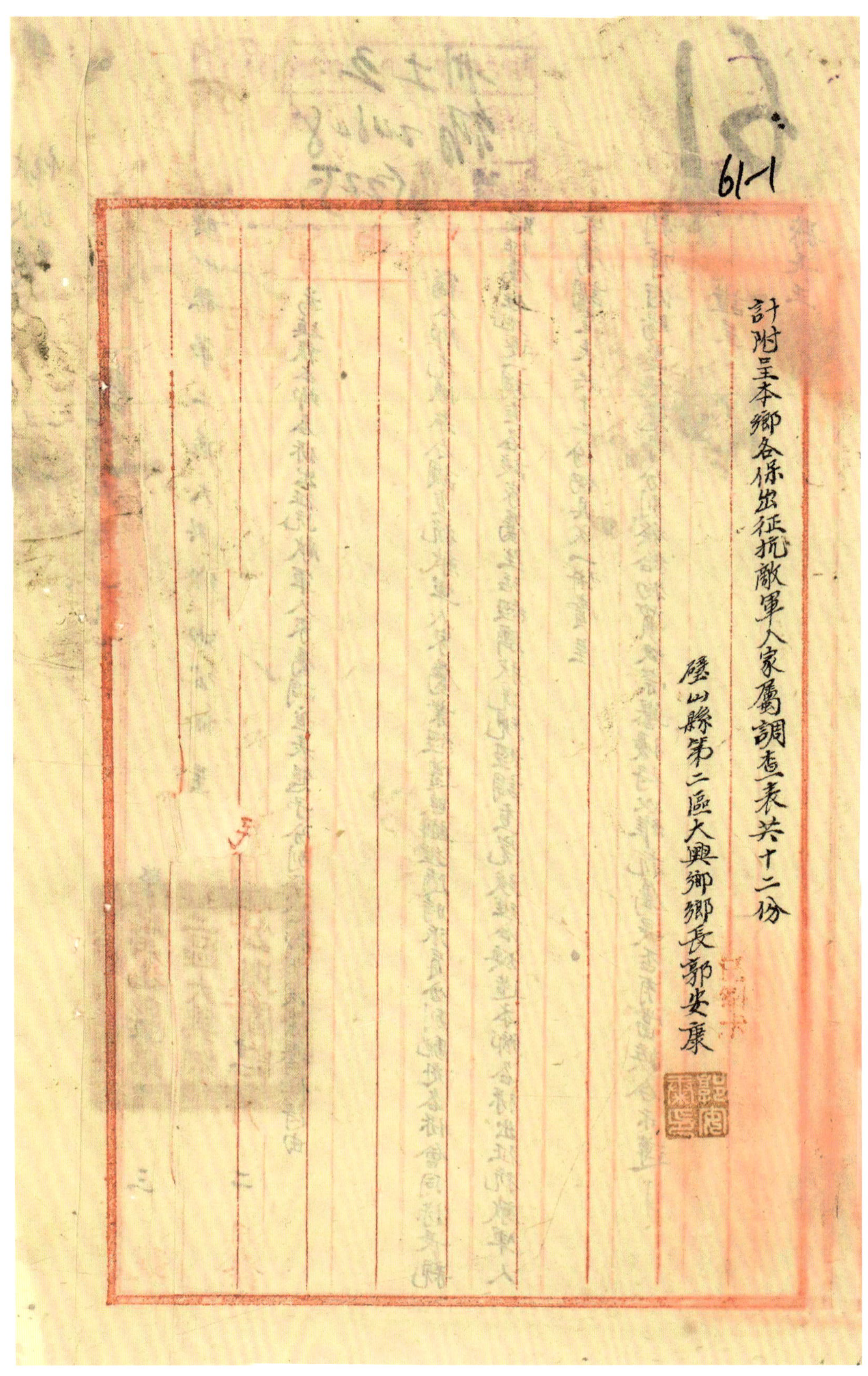
6/1

計附呈本鄉各保出征抗敵軍人家屬調查表共十二份

壁山縣第二區大興鄉鄉長郭安康

64

四川省璧山县出征抗敌军人家属调查表　民国　　年　　月　　日

姓名年龄	现在地址	隶属部队职级	出征日期	家属姓名	备考

牟少青　一八　大兴乡　陆军二十三集团　民三十年九　妻杨氏

亚国芳　二一　一保五甲　率第五野战师名词　月二十日　父金太　第二
　　　　　　　一保四甲　　同　　　民三十年　　母敬氏　妹一
陈正明　二五　　同　　　陆匪九○四单五　十一月十六日　妹一
　　　　　　　一保六甲　十五师一六三团　民三十九年　田洋三十元
　　　　　　　一营二　　　　　　　　　母阎氏

备注

区大兴乡公所图记

本县第　三　月　考

（手写批语部分）

家属生活艰难，不无可悯，应予左饬兴隆联……

此令证件随卷存府备查

九四五

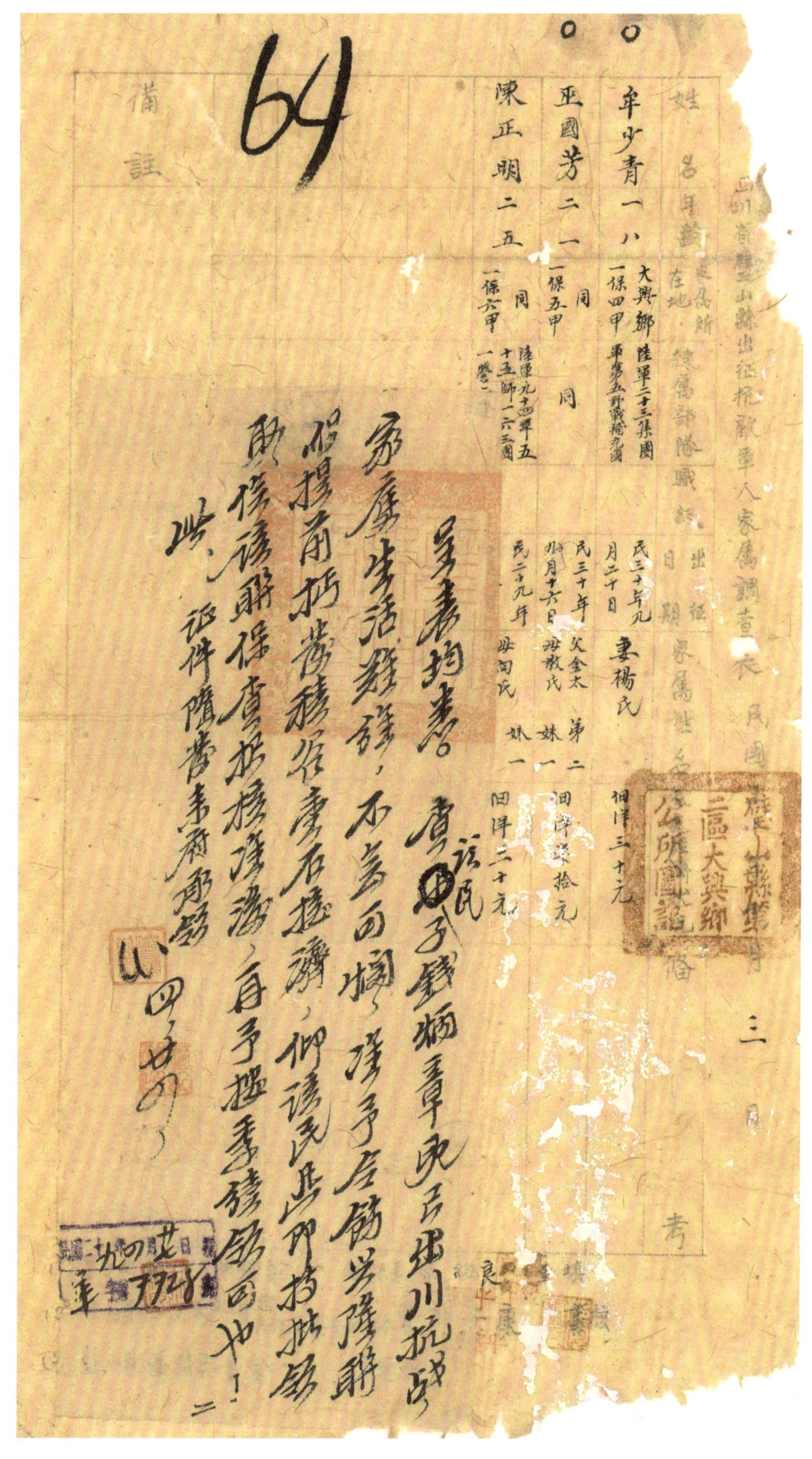

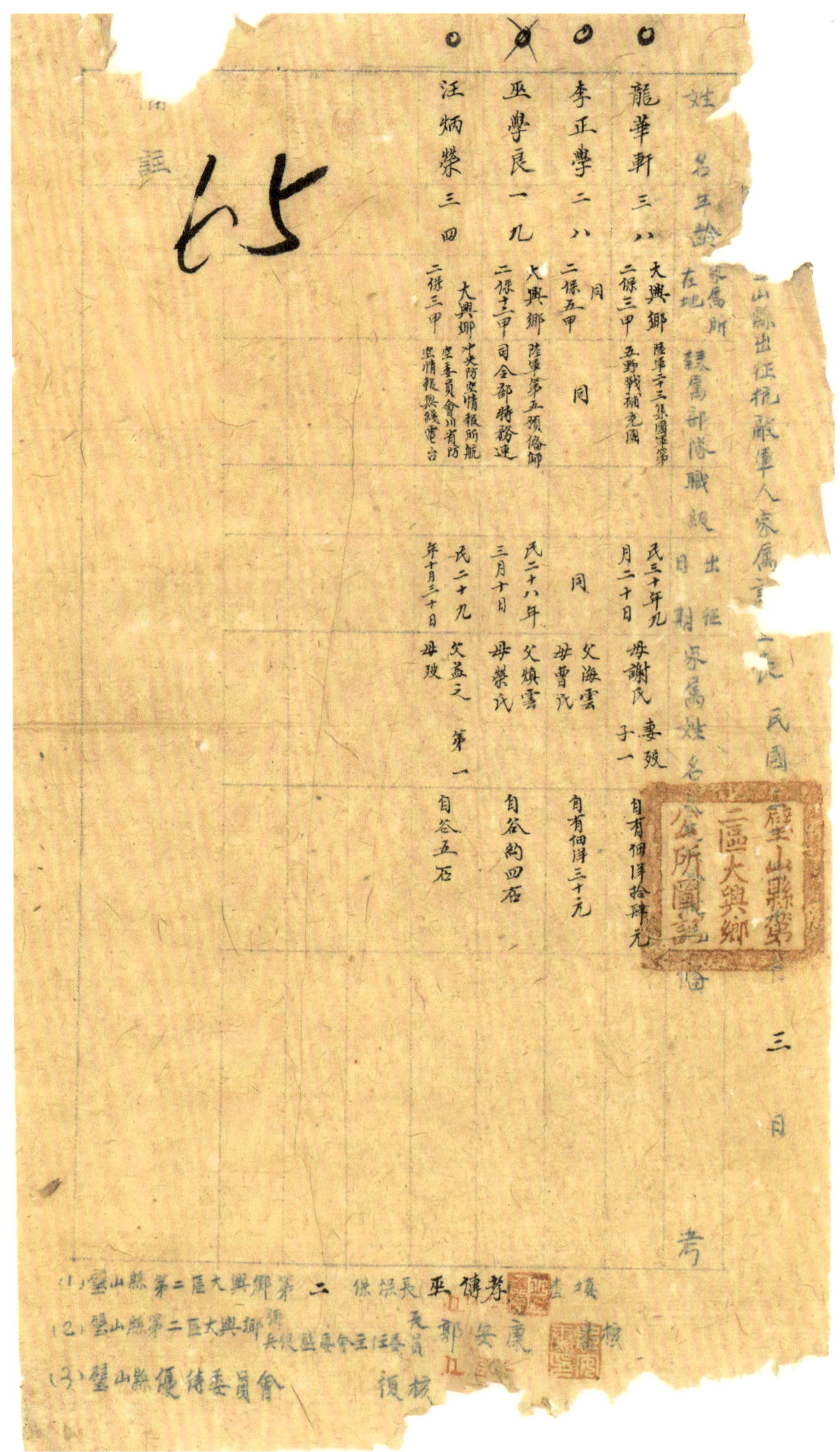

山縣出征抗敵軍人家屬[illegible]　民國　　年　三　月　　日

65

姓名	年齡	家屬所在地	隸屬部隊職級	出征日期	家屬姓名		備考
龍華軒	三八	大興鄉二保三甲	陸軍二十三集團軍第五野戰補充團	民三十年九月二十日	母謝氏　妻歿　子一	自有佃洋拾肆元	
李正學	二八	同　二保五甲	同	同	父海雲　母曹氏	自有佃洋三十元	
巫學良	一九	大興鄉二保十三甲	陸軍第五預備師司令部特務連	民二十八年三月十日	父煥雲　母榮氏	自谷約四石	
汪炳榮	三四	大興鄉二保三甲	中央防空情報所航空委員會川省防空情報無綫電台	民二十九年十月三十日	父益之　母歿　弟一	自谷五石	

璧山縣第二區大興鄉公所圖記

(1)璧山縣第二區大興鄉第二保保長巫傳孝造填

(2)璧山縣第二區大興鄉征兵優待監委會主任委員長郭安康核

(3)璧山縣優待委員會　復核

梓潼 ○ ● .○

璧山縣出征抗敵軍人家屬調查表 民國 年 月 三 4日

姓名	年齡	家屬所在地	隸屬部隊	職級	出征日期	家屬姓名及倫[illegible]	[illegible]	備註
巫學良	二五	大興鄉三保三甲	陸軍二十三集團軍第五野戰補充團		民三十年十月一日	祖母羅氏	佃洋拾肆元	
蕭漢臣	四〇	同 三保四甲	同		民三十年九月十八日	母魏氏 兄一 弟一	自耕各三石	
熊漢臣	三〇	同 三保三甲	陸軍第十八軍十一師		民三十年三月十九日	母張氏	佃洋四拾元	
李炳南	二五	同 三保七甲	陸軍十八軍十一師司令部		民二十九年十一月九日	母劉氏	佃洋五十元	
黄清海	三〇	同 三保五甲	陸軍二十九師野戰醫院		民二十九年八月十日	母李氏	佃洋七十元	

66

(1)璧山縣第二區大興鄉第三保保長黄治平 填

(2)璧山縣第二區大興鄉鄉兵役監委會主任委員長郭安康 核

(3)璧山縣優待委員會 復核

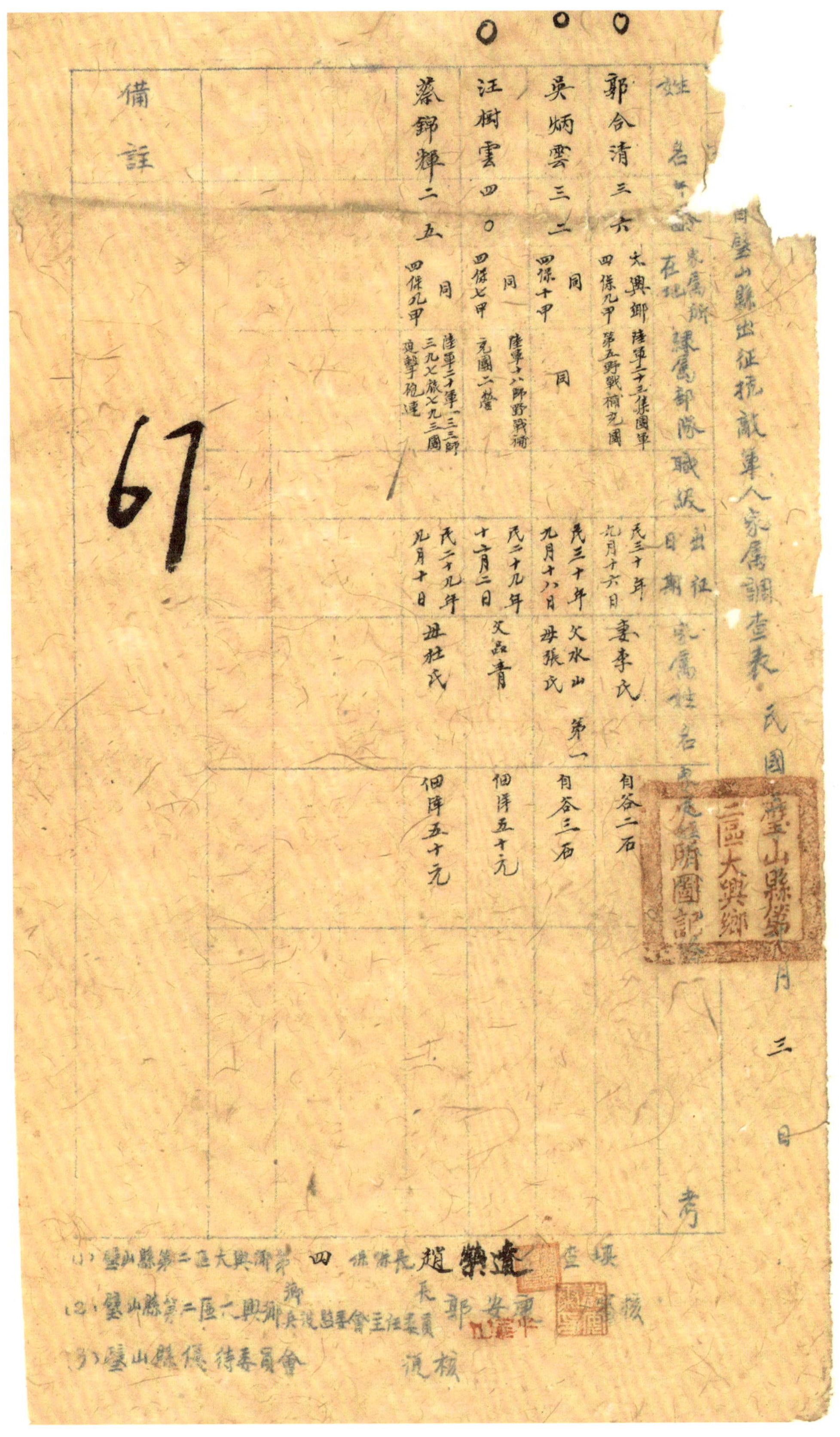

璧山縣出征抗敵軍人家屬調查表　民國　年　月　三　日

姓名	年齡	家屬所在地	隸屬部隊職級	出征日期	家屬姓名	[illegible]	考	備註
郭合清	三六	大興鄉四保九甲	陸軍二十三集團軍第五野戰補充團	民三十年九月十六日	妻李氏	有谷二石		
吳炳雲	三二	同　四保十甲	同	民三十年九月十八日	父水山　第一 母張氏	有谷三石		
汪樹雲	四〇	同　四保七甲	陸軍十八師野戰補充團二營	民二十九年十月二日	父品青	佃洋五十元		
蔡錫輝	二五	同　四保九甲	陸軍三十軍一三三師三九七旅七九三團迫擊炮連	民二十九年九月十日	母杜氏	佃洋五十元		

67

（1）璧山縣第二區大興鄉第　四　保保長　趙鑅遠　查填

（2）璧山縣第二區大興鄉鄉長兼優待委員會主任委員　郭安康　審核

（3）璧山縣優待委員會　複核

（印：璧山縣第二區大興鄉鄉公所圖記）

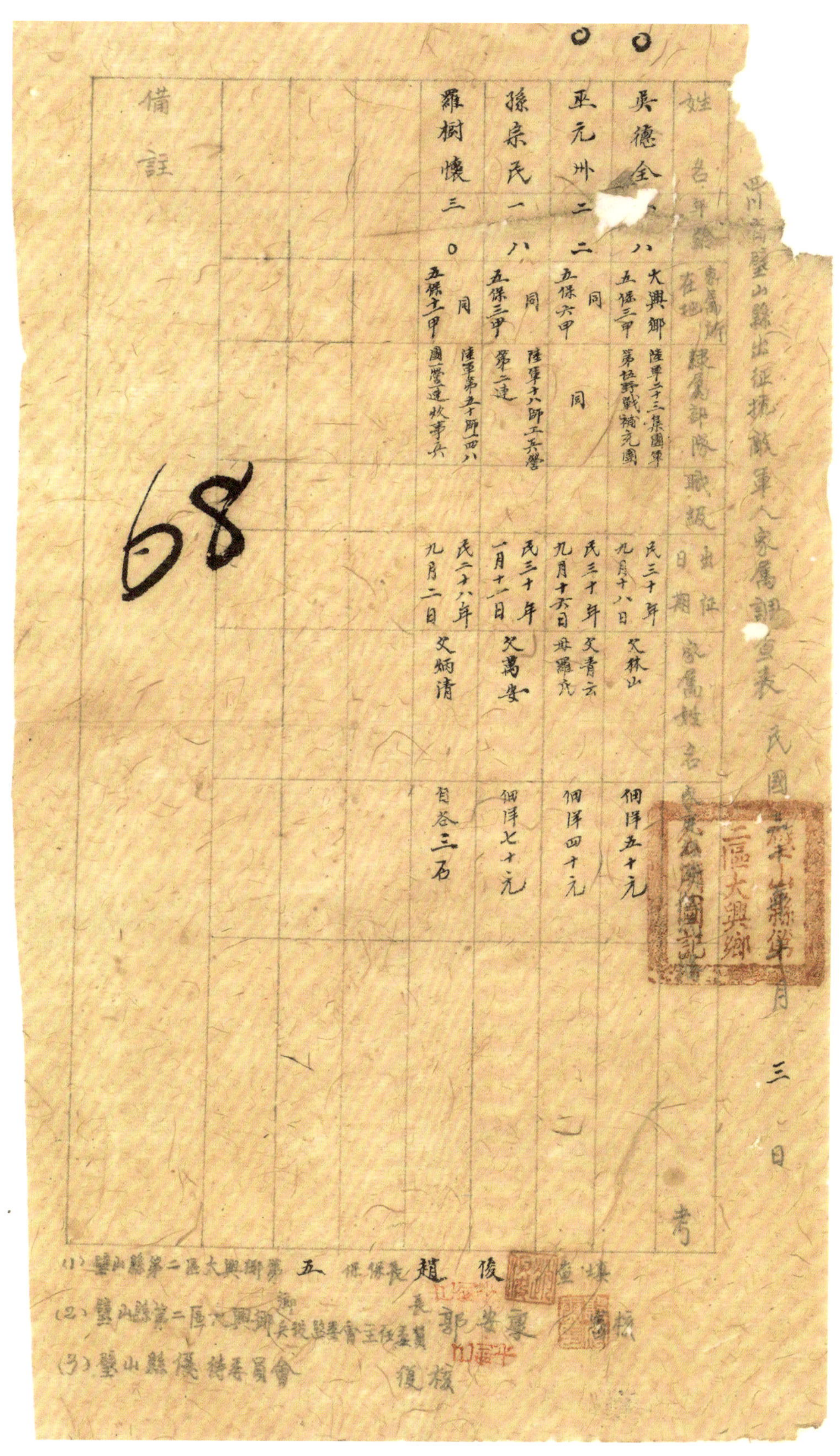

68

四川省鹽山縣出征抗敵軍人家屬調查表　民國　年　月　三　日

姓名	年齡	原籍所在地	隸屬部隊職級	出征日期	家屬姓名	[illegible]			備註
吳德全	一八	大興鄉五保三甲	陸軍二十三集團軍第五野戰補充團	民三十年九月十八日	父林山	佃洋五十元			
巫元州	二二	同五保六甲	同	民三十年九月十六日	父青云 母羅氏	佃洋四十元			
孫宗民	一八	同五保三甲	陸軍十八師工兵營第二連	民三十年一月十一日	父萬安	佃洋七十元			
羅樹懷	三〇	同五保十二甲	陸軍第五十師一四八團一營一連炊事兵	民二十八年九月二日	父炳清	自谷三石			

鹽山縣第二區大興鄉公所圖記

(1) 鹽山縣第二區大興鄉第　五　保保長　趙　俊　查填

(2) 鹽山縣第二區大興鄉鄉長兼兵役監委會主任委員　郭安寧　審核

(3) 鹽山縣優待委員會　復核

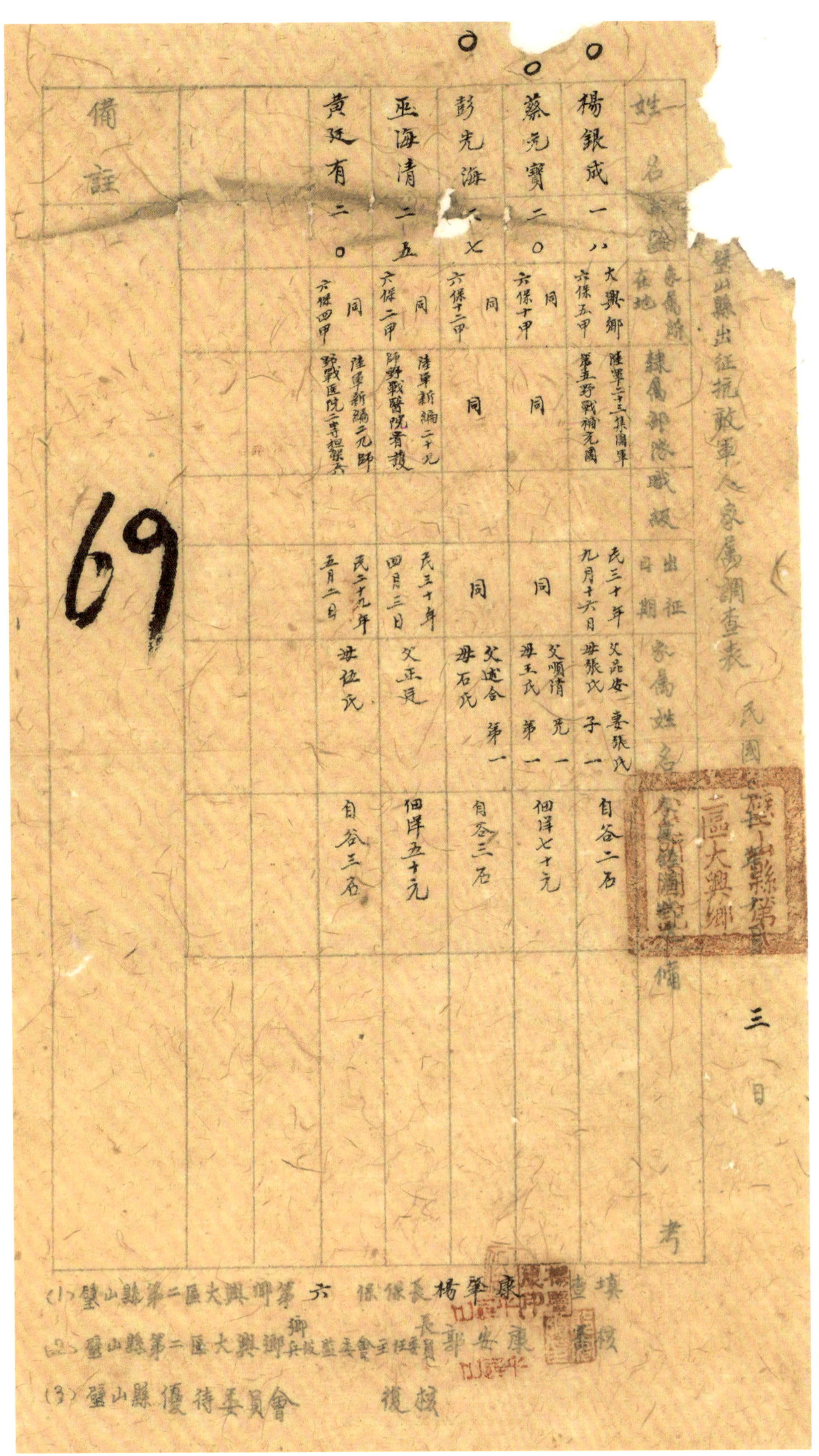

璧山縣出征抗敵軍人家屬調查表

民國　　三　　日

姓名	年齡	家屬所在地	隸屬部隊職級	出征日期	家屬姓名	家屬[illegible]	備考
楊銀成	一八	大興鄉六保五甲	陸軍二十三集團軍第五野戰補充團	民三十年九月十六日	父品安　妻張氏　母張氏　子一	自谷二石	
蔡先寶	二〇	同　六保十甲	同	同	父順清　兄一　母王氏　弟一	佃洋七十元	
彭先海	二七	同　六保十二甲	同	同	父述合　弟一　母石氏	自谷三石	
巫海清	二五	同　六保二甲	陸軍新編二十九師野戰醫院看護	民三十年四月三日	父正廷	佃洋五十元	
黄廷有	二〇	同　六保四甲	陸軍新編二九師野戰醫院二等担架兵	民二十九年五月二日	母(?)氏	自谷三石	

備註

(1) 璧山縣第二區大興鄉第六保保長楊華康查填

(2) 璧山縣第二區大興鄉鄉兵役監委會主任委員長郭安康審核

(3) 璧山縣優待委員會　　覆核

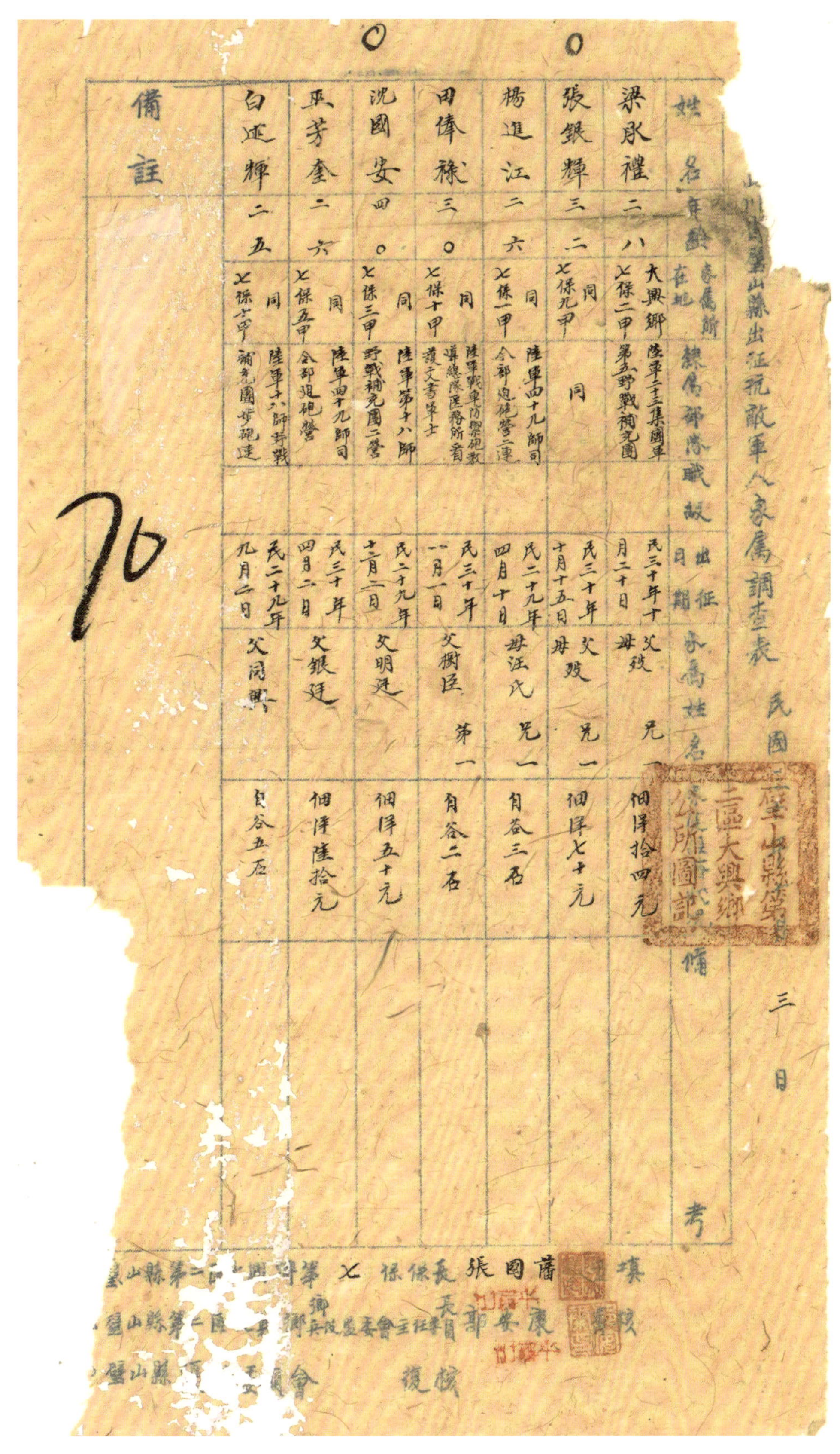

[illegible]川省璧山縣出征抗敵軍人家屬調查表

民國　三　日

姓名	年齡	家屬所在地	隸屬部隊職級	出征日期	家屬姓名	[illegible]	備考
梁承禮	二八	大興鄉七保二甲	陸軍二十三集團軍第五野戰補充團	民三十年十月二十日	父歿 母 兄一	佃洋拾四元	
張銀輝	三二	同 七保九甲	同	民三十年十月十五日	父歿 母 兄一	佃洋七十元	
楊進江	二六	同 七保一甲	陸軍四十九師司令部迫砲營二連	民二十九年四月十日	母汪氏 兄一	自谷三石	
田俸祿	三〇	同 七保十甲	陸軍戰車防禦砲教導總隊醫務所看護文書上士	民三十年一月一日	父樹臣 弟一	自谷二石	
沈國安	四〇	同 七保三甲	陸軍第十八師野戰補充團二營	民二十九年十二月二日	父明廷	佃洋五十元	
巫芳奎	二六	同 七保五甲	陸軍四十九師司令部迫砲營	民三十年四月二日	父銀廷	佃洋陸拾元	
白延輝	二五	同 七保十一甲	陸軍十八師野戰補充團步砲連	民二十九年九月二日	父同興	自谷五石	

備註

璧山縣第二區[illegible]鄉第七保保長張國藩 填

璧山縣第二區[illegible]鄉兵役協進委員會主任委員 鄉長 郭安康 核

璧山縣[illegible]委員會 復核

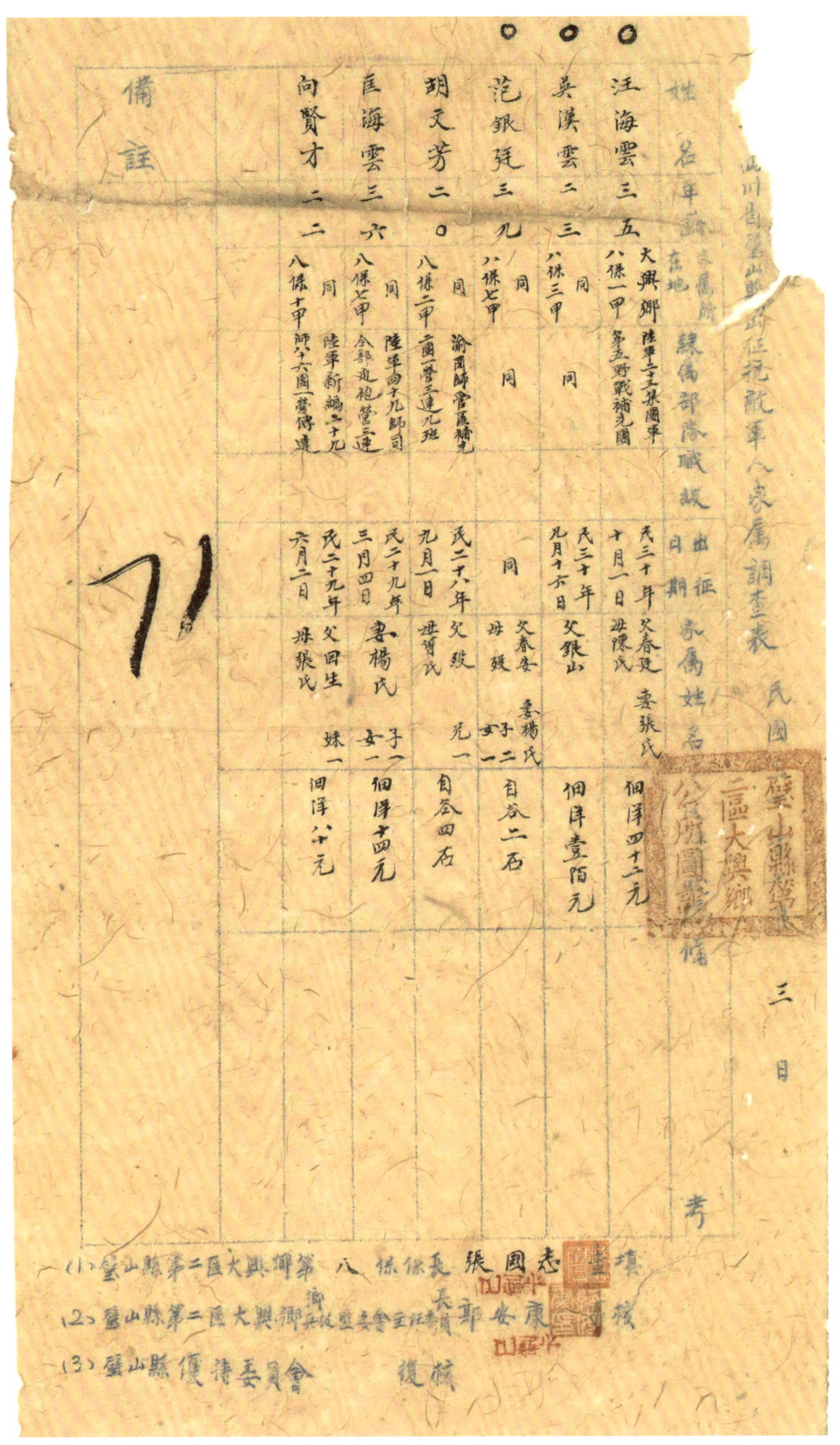

四川省璧山縣出征抗敵軍人家屬調查表　民國　三　日

姓名	年齡	所屬住在地	隸屬部隊職級	出征日期	家屬姓名	[illegible]情	備註
○汪海雲	三五	大興鄉八保一甲	陸軍二十三集團軍第五野戰補充團	民三十年十月一日	父春廷 母陳氏 妻張氏	佃洋四十二元	
○吳漢雲	二三	同 八保三甲	同	民三十年九月十六日	父銀山	佃洋壹陌元	
○范銀廷	三九	同 八保七甲	同	同	父春安 母殁 妻楊氏 子二 女一	自谷二石	
胡文芳	二〇	同 八保二甲	渝团師管區補充團一營三連九班	民二十八年九月一日	父殁 母曾氏 兄一	自谷四石	
匡海雲	三六	同 八保七甲	陸軍四十九師司令部迫炮營三連	民二十九年三月四日	妻楊氏 子一 女一	佃洋十四元	
向賢才	二二	同 八保十甲	陸軍新編二十九師八十六團一營傳達	民二十九年六月二日	父回生 母張氏 妹一	佃洋八十元	

考

71

（1）璧山縣第二區大興鄉第八保保長張國志　填

（2）璧山縣第二區大興鄉鄉兵役協會主任委員長郭安康　核

（3）璧山縣優待委員會　復核

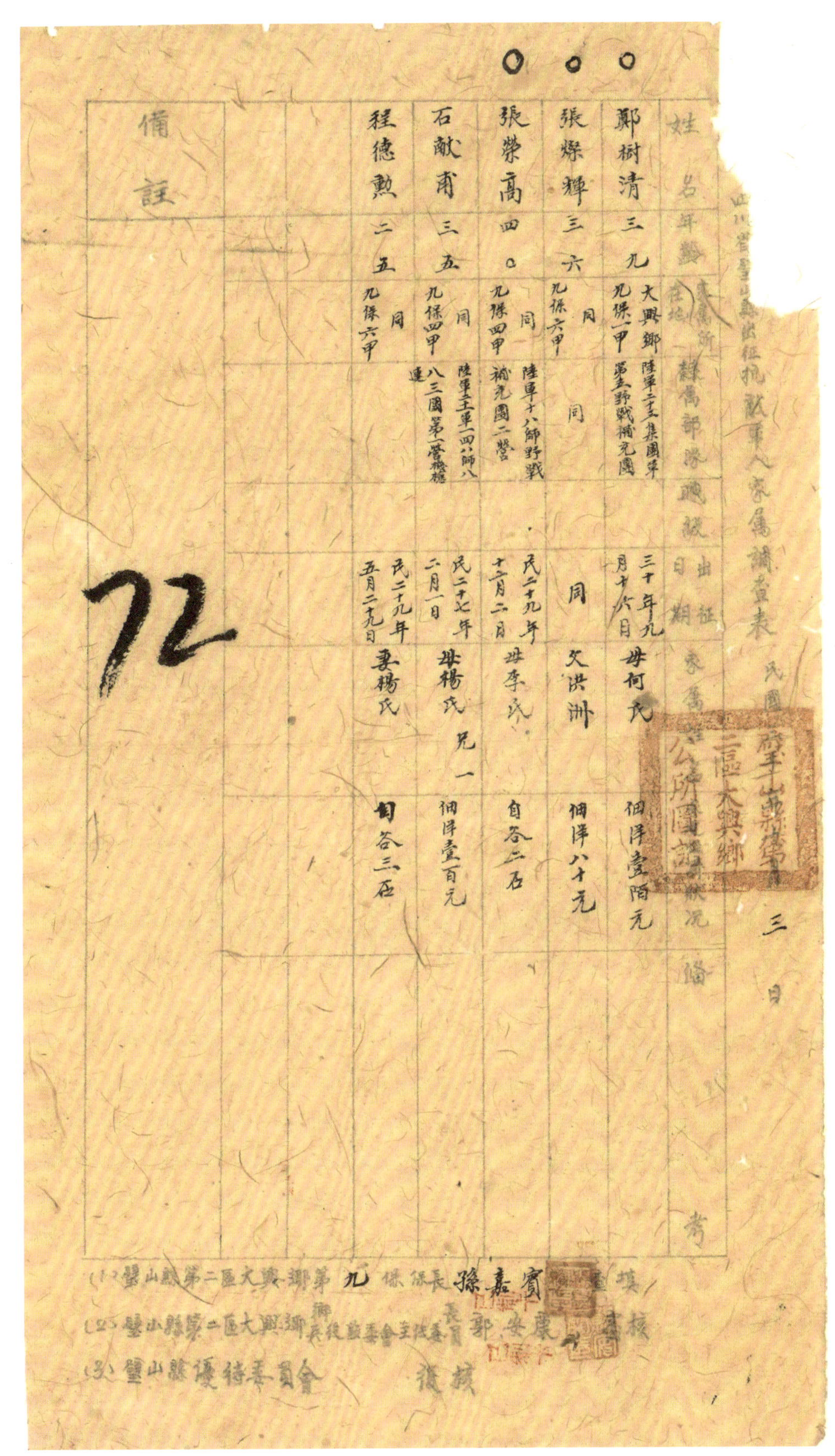

〇〇〇

四川省鹽山縣出征抗敵軍人家屬調查表

民國　年　三　日

姓名	年齡	家屬所在地	隸屬部隊	職級	出征日期	家屬姓名	生活狀況	備考
鄭樹清	三九	大興鄉九保一甲	陸軍二十三集團軍第五野戰補充團		三十年九月十六日	母何氏	佃洋壹陌元	
張爍輝	三六	同　九保六甲	同		同	父洪洲	佃洋八十元	
張榮高	四〇	同　九保四甲	陸軍十八師野戰補充團二營		民二十九年十二月二日	母李氏	自谷二石	
石猷甫	三五	同　九保四甲	陸軍三十三軍一四八師八八三團第一營機槍連		民二十七年二月一日	母楊氏　兄一	佃洋壹百元	
程德勳	二五	同　九保六甲			民二十九年五月二十九日	妻楊氏	自谷三石	

72

鹽山縣第二區大興鄉公所圖記

（1）鹽山縣第二區大興鄉第 九 保保長 孫嘉賓 填

（2）鹽山縣第二區大興鄉鄉長兼兵役協會主任委員 郭安康 審核

（3）鹽山縣優待委員會 複核

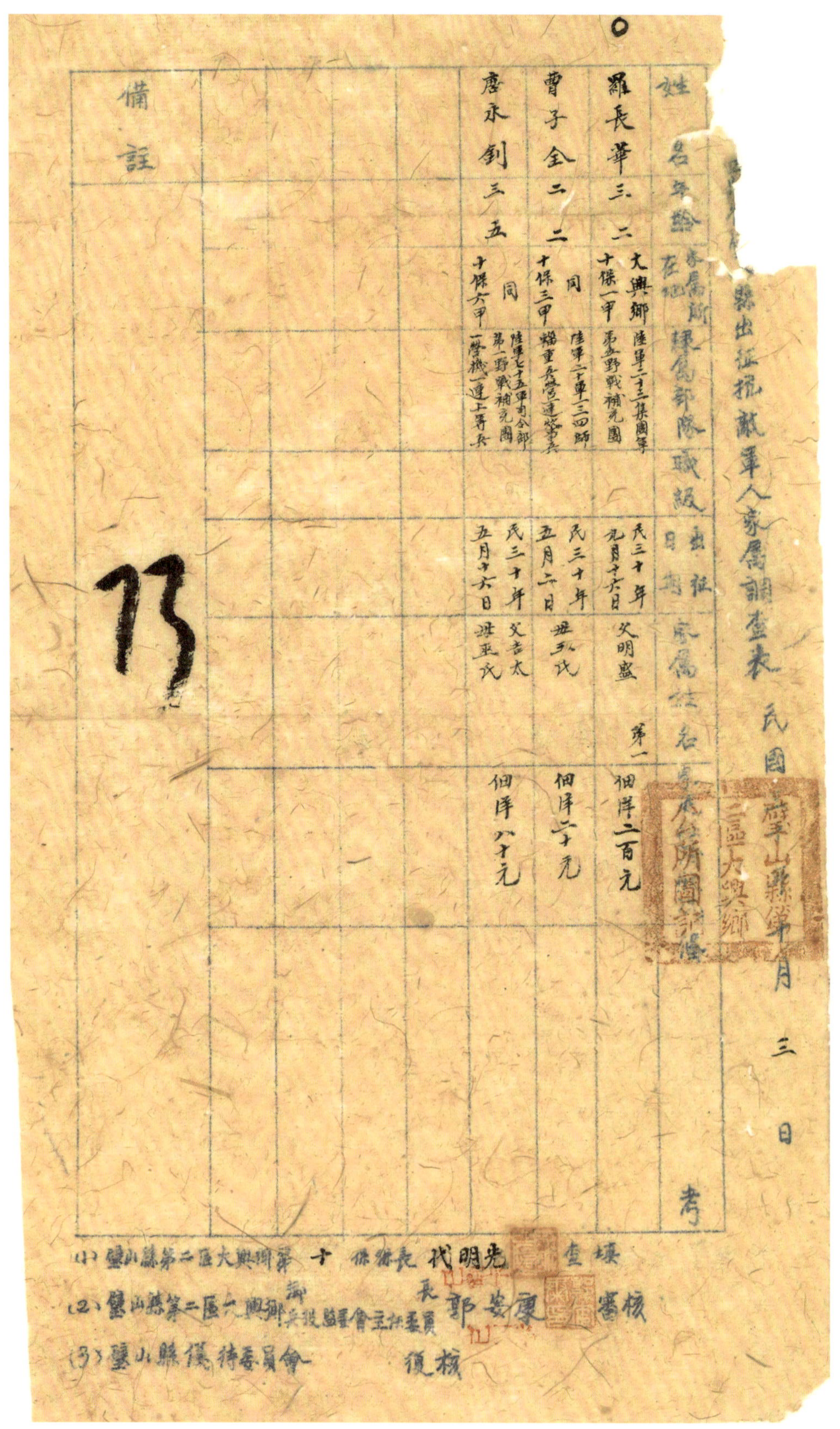

璧山縣出征抗敵軍人家屬調查表　民國　年　月　三　日

姓名	年齡	家屬所在地	隸屬部隊職級	出征日期	家屬姓名	[illegible]				備註
羅長華	三二	大興鄉十保一甲	陸軍二十三集團軍第五野戰補充團	民三十年九月十六日	父明盛　第一	佃洋二百元				
曹子全	二二	同　十保三甲	陸軍二十軍一三四師輜重兵營上連炊事兵	民三十年五月二十日	母王氏	佃洋二十元				
廖永釗	三五	同　十保六甲	陸軍七十五軍司令部第一野戰補充團一營機一連上等兵	民三十年五月十六日	父吉太　母巫氏	佃洋八十元				

(1) 璧山縣第二區大興鄉第十保保長代明先　查填

(2) 璧山縣第二區大興鄉鄉長兼兵役協會主任委員郭安康　審核

(3) 璧山縣優待委員會　復核

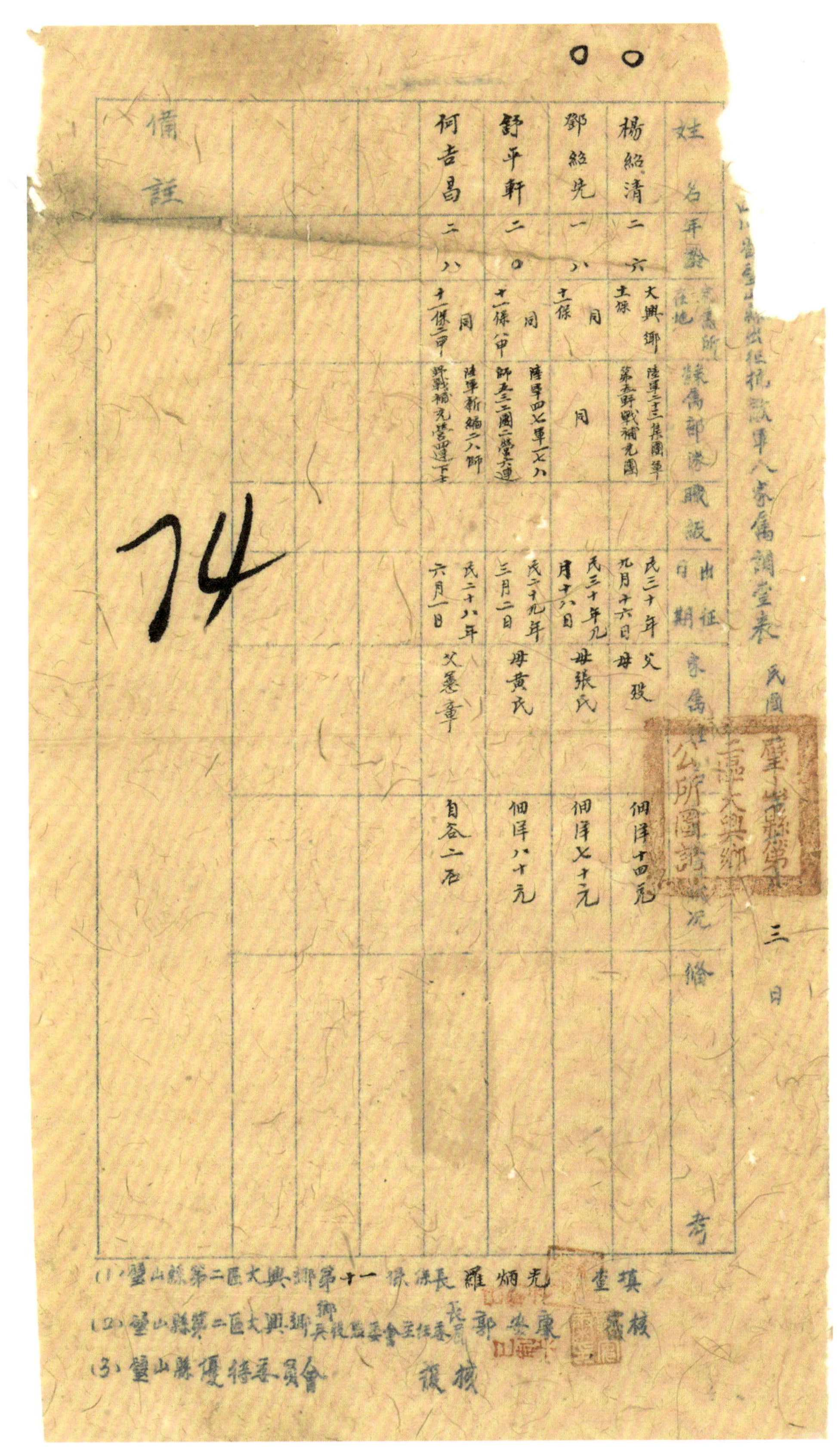

00

四川省璧山縣出征抗戰軍人家屬調查表　民國　年　月三日

姓名	年齡	家屬所在地	隸屬部隊職級	出征日期	家屬	況	繕……考
楊紹清	二六	大興鄉十保	陸軍二十三集團軍第五野戰補充團	民三十年九月十六日	父歿 母	佃洋十四元	
鄧紹先	一八	同 十保	同	民三十年九月十六日	母張氏	佃洋七十元	
舒平軒	二〇	同 十一保八甲	陸軍四七軍一七八師五三二團二營六連	民二十九年三月二日	母黃氏	佃洋八十元	
何吉昌	二八	同 十一保三甲	陸軍新編二八師野戰補充營四連下士	民二十八年六月一日	父憲章	自谷二石	
備註							

74

璧山縣第二區大興鄉公所圖記

(1) 璧山縣第二區大興鄉第十一保保長 羅炳光 填查

(2) 璧山縣第二區大興鄉鄉兵役協會主任委員長 郭安康 審核

(3) 璧山縣優待委員會 複核

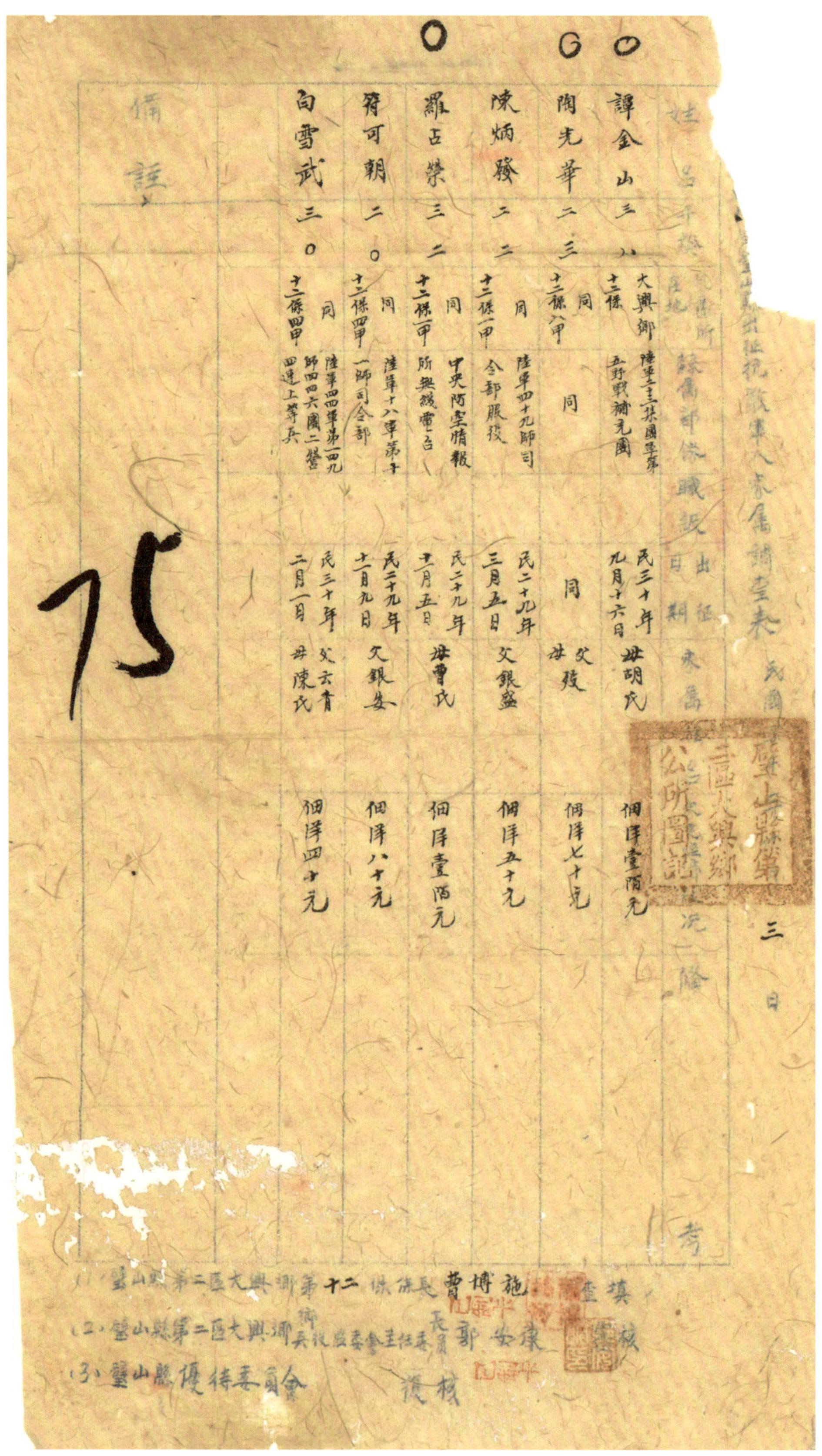

璧山縣[illegible]出征抗戰軍人家屬調查表

民國[illegible]三[illegible]日

姓名	年齡	住址	所隸屬部隊職級	出征日期	家屬	[illegible]况	[illegible]考	備註
譚金山	三八	大興鄉十二保	陸軍二十三集團軍第五野戰補充團	民三十年九月十六日	母胡氏	佃洋壹佰元		
陶光華	二三	同 十二保八甲	同	同	父 母殘	佃洋七十元		
陳炳發	二二	同 十二保一甲	陸軍四十九師司令部服役	民二十九年三月五日	父銀盛	佃洋五十元		
羅占榮	三二	同 十二保一甲	中央防空情報所無綫電台	民二十九年十一月五日	母曾氏	佃洋壹佰元		
胥可朝	二〇	同 十二保四甲	陸軍十八軍第十一師司令部	民二十九年十一月九日	父銀安	佃洋八十元		
白雪武	三〇	同 十二保四甲	陸軍四四軍第一四九師四四六團二營四連上等兵	民三十年二月一日	父云青 母陳氏	佃洋四十元		

（1）璧山縣第二區大興鄉第十二保保長曹博施 查填

（2）璧山縣第二區大興鄉鄉兵役協委會主任委員鄉長郭安康 核

（3）璧山縣優待委員會 複核

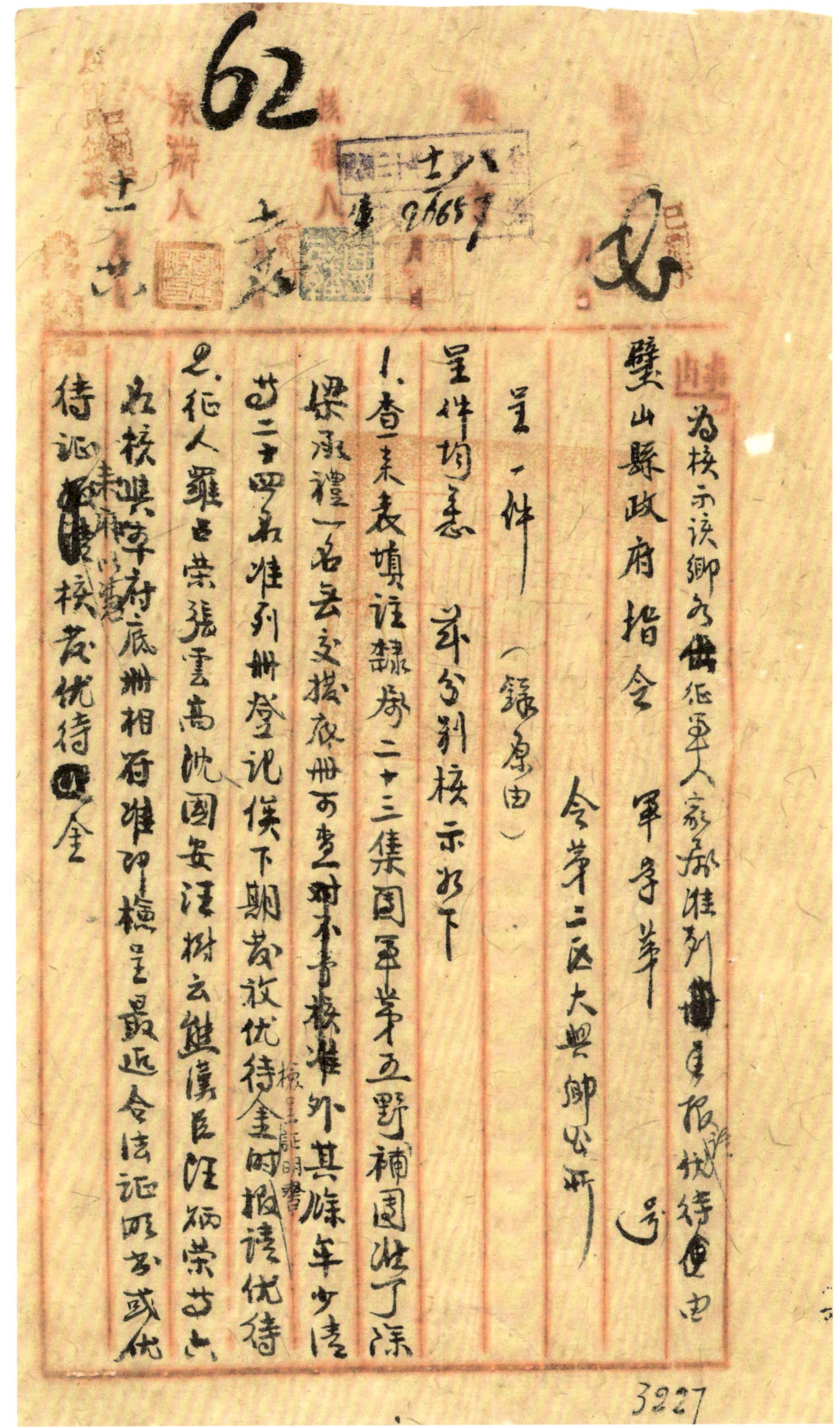

62

为核示该乡出征军人家属准列册及报核优待金由

璧山县政府指令　军字第　号

令第二区大兴乡公所

呈一件（录原由）

呈件均悉　兹分别核示如下

1. 查来表填注隶属二十三集团军第五野补团壮丁陈梁淑礼一名无交拨底册可查对不予核准外其陈年少清等二十四名准列册登记俟下期发放优待金时报请优待

2. 征人罗吕崇张云高沈国安汪树云钟汉臣汪炳荣等六名核与本府底册相符准即填呈最近合法证明书或优待证[illegible]核发优待金

3227

63

乙、陳正明、巫學良、李炳南、黃青海、蔡錦輝、孫宗民、羅樹懷、巫海清、黃廷甫、楊進江、田傳祿、巫秀奎、白述輝、胡文芳、匡海云、向自才、石獻甫、程德勳、曹子全、唐永釗、舒平軒、何吉昌、陳炳普、何永福、符可朝、白雪武等二十五名查無底案，無從核對，未敢核發，持有本年度合法證明者，可即填呈證件報請優待，查明以憑核辦

應再擬

以上三項仰即轉飭知照

此令

表存

縣長王○○

已制卡

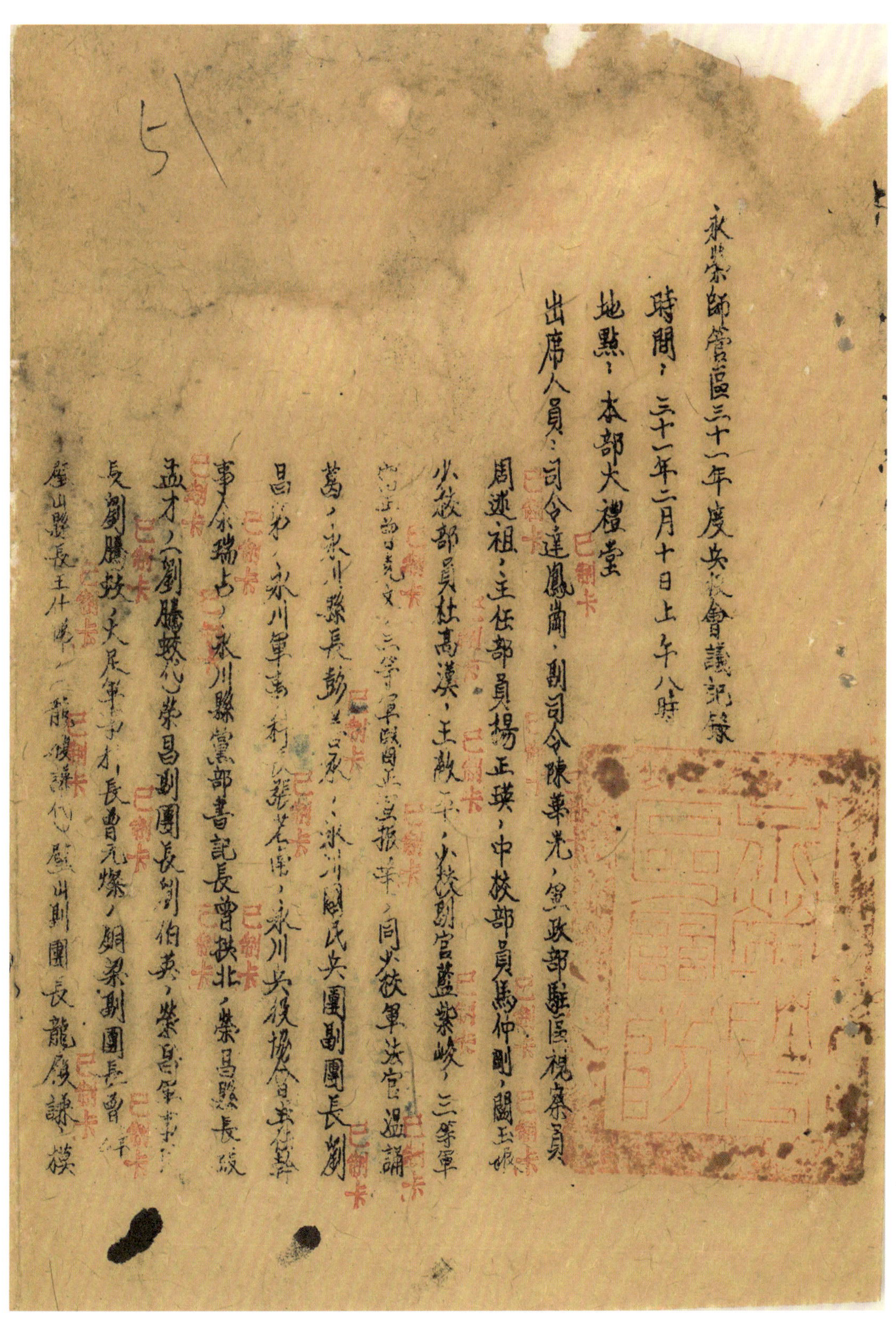

永荣师管区一九四二年度兵役会议记录（一九四二年二月十日）

範隊長蘇明藻，

主席司令蓮鳳崗

記錄書記陳嘉謨

開會如儀

丁、主席報告：

今天本區舉行三十一年度第一次兵役會議，各位在這極匆的時間，均能如期趕到出席，表現負責之心，不畏時艱的精神，本人非常愉快。但有少數沒有如期報到的人員，足見玩忽命令，漠視兵役，本部也決予以嚴重處分，用肅法紀。

本屆兵役會議，是奉　軍事委員會及軍政部規定各級管區各縣政府都要提前召開的。開會的目的，是要檢討過去，策劃將來，把一切應該提辦、應該改良的事件，製成方案，詳細討論，加緊實施，限期完成，以達到「抗戰建國首重兵役」之唯一任務。

52

今天本人借着舉行兵役會議與各縣同仁交換意見的時機，有幾點希望貢獻各位：

(一)各縣對於本身職務上，業務上，所感到應該辦理，應該改進的意見，希望提出具体而切実的議案，在會場上盡量發揮，共同商討。

(二)古語云：「多言不如力行」，所以此次兵役會議，決定的事項，應該切実奉行，切実辦去，希望到下屆會議中，檢討起來，都能得到圓滿的成績。

(三)一種新政，免不了困難和障碍，但是我們應該以堅苦卓絕百折不撓的精神，求業務之順利推行，本身能够解決的由本身設法解決，否則建議上峯指示辦法，決不能因噎廢食，停頓業務，

總之希望各縣負責承辦兵役同仁，認識國家對我們期望的殷勤，明瞭我們所負責任的重大，一心一德，共赴事功！

2、各縣工作報告（略）

3、議決事項：

(一)如何遵照規定「征集之日辦到全數一齊到達」案

決議：通飭各縣政府遵照辦理，並將該項辦法報請核備。惟師區將來

圖如必要時，得分區交接，並由各縣及各交接區，成立監交人員，負責會

監督交接事宜。

(二)定期舉行國民兵總複查以利組訓征撥由

決議：將辦理日期更定為各鄉於二月二十日前召集開會，二月二十八日前各

甲排將名冊底本更正完畢，三月五日前各保隊將名冊簿底本更正完畢，

三月十五日以前鄉鎮隊部抽查其更正名冊簿完畢，三月二十日以前團

部審核完畢，彙報師區。餘照原案將分令各縣兵團。

(三)發動各縣機關法團教員學生士紳鄉保實施兵役宣傳案

決議：通令各縣照辦。由各縣府擬具實施辦法及將實施情形具報。

又，呈請 總司令增加宣傳經費。

(四)各縣定期製置身份證保管箱及填發國民兵身份證應預為準備案。

閱

[illegible]

閱

先函新縣會計處查明，三十一年四月[illegible]新兵經費及三十年[illegible]經費[illegible]經核再行[illegible]核定

決議：卜、呈請軍區現定身份證開始與完成日期，並通令各兵團妥為準備。

所有應辦未辦手續限四月上旬辦畢。

乙、璧山兵團所請以社訓及三十年度各區鄉保隊部節餘為保管箱經費呈請核示。

丙、各縣團部籌辦保管箱經費，各就實施情形於六月二十日以前連同預算俗價單專案呈報，以憑核轉。

(五)三十一年度國民兵訓練應「施普訓如集訓」並認真督導，嚴定孜成案

決議：通飭各縣切實遵辦具報核備。

(六)限定各縣一律完成地區年次編組案

決議：通飭大足、銅梁兵團遵照辦理，如限完成。

(七)加強鄉(鎮)隊附權責，改善鄉(鎮)保隊附待遇案

決議：專案請示，並提出省兵役會議。

(八)各部隊協助國民兵訓練請切實施行案

決議：轉報 軍區及二十七軍司令部。

（九）請行政督導區指導員負責督導國民兵訓練受國民兵團之指導案

決議：先行通飭各縣府照辦並呈報 軍區。

（十）請另行規定壯訓隊辦公紙張茶水等費案

決議：呈請 核示。

（十一）請增加團部官兵薪餉案

決議：呈請 軍政部及軍管區准自三十一年九月份起照管區人員一律待遇。

（十二）提高抗屬優待並須發動個籌集優待金辦法以安抗屬案

決議：由各縣府根據三十年度三十一年征補兵員寬施辦法有關優待各條擬具籌集優待金辦法報由本部彙核轉報。

（十三）征屬救濟仍參照過去有效成規辦法辦理案

決議：應遵 層令、本年度征兵雖遵征補兵員寬施辦法辦理。

54

(十四)造送表册應先詳細核對以免往返延時案

決議：通令各兵團遵辦並由本部將各項應報表册列表飭知。

(十五)本部匯轉各縣兵團經費及臨時費往來公文一週內應即呈報案

決議：通令各兵團遵辦。

(十六)各兵團人事月報及異動表應分送以資審核由

決議：通令各兵團遵辦。

(十七)春季屆臨凡經點收之壯丁應予種痘及防疫注射案

決議：呈報軍區核示。

(十八)救濟出征軍人家屬成立優待事業管理委員會辦理棉紡織工以資救荒消費合作社案

決議：本案應專案呈報。

(廿)健全新兵招待所組織案

決議：呈請軍區核示。

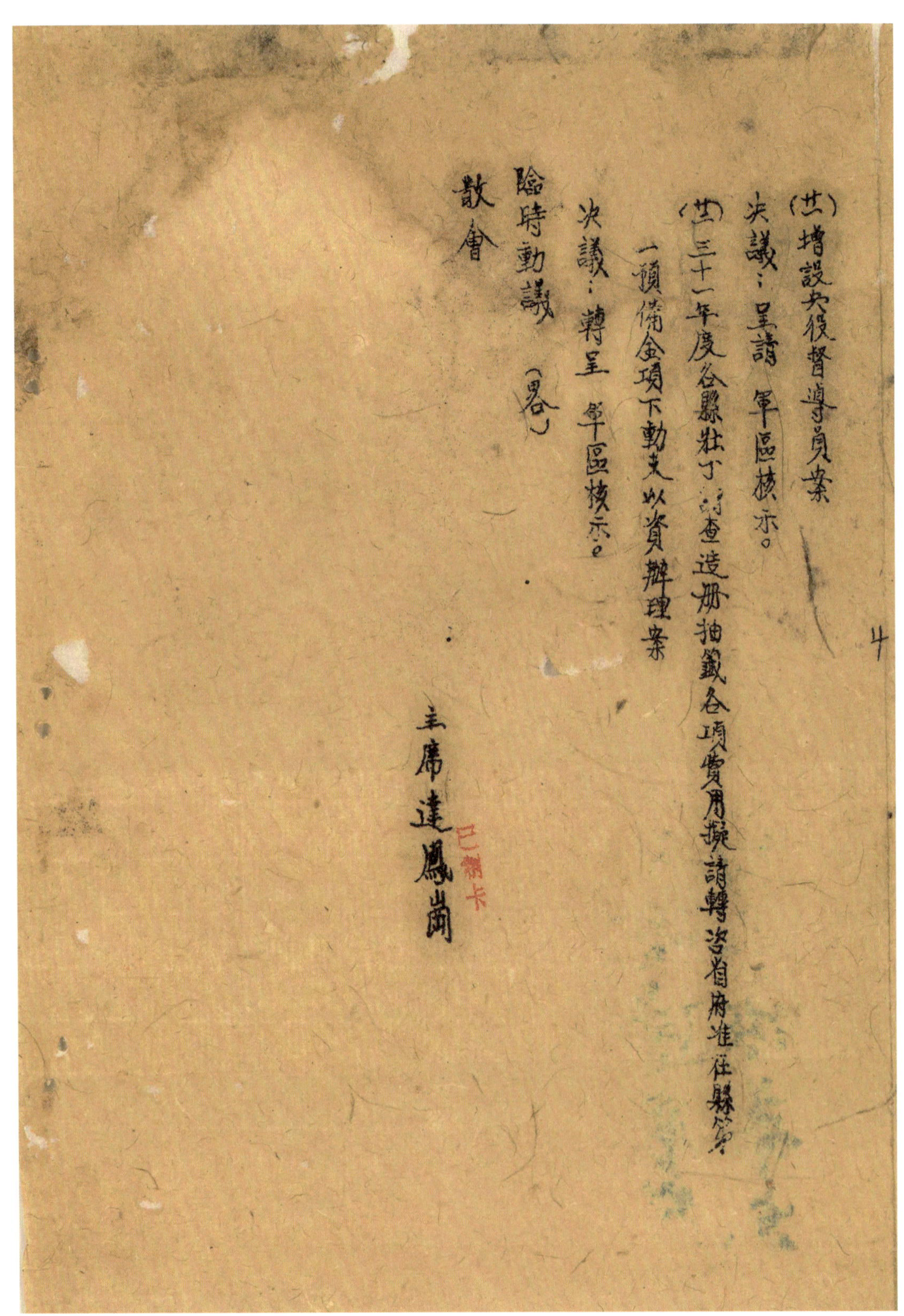

(廿)增設兵役督導員案

決議：呈請 軍區核示。

(廿一)三十一年度各縣壯丁調查造册抽籤各項費用擬請轉咨省府准在縣第一預備金項下動支以資辦理案

決議：轉呈 軍區核示。

臨時動議（略）

散會

主席 達鳳岡

已製卡

永荣师管区司令部关于抄发一九四二年四月至六月各县征兵抽调竞赛奖惩办法及各县应征应补兵额已配及四、五、六月缺额统计表致璧山县政府的训令（一九四二年四月二十七日）

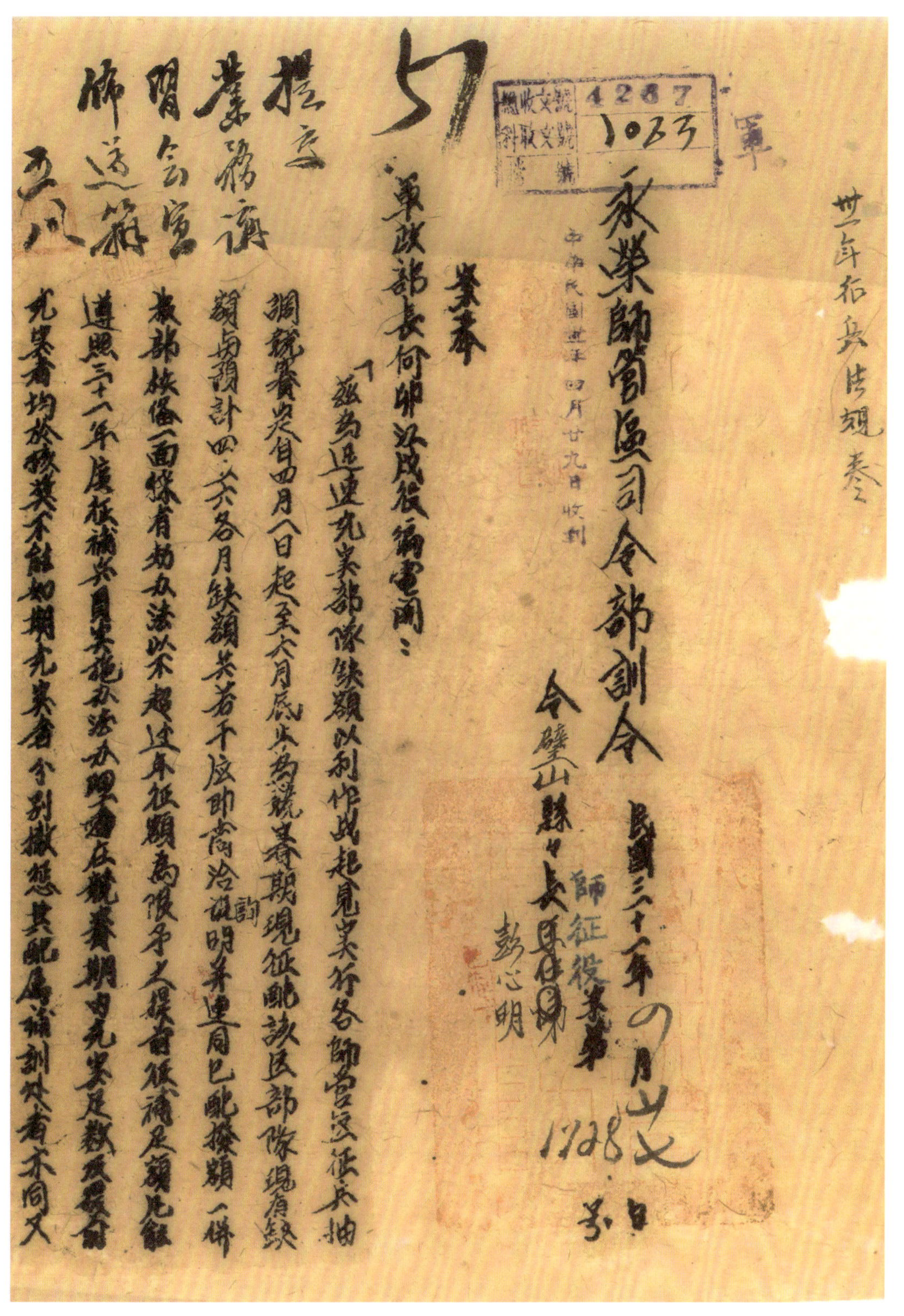

永榮師管區司令部訓令

師征役某第1228號

令璧山縣縣長陳仕俊

民國三十一年四月廿七日

案奉

軍政部長何卯沒戍役編電開：

「茲為促進充實部隊缺額以利作戰起見，其各師管區征兵抽調競賽定自四月一日起至六月底止為競賽期，現征配該區部隊現有缺額兵額計四、五、六各月缺額共若干，應即商洽說明並連同已配撥額一併報部核備。一面擬有獎懲辦法，以不超過本年征額為限，予以提前征補足額，凡能遵照三十一年度征補兵員實施辦法辦理，在競賽期內充實足數及提前充實者均於核獎，不能如期充實者分別撤懲，其配屬補訓處者亦同。又

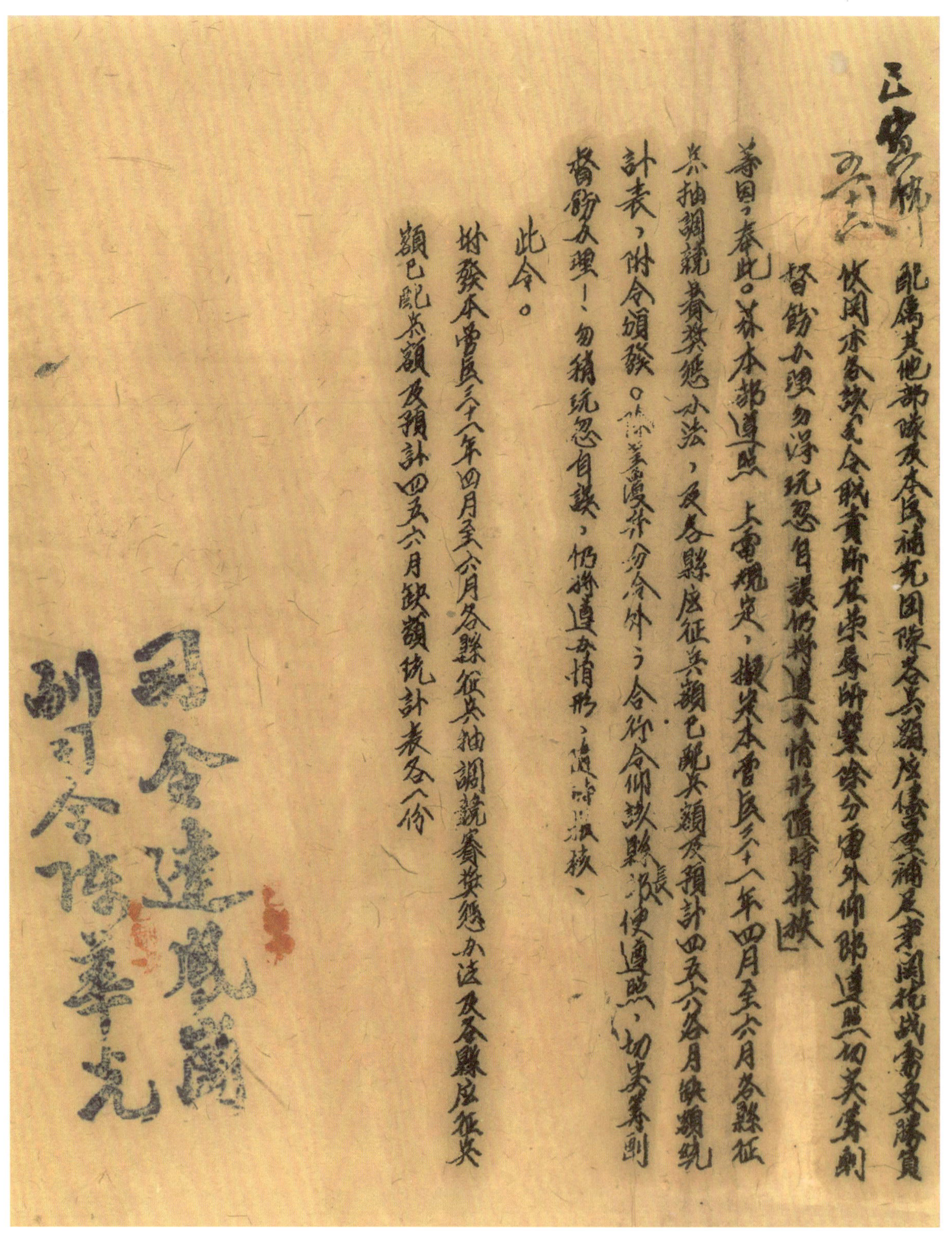

配屬其他部隊及本區補充團隊各兵額，應儘量補足，事關抗戰需兵孔亟，攸關，亦各該縣長職責所在，榮辱所繫，除分電外，仰即遵照，切實籌劃督飭辦理，勿得玩忽自誤，仍將遵辦情形隨時報核。

等因。奉此。茲本部遵照上電規定，擬具本管區三十八年四月至六月各縣征兵抽調競賽獎懲辦法，及各縣應征兵額已配兵額及預計四五六各月缺額統計表，附令頒發。除呈報並分令外，合行令仰該縣長即便遵照，切實籌劃督飭辦理，勿稍玩忽自誤，仍將遵辦情形，隨時報核。

此令。

附發本管區三十八年四月至六月各縣征兵抽調競賽獎懲辦法及各縣應征兵額已配兵額及預計四五六月缺額統計表各八份

司令 建威

副司令 陳華光

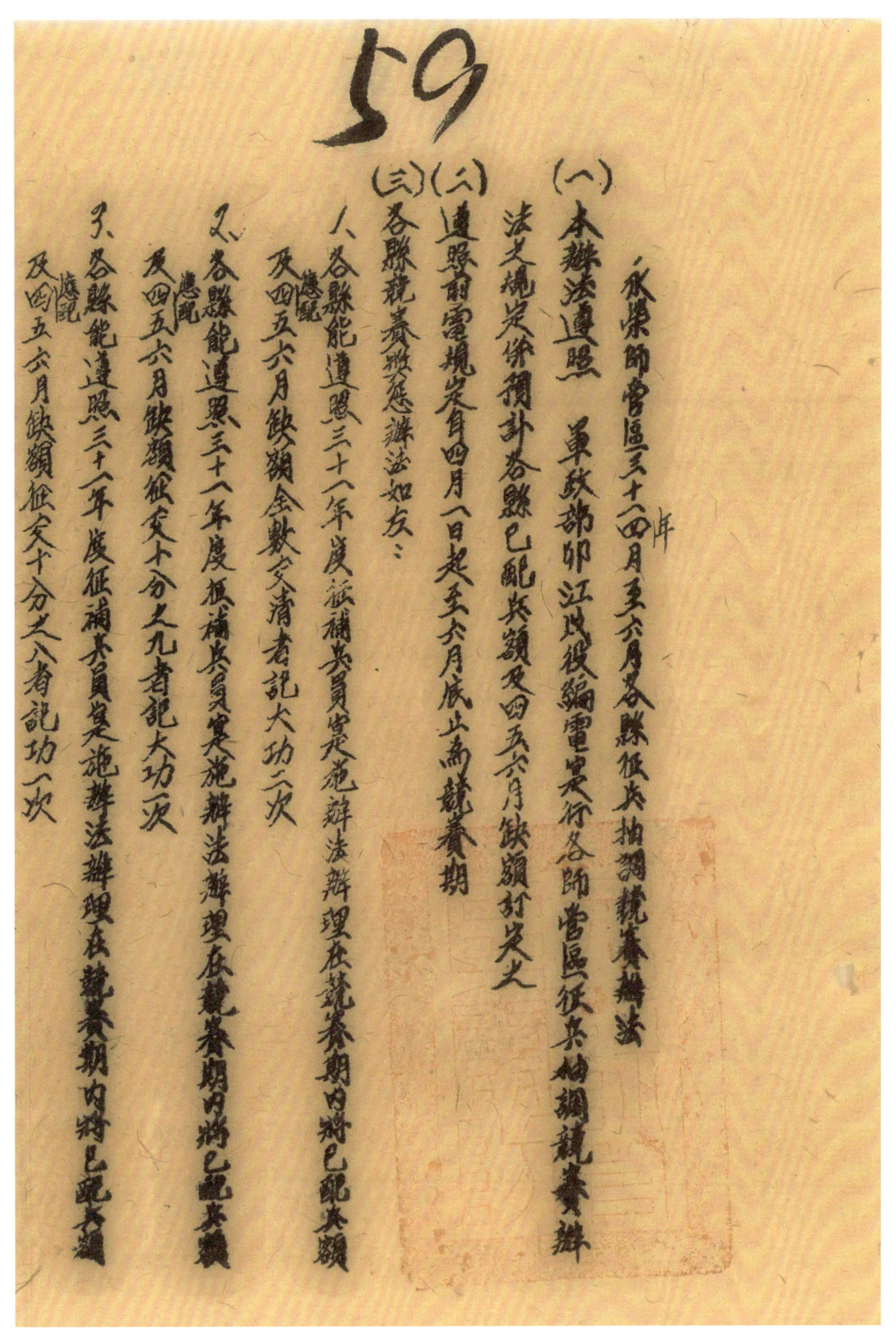

59

永榮師管區三十一年四月至六月各縣征兵抽調競賽辦法

（一）本辦法遵照　軍政部卯江役編電規定行各師管區征兵抽調競賽辦法之規定併顧計各縣已配兵額及四五六月缺額訂定之

（二）遵照前電規定自四月一日起至六月底止爲競賽期

（三）各縣競賽獎懲辦法如左：

1、各縣能遵照三十一年度征補兵員實施辦法辦理在競賽期內將已配兵額（應配）及四五六月缺額全數交清者記大功二次

2、各縣能遵照三十一年度征補兵員實施辦法辦理在競賽期內將已配兵額（應配）及四五六月缺額征交十分之九者記大功一次

3、各縣能遵照三十一年度征補兵員實施辦法辦理在競賽期內將已配兵額（應配）及四五六月缺額征交十分之八者記功一次

4、各縣若在競賽期內對於已配兵額及預計四五六月缺額僅交十分之六者記過一次

5、各縣在競賽期內對於已配兵額及預計四五六月缺額不及十分之六者記大過一次

6、各縣在競賽期內對於已配兵額及預計四五六月缺額僅交十分之五者記大過二次

7、各縣在競賽期內對於已配兵額及預計四五六月缺額短交不及十分之五者報請　層峯從嚴撤懲

(四)本辦法自令到之日施行並呈報軍政部備案

附（二）永荣师管区一九四二年各县应征应补兵额已配及四五六月缺额统计表

58

永榮師管區三十一年各縣應徵應補兵額已配及四五六月缺額統計表

	縣別	永川	榮昌	銅梁	璧山	大足	總計
應徵兵額	二十九年欠額	344	837	366	356	1311	3214
	三十年徵額	1954	2038	2413	1749	2262	10416
	本年一二期續[illegible]	2348	2220	2634	2028	2310	11520
	合計	4626	5005	5413	4133	5883	25150
已配	十八[illegible]大隊	150	150	179	150	150	779
	[illegible]一總隊	460			460		920
	五十軍		500	700		500	1700
	暫編[illegible]師	950	950	950	950		3800
	二十一軍		500	1100		400	2000
	第二軍	1500	1500		1000	1000	5000
	補一團	350	667		300	662	1979
	[illegible]大隊	779			779		1558
	六團通訊兵		150				150
	合計	4189	4417	2929	3639	2712	17886
四五六月缺額	補二團			2007			2007
	補三團					2007	2007
	合計			2007		2007	4014
	未配餘額	137	678	477	794	1164	3250
	備攷						

附記

二十九年欠額係依據各該縣是年應徵與已征交數逐算，如與各該縣實欠數不符，可即檢據列表呈明憑核。

璧山县健龙乡第二保保办公处关于征属朱运兴困难情形并请予保护致璧山县政府的呈（一九四二年六月十日）

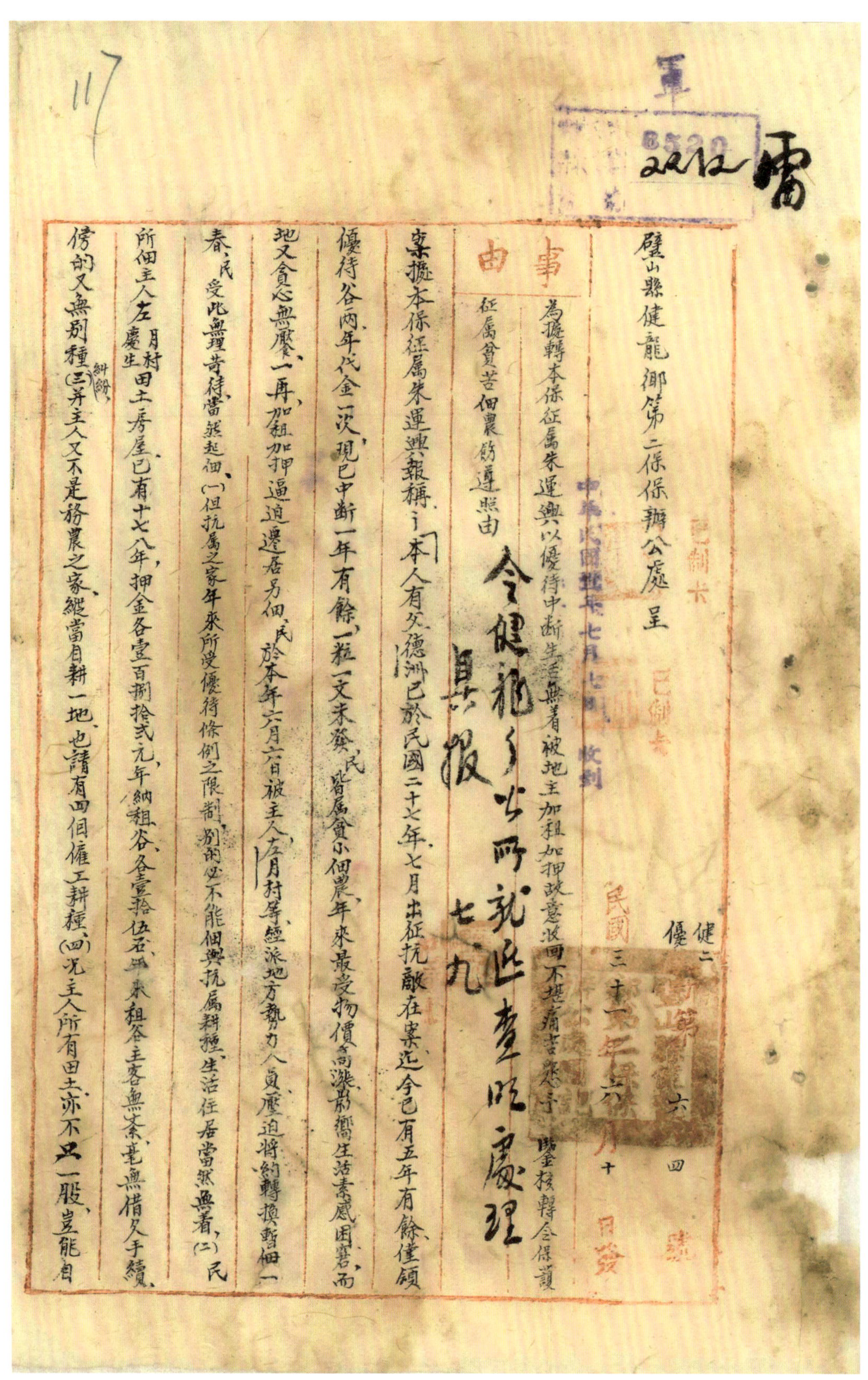

璧山縣健龍鄉第二保保辦公處 呈

健二 優 字第 六 四 號

民國 三十一 年 六 月 十 日發

事由：為據轉本保征屬朱運興以優待中斷生活無着被地主加租加押故意收回不堪痛苦懇予鑒核轉令保護征屬貧苦佃農請遵照由

案據本保征屬朱運興報稱：「本人有父德洲已於民國二十七年七月出征抗敵在案，迄今已有五年有餘，僅領優待谷兩年代金一次，現已中斷一年有餘，一粒一文未發。民等皆屬貧小佃農，年來最受物價高漲，影響生活素感困窘，而地主又貪心無饜，一再加租加押，逼迫遷居另佃。民於本年六月六日被主人左月村等經派地方勢力人員壓迫將約轉換暫佃一春。民受此無理苛待，當然起佃，(一)但抗屬之家年來所受優待條例之限制，別的也不能佃與抗屬耕種，生活住居當然無着。(二)民所佃主人左月村、左慶生田土房屋已有十七八年，押金各壹百捌拾式元，年納租谷各壹拾伍石，本來租谷主客無紊，毫無借欠手續、糾紛，傍的又無別種。(三)并主人又不是務農之家，縱當自耕一地，也請有四個僱工耕種。(四)况主人所有田土亦不止一股，豈能自

令健龍鄉公所就近查明處理

縣報 七九

117-1

耕之處，一般主人兹値物價高漲機會，越更發生逼迫等情，若不禁止，長此以往，抗屬不堪苦痛，并役政必不能推行，維我

政府早已關心民瘼，訂有優待條例，明文規定在出征期內所佃田土房屋，不得加租加押另佃，亦或收回情事，綜上四點

各情屬實，等情具此。查年來業主紛紛加租加押另佃，亦或故意收回，迭經調解，而業主實有堅執情形，為此理合具

文呈報

鈞府懇予鑒原苦衷，轉令改善，並保護征屬貧苦佃農，實不獨征屬幸甚，抗戰前途亦幸甚，是否有當，敬候令遵。

謹呈

璧山縣縣長彭

健龍鄉第二保保長朱海良

璧山县政府关于开展一九四二年度征兵调查工作致临江乡公所的训令（一九四二年七月十九日）

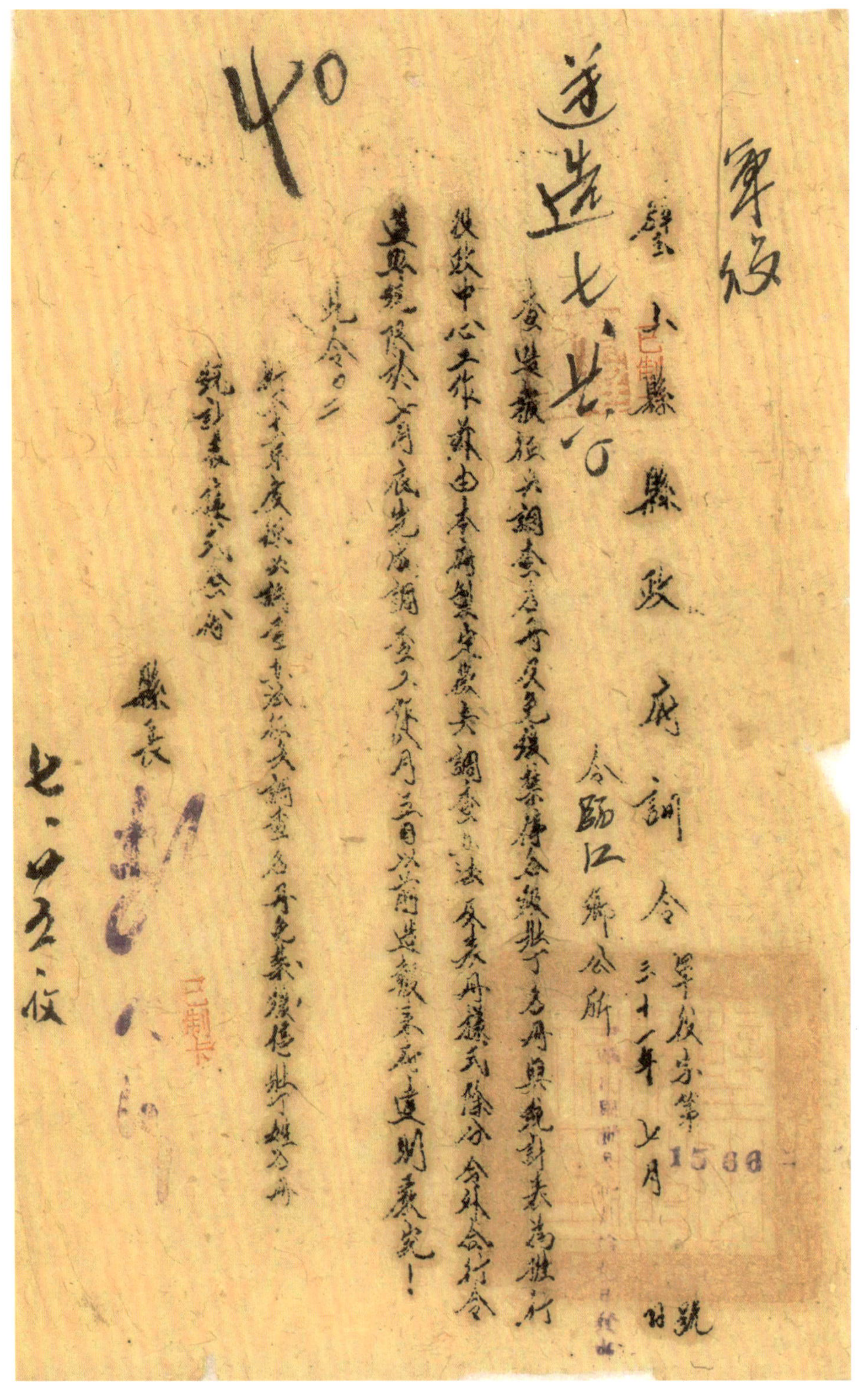

軍役

璧山縣政府訓令 軍役字第1566號

令臨江鄉公所 三十一年七月 日

查兵役征兵調查名冊及免緩禁停役壯丁名冊與統計表為推行役政中心工作，茲由本府製定兵役調查辦法及表冊樣式，除分令外，合行令仰遵照，限於七月底先將調查工作於八月五日以前造報來府，違期查究！

此令。附：

卅一年度征兵調查名冊、免緩禁停役壯丁姓名冊、統計表各一份

縣長

七・廿五・收

41

璧山縣政府三十一年度徵兵調查辦法

一、根據兵役委員會頒行之三十一年度徵補兵實施辦法第六條各項之規定並參酌本縣實際情形訂定之

二、本辦法以户為調查單位按保分組抽籤為原則（如兩丁三丁四丁五丁等組依次類推）即各保由有同丁之户由多丁者依先後順序分組抽籤

三、凡保內有多丁之户除免緩禁停各役外仍應查察彼個人資格將其户長姓名分組彙案造入調查册（附式一）不得隱匿遺漏致干罪咎

四、如有領免緩各役者各鄉鎮保長將免緩人數造具姓名年齡册（附式二）及持有免緩役原領證號碼並檢具證明文件呈報本府核辦

五、凡免緩役經核准者由本府令飭各鄉鎮公所張榜公佈每保一張如有認為不合免緩者准由保民公開檢舉或密報本府核辦

六、本年壮丁调查与整编保甲合併举办，各乡镇长应切实督饬
各保根据户口异动表[illegible]本年壮丁调查表，将所有各户逐一
澈查，造具调查应免缓役姓名年龄[illegible]册，限七月十五日以前
呈报乡镇公所。

七、各乡镇公所根据所属各保之册，於七月三十一日以前，汇造应免
缓役姓名年龄与应征统计表（附式三）各二份，呈报本府办理
抽签（会同县党部），一份交乡镇长秘密使用（一份存本府）。

八、乡镇长应直接与[illegible]独子或同胞兵役入营之应[illegible]调查与以申请缓役
依保签发证明书。

九、各指导员会同县党团部训练员对于各乡镇调查，应依实
负责督导办理，如有造册不实或有不当之免缓役者及遗漏
情事，发生时得将乡镇保甲长报请本府严惩，其情节重大者分别惩处。

十、凡适龄户役不应免缓役者，一经举发或被密告，得不经抽签，先行
送营，并科以十元以上百元以下之罚金，作赏给检举人及密告人之
用，其不能当场缴纳者，在入营后从优待金内扣除。

十一、检举在五户以上者，如经中签，准缓征一次（三个月），十人以上者缓二次，
十五人以上[illegible]

十二、命鄉鎮保甲長對於辦理兵役認真努力頗能勝任者，酌加獎勵；如有違紀
瀆職之情形者，應懲處，并報省府以示不稍寬之令
凡保鄉保長應督飭所屬之鄉保甲長，督導國民兵團辦理
兵役事宜，逐級分區查驗，實施隨時督促，經常指導，其報
查，應隨時由本府獎勵。

十三、辦理兵役各級機關人員對於逃避兵役者之規定，逃避兵役者亦得嚴厲處罰
處及鄉保長其在徵兵事務如有舞弊之罪，經查不得減輕其處分
須送入調查兵籍加抽籤

十四、承辦法院中案之已決，得由其家長指其家屬內之適齡
壯丁送服兵役

十五、調查壯丁總額後，其有壯丁人數與冊不符者，立即究辦，致差額除外

十六、本辦法自公佈之日施行，如有未盡事宜，得隨時呈令修
改之

永荣师管区司令部关于成立壮丁监交委员会并提示监交人员在壮丁交接期中应注意事项致壁山县政府的代电（一九四二年七月二十日）

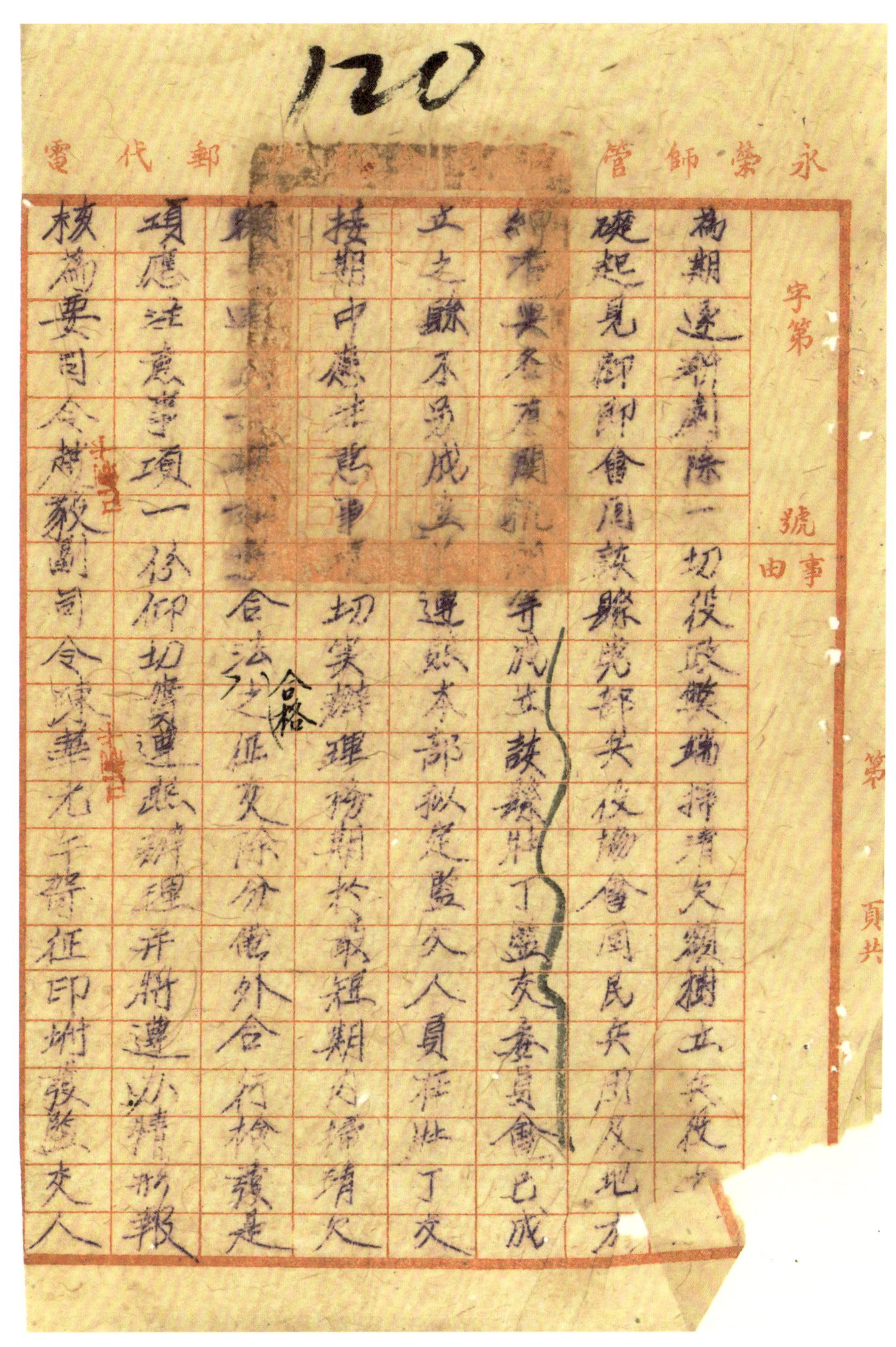

120

永榮師管　郵代電

字第　號

事由

第　頁　共

爲期遂辦剿除一切役政積弊捕清欠額樹立兵役之
礎起見飭師會同該縣党部兵役協會國民兵團及地方
紳耆共各有關機關等成立該縣壯丁監交委員會已成
立之縣不易成立者遵照本部擬定監交人員辦壯丁交
接期中應注意事項切實辦理務期於最短期內掃清欠
[illegible]合法（合格）之征交除分飭外合行檢發是
項應注意事項一份仰切實遵照辦理并將遵辦情形報
核爲要　司令柏毅　副司令陳無光　午齊　征印　附發監交人

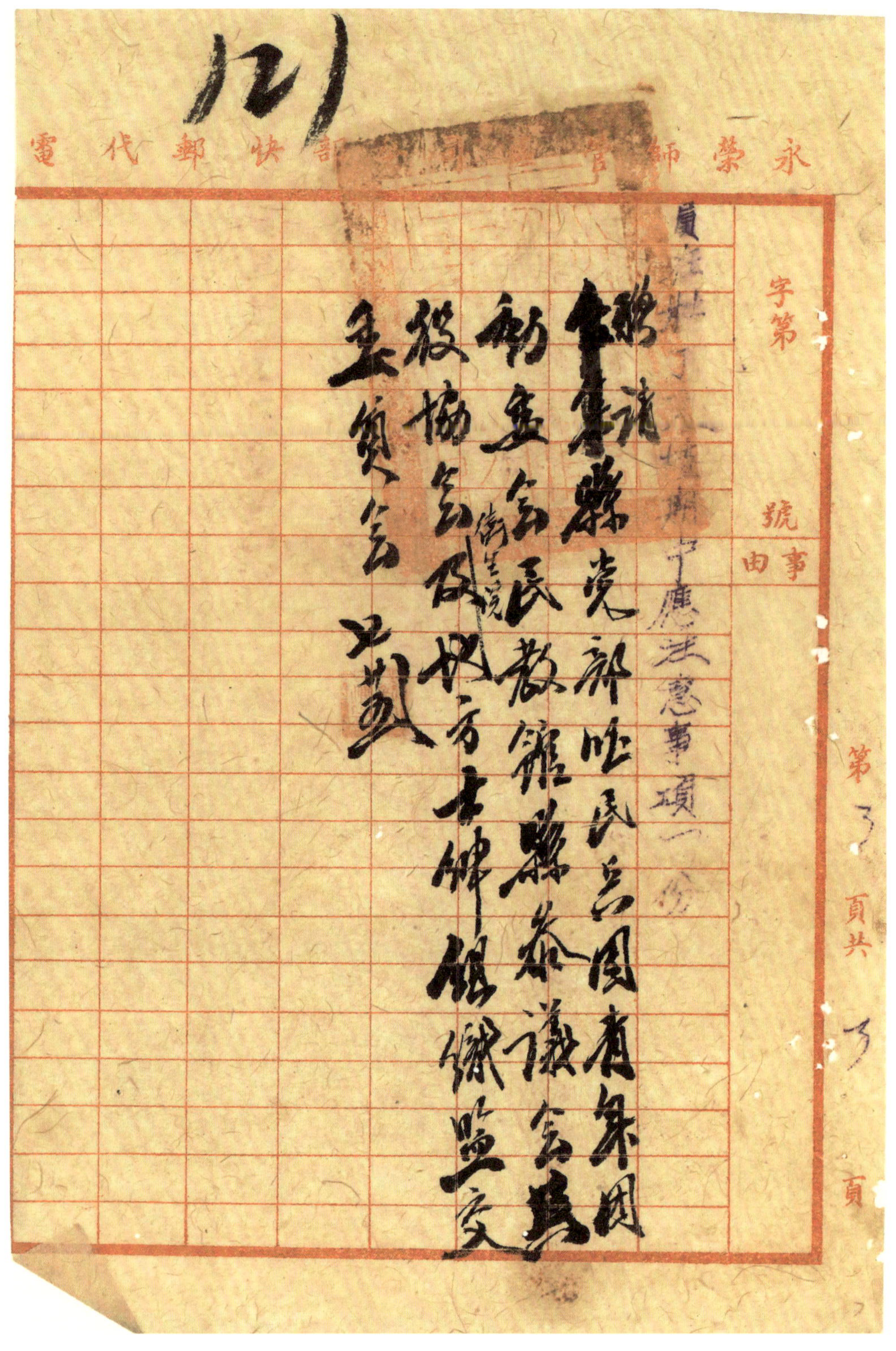

一二一

永榮師部快郵代電

字第　號

事由：……中應注意事項一份

請

各縣黨部、縣政府、民兵團、青年團、

動委會、民教館、縣參議會、婦女會、

救協會、衛生院、及地方士紳組織暨交

委員會公函……

第　頁　共　頁

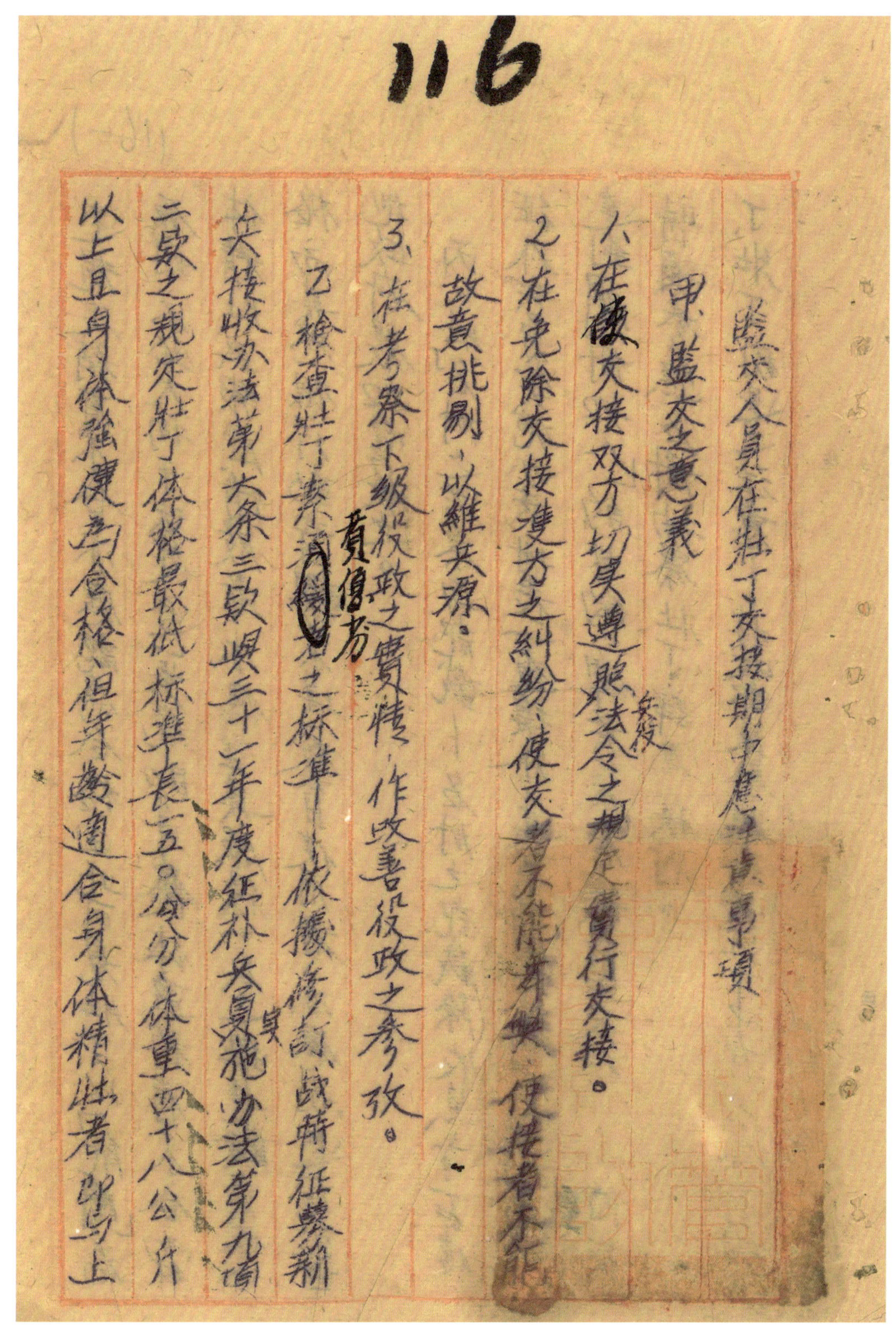

116

監交人員在壯丁交接期中應注意事項

甲、監交之意義

1、在使交接雙方切實遵照兵役法令之規定實行交接。

2、在免除交接雙方之糾紛，使交者不能刁難，使接者不能故意挑剔，以維兵源。

3、在考察下級役政之實績，作改善役政之參攷。

乙、檢查壯丁素質[illegible]之標準（負責方）：依據修訂戰時征募新兵接收辦法第六條三款與三十一年度征補兵員施行辦法第九條二款之規定，壯丁體格最低標準長一五〇公分、體重四十八公斤以上，且身體強健為合格，但年齡適合身體精壯者即為上

附：監交人員在壯丁交接期中應注意事項

(116-1)

述規定稍有不合，亦應認為合格。由此可見壯丁以「能用」為原則，不必大拘于法定。退一步說，即身體体重稍有未合，當体精壯、武報國情殷者，亦應准其服役。反之，雖年齡身体合格，而其思想行動背謬，不堪教育使用者，亦應剔退，或交當地政府嚴加管教之。

丙、壯丁名冊之考察與記載——名冊之記載，除依照三十一年度征補兵員實施办法附表一查填外，其名冊應以詳盡確切為主，達到「閱冊知人」的目的，俾考察有據。監交人員于監交時須參照名冊抽察壯丁，詳為核對。

丁、壯丁剔退之注意——接收部隊發現新兵壯丁中有不合前列

117

規定標準一着應予剔退，但須依照修定战時征募新兵、接收辦法第〔29〕〔30〕各條「商由監交人員剔退不得向征募機關直接交涉」丑兵額接收已出具應領不准再行剔退之規定办理。

戊、如何完成監交手續——監交人員除對壯丁素質優劣之標準、名冊之考察與記載剔退者，因為監交人員應注意者外，餘如關於交接雙方，是否按照交新兵壯丁守則四五兩項各款、修正战時征募新兵、接收辦法第十七條各款及各部隊對士兵保育改進辦法概要「三」項各款之規定辦理，監交人員尤應注意，及時詳為核對，嚴為督導，如交接雙方發生糾紛時須妥為處置，如不能解決時應即呈報上級處

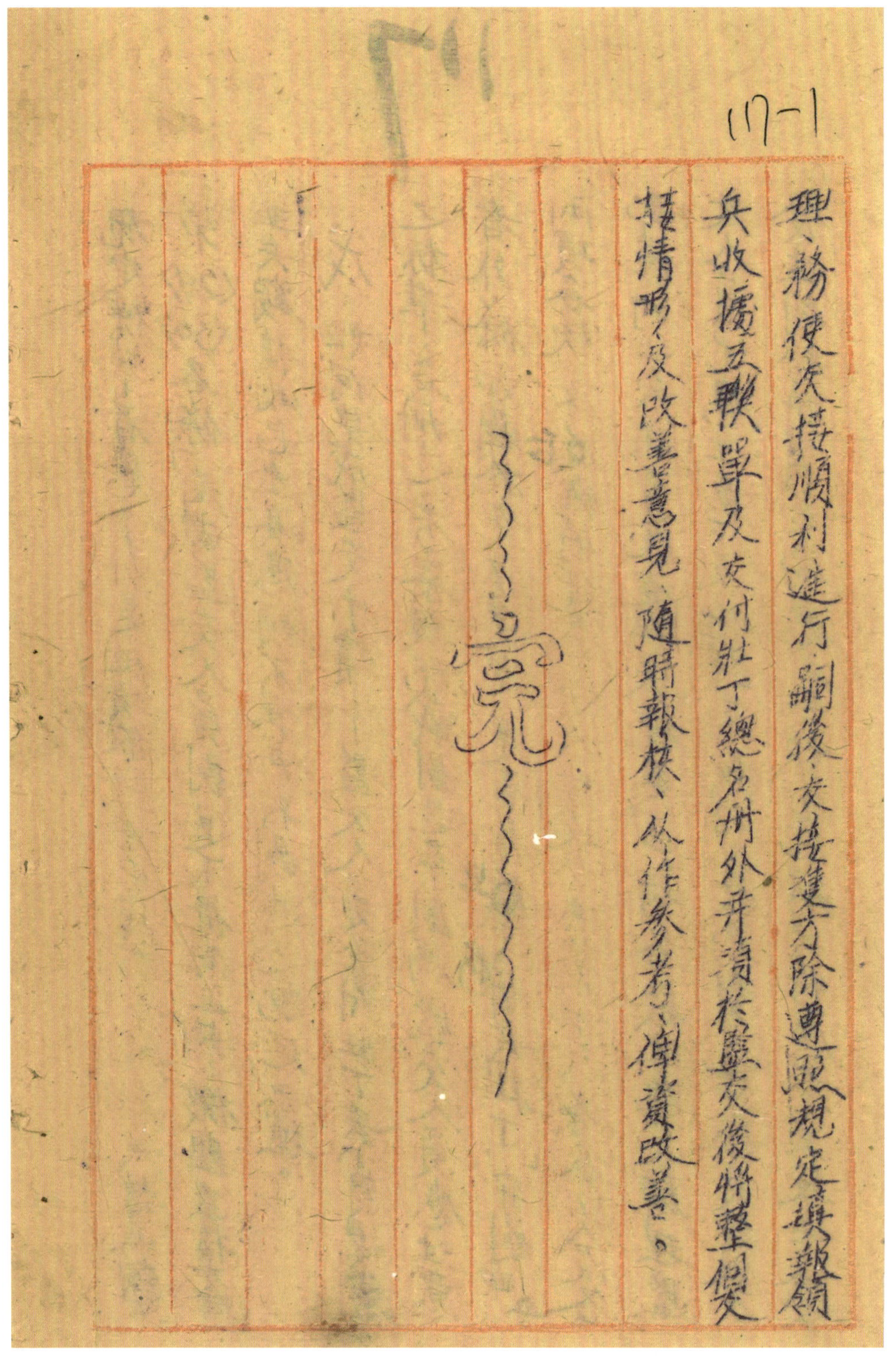
117-1

理、務使交接順利進行。嗣後，交接雙方除遵照規定填報領兵收據五聯單及交付壯丁總名冊外，并須於點交後將整個交接情形及改善意見，隨時報核，以作參考，俾資改善。

完

永荣师管区司令部关于准予暂缓设置新兵征集所致璧山县政府的代电（一九四二年八月二十八日）

永榮師管區司令部快郵代電

務征丙字第1668號

事由：為轉該縣請暫不設征集所姑准緩設由

第一頁 共一頁

壁山縣彭縣長鑒案奉軍管區信嘉字第二一五五號妹元代電開「據報壁山縣確無相當地點設置新兵征集所請予通融辦理等情茲呈奉軍政部渝愛役募字第三零五四號午禡愛役募代電開六月信嘉字第零一七七號陷代電悉所呈壁山縣因無相當地點請暫不設置新兵征集所一節姑准暫緩設置俟覓有相當地點仍應遵令設置希飭知照等因特電知照並轉飭知照」等因奉此特電知照司令趙毅副司令陳華光未有征卬

中華民國三一年八月廿八日發

璧山县健龙乡乡公所关于核发万金银等征属优待致璧山县政府的呈（一九四二年九月二十六日）

军

优健乘

13 18 1

3512

120

事由：为呈报本乡出征抗敌军人家属证明书请予签核登记以资核发优待金由

拟办

批示

附件：出征抗敌军人家属调查表一份 证明书四张

年 月 日 时到

覆文请注明

璧山县健龙乡公所呈 警字第二一〇号

中华民国三十一年九月廿六日 时

案据本乡各保出征军人家属朱平林等报称：「该子等业已先后被征入营，兹由各该管部队发给证明书，依法应予报请核发优待金」等情前来。特将各出征军人家属缮造状况调查表一份、证明书四张随文赍呈

钧府鉴核，恳予登记、核发优待金，以资优待，而利兵员。谨呈

县长彭

收文 号

附呈出征抗敵軍人家屬調查表一份證明書四張

璧山縣健龍鄉長周正鏞

中華民國卅一年 月 日發出

呈件均悉。查朱炳榮、馮東元、萬金元三名證明書合於部令規定，准予本年度發放優待金，附列冊報請核給優待。至左光國證明書係服役證明書，不能與優待證明書同樣享受物質優待，仰即知照。

此令。

證明書發還

附：璧山县出征抗敌军人家属调查表

四川省璧山縣出征抗敵軍人家屬調查表

民國三十一年九月廿六日

姓名	年齡	家屬所在地	隸屬部隊	職級	出征日期	家屬姓名	家庭經濟狀況	備考
萬金銀	三〇	健龍鄉三保四甲	陸軍八十三師司令部	諜報隊上交通員	二十八年四月	母 鄧氏	赤貧	[illegible]部出征證書不合，[illegible]不予物質優待
左光國	一八	〃	陸軍輜重兵汽車第五團二營五連	文書軍士	三十一年七月一日	父 源茂	〃	
馮東元	二八	健龍鄉十保四甲	軍政部第十五補訓處特務連	上等兵	二十九年五月	兄 樹軒	〃	
朱炳榮	三二	健龍鄉七保九甲	陸軍七三軍輜重兵團一營一連一班	上士班長	二十九年四月	父 平林	〃	
備考								

（1）璧山縣健龍鄉鄉長周正鏞 兵役協會監查組長馮德光 填

（2）璧山縣兵役協會優待組 審核 魏寶[illegible]

璧山县政府关于检发壮丁名册编查及抽查实施办法致临江乡公所的训令（一九四二年十二月十八日）

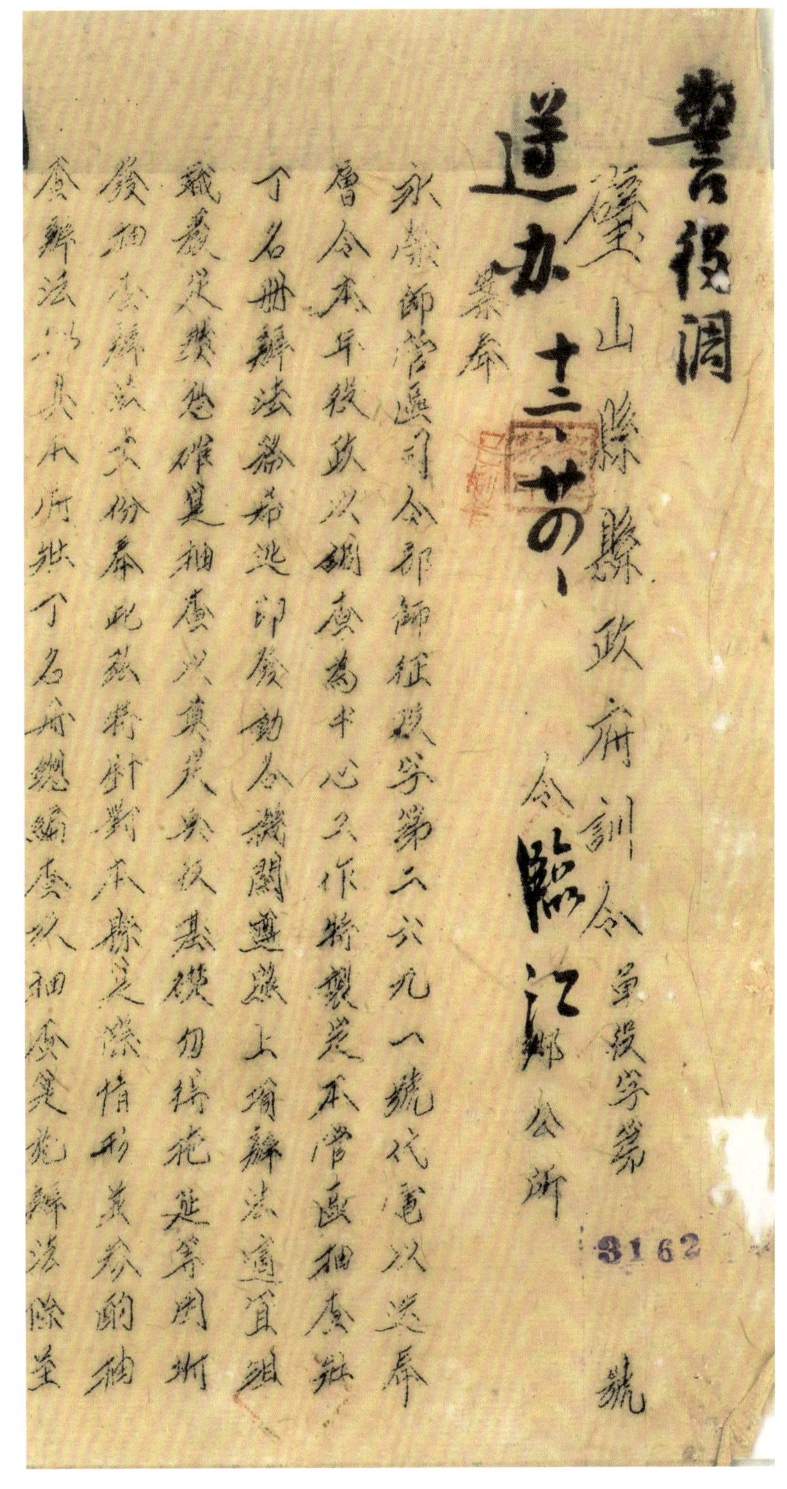

兵役調

遵办 十二、廿四

璧山縣縣政府訓令 兵役字第 號

案奉 令臨江鄉公所

永發師管區司令部師征役字第二六九一號代電以奉
督令本年役政以編查為中心工作將製定本管區抽查壯
丁名冊辦法希遵即發動全縣關通旅上項辦法適宜組
織嚴定獎懲確實抽查以奠民兵役基礎切務施並予同時
發抽查辦法一份奉此兹將針對本縣之際情形並參酌擬
定編查辦法以具本府壯丁名冊總編查以抽查實施辦法除呈

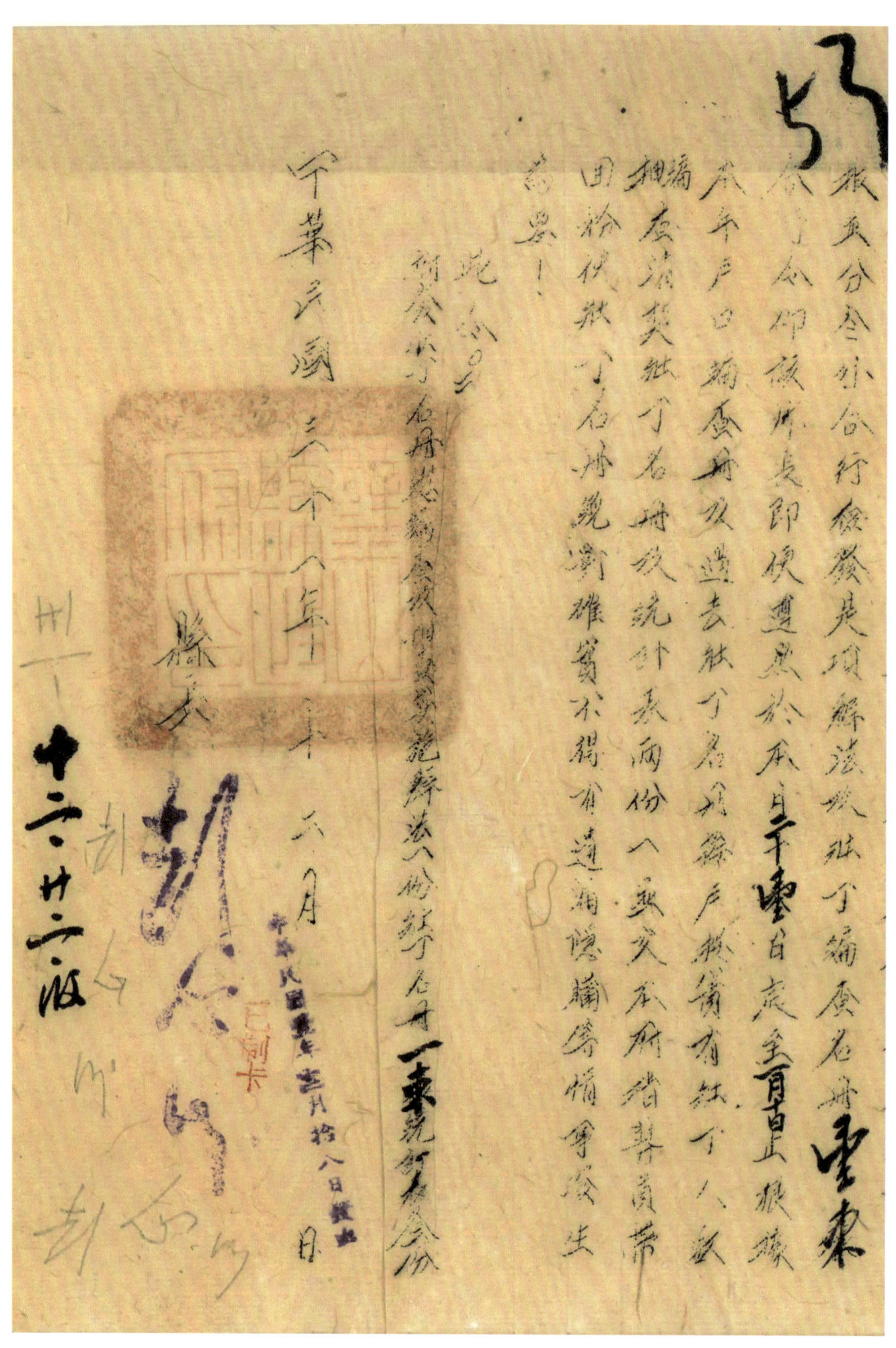

报，兹分令外，合行检发是项解送壮丁编查名册壹本，
令仰该镇长即便遵照，于本月二十壹日起至三十日止，根据
本年户口编查册及逃去壮丁名册，按户核实有壮丁人数
编查清楚，壮丁名册及统计表两份，以凭本府稽其责成，
由该镇壮丁名册，以凭核办。虽不得有逃漏隐瞒等情事发生
为要！

此令。

计发壮丁名册总编查表及统计表、解送入伍壮丁名册一本，统计表叁份

中华民国二十八年十一月 日

县长

中华民国廿八年十一月拾八日发出

已制卡

十一廿二收

附：璧山县政府壮丁名册依编查即抽查实施办法

54

璧山縣政府壯丁名冊依編查即抽查實施辦法

一、本府為使壯丁名籍絕對確實，澈底根絕壯丁隱匿逃亡暨賄放舞弊，特根據永璧師管區師管字第二六九八號代電規定本辦法，并參酌本縣實際情形訂定之。

二、本辦法編查與抽查同時並進，均以保為單位，編查由鄉鎮長副鄉鎮長鄉隊附保甲長戶籍主任戶籍幹事負責，抽查由保隊附按照四戶籍順序普遍編查，不得遺漏一丁。

三、編查時間自十一月十日起至十一月二十五日止，同時并由本府派員督導。

四、編查前各鄉鎮公所應召集各保長保隊附甲長講習一日，將編查意義及手續切實研究清楚，并由本府派員指導。

五、總編查實施要點。

1.根據各保戶籍冊及過去壯丁名冊，核其有壯丁切實挨戶編查。

2.又壯丁名冊編查務求年齡確定人數確實，并於備考欄內註明第

凡人民以一人在二十六年七月以後分居者不得以分居論，編論不得以大報小

以小報大、以多報少或以优報劣等情事，違則照妨害兵役治罪。各捌捉連絡處如發現舞弊情事，鄉保甲長及各級隊長均負連帶責任。

五、凡年滿十八歲至屆滿四十五歲之役齡男子，無論現役在營者或具有免緩禁停役之原因者均須列入，但免緩禁停概暫不填寫，俟新兵役法頒發到縣再行發填，以免重造。

六、壯丁名冊及統計表式樣遵照軍政部三十一年二月二十四日渝營役訓字第二零七五號代電規定，由本府印發，統計表式樣附發。

九、已遵照本府三十一年軍字第[illegible]及八號編查完竣之鄉鎮，即責令先自行抽查整理，又不造冊以備抽查。

六、抽查工作由本府會同縣黨部、青年團部、縣參議會、國民兵團部派員組織壯丁名冊抽查隊分區抽查。

七、抽查隊依照現有行政督導區分為六隊，每隊設正副隊長各一人，隊員三人至五人，隊長隊員由縣[illegible]兩機關派，抽查某鄉鎮時，其正副鄉農教會黨籍隊員即加入工作。

八、各隊人員編組如下：

1.第一隊（一區）

隊長 黃麟 副隊長 劉有廉

隊員 孫忠儀 歐標 周金甫 梁光績 陳方策

2.第二隊（二區）

隊長 胡振叔 副隊長 秦伊欽

隊員 曹增發 劉耀光 孫繼臣

3.第三隊（三區）

隊長 董振豐 副隊長 劉惠庭

隊員 劉光耀 李嘉猷 鍾景麟

4.第四隊（四區）

隊長 秦良棠 副隊長 馮光國

隊員 周善 葛海澄 楊春暄

53-1

八、第五區（五區）

區長 傅秀竹 副區長 龍元模

委員 鄧偉 梁利賓 陳友仿

1、第六區（六區）

區長 楊益謙 副區長 張德康

委員 吳朝麟 程蘭

九、抽查要點

1、抽查以每保抽查三甲為原則。

2、抽查務求迅速確實。

3、每保抽查完畢即會同保長將適齡壯丁按甲戶之次序列榜公佈并鼓勵人民密告檢舉。

4、抽查如發現有可疑之處，可向甲戶詢問乙戶之情形或向乙戶詢問甲戶或丙戶情形互相印證。

5、抽查發現漏丁即交鄉公所綑解送服兵役并科該管保甲長以百元以上二千元以下之罰金。

55

6、凡壯丁撫養五人以上經查明屬實者得緩徵一年，多者依次類推。

7、編查與抽查工作完竣後，各保造具壯丁名冊及統計表各三份呈由該管鄉公所彙交本府指導營團，并以一份留鄉公所備查存放，以處各縣自式樣一份保存。

8、抽查人員每人補助旅費一百元，在優待金項下借支，可否在兵役罰款項下歸還。

9、各抽查人員對於壯丁總編查應切實負責督導辦理，其認真奉行，抽查如發現編查不實或有遺漏情事，即報請本府據情節輕重依法懲處。成績優良者，經各抽查隊敘查屬實，即報請本府分別獎勵。

10、各抽查人員工作努力成績優異者，由本府敘核列表報請師管獎敘。

十一、本辦法自公布之日施行，并呈報金嵊師管區司令部備查。

璧山县河边乡公所关于调查第三保保长吴学林玩忽包庇壮丁情况致璧山县政府的呈（一九四三年二月四日）

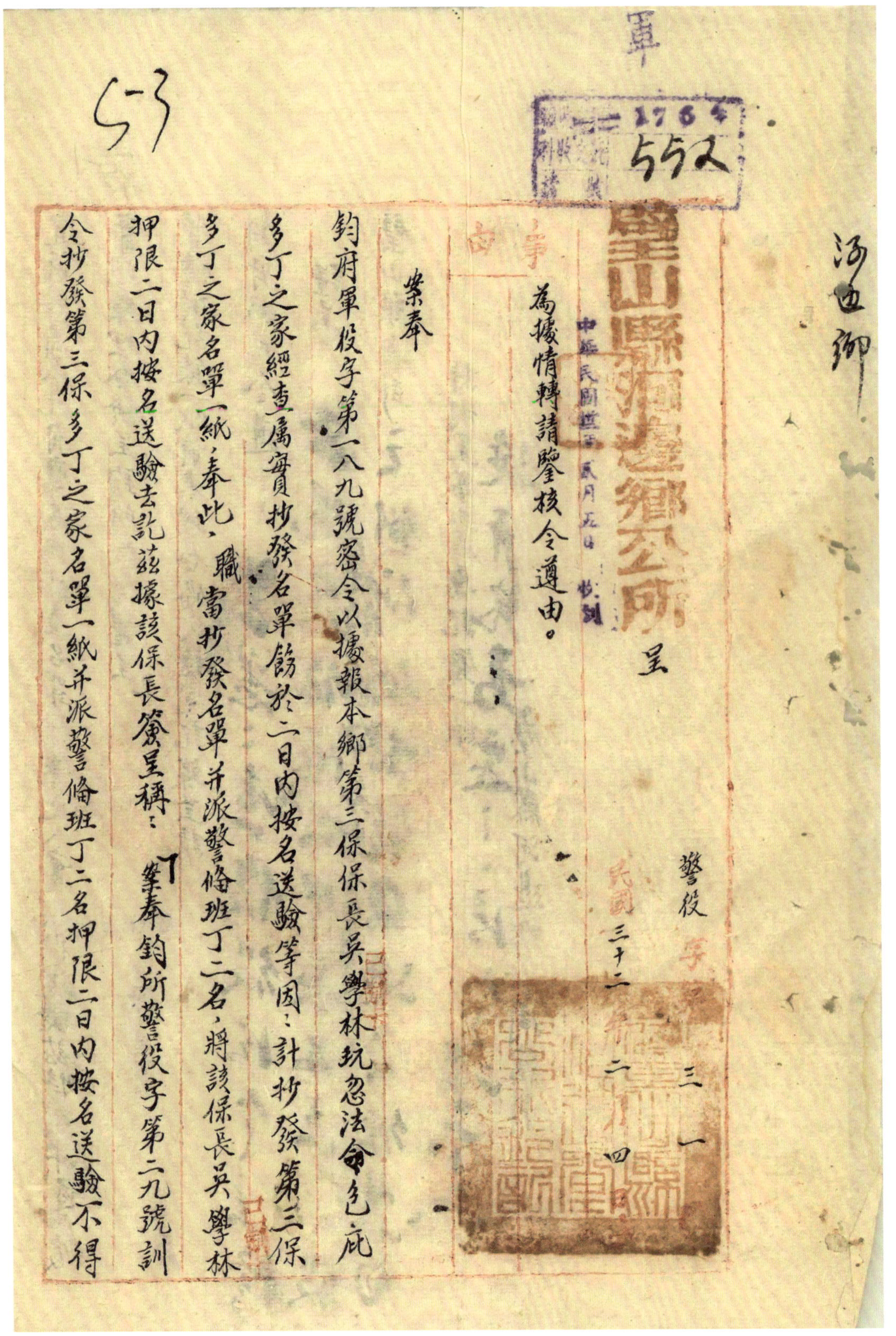

河边乡

璧山縣河邊鄉公所呈

警役字第三一號

民國三十二年二月四日

為據情轉請鑒核令遵由。

案奉

鈞府軍役字第一八九號密令以據報本鄉第三保保長吳學林玩忽法令包庇壮丁之家經查屬實抄發名單飭於二日內按名送驗等因；計抄發第三保壮丁之家名單一紙，奉此，職當抄發名單并派警倫班丁二名，將該保長吳學林押限二日內按名送驗去訖。茲據該保長簽呈稱：“案奉鈞所警役字第二九號訓令抄發第三保壮丁之家名單一紙并派警倫班丁二名押限二日內按名送驗不得

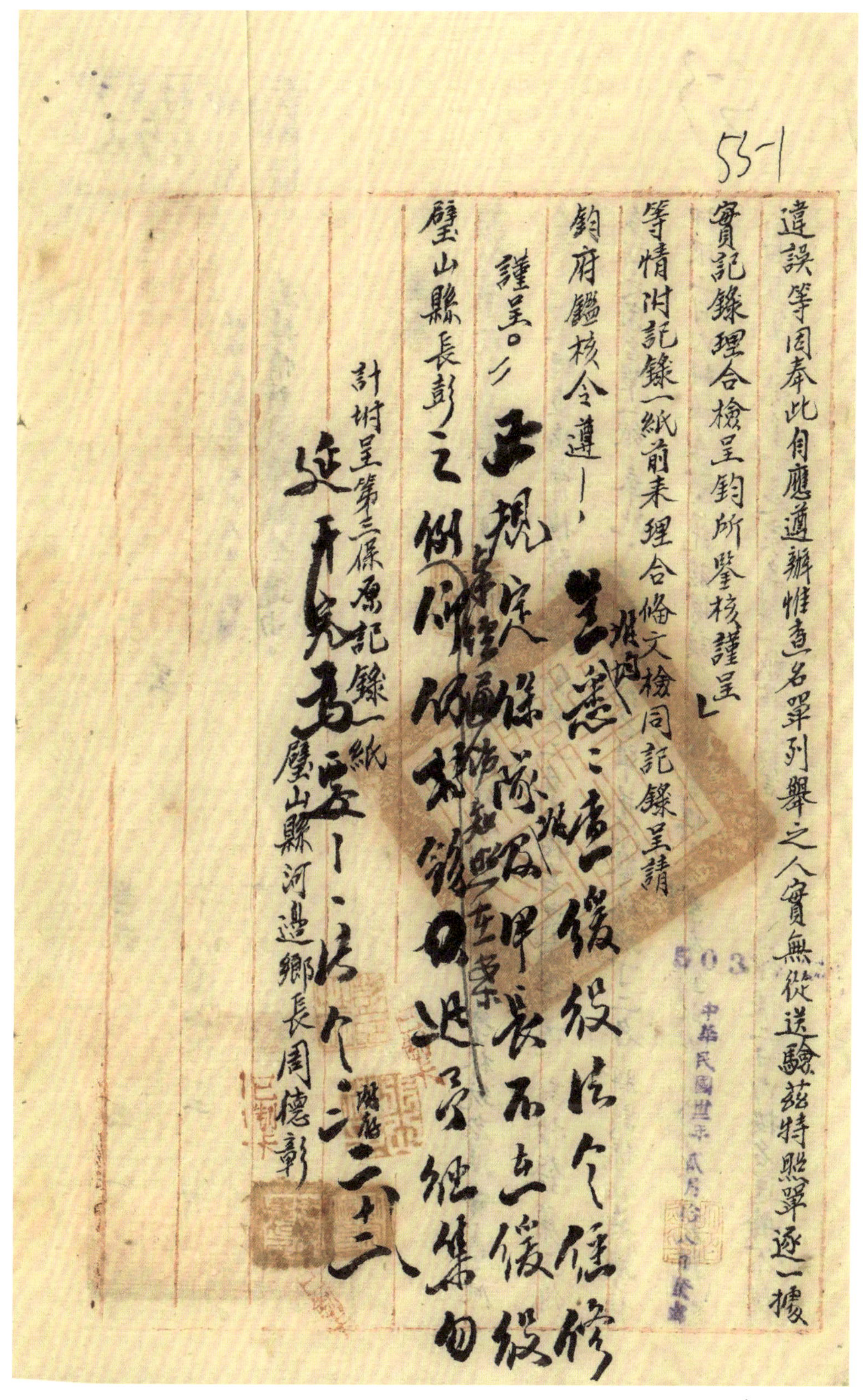

55-1

違誤等因奉此自應遵辦惟查名單列舉之人實無從送驗茲特照單逐一據
實記錄理合檢呈鈞所鑒核謹呈
等情附記錄一紙前來理合備文檢同記錄呈請
鈞府鑒核令遵！
謹呈。
璧山縣長彭
計附呈第三保原記錄一紙
璧山縣河邊鄉長周德彰

附：第三保原记录

張發云住居本鄉第四保調任三保隊附本保並無伊弟兄户籍」

姜銀唐年四九足生連遭瘡兩年餘現猶未愈可驗」伊二弟銀安歷任甲長現仍充是職可查」伊三弟燦輝前三年遷移至城北鄉第三保居住可查」至銀安之子光國年一六肄業和中可查」次子光元現在自由鄉中心學校高級肄業可查」

姜曾氏有四子其長子月順於民國初年赴城都現居西大街開設銀樓」次子云卿三子志祿亦赴渝魏公岩開設商業牌名永成商號」本保早已並無該二人户籍可查」至四子壽元年三六早患虛弱并吐血等症頗重居住本保七甲十二户在家可驗」

袁成章年三一歷任甲長現仍充任此職」並無兄長歷有

户籍冊可查」其二弟長江別號志遠」年一八已於卅
54
一年四月十五日從送永榮師管區第一營第五連服役
可查」至三弟松二年一二可查」

吳学林年三〇於卅年十月十六日奉令服務保長」其兄錫光
年四八户籍冊可查」並身染毒瘡現刻未愈可驗」次
錫光之子光銀於卅年四月六日自願入伍於總隊第
一營醫務所充任醫務員職務現開赴昆明有信件可
查」

張学甫早年迁移至城西鄉居住」其大兄榮輝於卅年八月係
迁移本鄉第五保居住可查」伊二兄樹臣年四八歷有户籍
冊可查」並於卅年五月係接充本保七甲之長」伊幺弟名
煜良別號俊傑」於卅年八月係迁移至本鄉第九保居住
並在該保之國民学校担任教員可查」是時学甫弟兄
四人而在本保居住只有張樹臣一人業已除役」

張臣之年四〇於卅年一月十八日赴惠水関郵局服务傳差」伊

弟珍之年一四在初小七冊肄業」可驗」

吴保全年五三居住本保六甲十三户有户籍冊可查」伊弟全安

歷居城西鄉地名陶家坡年約五旬行医業」可查」並無

弟兄住居保内」

吴述云年三八歷任甲長現仍充任八甲々長可查」但兄貴

安現年五旬之普且於民國廿四年迁赴黔省白林場居

住其貴安之子已在黔有被征有证件可查」

曾侣五年四七已患弱症並生連瘡重潰未愈」可驗」伊大

兄志陞年五〇早患疯癱並右手残癈」可驗」丞伊三弟

進三年三八現任本鄉々隊附」

吴海明六六住居本保四甲二户」伊長子銀黄年四八可驗」次

子学志已由本鄉征送入營有证件可查」其餘均未住

本保户籍册可查」

張豪之年五六子㸚陽前任本保隊附於卅年八月份辭職

後赴涪都郵政總局服務可查」次子名不詳早已迁移

城北鄉居住可查」

以上如有虛偽願受兵役法令

嚴重懲製

璧山縣河邊鄉

第三保保長吳學林

中華民國三十二年元月二十四日

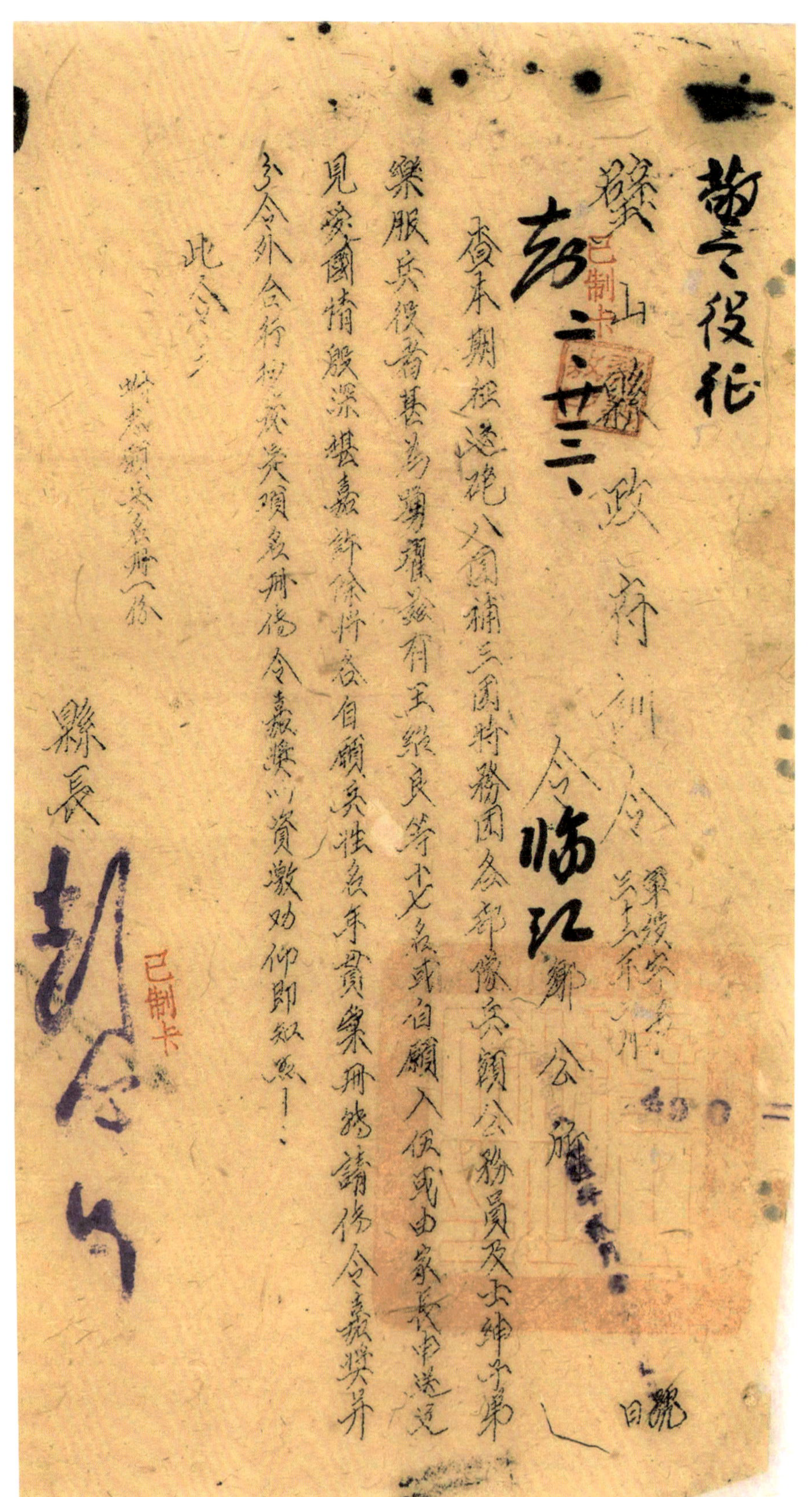

兵役征

璧山县政府训令 军役字第 号 三十二年二月 日

令临江乡公所

查本期征送入伍补充团特务团各部队兵额公务员及士绅子弟乐服兵役者甚为踊跃，兹有王继良等十七名或自愿入伍或由家长申送，足见爱国情殷，深堪嘉许，除将各自愿兵姓名年贯汇册转请传令嘉奖并分令外，合行抄发花名册，仰令嘉奖以资激劝，仰即知照！

此令。

计抄发花名册一份

县长 彭

璧山县政府关于传令嘉奖志愿入伍者致临江乡公所的训令（一九四三年二月）

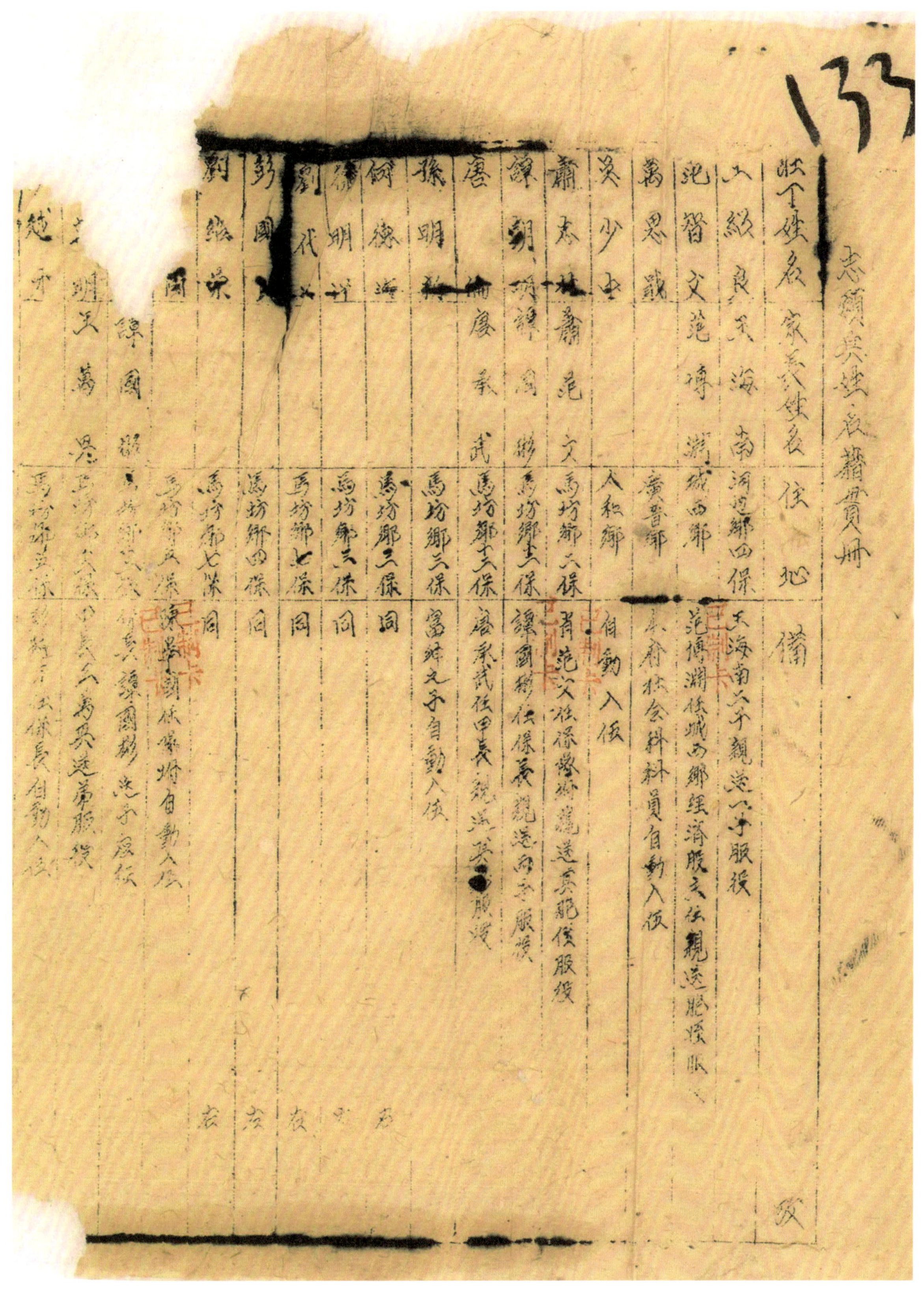

志願兵姓名籍貫册

壯丁姓名	家長姓名	住址	備考
大紱良	大海南	澗邊鄉四保	大海南之子親送入伍服役
范習文	范博淵	城西鄉	范博淵住城西鄉[illegible]親送服役
萬思箴		廣晉鄉	本府社会科科員自動入伍
吳少[illegible]		人和鄉	自動入伍
蕭太林	蕭范文	馬坊鄉六保	肖范文住保[illegible]送兵服役
譚朝[illegible]	譚國彬	馬坊鄉十一保	譚國彬住保義親送兩子服役
唐[illegible]	唐承武	馬坊鄉十二保	唐承武任甲長親送[illegible]服役
孫明[illegible]		馬坊鄉三保	富坪之子自動入伍
何德海		馬坊鄉二保	同
徐明[illegible]		馬坊鄉三保	同
劉代[illegible]		馬坊鄉七保	同
彭國[illegible]		馬坊鄉四保	同
劉繼宗		馬坊鄉七保	同
[illegible]		馬坊鄉五保	[illegible]國住馬坊自動入伍
譚國[illegible]		馬坊鄉[illegible]	譚國彬送子服役
[illegible]班又	萬[illegible]	馬坊鄉[illegible]	[illegible]送弟服役
[illegible]		馬坊鄉[illegible]	[illegible]保長自動入伍

璧山县政府一九四三年度兵役会议记录（一九四三年三月二十二日）

璧山县政府卅二年度兵役会议纪録

時间 卅二年三月二十日至二十二日

地点 城内县府大礼堂

出席人 军事科長刘宗濂 国民兵团副团长程彰 团附王建侯 欧焜 督练员吴翔麟 周善初 何克周 陈绍良 督佐张先续 县指导员胡佐权 杨益迁 蔡廷棠 李桌由 陈锡康 警察中队长萧绍前 各乡镇长（填姓名）及中心校校长（填出姓名） 县党部书记长黄龢 临时参议会议长陈雪樵 傅友仁

主席 刘心明

纪録 刘秘才 余衍沂

21-1

行礼如仪

甲、报告事项

一、主席报告（略）

二、县党部书记长致词（略）

乙、提示事项

一、编造壮丁名册——根据战时征补兵员实施办法第六条之规定各乡镇应将壮丁切实调查编造壮丁名册及统计表并遵照修正兵役法第二十、二十二、二十三各条之规定办理免缓役壮丁姓名年龄册于四月中旬呈报各乡镇长尤须秉大公认真抽查毋徇私毋惧势杜绝漏丁违制年龄确实达到人数确实之要求。

22

二、抽签——壮丁名册调查抽查确实以后，即以各乡保壮丁名册为基础，除核准免缓役者外，均编列号数，由本府会同县党部、县临参会于适当方式在县城公开抽签，以后每次征兵即由县府填「征集票」令发各乡镇征集入营。

三、征集——各乡镇公所接到征集票，即运用「不主义」（不买兵不卖兵不拉丁不顶替）按名逐户征集，务求如期如数集中入营，并发动党政人员、青年团员、士绅子弟率先入营为之倡导，各乡三十一年度欠额务于本月底征拨完竣。

四、严惩逃役及舞弊人员——遵照「战时征补兵员实施办法」第九条第八、十二、十三各项之规定，对逃役壮丁准先拘押其家属一人作质，一面责令

22-1

繳一千元以上一萬元以下之優待金。各鄉逃役壯丁未能捕獲者，即按其情節以
甲長或鄉保隊擅提兔兵役，对於雇買頂替者及介紹人，均依法從嚴
治罪，并獎勵檢舉告密。二

五、切實優待征屬——遵照「優待出征軍人家屬條例」切實辦理
優待，并遵照出戰时兵員補充實施办法第十三條第三項之規定
以保為單位，選定富戶二十戶至四十戶，分為若干班，每班自本年
起每征一丁，即共同補助黃谷二市石或相當於二市石黃谷之代
金，作為出征壯丁安家費。

六、改善壯丁待遇——各鄉公所一律設新兵招待室，設置之間舖
光線空氣，務求流通，并准其自由會人，不得視同囚犯，送丁絕对禁

上开乡违则一经查觉或被人告发即将逃兵之人依法治罪乡镇长及保甲亦受连带处分。

七、切实办理考绩——乡镇长队附保附保甲长征兵考绩佔总成绩百分之三十每三月考核一次年终总考核一次保甲长之考绩由乡镇长乡队附负责乡镇长副乡队附之考绩由军事科长指导督导负责汇报县长核办。

丙、讲习兵役法令

一、讲读战时征补兵员实施办法

二、讲读本年度新兵役法令

丁、催办事项

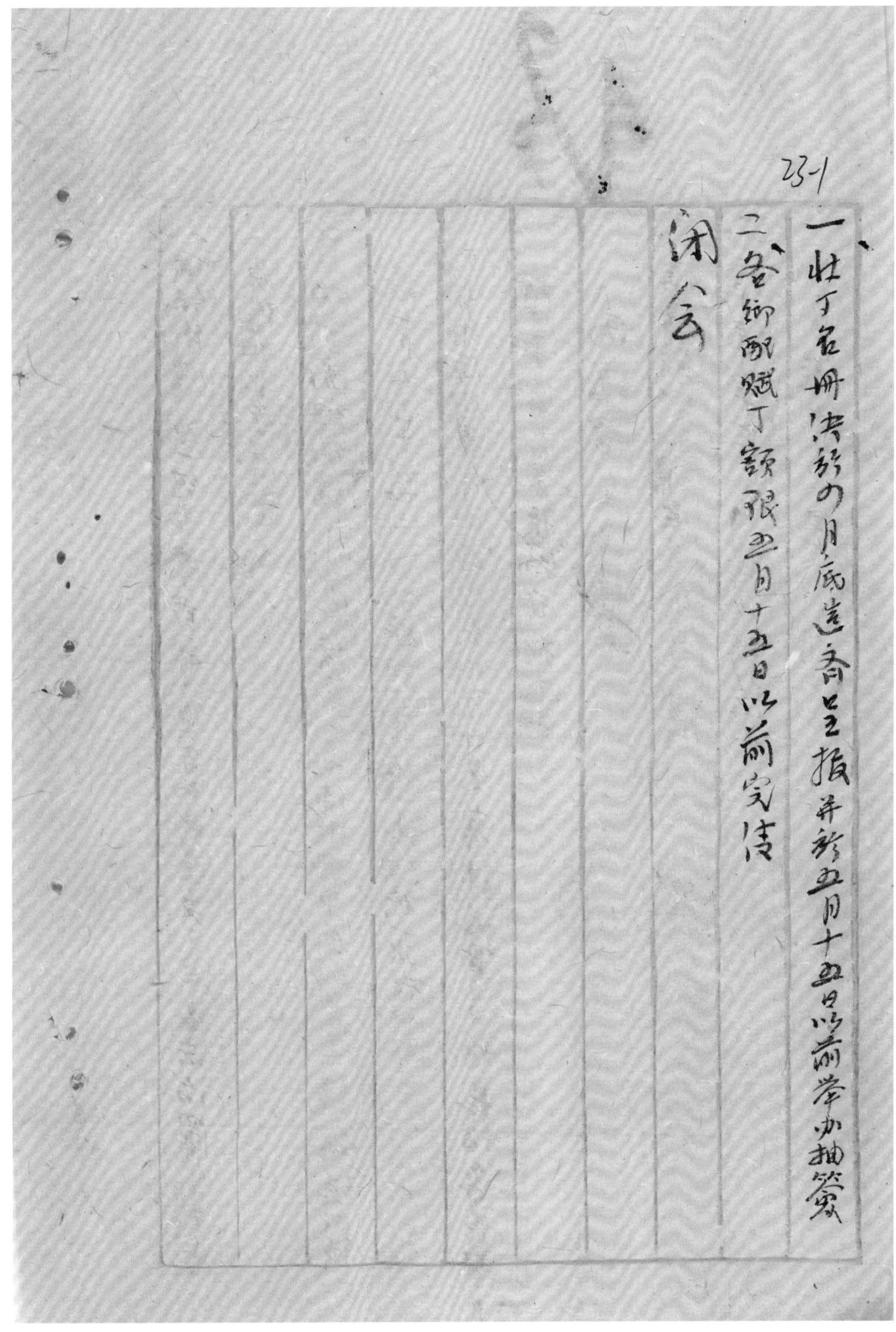
23-1

一、壮丁名册須於四月底造齊呈报，并於五月十五日以前举办抽籤

二、各鄉配賦丁額限五月十五日以前完清

閉会

永荣师管区司令部关于饬令依法成立优待委员会致璧山县政府的训令（一九四三年三月二十六日）

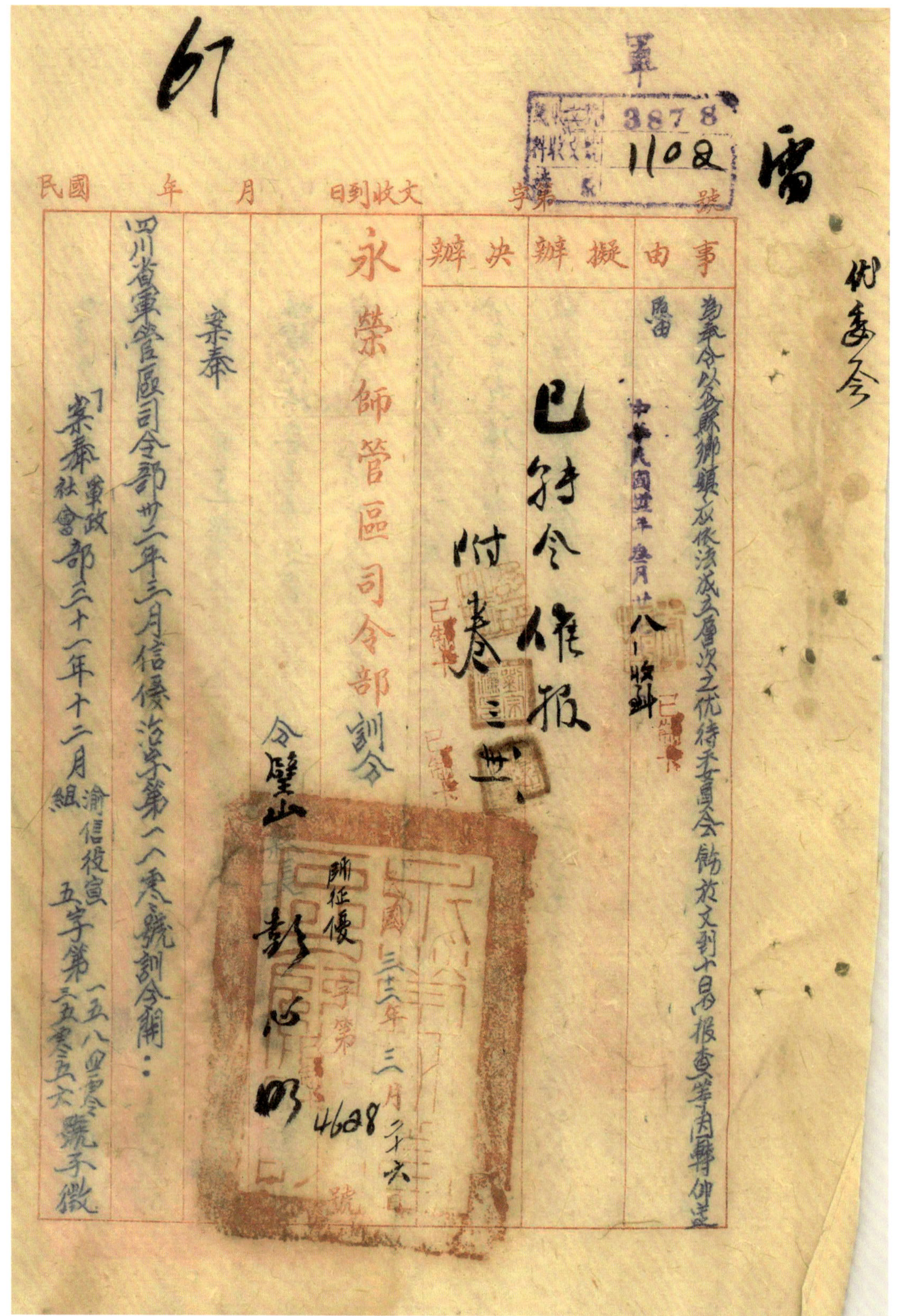

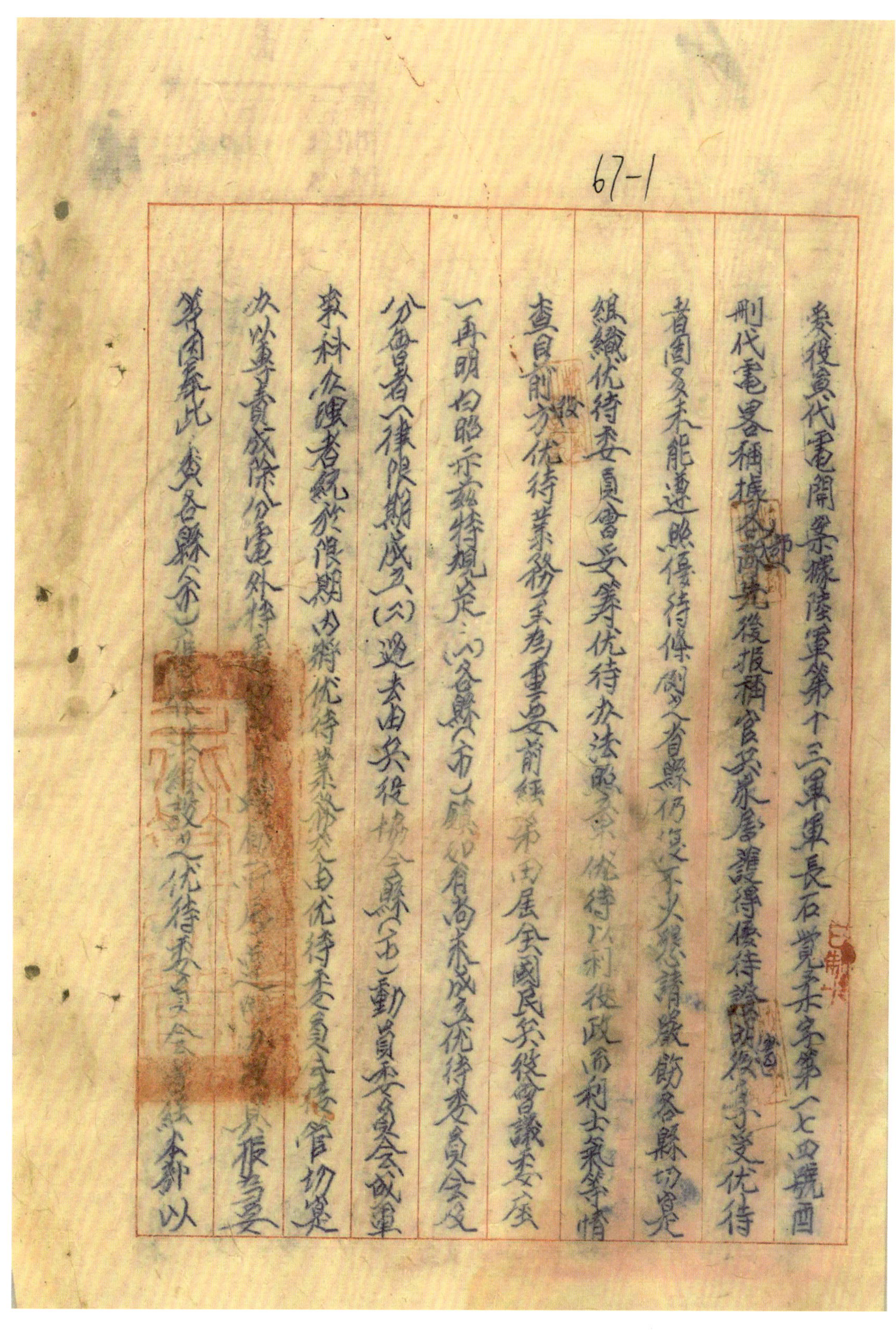

67-1

案准兵役部代電開：案據陸軍第十三軍軍長石覺未字第（七四）號酉

删代電略稱：據各師先後報稱官兵家屬難得優待，請咨兵役部通令優待

等因。查未能遵照優待條例之省縣仍復不少，應請嚴飭各縣切實

組織優待委員會，妥籌優待辦法，厲行優待，以利役政而勵士氣等情。

查目前兵役優待業務至爲重要，前經第四屆全國兵役會議暨各屆

一再明白昭示，並特規定：（一）各縣（市）鎮（鄉）如有尚未成立優待委員會及

分會者，一律限期成立。（二）過去由兵役協會、縣（市）動員委員會或軍

事科兼理者，統於限期內將優待業務交由優待委員會接管，切實

次以專責成。除分電外，特[illegible]具報爲要

等因。奉此。查各縣（市）[illegible]設立優待委員會，業經本部以

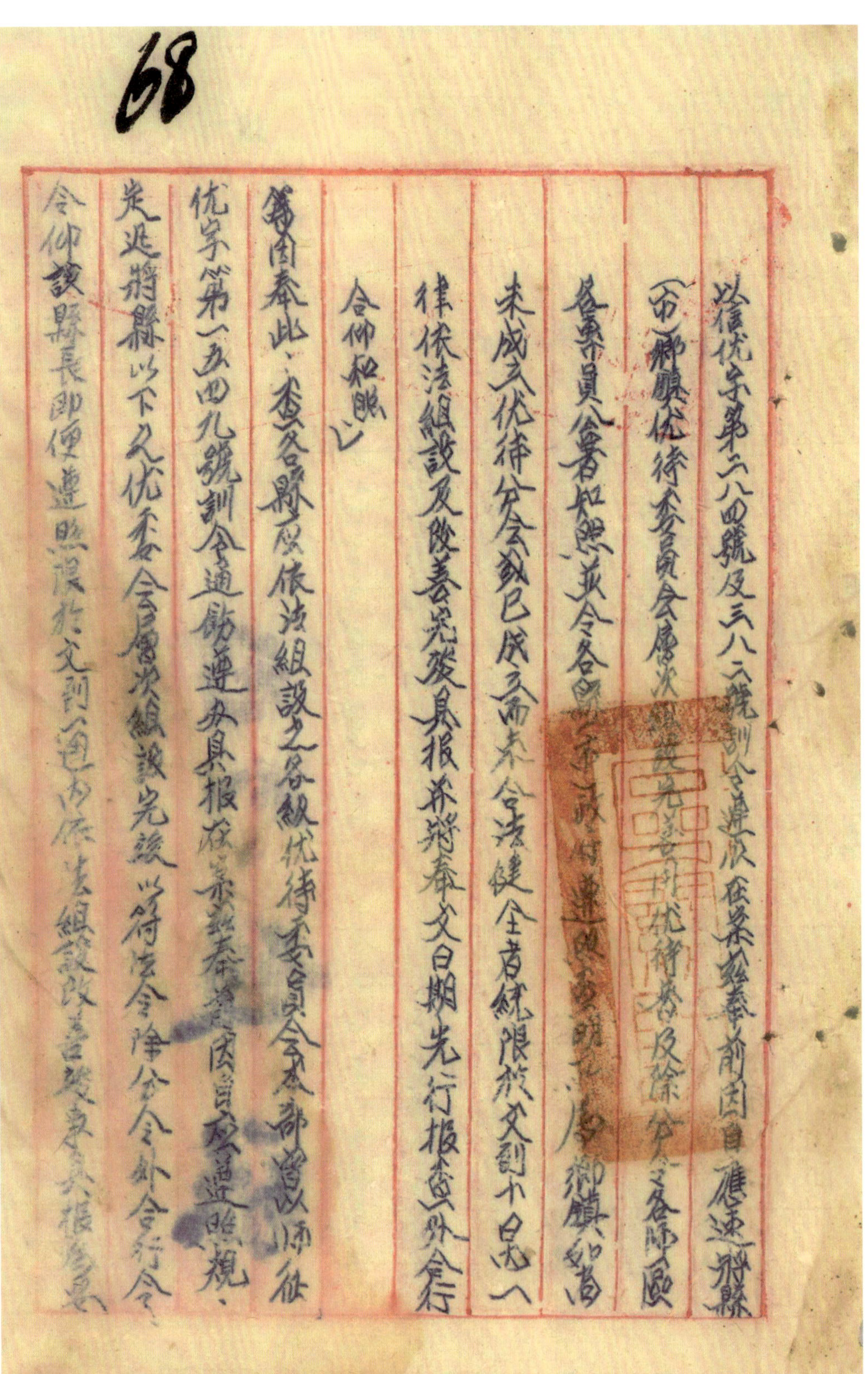

68

茲信優字第二八四號及三八六號訓令遵辦在案，茲奉前因，自應速將縣
(市)鄉鎮優待委員會依次組設完竣，并將優待委員及保甲分會各職員
各委員公告知照。茲令各縣(市)政府遵照查明，如各鄉鎮如尚
未成立優待分會或已成立而未合法健全者，統限於文到十日內一
律依法組設及改善完竣，具報并將奉文日期先行報查。外，合行
令仰知照。此令
等因。奉此，查各縣應依法組設之各級優待委員會，本部曾以師征
優字第一五四九號訓令通飭遵辦具報在案，茲奉前因，自應遵照規、
定，速將縣以下各優委會依次組設完竣，以符法令。除分令外，合行令、
令仰該縣長即便遵照，限於文到八日內依法組設改善，並將奉文日期具報為要。

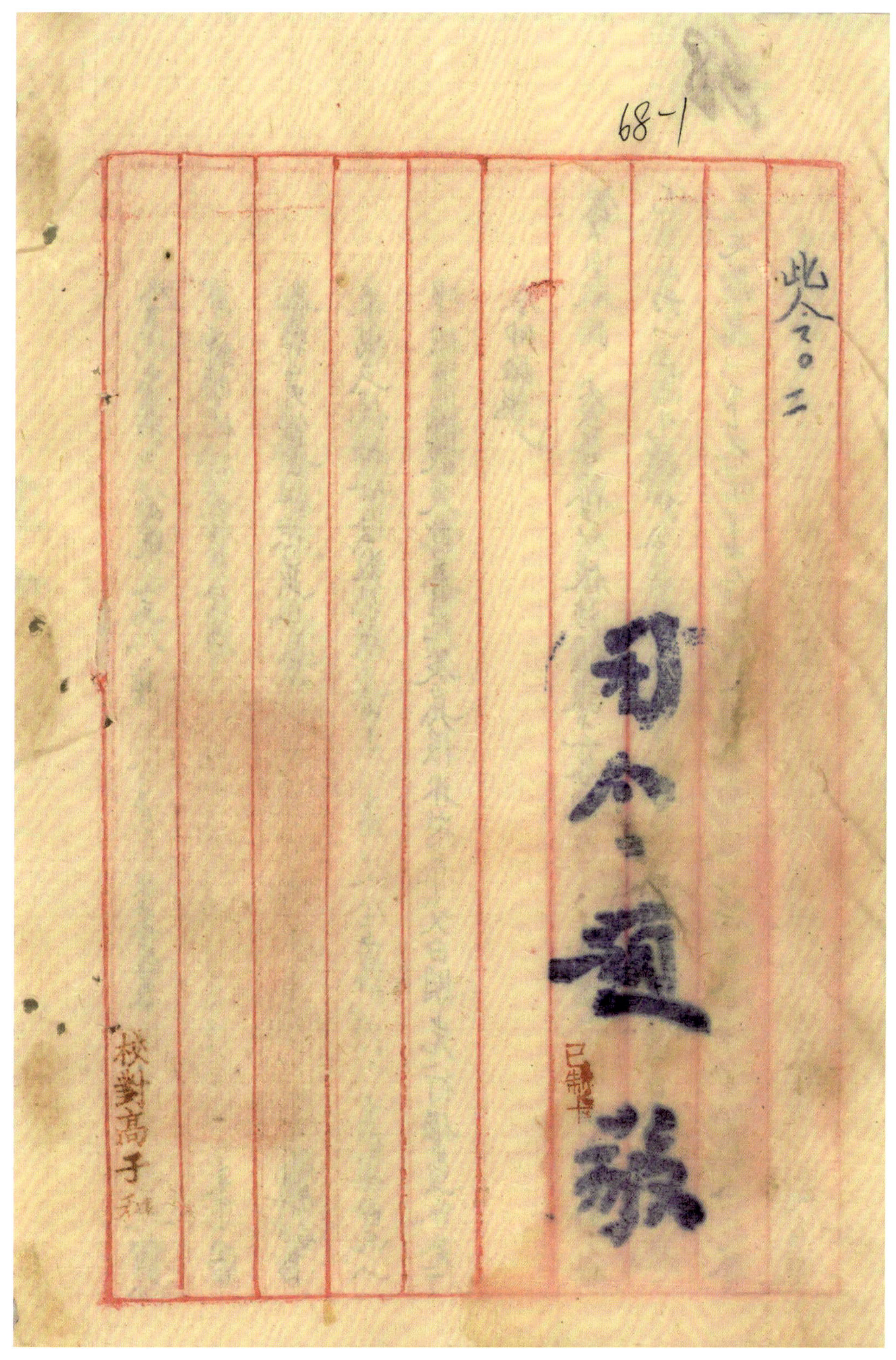
68-1
此令之〇二
司令々道孫
已制卡
校對高子

璧山县健龙乡造具优待委员简明履历表（一九四三年四月十六日）

璧山縣健龍鄉造具優待委員簡明履歷表

姓名	性別	年齡	籍貫	簡明履歷	備考
何秉忠	男	三八	璧山	江津文学專修館畢業曾任本鄉学董保長教員等職	
馮德先	〃	三〇	〃	江津中学畢業曾任保長以前兵役協会委員	
朱治良	〃	四六	〃	曾任保長	
傅煥章	〃	四六	〃	曾任保長多年	
何繼良	〃	三五	〃	璧中修業曾任本鄉联保書記璧中心学校教員	

三十二年四月十六日 造

璧山縣健龍鄉長周正鏞

璧山县各界一九四三年端节劳军及慰问征属筹备会议记录（一九四三年五月二十七日）

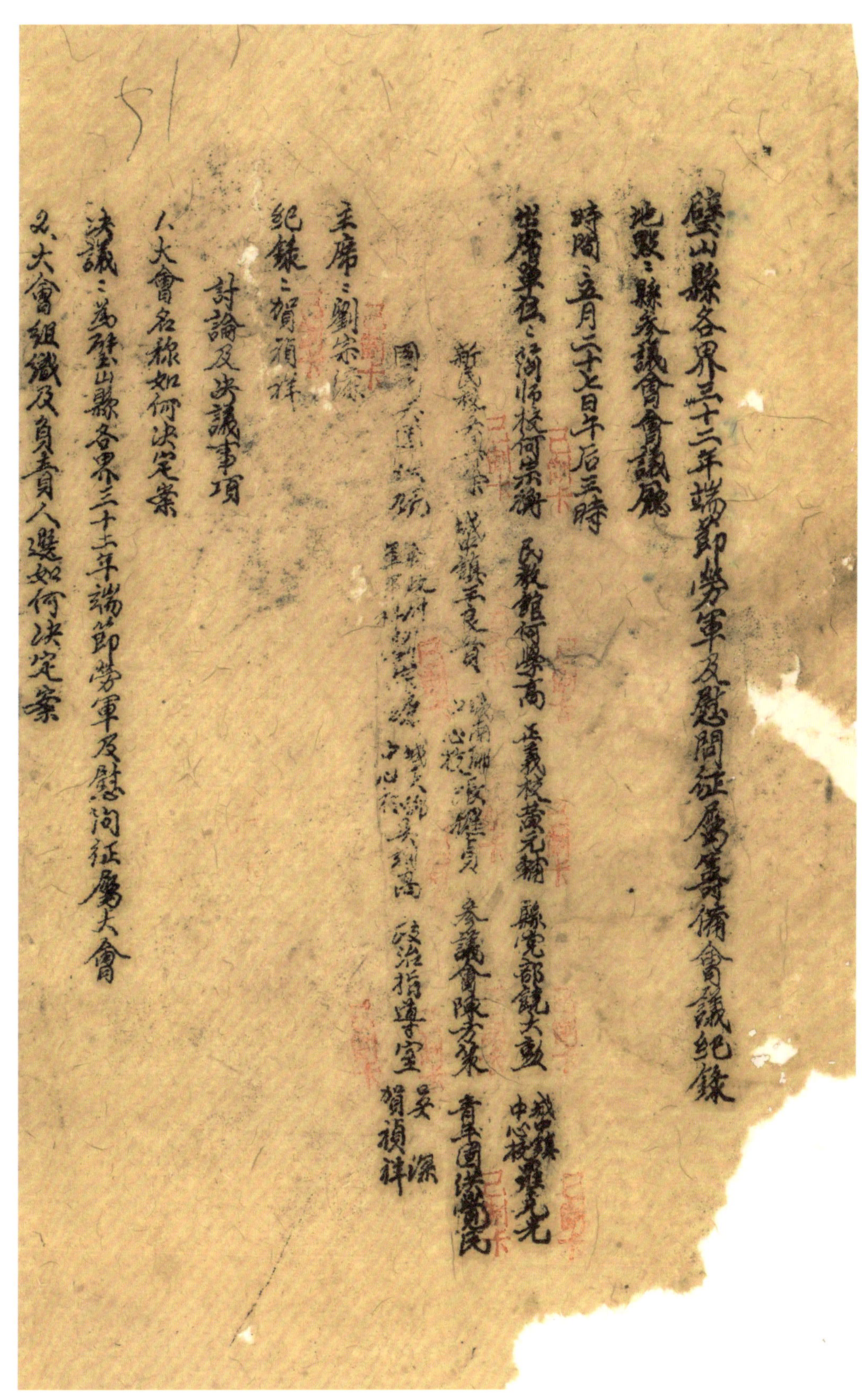

璧山縣各界三十二年端節勞軍及慰問征屬籌備會議紀錄

地點：縣參議會會議廳

時間：五月二十七日午后三時

出席單位：簡師校何崇翰(?) 民教館何學高 正義校黃元輔 縣黨部龍大鼓(?) 城中鎮中心校羅克光(?)

新民校余介宗(?) 城北鎮王定賢(?) 城南聯中心校張耀貞(?) 參議會陳方策(?) 青年團洪覺民

國民兵團[illegible] 縣政府劉宗源 城東聯中心校吳烈高 政治指導室晏深 賀禎祥

主席：劉宗源

紀錄：賀禎祥

討論及決議事項

1、大會名稱如何決定案

決議：為璧山縣各界三十二年端節勞軍及慰問征屬大會

2、大會組織及負責人選如何決定案

決議：分設四組 總務組 公推縣黨部 參議會 警察所負責擔任 徵集組 公推民教館擔任 遊藝組 公推川康社教工作隊公演劇 各校学生參加歌詠 慰勞組 公推政治指導室 青年團 縣政府 城中鎮公所負責擔任

三、慰勞工作如何辦理案

決議：駐縣所有各部隊由大会製贈錦幟一面（共九面）其款由縣優待金項下撥付 并酌配送粽子及慰勞信 由城中鎮中心校、新民校、文昌中學、學生每人征集二個或代金三元 中學生并各寫慰勞信一封 限端節日午前八時[illegible]表演遊藝慰勞駐軍及征屬

四、征屬如何[illegible]案

決議：城中鎮征屬由縣府[illegible]贈并由政治指導室製贈光榮証書各 鄉鎮征屬由縣府通令各鄉公所按照大會辦法辦理

散會

航空委员会特务旅第三团第四营第十三连关于请饬各保限期交拨配赋兵额并派乡丁协同到各保催收交验致临江乡公所的函（一九四三年六月七日）

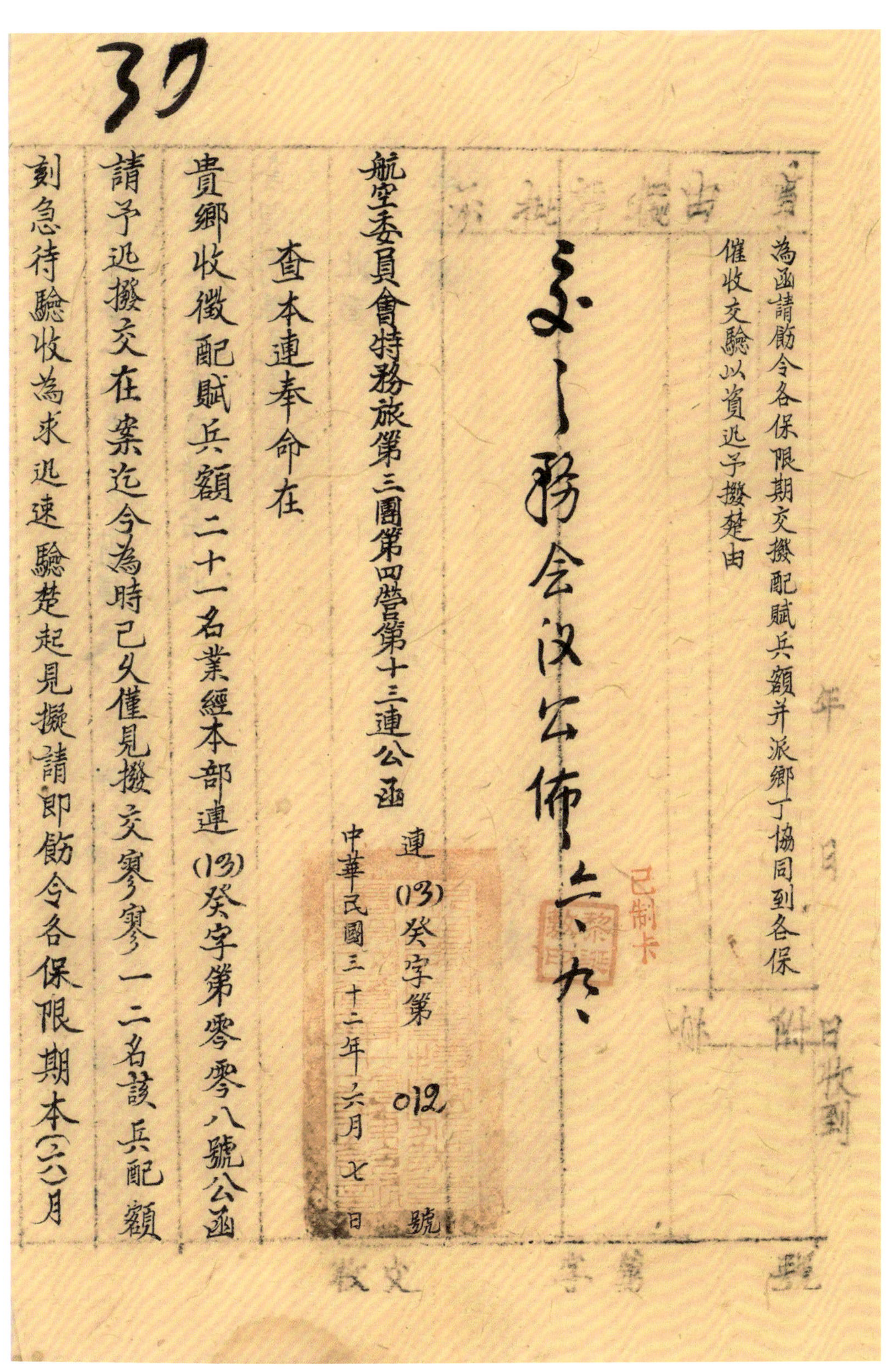

為函請飭令各保限期交撥配賦兵額并派鄉丁協同到各保催收交驗以資迅予撥楚由

航空委員會特務旅第三團第四營第十三連公函

連(13)癸字第012號

中華民國三十二年六月七日

查本連奉命在

貴鄉收徵配賦兵額二十一名業經本部連(13)癸字第零零八號公函

請予迅撥交在案迄今為時已久僅見撥交寥寥一二名該兵配額

刻急待驗收為求迅速驗楚起見擬請即飭令各保限期本(二八)月

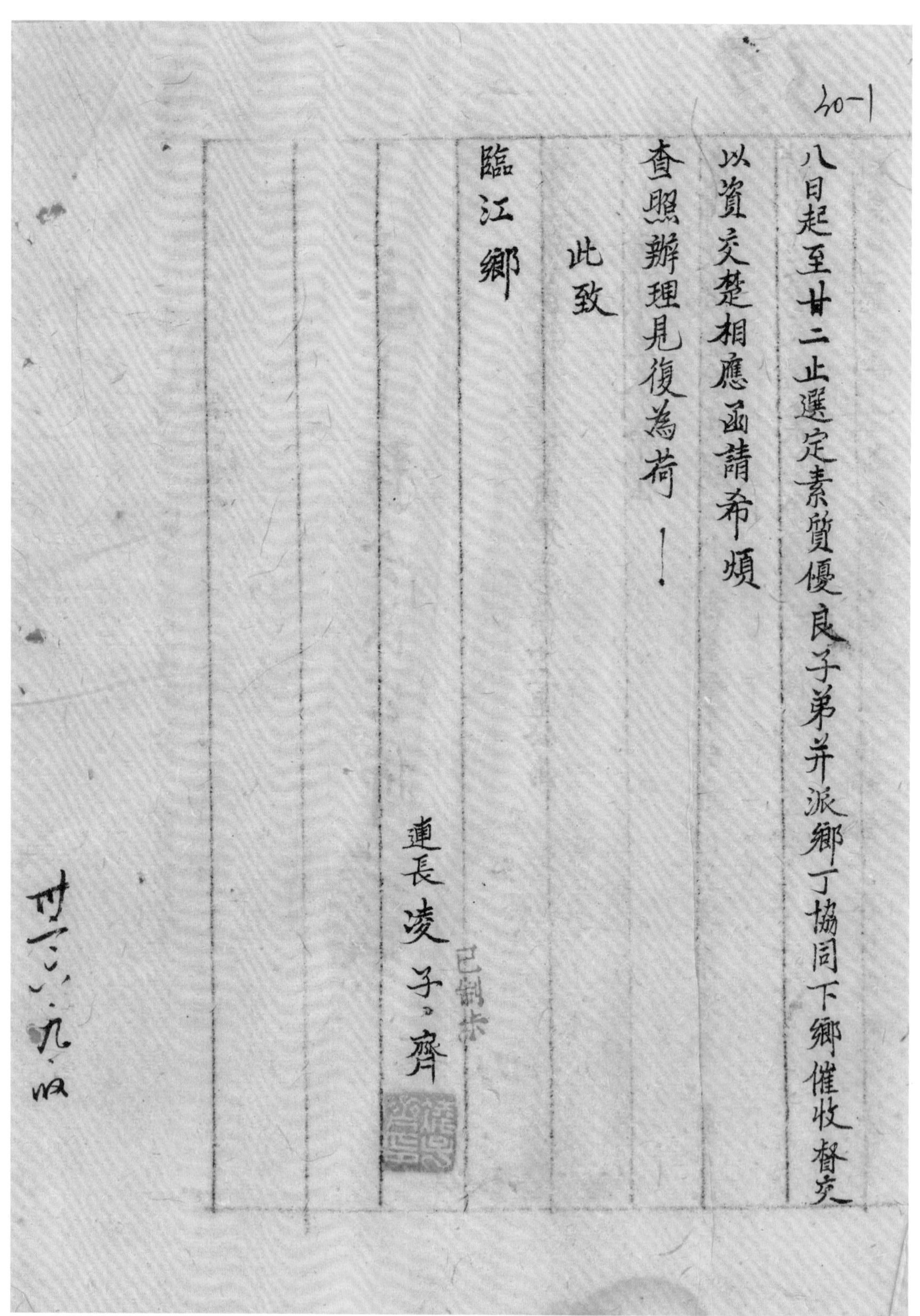
40-1
八日起至廿二止選定素質優良子弟并派鄉丁協同下鄉催收督交以資交楚相應函請希煩
查照辦理見復為荷！
此致
臨江鄉
連長 凌子齊
已劃示
卅一、八、九、收

永荣师管区司令部关于迅速交清一九四一年度尚欠壮丁及一九四三年度一、二两期壮丁征额致璧山县政府的快邮代电（一九四三年六月十九日）

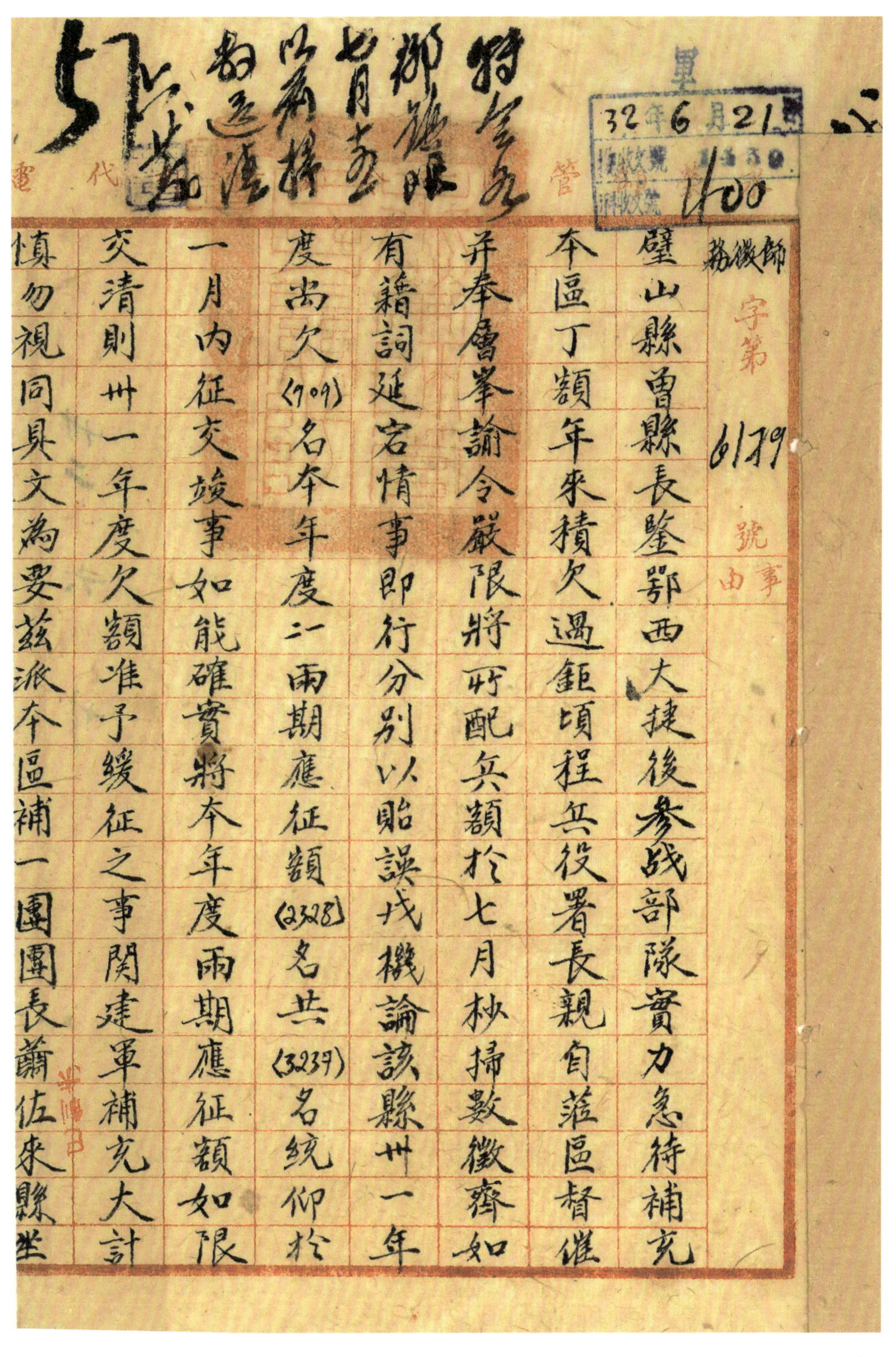
璧山縣曾縣長鑒：鄂西大捷後，参战部隊實力急待補充。本區丁額年来積欠過鉅，頃程兵役署長親蒞區督催，并奉層峯諭令，嚴限將所配兵額於七月杪掃數徵齊。如有藉詞延宕情事，即行分别以貽誤戎機論。該縣卅一年度尚欠（709）名，本年度二一兩期應征額（2528）名，共（3237）名，統仰於一月内征交竣事。如能確實將本年度兩期應征額如限交清，則卅一年度欠額准予緩征之事，関建軍補充大計，慎勿視同具文為要。茲派本區補一團團長蕭佐來縣坐

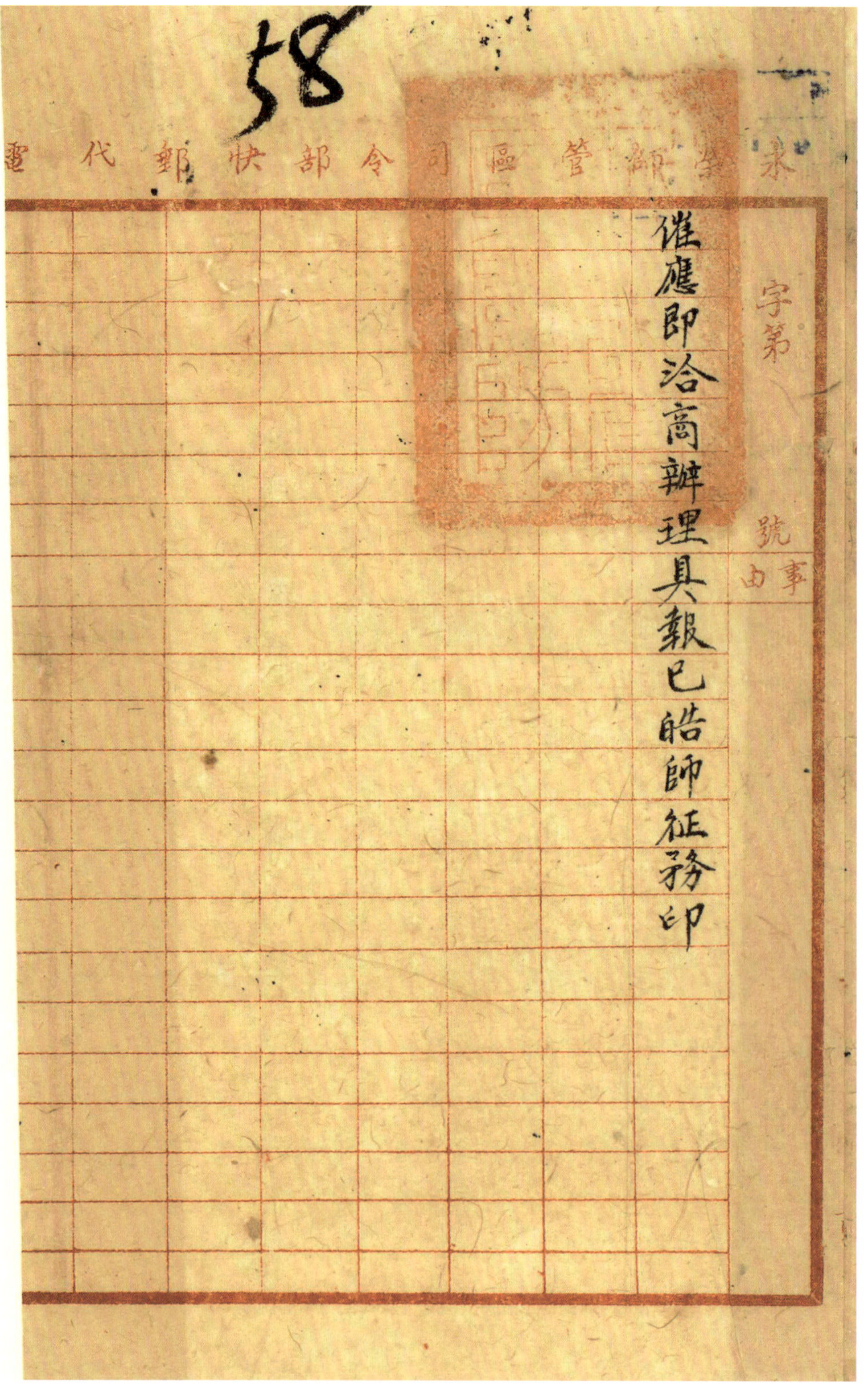
58

永宁师管区司令部快邮代电

字第　號

事由

准應即洽商辦理具報巳皓師征務印

璧山县定林乡优待委员分会职员名册（一九四三年十一月十日）

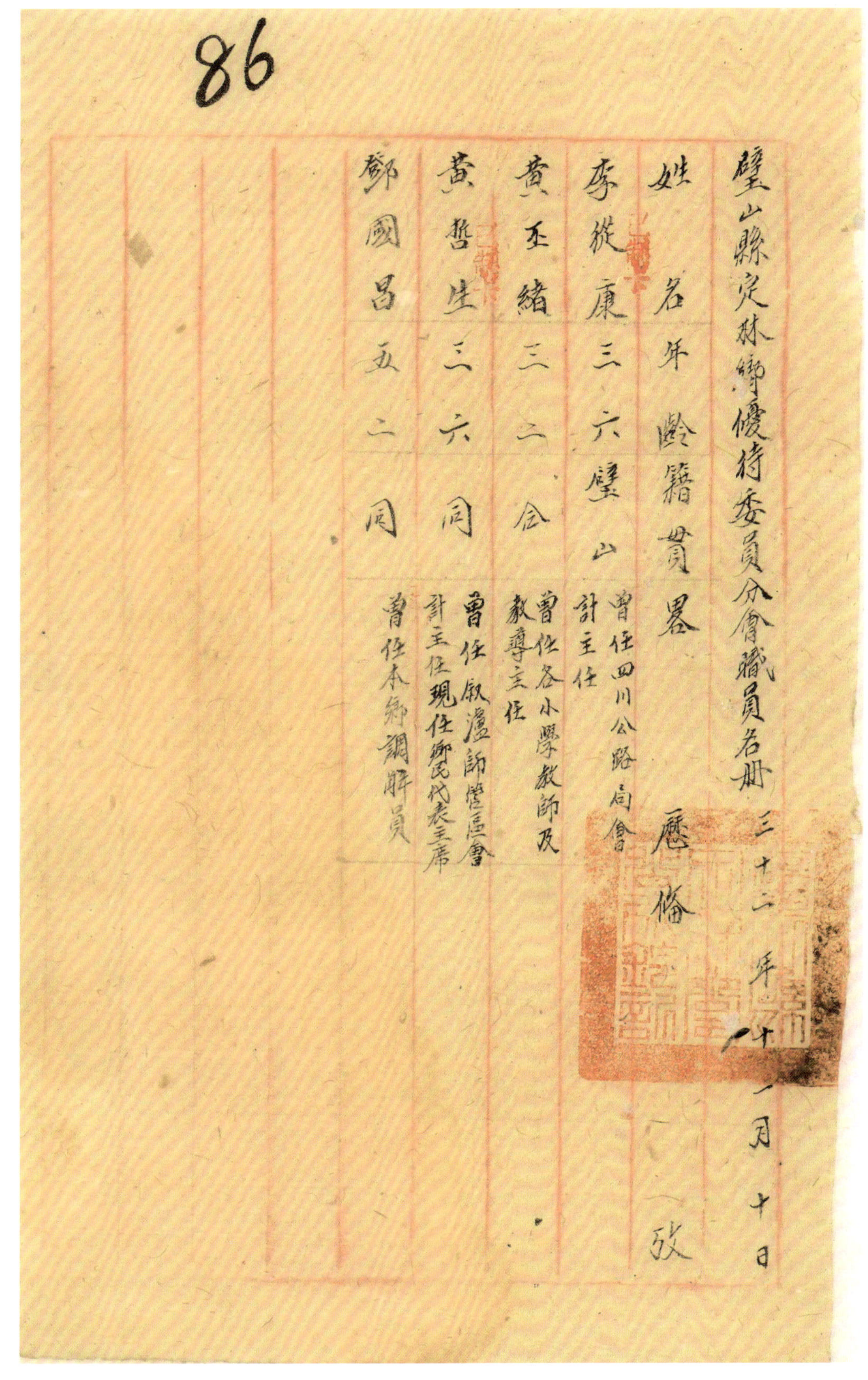

86

璧山縣定林鄉優待委員分會職員名冊 三十二年十一月十日

姓名	年齡	籍貫	畧歷	備攷
李從康	三六	璧山	曾任四川公路局會計主任	
黃丕緒	三二	仝	曾任各小學教師及教導主任	
黃哲生	三六	同	曾任敍瀘師管區會計主任現任鄉民代表主席	
鄧國昌	五二	同	曾任本鄉調解員	

璧山县河边乡优待委员分会职员名册（一九四三年十一月十一日）

璧山縣河邊鄉優待委員分會職員名冊　三十二年十一月十一日呈

姓名	年齡	籍貫	履歷	備考
胡聲之	六四	璧山	舊私修業曾任重慶市布業主席江北陳家廟聯保主任現任調委	
劉先誠	三六	同	川康團務講習所結業曾任本鄉大保長	
周赤文	三二	同	本縣中學結業曾任保長及小學教師等職	
陳林山	四四	同	舊制高小修業曾任甲長現任保長	
胡善繼	三六	同	中學結業曾任本鄉聯保辦現任保長	
賀特生	三八	同	中學卒業曾任本鄉教委現任鄉民代表主席	
吳成均	四四	同	高中結業曾任本鄉教委教師現任保民代表	

璧山县六塘乡乡公所关于改选优待委员会委员情况致璧山县政府的呈（一九四三年十一月二十五日）

璧山縣六塘鄉鄉公所　呈　軍優

民國三十二年十一月二十五

為選出胡少康等為優待委員請予鑒核發委以專責成由

查職鄉優待委員會去歲選出之優待委員有因事他往者亦有不專責成者有鑒於此乃於本月十八日召開鄉務會議議決每保選優待委員一名以負考核出征軍人之實情及發放優待之責任結果選得胡少康彭德章等八名查該員等心術公正甚任斯職理合造具簡歷表具文一併呈送

鈞府請予鑒核加委以專責成示遵

謹呈

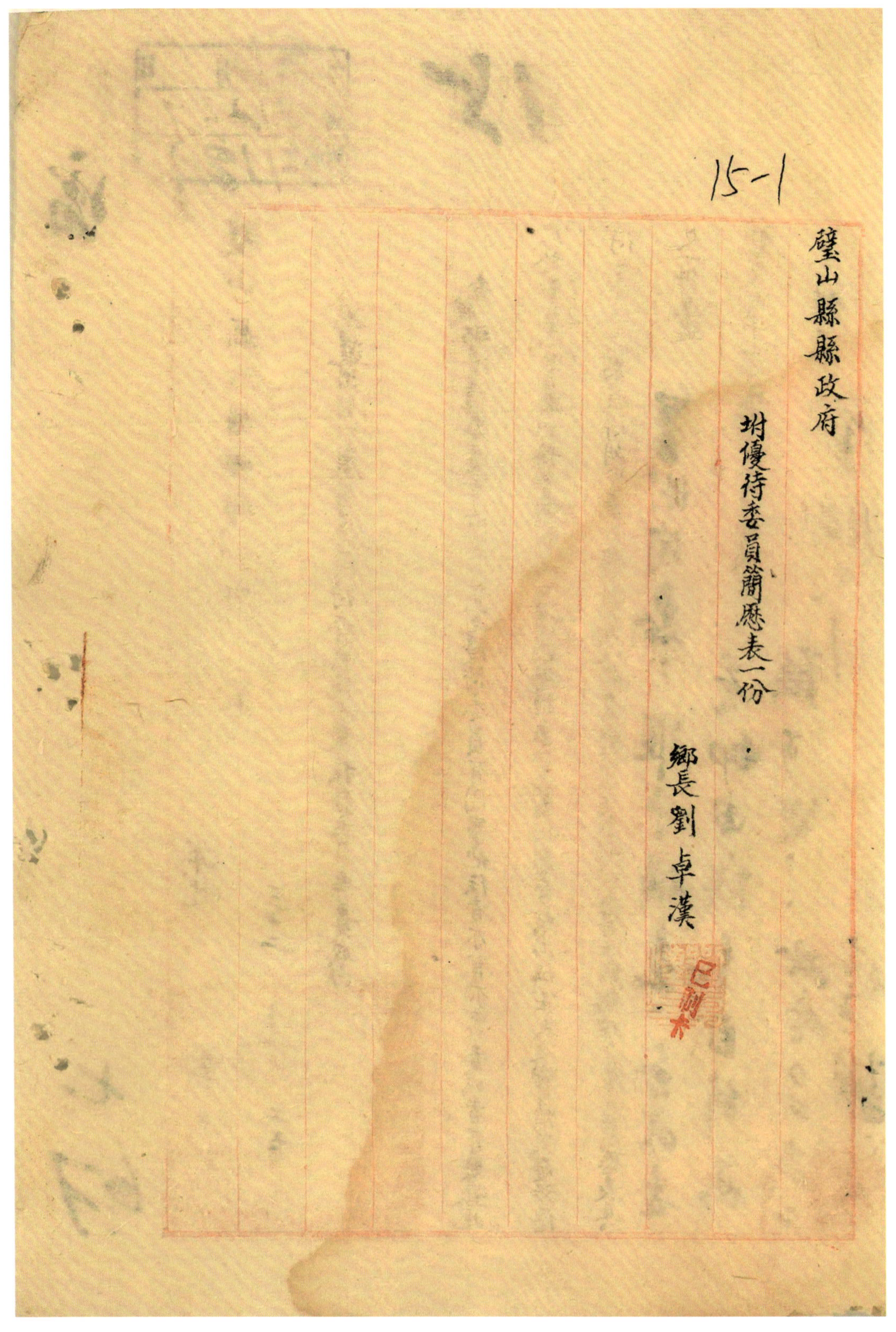
15-1

璧山縣縣政府

坿優待委員簡歷表一份

鄉長劉卓漢

附：璧山县六塘乡优待委员简历表

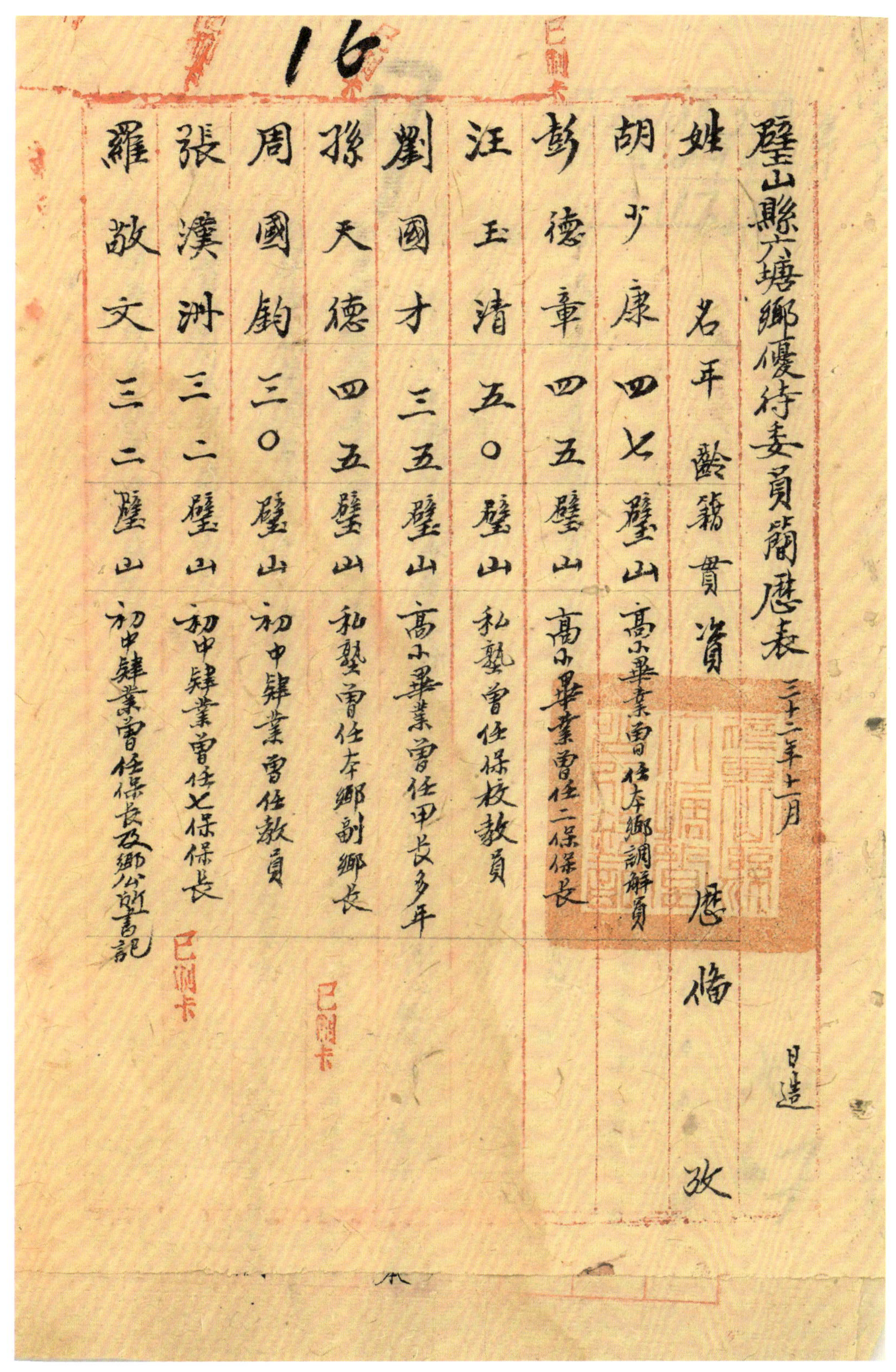

16

璧山縣六塘鄉優待委員簡歷表

三十二年十一月　日造

姓名	年齡	籍貫	資歷	備攷
胡少康	四七	璧山	高小畢業曾任本鄉調解員	
彭德章	四五	璧山	高小畢業曾任二保保長	
汪玉清	五〇	璧山	私塾曾任保校教員	
劉國才	三五	璧山	高小畢業曾任甲長多年	
孫天德	四五	璧山	私塾曾任本鄉副鄉長	
周國鈞	三〇	璧山	初中肄業曾任教員	
張漢洲	三二	璧山	初中肄業曾任七保保長	
羅敬文	三二	璧山	初中肄業曾任保長及鄉公所書記	

已制卡

璧山县青木乡乡公所关于请求减发优待谷致璧山县政府的呈（一九四三年十二月三日）

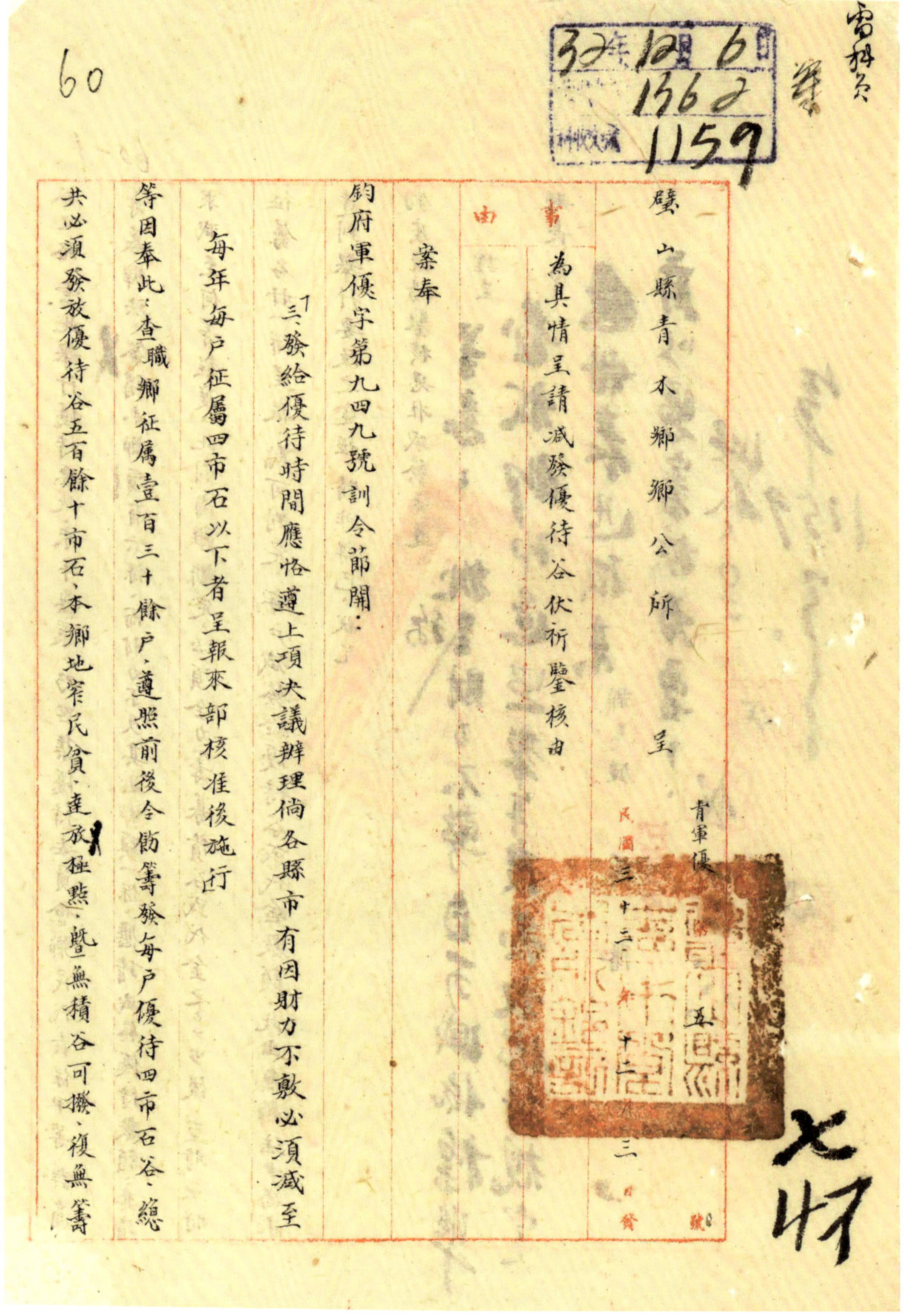

60

32年12月6日
1362
1159

璧山縣青木鄉鄉公所 呈 青軍優字第五號

民國三十二年十二月三日發

事由：為具情呈請減發優待谷伏祈鑒核由

案奉

鈞府軍優字第九四九號訓令節開：

「三、發給優待時間應恪遵上項決議辦理，倘各縣市有因財力不敷必須減至每年每戶征屬四市石以下者，呈報來部核准後施行」

等因奉此，查職鄉征屬壹百三十餘戶，遵照前後令飭籌發每戶優待四市石谷，總共必須發放優待谷五百餘十市石，本鄉地窄民貧，達於極點，既無積谷可撥，復無籌

60-1

谷之路，當此舉行優待要政束手無策，乃召集優待委員會鄉民代表保甲等，詳商

籌募辦法，僉謂本鄉須有六保，而財力不及其他鄉鎮一保，應請減發優待數額，其請

求減至何等程度，此刻尚難斷定，必須全力籌募積谷或代金之多少後，至時亟將

征屬名册一併呈報，斯可判定，每户減發給優待谷或代金數額，此出無辦法中而求

達到舉行要政之途徑，情非得已，伏乞

鈞座俯賜鑒核，恩准減發示遵

謹呈

縣長曾

鄉長鍾莫階

呈悉。批該鄉財力不敷，自可減低標準。並仰即遵照本年度抗役優待規定造册表迅報來府以憑審核為要！

此令

〇二 代十二、八

第1159号

璧山县临江乡乡公所关于成立优待委员会致璧山县政府的呈（一九四三年十二月三日）

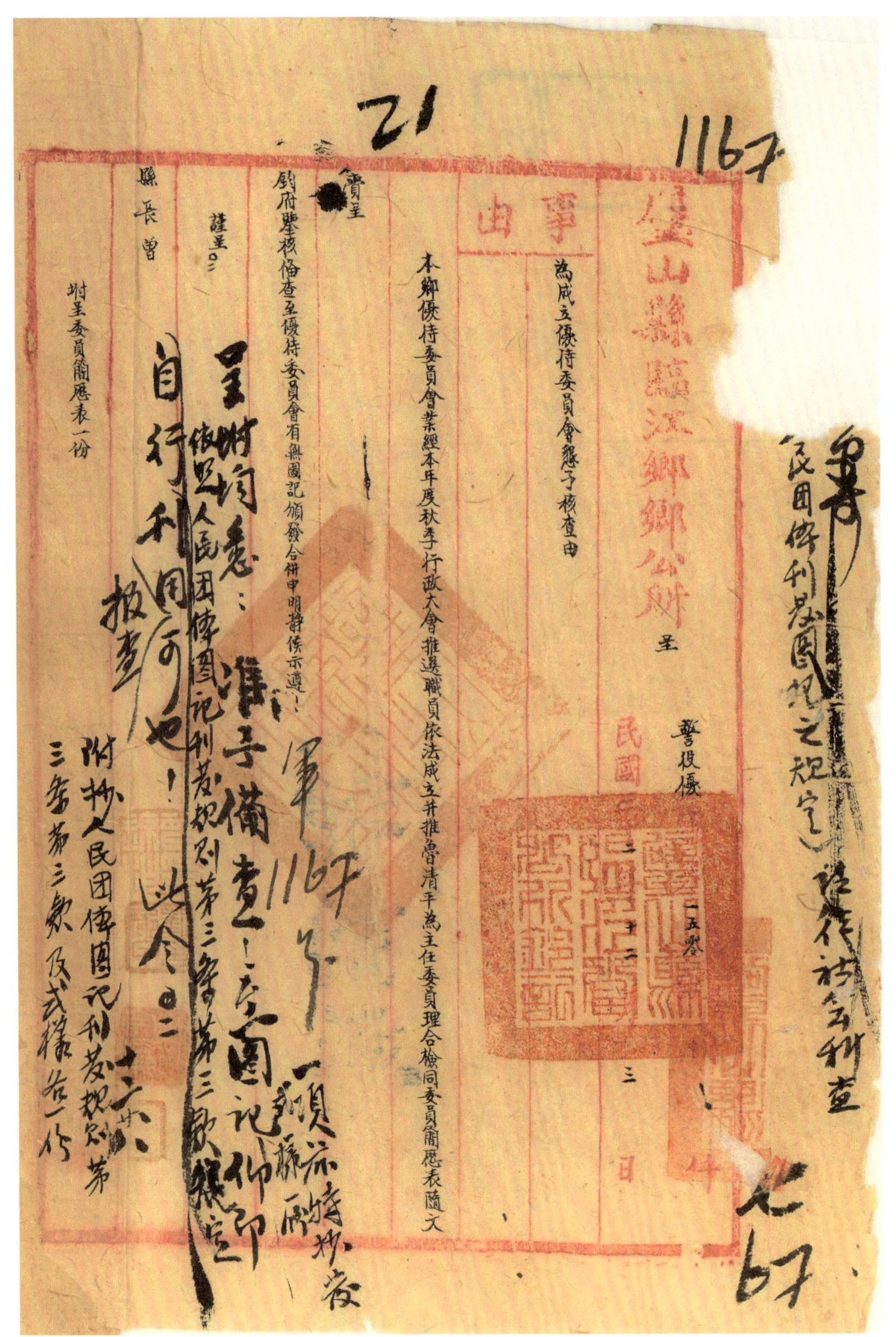

璧山縣臨江鄉鄉公所 呈

事由：為成立優待委員會懇予核查由

本鄉優待委員會業經本年度秋季行政大會推選職員依法成立并推魯清平為主任委員理合檢同委員簡歷表隨文賫呈

鈞府鑒核俯查至優待委員會有無圖記頒發合併申明靜候示遵！！

謹呈

縣長曾

附呈委員簡歷表一份

民國 年 十二 月 三 日

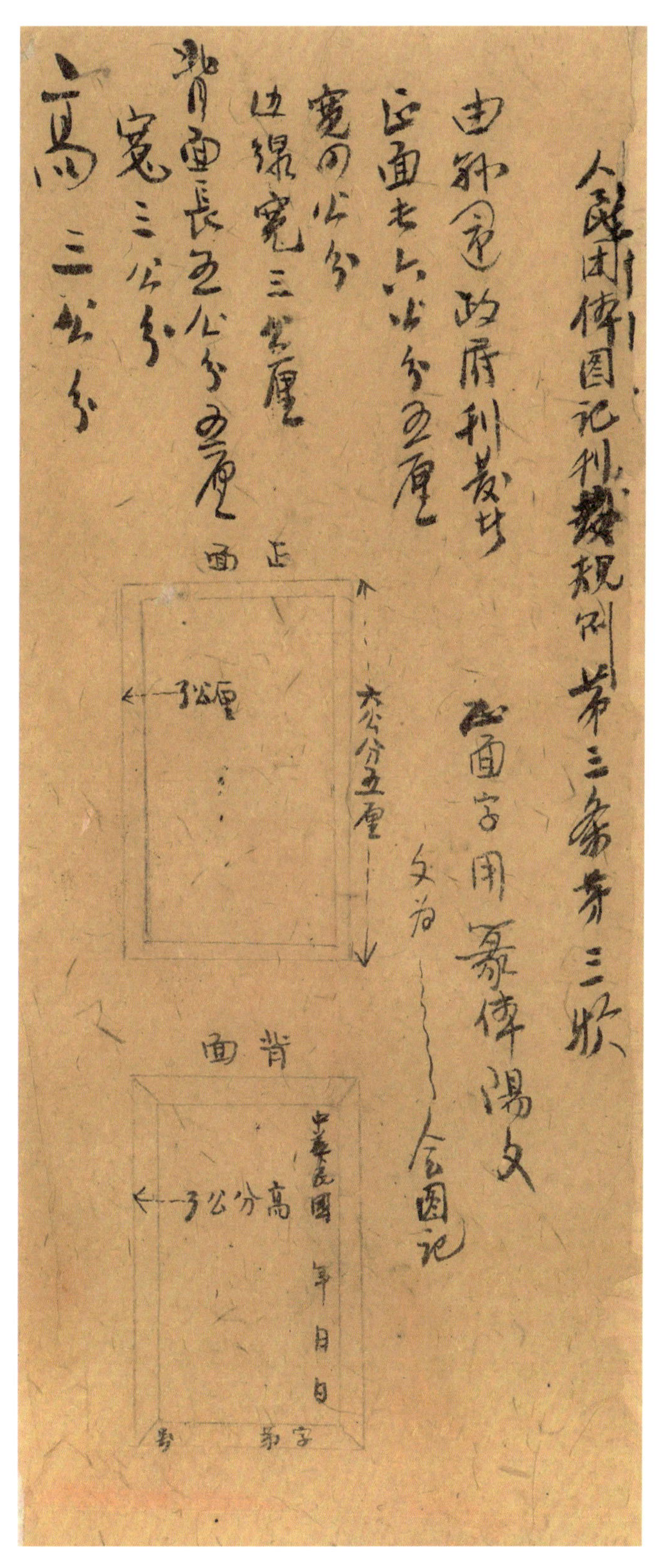

人民团体图记刊发规则第三条第三版
正面字用篆体阳文
由县区政府刊发之
正面长六公分五厘
宽四公分
边缘宽三公厘
背面长五公分五厘
宽三公分
高三公分
正面
背面
中华民国 年 月 日

附：璧山县临江乡优待委员会委员简历表

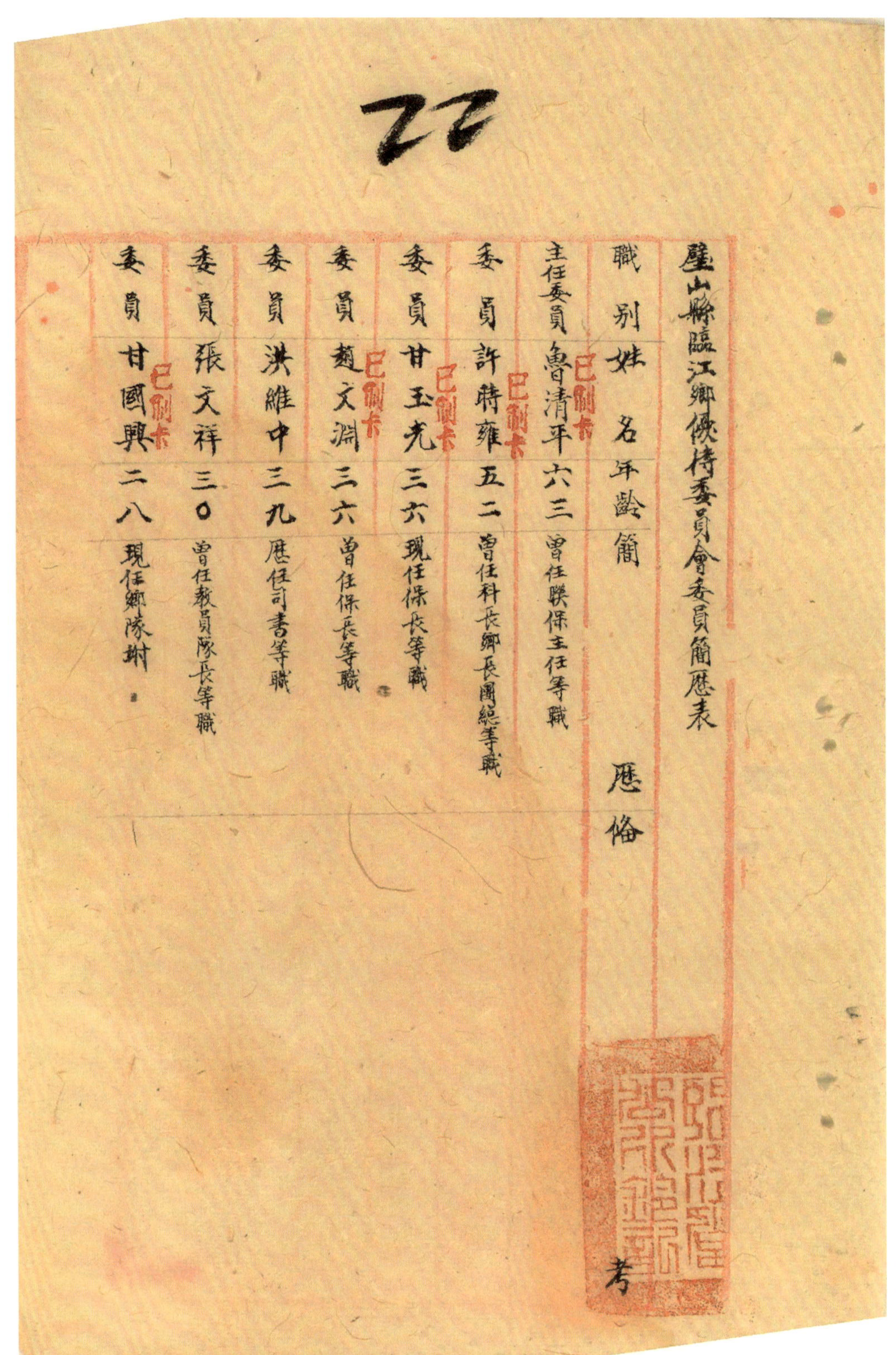

22

璧山縣臨江鄉優待委員會委員簡歷表

職別	姓名	年齡	簡歷	備考
主任委員	魯清平	六三	曾任聯保主任等職	
委員	許特雍	五二	曾任科長鄉長團總等職	
委員	甘玉光	三六	現任保長等職	
委員	趙文淵	三六	曾任保長等職	
委員	洪維中	三九	歷任司書等職	
委員	張文祥	三〇	曾任教員隊長等職	
委員	甘國興	二八	現任鄉隊附	

璧山县政府关于筹组一九四四年元旦慰劳驻军劝募委员会致临江乡公所的代电（一九四三年十二月六日）

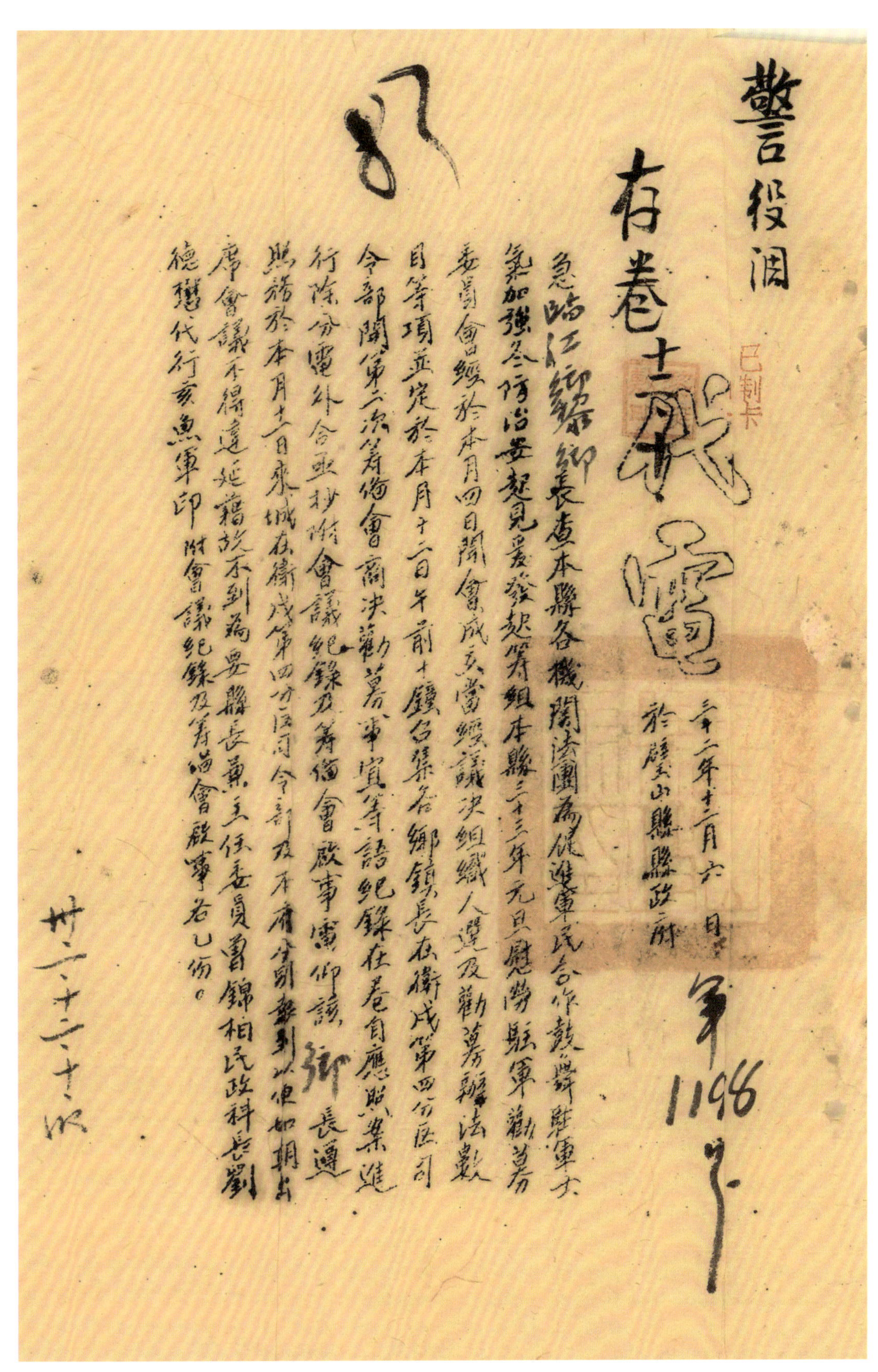

警役調

存卷　十二

代電

年十二月六日於璧山縣縣政府

第1198號

急。臨江鄉鄉長：查本縣各機關法團為促進軍民合作，鼓舞駐軍士氣，加強各防治安起見，爰發起籌組本縣三十三年元旦慰勞駐軍勸募委員會，經於本月四日開會成立，當經議決組織人選及勸募辦法數目等項，並定於本月十二日午前十鐘召集各鄉鎮長、衛戍第四分區司令部開第二次籌備會，商決勸募事宜，等語紀錄在卷，自應照案進行。除分電外，合亟抄附會議紀錄及籌備會啟事，電仰該鄉長遵照，務於本月十二日來城，在衛戍第四分區司令部及本府分別報到，以便如期出席會議，不得違延藉詞不到為要。縣長黃、主任委員曾錦柏、民政科長劉德懋代行。亥魚軍印。附會議紀錄及籌備會啟事各乙份。

卅二、十二、十收

附：鞋袜劳军会议记录

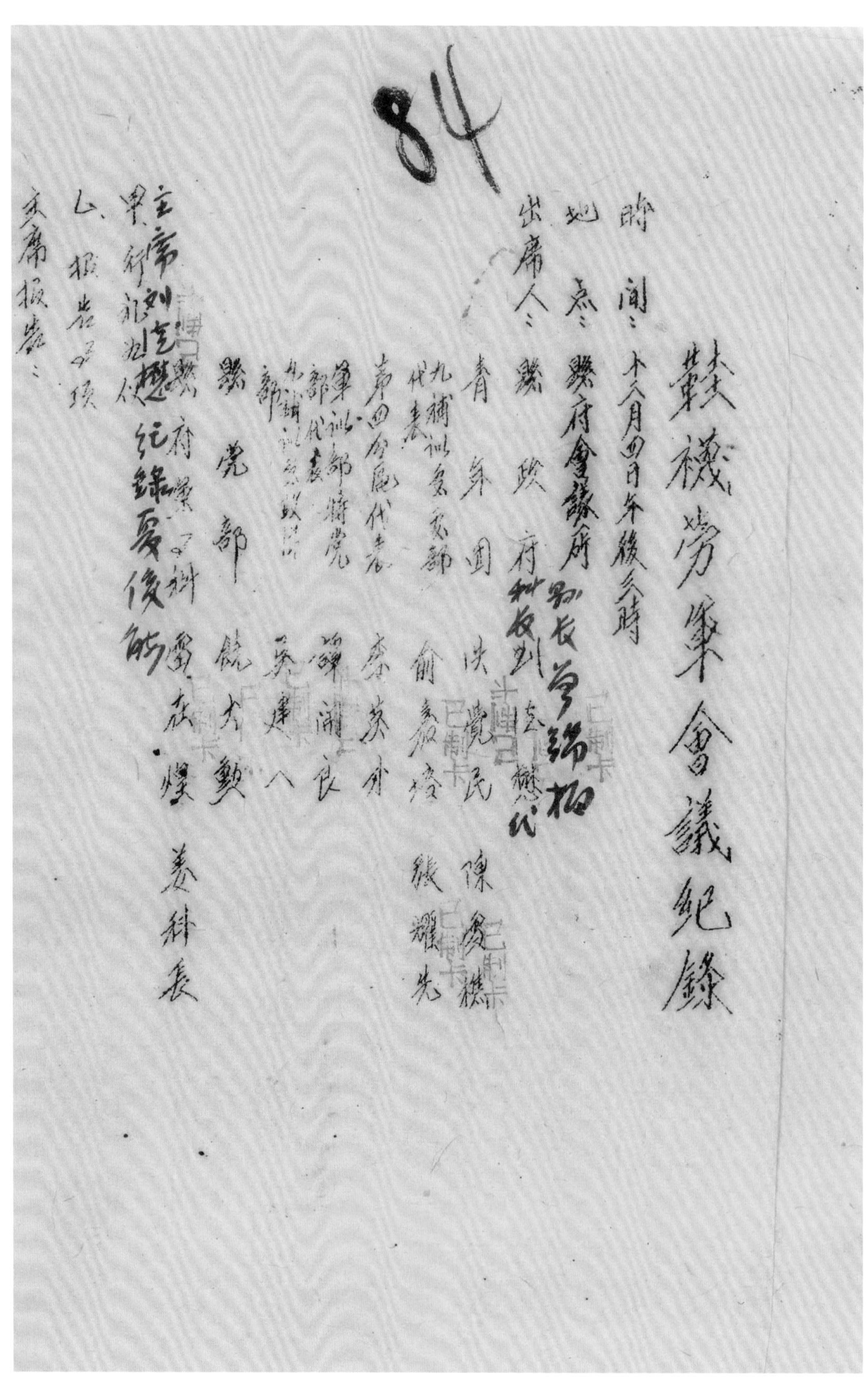

鞋襪勞軍會議紀錄

時　間：十八月四日午後三時

地　點：縣府會議所

出席人：縣政府 縣長曾錦柏 秘書長劉玄懋代

青年團 陳覺民 陳愛樵

九補訓處兵部代表 俞叔懷 張耀先

第四分區代表 李蔡卿

軍訓部代表 縣黨部 譚潤良

九補訓處政治部 吳建八

縣黨部 饒大勲

縣府業務科 劉在煤 姜科長

主席：劉玄懋　紀錄：夏俊能

甲、行禮如儀

乙、報告事項

丙、主席報告：

一、召集各机关首长商筹备鞋袜劳军会议之原因

二、全国慰劳总会发动鞋袜劳军之意义

三、地方人士及各机关法团首长会同发动劝募鞋袜慰劳本部驻军之经过情形

姜科长报告：

奉钧准党团公函办理鞋袜劳军捐募成绩之情形

陈参议长报告：

八日省会四分区司令部商劝募鞋袜慰劳本部驻军之经过情形

九、请党部劝募鞋袜劳军后即应联络其他一切劳军工作募集之意义

阮秘书报告：

钧部准党团公函办理鞋袜劳军募款收以有征集应时名义改为劝募鞋袜慰劳本部驻军之意义

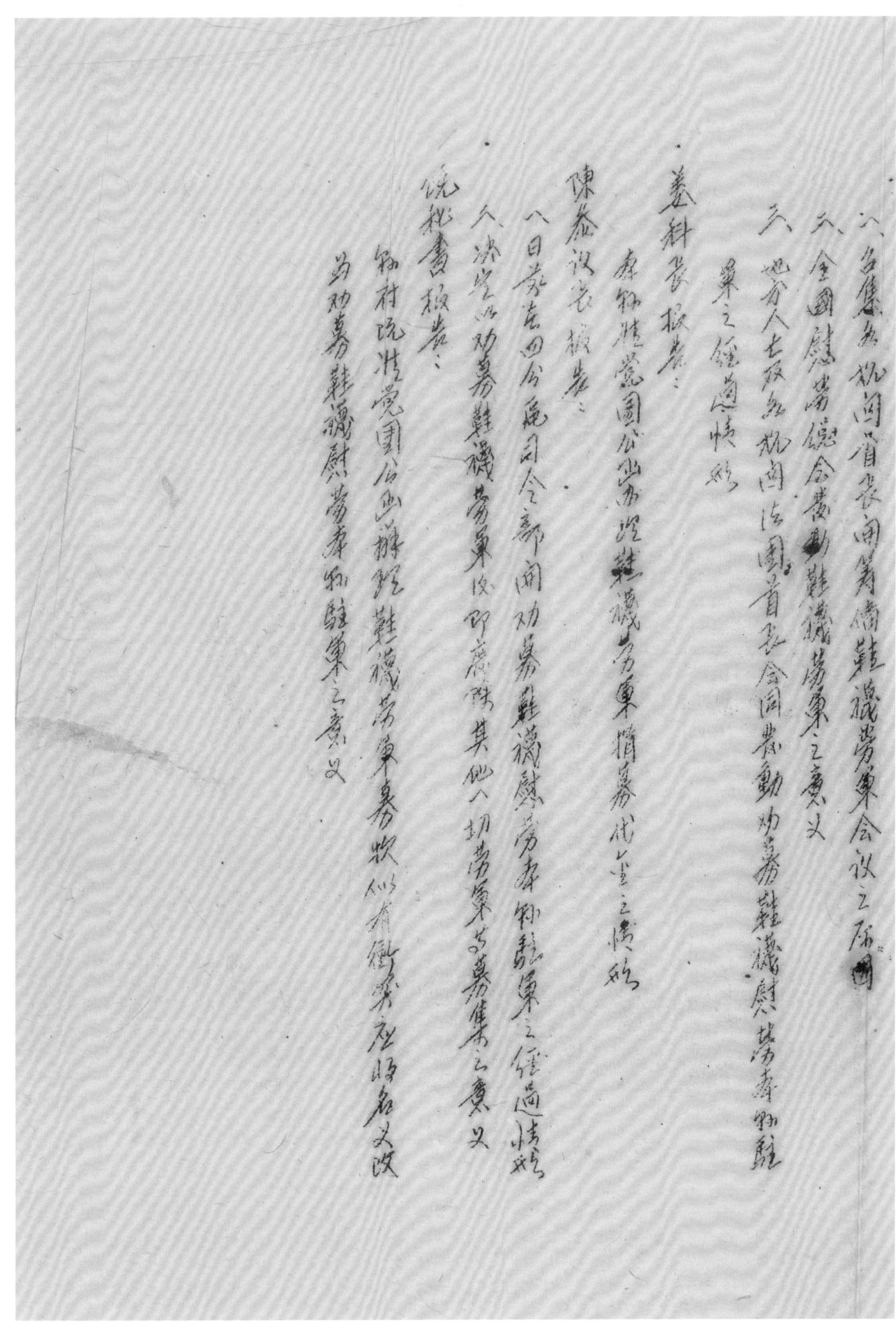

丙、讨论事项：

一、主席提议 本会名称应如何决定案

决议 本会定名为璧山县各界卅三年元旦慰劳驻军劝募委员会

二、主席提议 本会应如何组织及推选人选案

决议 本会以驻在地之各机关法团首长及乡镇长为委员并推县长为主任委员并推军训部战炮总队九补训处各特党部县参议会县党部青年团四分团会部渝北日报社田粮处工商会教育会会院慰劳抗战将士委员会稽查所等负责人为常务委员下设总务劝募宣传三组总务组由县政府担任劝募组由县参议会担任宣传组由党团渝北日报社及军训部战炮总队九补训处等各特别党部担任

三、主席提议 劝募办法应如何决定案

決議

一、以家庭功募草鞋為主（不收代金）鞋式長短大小

如樹式說明

二、額定數目為陸仟雙

三、功募以家庭所屬保甲為原則，不敷之數由功募保募分并由九補訓處令催各鄉鎮長會設予以催信

召集期間定為本年月十二日

四、功募草鞋務限于本年月（十二月）底前照數收繳

待集之後由庫收條據功募數目表另案

五、製印獎狀隨文轉各鄉鎮（鄉）以資鼓勵

應否製發收據另案

六、主席提議

決議　社分別製發收據，用備查改長短大小樣約情形決

定之（樣式另附）

七、閉會

璧山县大兴乡优待委员会职员履历表（一九四三年十二月十三日）

璧山縣大興鄉優待委員會職員履歷表

職別	姓名	年齡	籍貫	住址	履歷	備攷
主任委員	馮慶雲	三三	本	一保	曾任本鄉長暨征收處當任副主任	
保管委員	趙銀賢	三七	仝	四保	曾任本鄉保長隊附	
	尹伯樺	四四	仝	十一保	曾任本鄉保長	
會計	孫宗堯	二七	仝	一保	曾任本鄉中心校長	
	曾奇仁	二八	仝	仝	曾任本鄉户籍幹事	
監察	王均樑	四六	仝	仝	曾任本鄉長	
	張少岩	五四	仝	十保	曾任本鄉团總	
委員	張吉亭	四八	仝	七保	仝右	

三十二年十二月十三日製

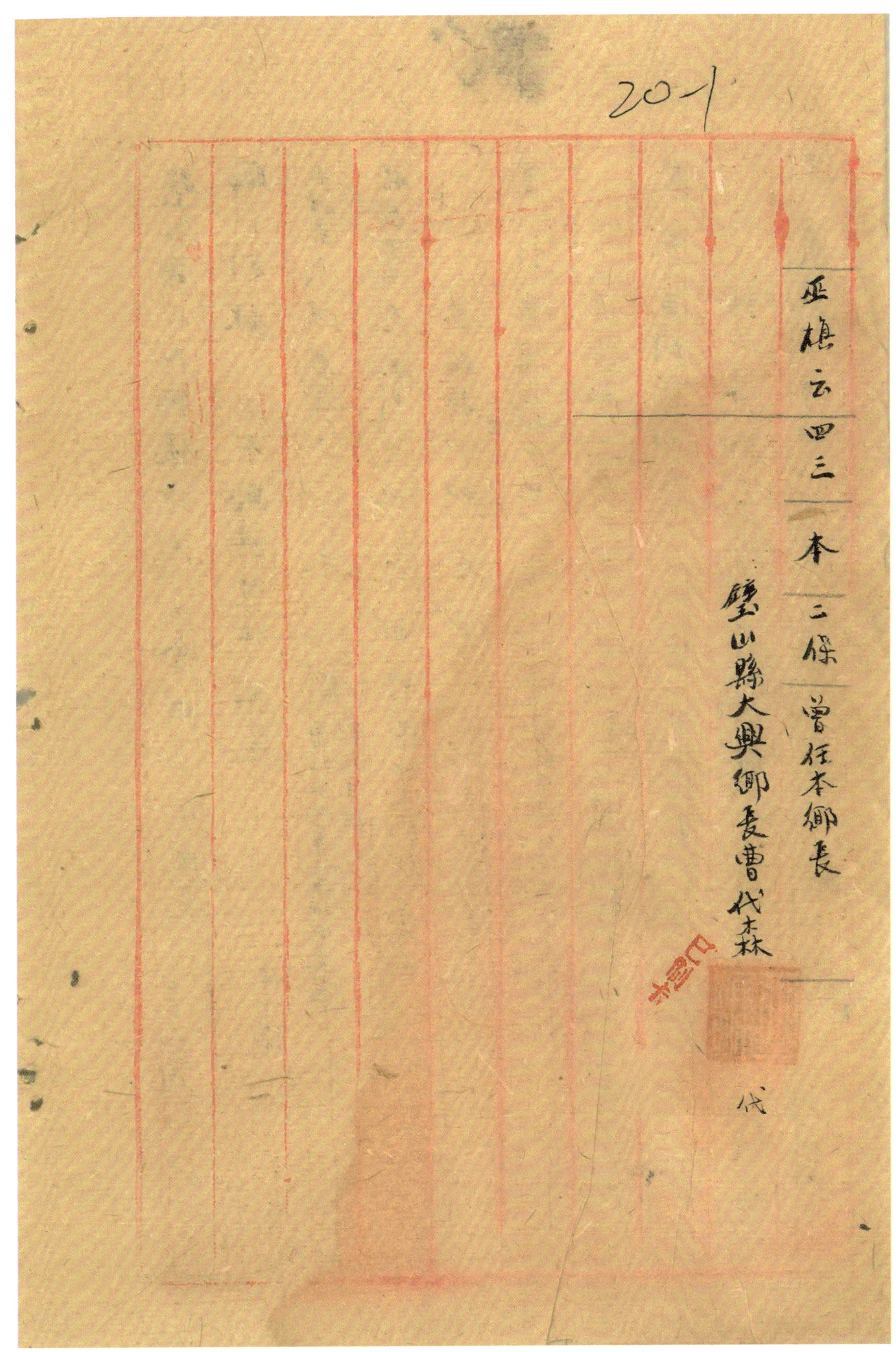
20-1

巫雄云　四三　本　二保　曾任本鄉長

璧山縣大興鄉長曹代森　代

陆军暂编第五十七师第二团关于熊金发被强拉壮丁请予家属办理善后事宜致璧山县政府的函

（一九四三年十二月二十日）

58

令青木关切实办具报

32年12月28日 總收文號 7513 科收文號 1413

事由：為本團列兵熊金發一名，被 貴縣青木關第五保強拉壯丁頂替，請予該兵家屬以善後辦法，而使該兵安心行伍。

附：錄該兵口稱被拉詳情一份

陸軍暫編第五十七師第二團 函 民國三十二年十二月二十日

逕啓者：據本團輸送連列兵熊金發報告，伊原係銅梁縣複興場人，既無兄弟，複鮮叔伯，而椿萱凋邁，子稚妻微，加以產業貧寒，舉家五口，專賴為生。即按兵役條例，尚應從緩，不圖 貴縣青木關辦山主人黃金華（即第一保長），串謀第五保羅保長，繩綑索綁，硬行強拉，以補該保壯丁之缺。本人忝為士兵長官，凡部下有所冤鬱，理應代申，抑夫如是而後始可使該兵安心行伍，茲據該兵口稱（如另紙）被拉詳情，相應函達，即希

已制卡

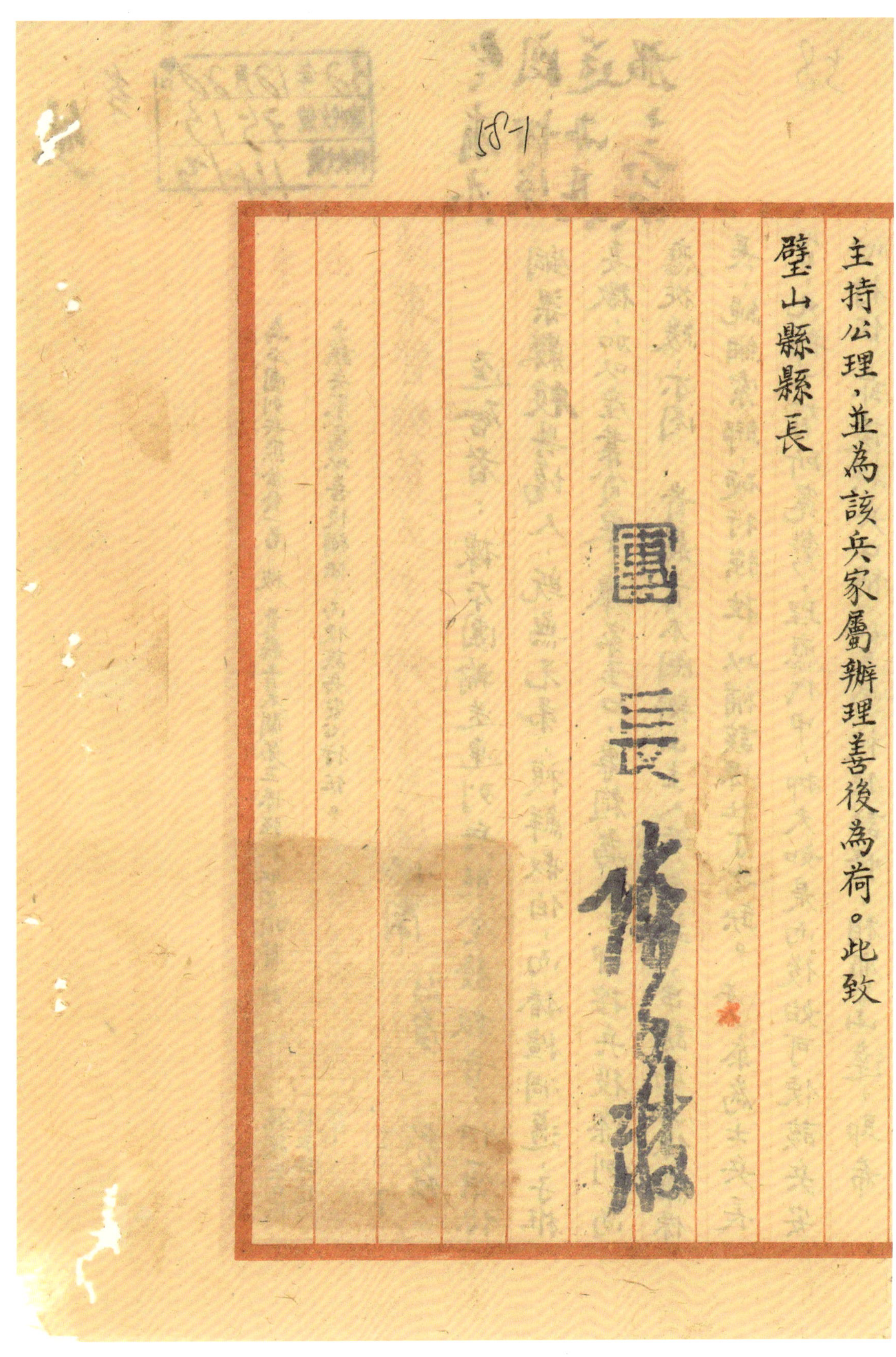

主持公理，並為該兵家屬辦理善後為荷。此致

璧山縣縣長

團長 [illegible]

附：熊金发口述

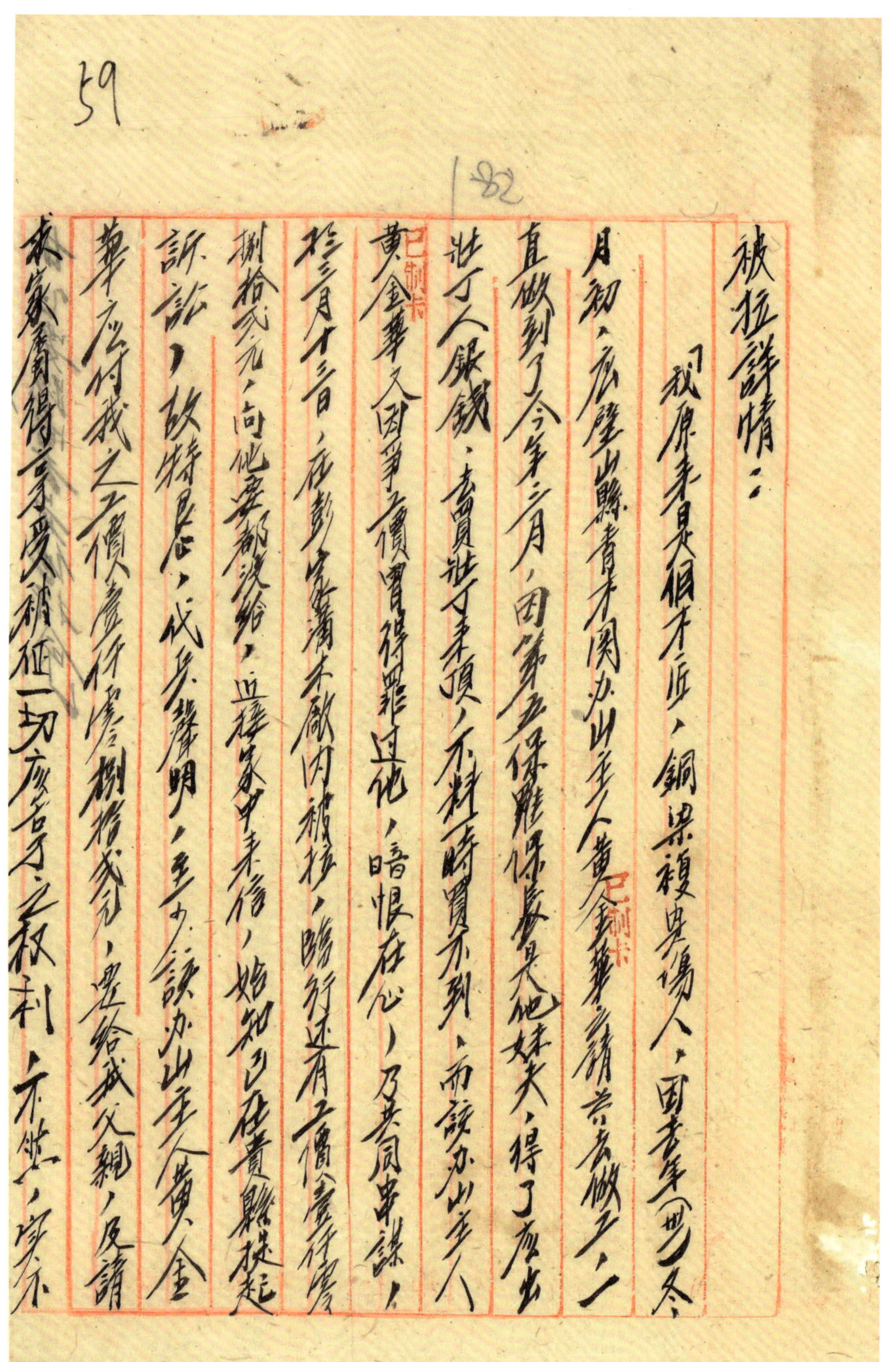

被拉詳情：

「我原来是個木匠，銅梁複興場人，因去年（卅一）冬月初，应璧山縣青木関办山主人黃金華之請去做工，一直做到了今年二月，因第五保羅保長是他妹夫，得了应出壯丁人銀錢，未買壯丁来頂，不料一時買不到，而該办山主人黃金華又因爭工價得罪過他，暗恨在心，及其同串謀，於三月十三日，在彭家灣木廠内被拉，臨行还有工價壹仟零捌拾貳元，向他要都没給，並接家中来信，始知已在貴縣提起訴訟，故特具呈，代為聲明，並以該办山主人黃金華应付我之工價壹仟零捌拾貳元，要給我父親，及請求家屬得享受被征一切应當享之權利，亦不然，字不

已制卡

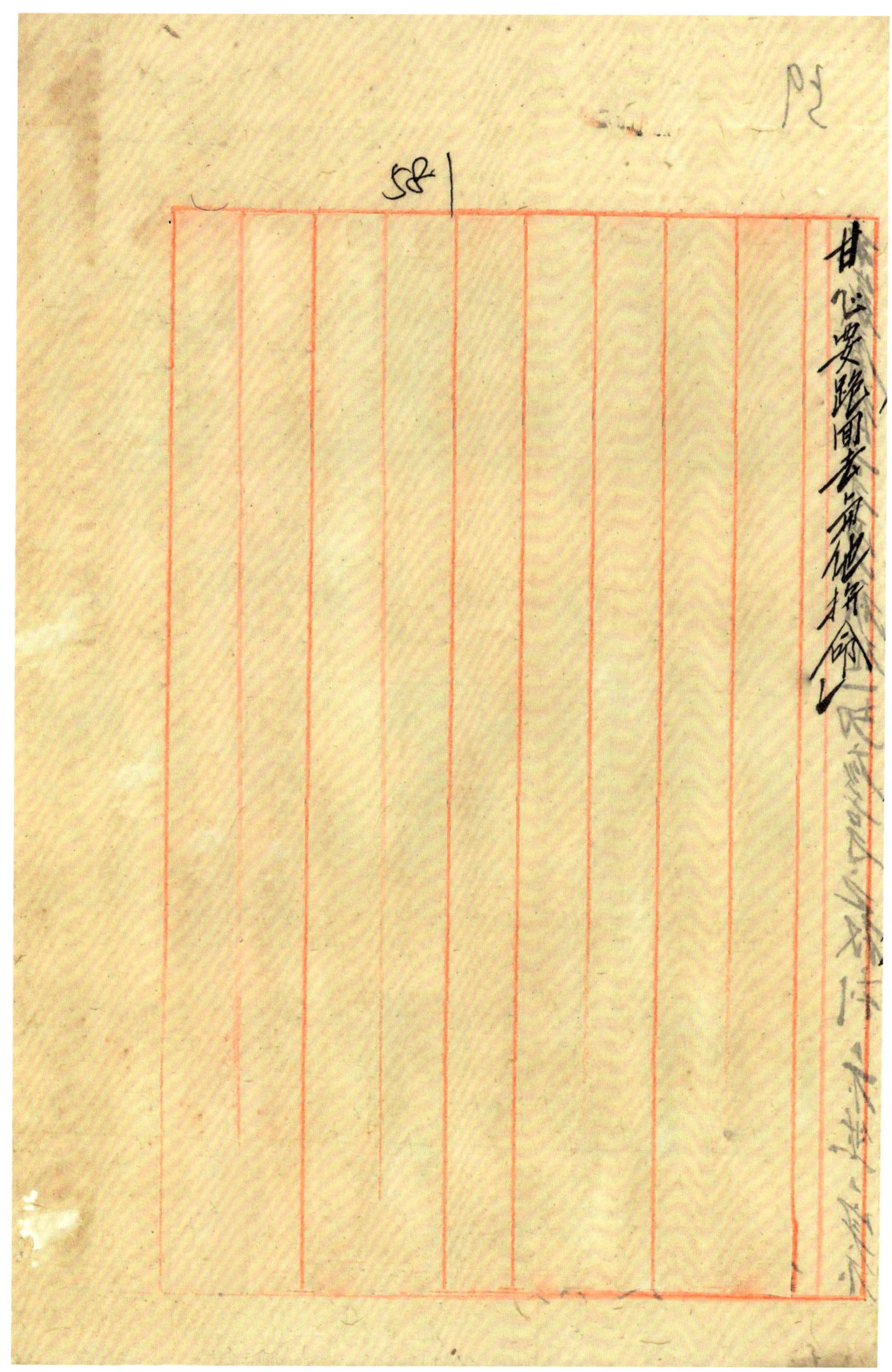

58

甘心要跑回去爲他拚命」

璧山县福禄乡乡公所关于乡务会议有关年关征属救济发放决议致璧山县政府的呈（一九四四年一月）

璧山縣福祿鄉鄉公所呈　優待

爲遵議籌發年關征屬救濟金及抄呈會議錄仰祈鑒核示遵由

三十三年元月三日

竊本鄉本年年關在邇，各戶出征家屬須當發放優待用着救濟以渡年關，設以積谷發濟，時間不及，不逞措施，爰於本月十五日請得各鄉民代表、兵役協會委員暨各保長開會討論，紀錄在案。除照規定不應領之出征家屬不發外，實有應領出征家屬三百另六名，每名經會議決議臨時籌發法幣伍百元正，共該法幣一十五萬三千元正，刻已遵議籌辦。爲此備文抄附紀錄一份，賫呈

鈞座鑒核備查示遵！

151

謹呈

縣長曾

附抄呈會議紀錄一份

福祿鄉鄉長李克儉

軍柳號

呈附均悉。既經該鄉務會議決定姑准減低標準為五百元，惟發放手續仍應遵照本府軍優字第257號訓令規定辦理，并應將經費來源及籌集辦法先行报核為要！

此令。

二二

二卅

附：会议记录

中華民國三十三年一月十五日為召開年關救濟大会紀錄

時間：午前八鍾

地點：鄉公所

主席：李克俊

紀錄：吳哲祿

出席人：鄉民代表　王鳳昌　李士英　李樹煊　曾瓊玉　陳輕軒

封榮興　鄧克昌　周洪昌　胡維華　楊旺鄉

余東山　余錦春　唐伯良　王勳斯　鄧英奇

兵役協会委員　胡宗懋　李維陽　李樹煊　徐在中　吳曉初

王鎮林　周炳太　王靜軒　陳世熙　鄧東華

各保保長　胡克忠　李毅修

胡洪云　胡紹全　徐志傑　余燮陽　王煥安

余永林　唐漢臣　鄧字修　利仲華　周毓俊

甲：報告事項：

今天召集各代表各委員各保長蒞臨本所並開商討別樣事件因本年年關在邇各户出征家屬年令孝給優待救濟以度年關此項優待積谷方面因時间不及不能筹派收入請各代表討論如何筹給案。

乙、討論事項：

王鄉民代表主席鳳昌提議據李主席先儀提議本年出征家屬優待積谷不能收入當不成功發給以度年關所暫為每姓發給布洋叁百元正用作救濟是否適當請各代表再行討論案。

決議：兵役協會委員李樹煊提議據王主席提議出征家屬每名月暫為發給布洋叁百元正以作優待當甚適當但現百物昂貴生活高漲每名月再加貳百元正共伍百元正發給但希各保長須逐照規定切實清查當頒優待者則發給不當頒者則停發全停

通過。

散會：午前十二時

紀錄 龔[illegible]

永荣师管区一九四四年度全区临时兵役会议记录（一九四四年四月二十三日）

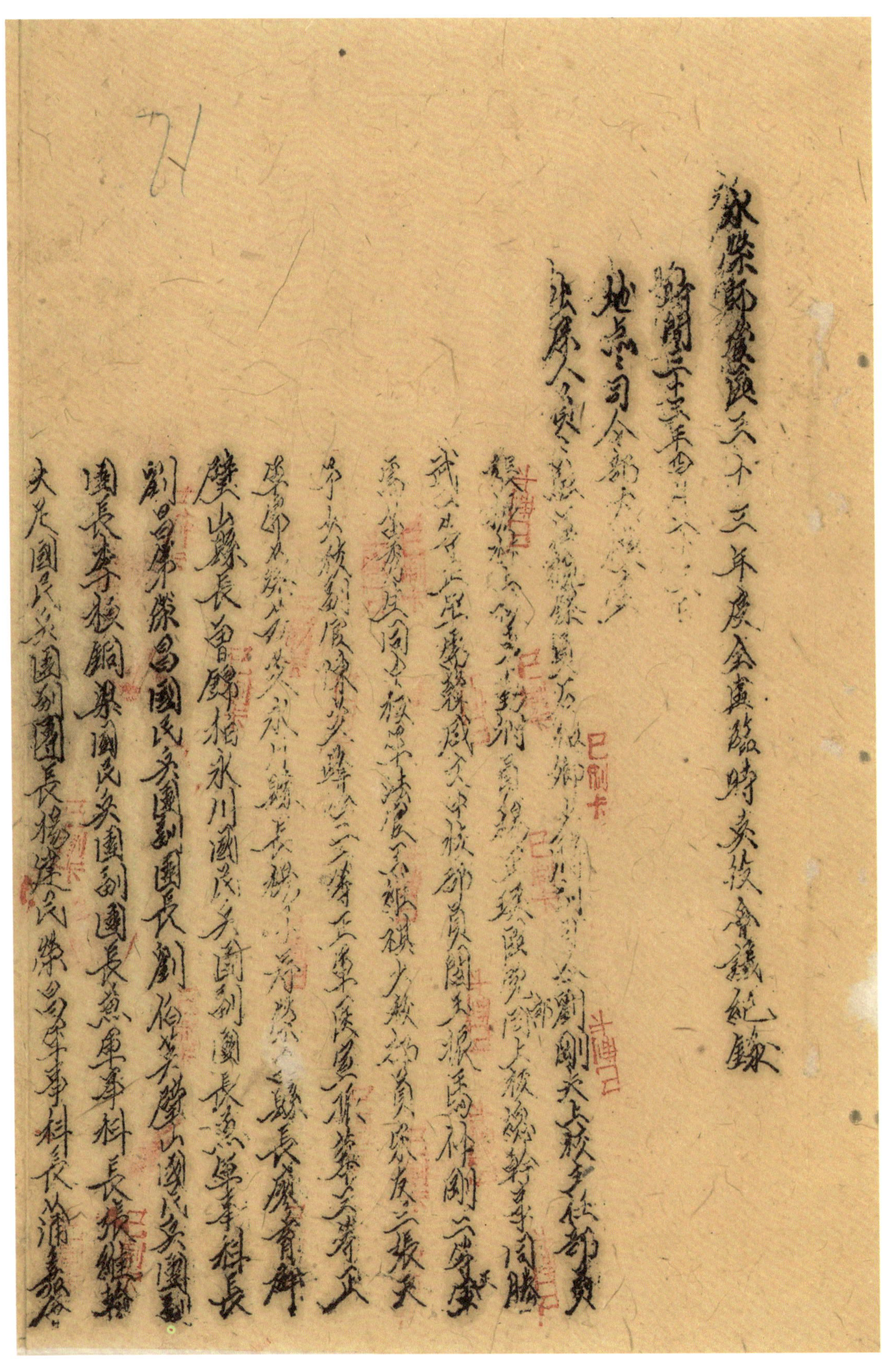
永荣师管区三十三年度全区临时兵役会议纪录
时间 三十三年四月廿三日上午十时
地点 司令部大礼堂

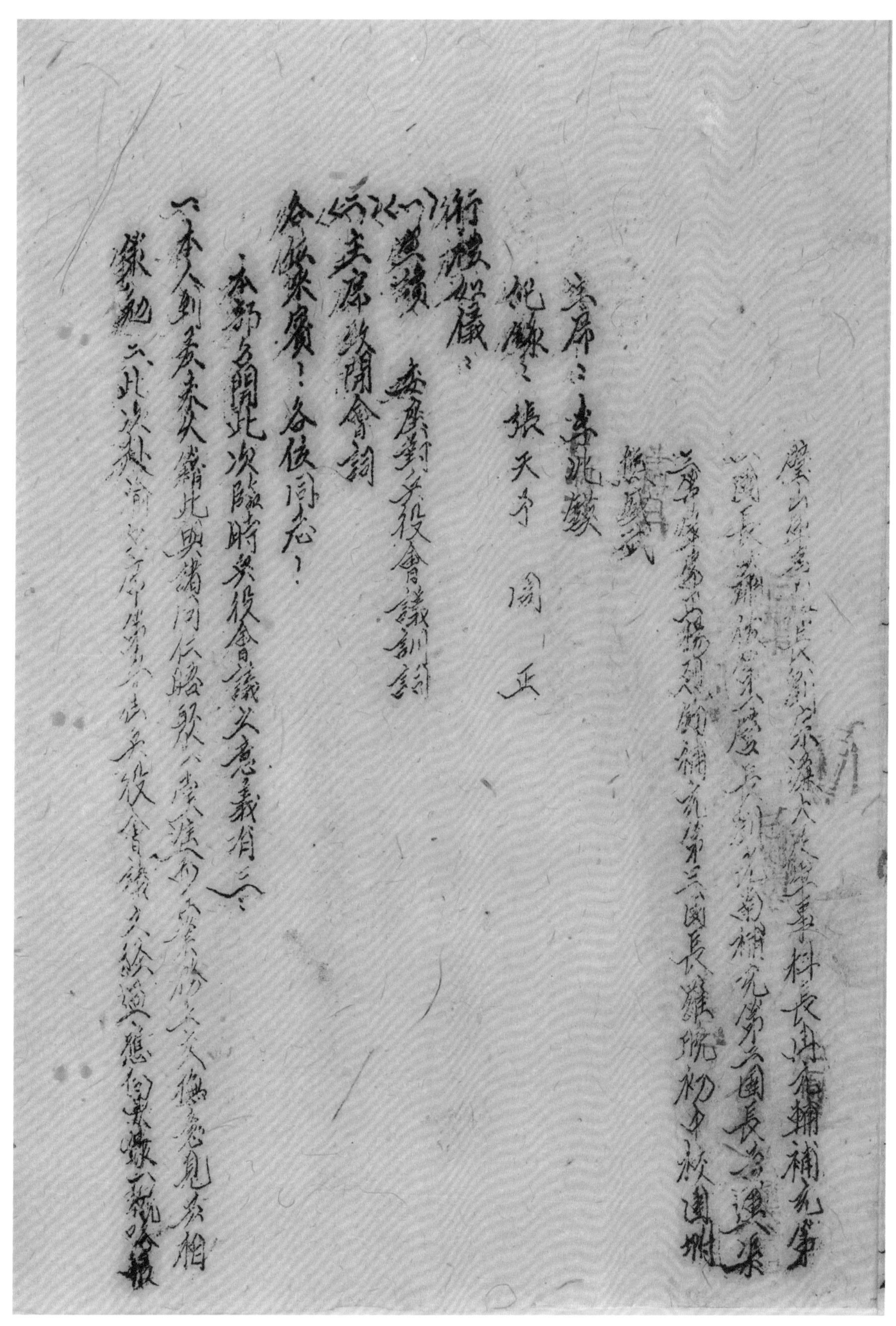

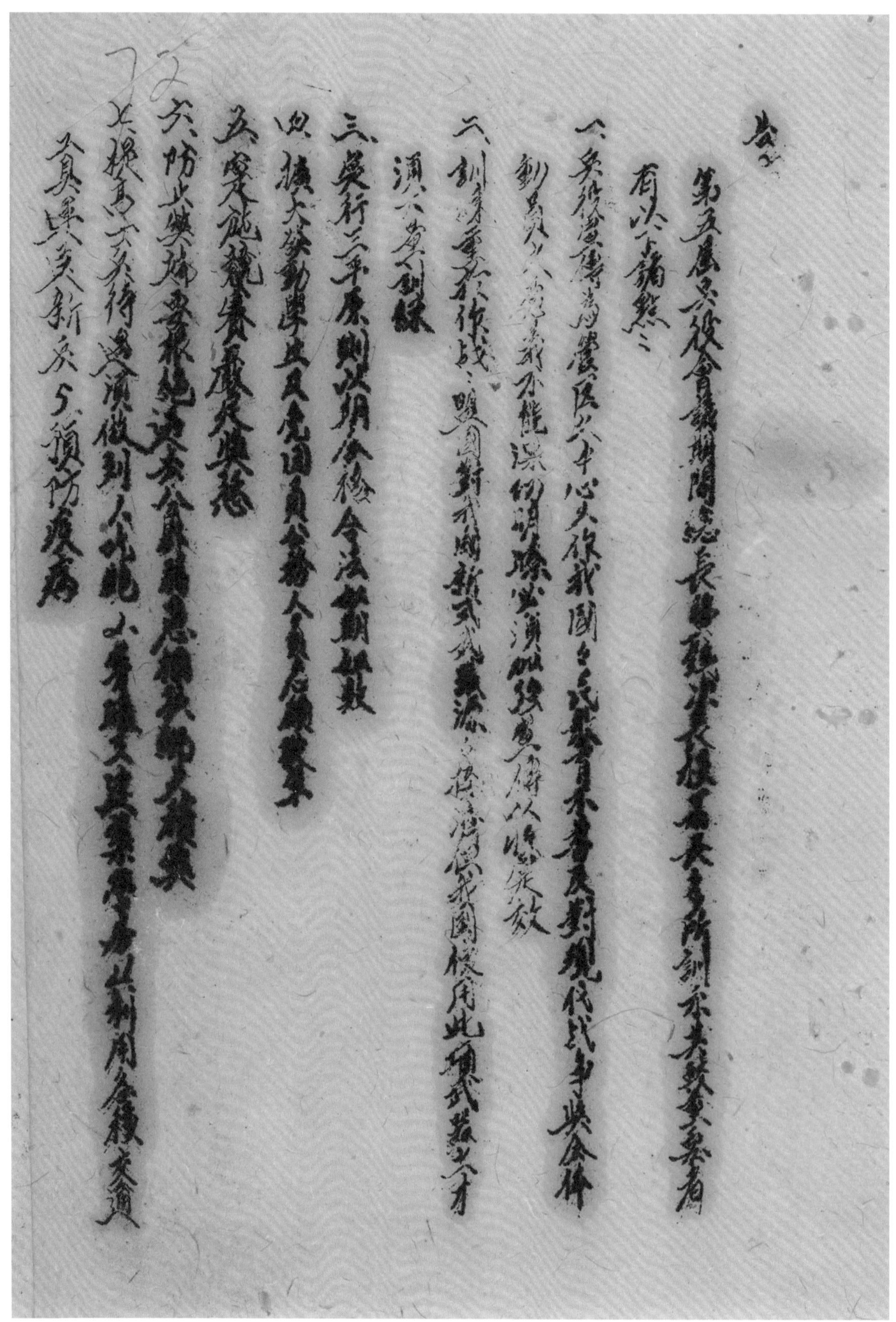

[illegible]

第五届兵役会议期间总长[illegible]所训示者撮要有

荷以下诸点：

一、兵役[illegible]为农民，其中心大体为我国之农民，教育未普及，对现代战争要求条件

训练以及兵役不能深切明瞭，必须加强宣传以收实效。

二、训练重于作战，[illegible]对现代武器新式装备之发达，[illegible]我国缺乏此项武器之人才，

须以[illegible]训练。

三、实行三平原则，以期兵役令法无弊。

四、扩大发动学生及党团员公务人员[illegible]

五、要能[illegible]优待[illegible]家属。

六、防止兵役舞弊，[illegible]

七、提高[illegible]待遇，必须做到人人能[illegible]

八、[illegible]新兵之须防[illegible]

八、[illegible]民力組訓

九、出國[illegible]今年底以後之每月中，由各[illegible]數遴選出能於下月底以前送入[illegible]第

二期領受訓練人

選照原定宗旨，故本處此次召集臨時各[illegible]會議，會議之[illegible]要為：

一、[illegible]戰勝利及[illegible]前[illegible]要[illegible]　　魯[illegible]本根據本區各

縣今年度配額須於[illegible]前[illegible]數交[illegible]各[illegible]負責

人員出動全力，如期如數交清，以[illegible]務須努力催征，務其

嚴訓[illegible]推動征訓業務之[illegible]

各[illegible]本年度[illegible]成績甚佳，依照如期如數之目的雖已達到，但合理

合法之要求尚未完全實現，本人切盼各位百尺竿頭更進一步，能實

現[illegible]之目標

三、組訓業務[illegible]本年度[illegible]個新的展開，由[illegible]集訓出[illegible]組織[illegible]
[illegible]
民[illegible]何[illegible]地[illegible]行國民之組訓

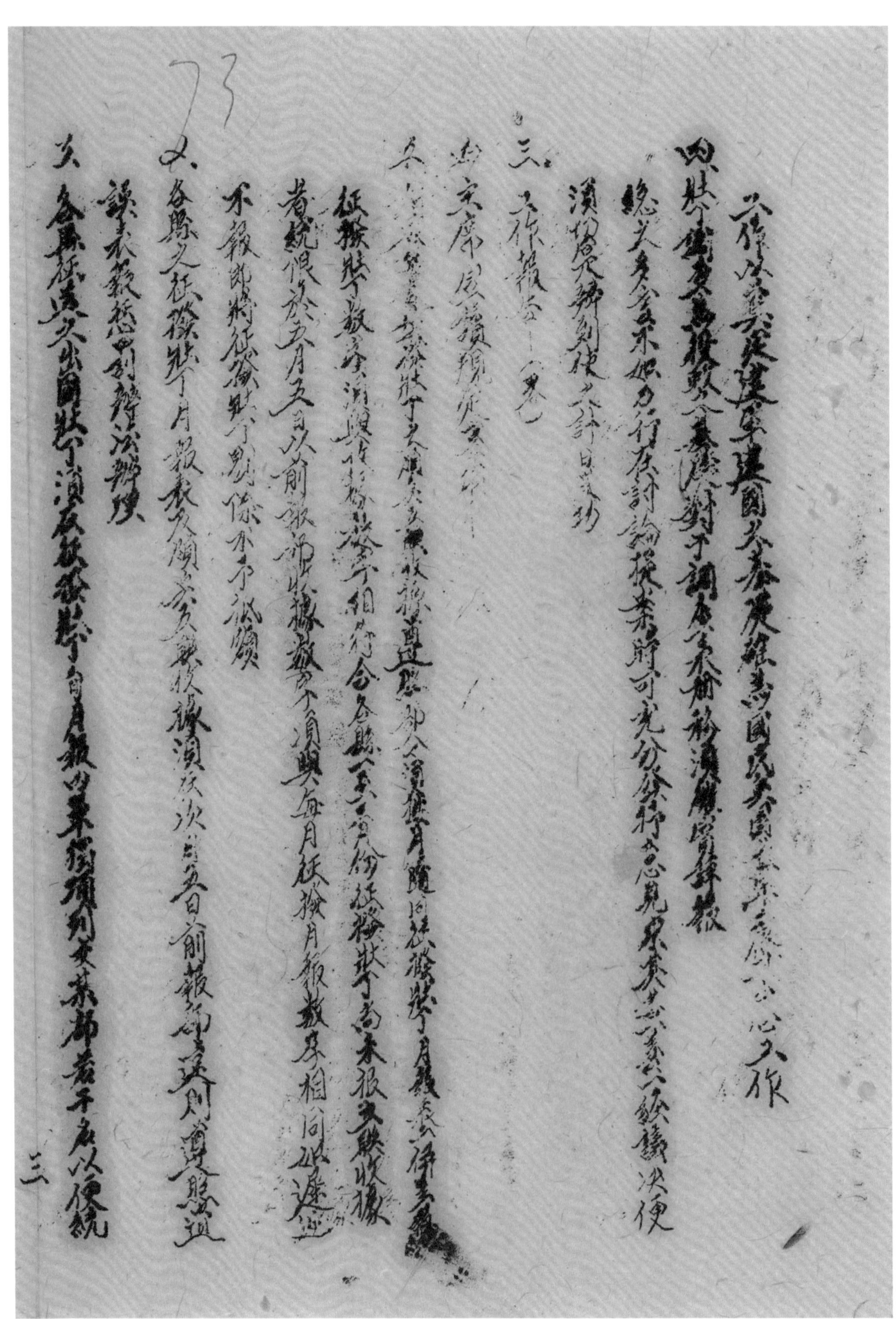

11.

註：各縣應行報表事項一覽表

名稱	展限日期
一、抽籤壯丁名冊	五月廿五日以前
二、中籤壯丁名冊	五月十五日以前
三、壯丁調查、選拔、抽籤辦法（依照兵役法規壯丁調查、抽籤及大調換具）	五月十五日以前
四、免緩役壯丁名冊	隨時具報
五、免緩役證發給人員一覽表	五月底以前
六、加征免緩役證發給清冊一份	五月底以前
七、出征抗敵軍人家屬調查冊	五月底以前
八、優待出征抗敵軍人家屬情形每季調查冊	五月底以前
九、各縣二十六年度上季及下季優待金額統計表	六月五日以前
十、縣區公教人員參加遠征軍名冊及各種現況表冊	隨時呈報

—

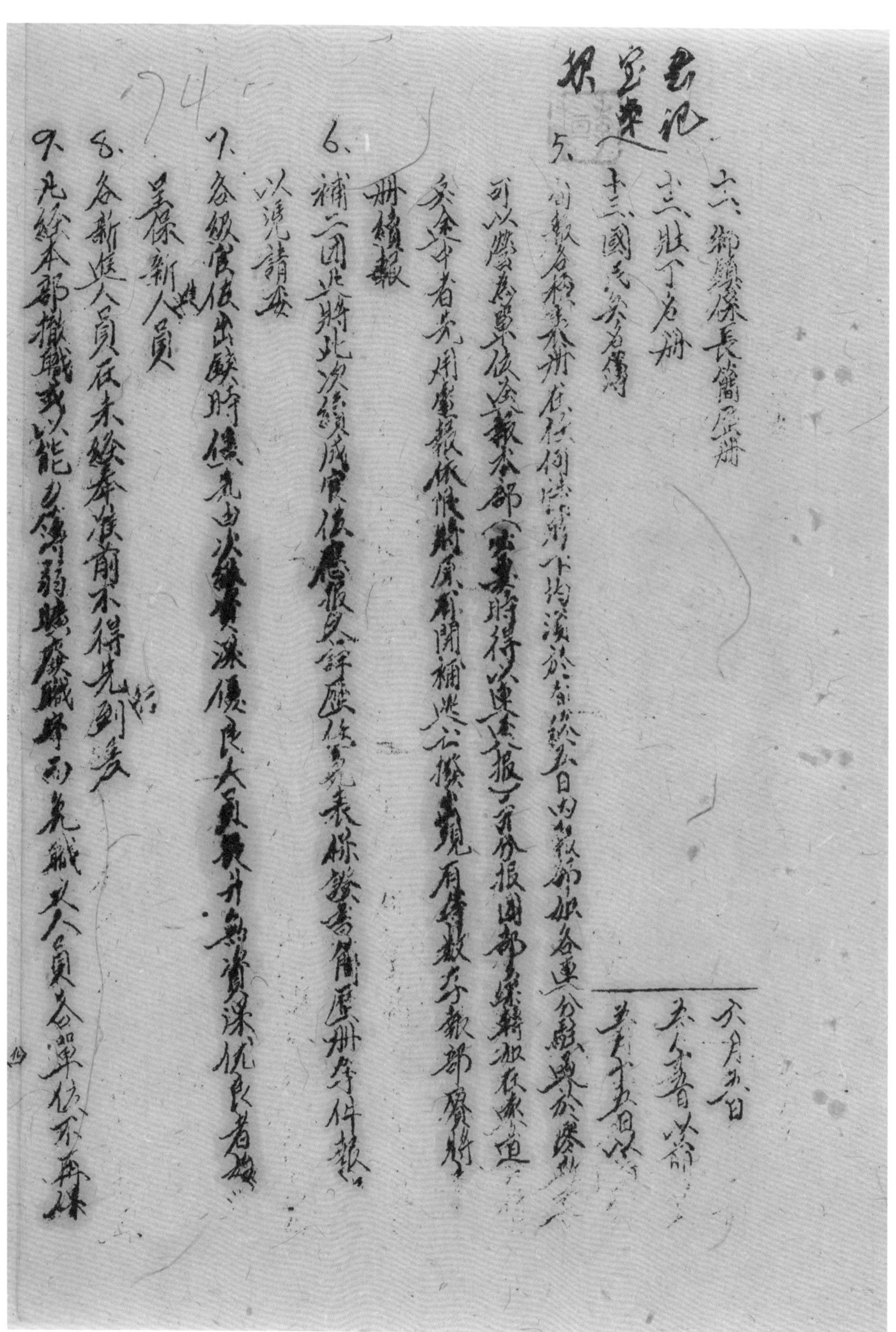

[illegible]阅
呈核
存

十六、乡镇保长简历册
十七、壮丁名册
十八、国民兵名簿

5、前报各种表册，在样例未颁行下，均须于每月终五日内分报师部，但各连分队兵营于[illegible]
可以整为单位，依次报本部（出发时得以连为单位报），并分报团部，以便稽核，在[illegible]道
兵余中者，先用电报依限期呈报，再开补造公牍，如遇有特殊者，本部察核
册续报

6、补充团北上时，此次编成官佐依应报其履历任官表，缮简履历册等件报
以凭请委

7、各级官佐出缺时，仍应由此次编成各团资深优良人员并熟谙业务优良者[illegible]
选呈保新人员

8、各新选人员在未奉准前，不得先行到差

9、凡经本部撤职或以能力薄弱撤职而免职之人员，各单位不再保

六月廿六日
廿八日誊[illegible]发
廿九日[illegible]

用，免須離職，其是否設法存心以圖朦混。

10、各團隊官佐請准長假離職，須經本部核准後填發離職證明書，各團部不得自行填發。

11、軍政部新頒之〔各部隊機關學校〕官佐資歷年籍表（內有保證人姓名、職業、住址欄），并規定被保人逃亡時，責令保證人獲案歸辦。所有本區官佐應重新填報保證書（保證書格式另訂之）。

12、各團部軍需、各團書記、副官、醫官、連長、下各連〔隊〕特務長，一律填具各處人員保證書報部。其不遵規定填報者，倘有虧欠拐逃及違法情事，由其直接主官負責。

13、官佐任免報告表，本年奉頒新格式，奉令自四月一日起實行，嗣後凡官佐須照新格式填報，否則發還。

14、各補充團隊限五月十五日以前，將各期士兵入營收自補開除潛逃死亡撥出送院遣回實有各數字，并具統計表二份呈部，以憑核算，并注意同

75

參考辦法

15、各團長須查核歷來報出之表，督飭承辦人員迅速造報。

16、士兵潛逃死亡應遵規定之限期表報部。

17、各士兵因病未能隨隊入新兵分團長務須負責加意治療，俾於短期痊愈，并對傳染病必須隔離。

18、各團營連長應切實整飭軍紀風紀，嚴禁官兵夜出營業踐踏砍伐樹木。

19、第六第區各團縣務會議，各連長六分之九級副排長應由新兵中採升，每編足八百二十八名新兵，以規定各連長應切實遵照辦。

20、各縣國民兵團根據月報表須於每月終三日內報出各種數字，須調翔實核對正確，其中「名數」「團兵數」「國民兵受訓人數」「歷年已訓人數」「役齡壯丁人數」「國民兵異動統計」「經理概況」各欄尤須認真填載，俾資核對，勿使錯誤與應白。

21、各種表冊務須按照規定式樣格式及份數，呈報以昭劃一。

五

議決兵役缺額假期

王國佩來 轉

22、國部催依於各免屬卽造報詳應依免表係發書各列劃除各該月應領之新報

23、國民兵普通訓練應繼續推行各縣本年度一、二兩期普訓未報開始及結業報告表者須剋日補報，此後各期訓練結業後國民兵團部應分案各受訓國民兵姓名住址成績冊以備本部抽查

24、師區兵役班畢業學員擬派充查緝派任事人員並其才

25、該區工作鄉保長分會會員鑑定[illegible]本月底造報其階級，安業待充須詳查填清不得濫列

（四）、部統征集

一、本部五〇國民壯丁如何征集案

錄由：三十三年度兵國壯丁奉令分四期征集，每期三個月遞征，統配每縣每期遞征一百五十名，現第一期前限已以[illegible]

滿八月各縣征送寥寥數未能遵照限出發兵役機關須壯丁之征送有關

保國際信譽，萬不容緩，本署擬在五月底以前將一二兩期出國壯

丁儘征儘送撥以應戎機免誤補充

辦法：各縣兵役發動每保兵役征合格志願出國壯丁六名運送，[illegible]此項壯丁

須單獨驗，不得與普通壯丁混合驗，不合格負責送回原出鄉

鎮公所，擬驗合格後再由縣府總驗收，限五月底以前每保應送

（一名，八月底以前應送六名，總驗收後方能作數）如有貽誤，鄉鎮保長

撤懲，鄉鎮隊附撥充兵役

審查意見：照原辦法通過

決議：照審查意見通過

（二）案由：配軍兵額如何征集案

理由：奉層峯令以配軍任務重大，待補[illegible]急，本區分以撥配軍額限於

四月底以前一次撥清，[illegible]將[illegible]運到分以應戎機，撥時不在三十三年度分[illegible]

丁類（在農忙以前）次條清

辦法：由各縣府嚴飭各鄉鎮轉飭各保，責成各甲照前條全年征額人次按清

并按照征兵辦法，辦理辦法分別從嚴懲處

審查意見：照原辦法商定之

決議：照審查意見通過

（三）案由：各縣應督飭各鄉鎮保甲切實執行兵役宣傳案

理由：國民教育不普遍，一般民眾國家觀念之薄弱，對服役存畏懼心，苟免之

心理，因而當局須積極及早兵役為所負之責，有據當兵役傳以法令之對

服役觀念

辦法：由各縣師區函請各縣參議會暨黨部鄉青年團發動士紳及黨團員

負責作兵役宣傳，并協助役政推行

又由各鄉鎮長召集鄉鎮機關法團學校首長及士紳鄉望（人組）

織宣傳隊，隨時流動於場所作兵役宣傳，並

六

3、於寒假暑假間策動各鄉鎮中心校及中等以上學校學生組織宣傳隊分赴所在鄉鎮附近宣傳，使人民普遍了解現行兵役法令，并使明瞭規避兵役及入伍逃亡乃最大恥辱及犯罪之行爲

4、利用各種集會講解兵役法令，宣傳服役光榮

審查意見：照原辦法通過

決議：照審查意見通過

（四）案由：應征壯丁紛紛逃往各軍事機關部隊工廠規避兵役，究應如何設法解決以重役政案

理由：查本縣係沖要區，各軍事機關部隊學校工廠林立，達二十餘單位，各兵役年齡在本縣自行募補及招募兵伕不下一萬人，而一般適齡壯丁每遇征集即逃往各機關部隊學校工廠充任職務，甚至聚衆抗征，攔路劫奪，侮辱征兵人員等情事層出不窮，如不謀合理解決，役政前途更不堪設想矣

辦法：由師區司令部轉函各機關部隊學校及廠場所不得自行 七
收容及募補應征壯丁以維役政
審查意見：照原辦法通過
決議：照審查意見通過

（五）案由：實施國民兵身份證管制杜絕壯丁逃避兵役案
理由：查我國民智低落素乏國家觀念每遇壯丁征集大多紛紛設
法企圖規避逃往鄰鄉鄰縣及商業繁盛之區或各機關部隊躲
避不歸久致征集極感困難似應設法管制務求征兵必無法推諉
影響抗戰莫此為甚提請公決
辦法：請轉上峯通令自五月一日起無身份證之壯丁一律征服兵役
審查意見：照原辦法通過
決議：照審查意見通過

（六）案由：各鄉鎮保長承辦征兵依法檢送逃漏丁征交後多被該丁

78

等家屬複詞呈訴法院反遭拘禁影響征集叠經呈請呈部
咨請司法行政部嚴令各承辦征兵人員在未確定罪刑以前各
該院法檢兩處不得先行拘押以利役政推行
證由：本縣前此奉　師管區令飭撥征三十二年度一二月份兵
額八百名，本府以奉令征交過期，為難緩待，抽簽後征撥致
將違限　上峯嚴令撥征，並法令飭各鄉鎮所轄飭征集
三十二年度漏未征送丁，文中簽抽中丁及依法檢舉承辦逃
漏丁送究，殊自征送後各該逃漏丁家屬紛紛複詞呈訴
地方法院檢察處，具控該管鄉保長等妨礙兵役，訊均藉
以妨害兵役違法拘押等詞提起公訴，或在未確定罪刑
以前竟予先拘禁，計是月來本縣各鄉鎮保長、暨同
依法檢送逃漏丁而遭被訴提交刑庭判罪者約一百
餘案，而僅一次傳訊即遭收禁者約二十餘案，在此被禁

八

八

二十餘保長等均未交由刑庭羅定罪刑，即被察處事

禁押，甚至各鄉鎮保長依法奉票征送中簽壯丁，每遭

被告檢舉，認係兵役案件，諸鈞察級檢察處均故意為難，

不予起訴，致使鄉鎮保甲人員往返逮捕，多靡費用，致各

鄉鎮承辦人員均以征兵為畏途，幾至近日以來征送程度

影響役政，莫此為甚。

辦法：擬請轉呈　軍政部咨請司法行政部飭屬對於兵役

案件務須秉先咨詢該管縣府查明，如果確係依法征送

者應予不起訴處分，或偵查確有非法行為者亦應從速提交刑

庭訊判，不得由檢察處久延予拘押，以利役政推行。

審查意見：照原辦法通過

決議：照審查意見通過

（七）案由：三十三年度如何充實兵員案

辦法：我國自唐宋改行募兵制以來，相沿至今，習染已久，在此教育尚未普及，各縣行征兵制度，應征壯丁設法規避，無奇不有。且抗戰七年征兵壯丁入營數字雖大，現兵員來源確已減少，每到征兵期間僅憑九紙公文殊難收效，若三十三年壯丁欲迅速充實，非派員督征不為功。值此物價飛漲之際，旅費極度高昂，又際每派一員，自必需洋百餘元至三四百元不等，縣府公旅各費每月均感不敷，無法挹注。實際上人數所必需，擬請轉呈軍政部函商省府准由縣府先行籌撥並造具預算，在縣預備金項下動支，以免艱，果本年度兵員庶有迅速充實可能。

審查意見：照原辦法通過。

決議：照審查意見通過。

（八）案由：為遵照規定發放征屬優待金，谷米來源缺，自不敷，請規定案。

理由：查出征抗敵軍人家屬多屬貧苦，生活無依，所得物質優待編

九

綜無九形成優待之名而無優待之實三十二年八月奉本府電奉四
川省軍管區司令部訓令提示三項辦法規定自三十二年度起征
屬優待每戶改撥穀谷四市石或發足當時當地四市石谷之價
款自應遵照惟查優待金谷來源之經省府明令規定在每年
積谷總額項下提撥五分之三（約一万伍仟石）為抗屬優待其餘
五分之二留作倉儲及其他用途本縣歷年出征抗屬已達一万伍
仟餘戶若照每戶四市石計照規定提撥五分之三積谷仍不敷分
放甚鉅為事實與法令配合及征屬優待能切實推行起見不
敷發放金谷來源應請另行規定
辦法請轉呈 上峯對各縣（市）征屬優待金谷不敷發放來源另行
明令規定籌措辦法以資辦理
簽注意見：查優待資金與物品之來源優待條例第三章第九條
第十三項規定甚詳該縣所稱積谷僅屬優待金來源之一種

不敷發放時則遵照規定另行籌集

決議：照審查意見通過

（九）案由：優待抗屬

辦法：抗屬優待每年分四期發放，每期發足（市石）優待谷，全年計每户應發四市石，但以本縣地瘠民貧，年收積谷共僅六万三石，除留五分之二儲荒外，優待部份積谷只有一万四仟石左右，自部無法收齊。全縣征屬共達万四仟餘户，如照規定發放，則不甚敷，如另行籌派，又加重人民負担，擬請師區轉呈 軍政部 省府核示辦理

審查意見：照原辦法通過

決議：照審查意見通過

第十條案由：各縣積極完成兵役幹部訓練案

辦法：各縣兵役班並合與縣訓所合併訓練，各縣國民兵團部應與縣

所切取聯繫，并負責教授有關兵役課程

辦法：（一）各地方行政幹部訓練所及兵役幹部訓練應由國民兵團

辦理，并將派往負責人之姓名及兼任縣訓所職務於課程授

時數列表呈報

（二）每期訓練於開始及結業時將開始結業日期、訓練時間、受

訓及結業人數及訓練對象學員素質分發情形等項列表

連同畢業學員名冊呈報

（三）曾受訓練之兵役幹部應保障其工作，非有違法瀆職情

事各級機關長官不得以私意更動

審查：擬[illegible]入人事登記照規定填報

決議：照審查意見通過

第十一條 案由：切實執行國民身份證業務

理由：查各縣對於辦理國民身份證已於三十一年四月奉令

准時關（區）諸待救濟辦法頒佈公布

辦法：（一）與敵待補之國民兵先服查人數將應發之償金數量於償單報部轉請核辦

（二）保管權應授每鄉（鎮）製裝費以便保管

（三）盤查哨之設置須擇各街地段每縣最多不超過五個，其隊則商請當地憲兵機關部隊組成之并重新繪製表報部備查

審查意見：交各縣府參酌辦理

決議：照審查意見通過

三團附 蓮稱

第十二案

案由：限期查報中心級國民兵統計表及已訓各年次國民兵統計表

理由：中心級國民兵統計表及已訓各年次國民兵統計表為組訓之根據，本部亟待彙齊以資統計

辦法：（一）中心級國民兵統計表係依據三十二年度編就之國民兵

81

各年份數字翔實填報已訓各年次國民兵統計表標明

年已訓之國民兵依照年次分別填就

（六）以上六種表於次月五日前報部

審查意見：照原辦法通過

決議：照審查意見通過

第十三案

案由：請訂期舉行防止逃兵競賽案

理由：為嚴密管訓，以防止逃亡，減少逃亡，達成補充任務，請

照防止逃兵競賽辦法，訂期舉行，使各團隊防止逃

兵競賽，根據成績，厲行獎懲

辦法：（一）各補充團隊於本年十一月份實施以所屬各連長（隊附）之成

績競賽，事先呈報日期，事後填具獎懲競賽成績報告表及經

過情形報核

（二）師區於本年六月就所屬各團隊兵綜合成績競賽

82

擬據各單位平時成績及團隊長之鑒賽成績報告外並派
員點查、視察保育情形、綜合評定之
(六)分數評定及獎懲辦法、遵照奉 頒防止逃兵競賽辦法第
五、六、七條辦理
審查意見：照原則意見通過、詳細辦法由師區擬定實施
決議：照審查意見通過
第十四案案由：厲行新兵教育案
理由：本年度新兵教育應以充實徵集機構、接兵隨訓、有兵即練、兵以層
令
辦法：(一)各連營以級機關應成立接兵接訓
(二)各連長於開始之日起每日應就教育實施進度表、於兵
由團部依序裝訂成冊、按月呈報師管區司令部以為考察新兵教育
進度之根據

（二）

（三）新兵教育除基本教練外尤着重於精神教育所有徵來部隊由本部商請區党部負責政治訓練其餘各縣部隊由團部統籌實施并請當地党團派員協助

（四）新兵教育應注意至要改成如有敷衍塞責依法懲治

審查意見：由各補充團隊長督飭所屬切實辦理

決議：照審查意見通過

第十五案由：人民身份證應另行製發案

理由：各鄉鎮身份證之填發多未依照規定辦理所發出之證而國民兵練間遺失者亦多即應行另製發以歸劃一

辦法：另行製發身份證由兵團擬具辦法請師區核准後實行

審查意見：并同第十一案辦理

決議：照審查意見通過

第十六案由：國民兵服裝應歸本團統籌製發案

理由：國民兵服裝因時間過久，破爛不堪，應予新製，以肅軍容

辦法：各鄉鎮隊應將所屬國民兵人數、購製衣服數量，報由本團彙核，其購製費由國民兵自繳，由該管鄉隊部彙繳所需原價布疋，請由師區函花紗管理局發條，由本團會同經商購買，并投標縫製，以示公開

審查意見：請報軍政部核示，并由師區函花紗管理局

決議：照審查意見通過

第十七案 案由：（三）鄉（鎮）村應照法令規定兼警衛隊長案

理由：分鎮鄉隊附兼警衛隊長應遵照省令規定辦法

辦法：各鄉（鎮）隊兼隊長而有不遵法令規定擅用私人任警衛隊長，應請由縣政府嚴令取締，遵行隊附兼任之

審查意見：通令各縣府照辦

決議：照審查意見通過

第十八案案由：為請發給督練員家屬米案

理由：自前百物高漲，生活艱難，以維繫依照縣級人員待遇發給

家屬米，以資補助

辦法：在後備隊未成立以前，中分隊長尚未設置，是項食米可動[illegible]

移作督練員家屬食米

審查意見：併同十九案辦理

決議：照審查意見通過

第十九案案由：團部督練員依照後備隊隊官待遇，奠定以維持[illegible]

緣生活應請設法救濟案

經過：後備隊官待遇，每月照縣級食米規定，除薪俸外僅食

米三市斗，生活補助費一百五十元，督練員若照後備隊官

待遇，匪特不能維持家庭生計，個人生活尚有缺乏，紛紛設

法呈請救濟

六

84

辦法：擬請轉報軍區在後備隊未成立以前暫練員仍照團部官佐待遇在後備隊經費項下開支可否之處提請公決

審查意見：轉請軍區核辦在未奉准時仍照軍區規定發給

決議：照審查意見通過

第二十案

案由：團部保留團附之薪津開支請明白規定以發給案

理由：查三十二年度縣預算僅核列本團團附一員原設團附二員奉軍區令仍保留團附團部若缺低級人員以將其經費移用勻支復查團部低級人員僅副官書記會計事務員司其務人均各有其職人員甚感不敷分配自無從裁減

辦法：以擬請轉報 軍區函請 省府仍將預算外之團附追入預算移作後備隊經費開支是否可行提請公決

審查意見：轉請軍區核示

決議：照審查意見通過。

第二十八案：崇山等三縣擬請明令規定後備隊成立之日期，以利兵務推行案

理由：查後備隊經費早經列入縣預算內，惟軍區明令規定不准呈請成立，致令各級國民兵無法集中訓練，對於兵務推動無影響之處。

辦法：擬請轉報軍區明白規定後備隊成立日期，以便計劃辦理，是否有當，當提請公決。

審查意見：呈請軍區明白規定後備隊成立日期。

決議：照審查意見通過。

第二十六案：案由：為奉軍政部先後電飭修建修繕新兵營房一案，應如何從速着擬具具體計劃開支修建，以利役政案

理由：查營房修建之房，不但改善新兵待遇，且便於征集處訓練，曾奉軍事委員會軍政部頒發預算，修建補充兵營房，以資獎勵辦

85

及營房圖書説教室表建築又經錄明咨飭令縣自擬具實施辦法報核本區案經先後轉令各縣依案自應遵令辦理以應需要

辦法：一、遵令組織修建委員會

二、擬具具體計劃呈核

三、遵照捐資修建補充營房獎勵辦法辦理

審查意見：由本區駐縣團營長會同縣政府遵部令兼辦理

決議：照審查意見通過

第二三案：案由：為奉 委座令飭增加馬營養核定實施辦法應如何遵辦案

應案

理由：為奉 軍政部轉奉 委座令飭增加馬營養核定實施辦法自四月一日起官兵副食定量每兵每月植物油一市斤鹽六市斤蔬菜二十市斤柴或煤三十市斤此項蔬菜費一律為（15）元由部隊自行經理其餘由 軍政部按照定額及實有人數

六五

每月給各省市政府統籌轉飭各地方政府征購糧物仍

案俟廳

辦法〻一、各縣應即遵照本案組成補給委員會

二、每月官兵人數及需要各種糧秣仍由部隊由本部通知縣長其他各

縣據各部隊由縣府取高單價通知各該委員會據通知後

須妥為集中備協定供應以資增進官兵營養

審查意見〻由本區請第一區公署請省府每月預發前發給各縣採購食

到食品價款以便早日購量接時加給

決議〻照審查意見通過

第六四案提〻為收繳各縣府及國民兵團領用各項被服案

理由〻查各縣及各國民兵團領用各項被服業經軍政部當局均需補〻

辦法〻擬請飭催各縣清點保管並限五月底前清查造冊自繳

遵辦

86

辦法：一、各縣政府及國民兵團現存被服須一律收繳本部按各部隊代收繳部并取據轉發部隊正式印據連同被服使用程度分別列表報部轉賬

二、各項被服如有損失應即尋追并賠價償以結懸案

三、統限本月底辦理完竣以憑轉報

審查意見：照原辦法通過

決議：照審查意見通過

第二五案案由：為加強抗戰情緒，充實官兵士兵娛樂，仿照軍師區成立兵役宣傳巡迴工作隊，籌募經費請公決案

理由：抗戰七年，勝利已在望，吾人所謂最後五分鐘之語，正其時也。吾人欲獲最後勝利，特與之奮鬥皆殷，尚有賴於宣傳，而本縣為兵役機構所征新兵，大都來自田間，其思想之複雜，份致動蕩，為所不免，而尤以方今之物價高漲之際，為目前眼見之事，更欲加強宣傳各種

〈八六〉

藝術為宣傳之方式,若可調劑軍中苦寂之生活,亦不使洩氣之二者(輔導)
主義文化教育,糾正錯誤思想,並堅定其從軍信念,三者提高精
神生活,減除煩悶生活之人。本部有鑒於此,是欲籌組是項工作隊專
司其事。惟減經費困難,茲特擬定籌募(經費)辦法數項,請鑒核可決。

辦法:

一、該隊全體工作人員共十六員,名除隊長一員由本部派員兼任
外,餘十五員每月之副食費,擬請司令部撥支,缺十五員應另
詳細辦法見計劃大綱。

二、該隊全套裝用辦費預定為一千五百萬元,擬請本區所轄之五縣分
擔,各募屬每縣最少為五萬元,能超出此項數字,當所歡迎。

三、該隊一切組織人事經費支配詳該隊計劃大綱,經呈奉司令核
准後施行之。

審查意見:照原則通過,募集基金辦法再考慮。

決議:照審查意見通過。

第二十六案 案由：各級党部官佐党員應即每周開始小組討論及重訓練

理由：小組討論為本党党員基層最要之訓練，本部所屬各級党部亟應遵照按時舉行，以符功令而重訓練

辦法：一、各區自五月份起將以前所編官佐小組重行調整，造冊報部核轉

二、每周小組討論題目早先由本部擬定發下

三、每周小組討論会議記錄表按時（每月底）造送本部

四、凡不參加官佐小組討論之官佐党員及負責推行党務的官佐党員，或藉故推諉本部勸導而明知故犯者，當由本部呈請中央分別懲處，以振党紀

審查意見：照原辦法通過

決議：照審查意見通過

（六）副司令致閉會詞

主席答復同志。。

依據今天大家的報告及討論，歸納起來最重要者不外此下各項：

甲、關於征撥者：

一、本年配征額以交配屬軍為最多，曾奉決令於農收前交清，本區東、北較前已大有進步，蓋以去年三個月與六月不在征本區分期征集，各位顧及民寔際民情，寔是深敬佩，但更須注意國家需要，對配軍額要盡力征齊。

二、據大家報告各縣漏丁逃多，請各位今後嚴加注意。

三、各縣村間調查工作尚未十分確實，及正確數字亦不能提出，調查工作為徵政基礎，今後應嚴密實施。

四、出國壯丁曾奉限期繳交，請各位返縣後發動大量征選。

五、學生及兒團公教員從軍運動亦請擴大推行。

乙、關於國民兵團者：

一、則後備隊未成立前，仍須積極實施番訓

88

二、各項積案務請澈底整理

三、今後附所有表報之呈報時間及表內數字應特別注意

丙、関於新兵待遇者：

一、營房宜從速建築，此事與軍民有利

二、補給方面從速成立，以改善新兵待遇

三、補充團隊之伙食應由新兵管理，不得僅使新兵監督秤米了事

四、各連之間應切照去年競賽辦法，隨時舉施競賽

以上各點，司令在開會訓話中業經指示，經本會依熱烈討論後，所公決者，現在重複提出，無非希望今後切實奉行，完成使命，以保持[illegible]光榮

（七）閉會

主席 李兆鍈

紀錄 張天予

一八

璧山县大兴乡乡公所关于优待征属蔡安氏致璧山县政府的呈（一九四四年四月）

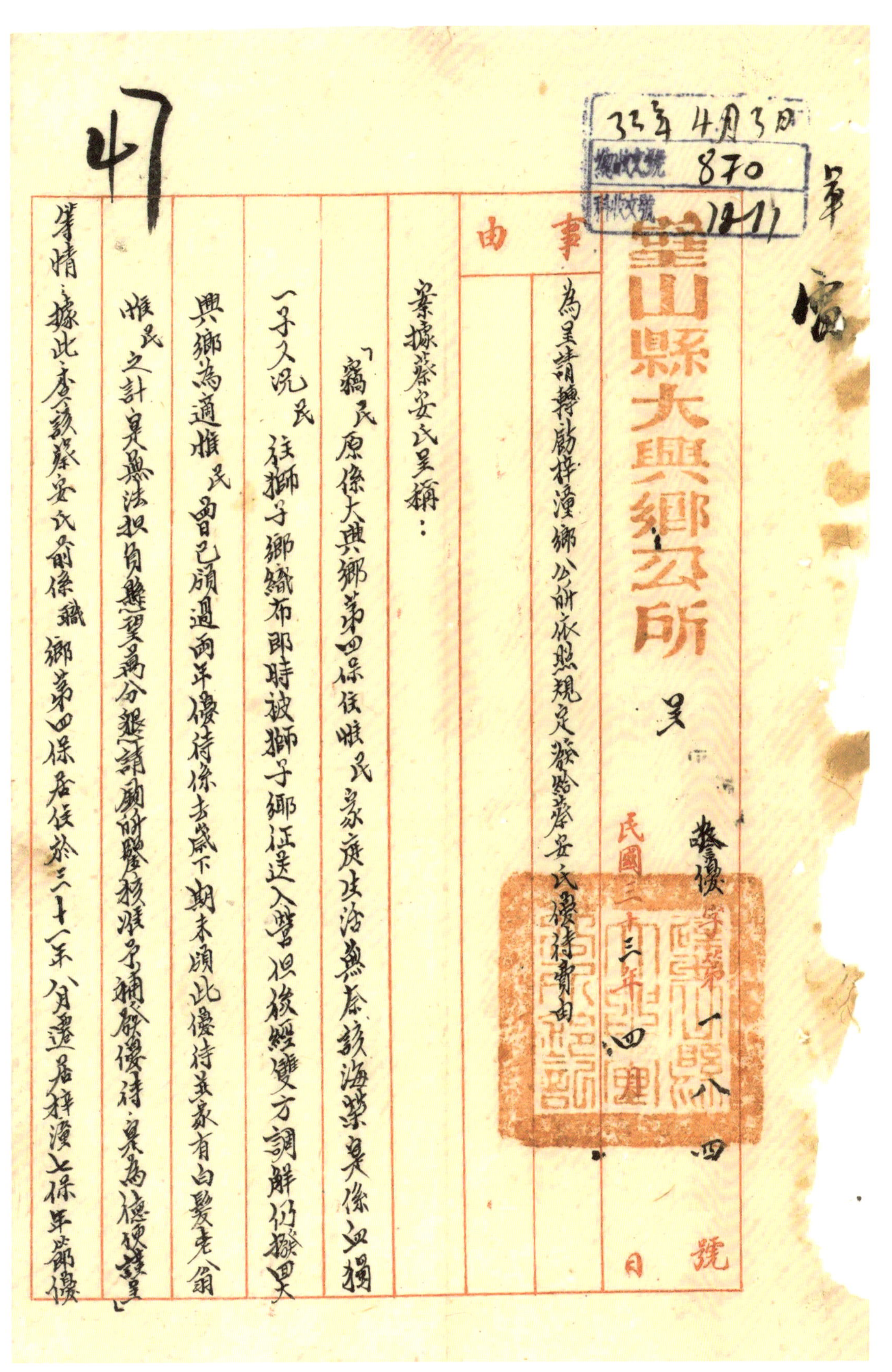
33年4月3日
收文號 870
科收文號 1811

璧山縣大興鄉公所　呈　發優字第一八四號

民國三十三年四月　日

事由：為呈請轉飭梓潼鄉公所依照規定發給蔡安氏優待費由

案據蔡安氏呈稱：

「竊民原係大興鄉第四保住，惟民家庭生活無奈，該海棠寔係血獨一子，又況民往獅子鄉織布，即時被獅子鄉征送入營，但後經雙方調解，仍撥回大興鄉為適。惟民曾已領過兩年優待，係去歲下期未領此優待，並家有白髮老翁，惟民之計，寔無法擔負懸望，爲分艱，請鈞府鑒核，准予補發優待，寔爲德便。謹呈」

等情。據此，查該蔡安氏前係職鄉第四保居住，於三十一年八月遷居梓潼七保，早節優

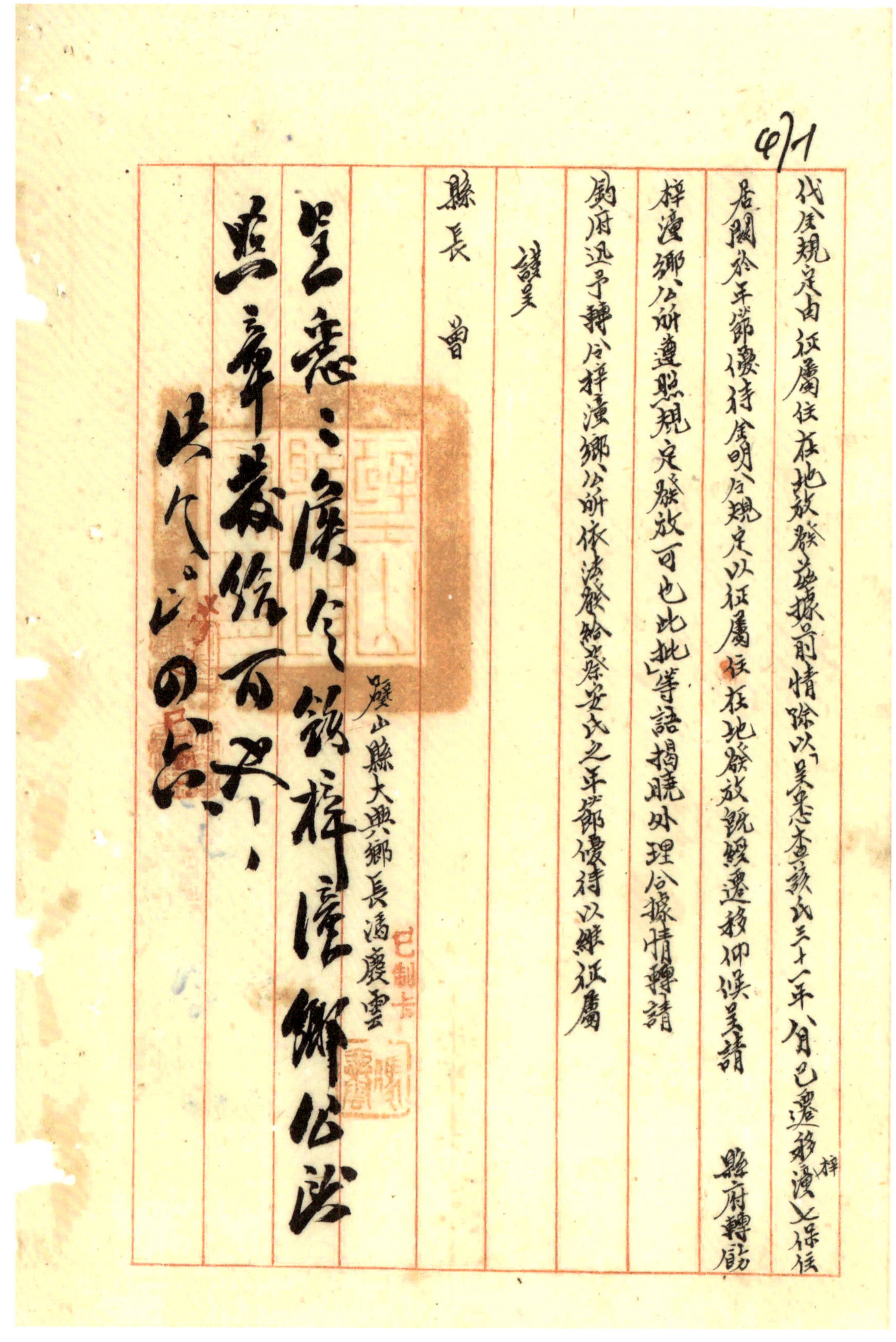

471

代金規定由征屬住在地放發，茲據前情，除以「吴忠查該氏三十一年八月已遷移梓潼七保住

居，關於年節優待金，明令規定以征屬住在地發放，既經遷移，仰候呈請　縣府轉飭

梓潼鄉公所遵照規定發放可也，此批」等語揭曉外，理合據情轉請

鈞府迅予轉令梓潼鄉公所依法發給蔡安氏之年節優待，以維征屬

謹呈

縣長　曾

璧山縣大興鄉長湯慶雲

已制卡

呈悉。候令飭梓潼鄉公所照章發給可也。此令。四六

中国国民党四川省璧山县执行委员会关于请从速发动学生参加远征军致璧山县立初级中学的公函（一九四四年九月十八日）

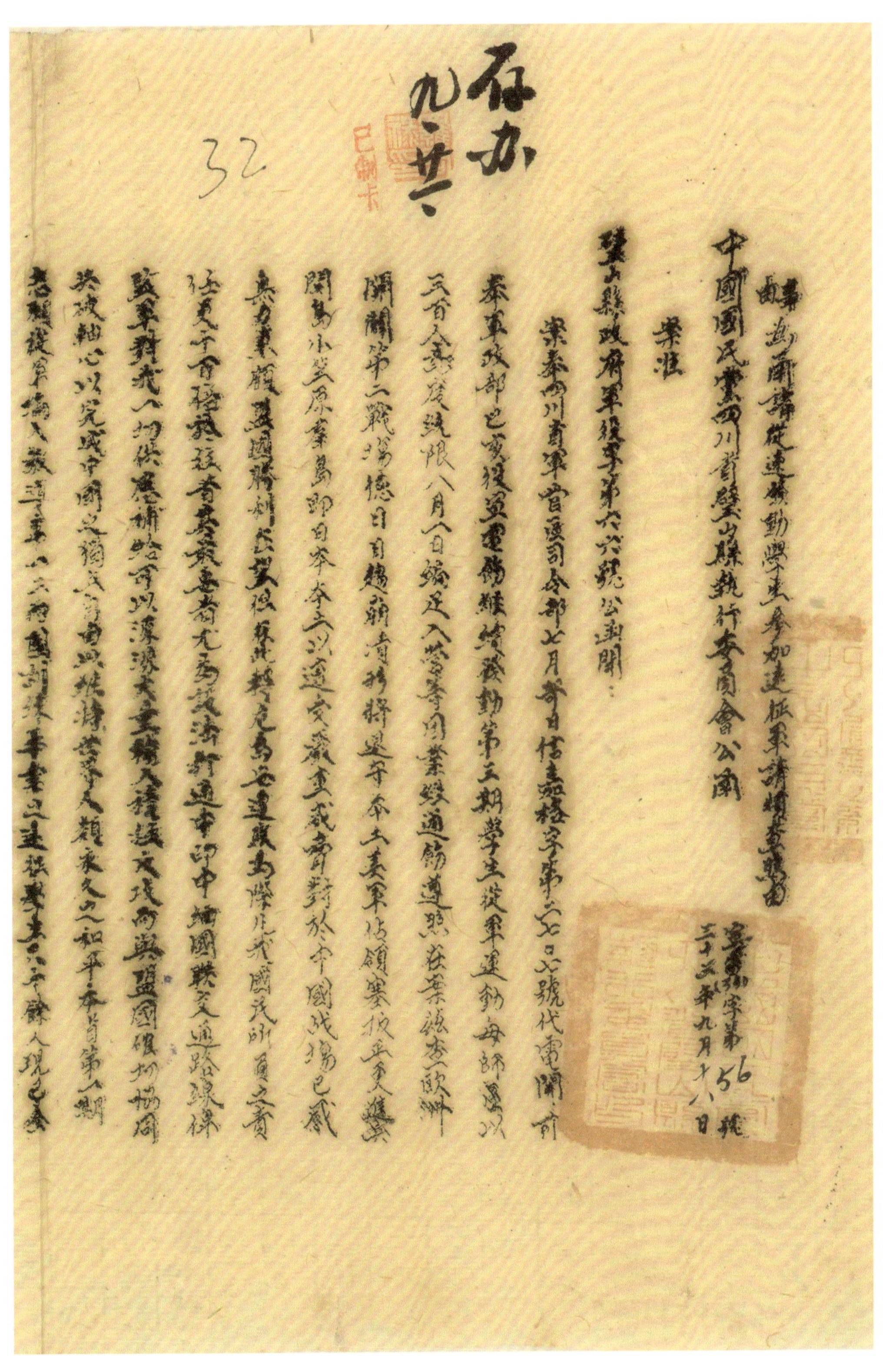

存办 九廿六

32

事由：函請從速發動學生參加遠征軍請煩查照由

中國國民黨四川省璧山縣執行委員會公函

字第56號 三十三年九月十八日

案准

璧山縣政府軍役字第六六六號公函開：

「案奉四川省軍管區司令部七月哿日信嘉極字第六七三號代電開：『前奉軍政部巳寅役質渝電飭繼續發動第三期學生從軍運動，每師區以三百人為最低限，八月八日編足入營等因，業經通飭遵照在案。茲查歐洲開闢第二戰場，德日自趨崩潰，行將是年余之美軍佔領塞班島，進攻關島、小笠原群島，即日本本土，以遂交戰重心，對於中國戰場已感無力兼顧，[illegible]我國民所負之責任更千百倍於往者，[illegible]打通中印緬國際交通路線，致軍對我一切供應補給得以源源大量輸入，積極反攻，而與盟國很切協同，共破軸心，以完成中國之獨立自由與扶持世界人類永久之和平。本省第一期志願從軍編入教導第一、六兩團[illegible]

都來駕飛機，可以學習機械化兵器各種技術，具爲專長，爲國人欽
佩。提高青年之求知慾，發揚其奮鬥進取之精神，並且增加實際經驗，將來對於建國大業裨
補尤多。其於中學規定及上述標準者，本年第二期學生從軍者應設法發動，及
格全功課程分别規定如次：（一）每師區至少以一二〇人爲度，各縣市人數由該
管師區酌情分配，以求普遍。尤以大專及專科學生，公私機關及公教人
員爲主體，尊重人選，各校應發動宣傳之。（二）成都市者務限於九月
一日入營，其餘各縣市者務限於九月十五日以前入營，各縣市應於事前策動
各界努力宣傳，本期必須與各鄉鎮保甲各級人士協同，所需經費由本部呈請四川省大
中學學生及公教人員志願服役者，須於規定期限內辦理登記，并轉函各縣市設法籌
募，酌予增發津貼，提高待遇。（三）各師管區如期發動參加人數在三百人以
上，各縣市政府如期發動參加人數超出該師管區所規定名額者，及各學校志願
從軍學生達全校學生人數十分之一以上者，請上峯從優獎叙。各師管區發動
參加人數不及規定人數三分之一者，各級負責人員應受處分，均須呈報

請山峯嚴予懲處以昭遵守軍政部所頒學生從軍服役辦法及本部
所定四川省大中學生及公教人員志願從軍細則辦理以及各項條令電
外特電達照并轉飭所屬入伍速照一年以上參加者其後大小從軍學生獻
頒嘉期頭之學生三百名未報到者特別加以獎勵將犯者嚴行規
定參加志願從軍學生既經本府錄取并經保送計七十名即應遵照服務於
原經錄取如查出有擅自逃避等情除分令外相應函請查照希
速予勸其歸隊限九月六日前至本府報到以憑申送而杜取巧為要
等由准此除分函外相應函達
貴縣希速予飭於九月二十五日以前送至璧山縣政府報到以便申送為荷
此致
璧山縣立初級中學
書記長 [illegible]

璧山县政府关于宣导筹组志愿兵营事宜致璧山县立初级中学的训令（一九四四年九月）

事由：為奉令招募志願兵成立志願兵營會議紀錄仰遵照由

璧山縣政府訓令　軍役字第271號

卅三年九月　日

令璧中校

查本縣奉令招募志願兵成立志願兵營經於九月十四日召集各機關法團在府會議，實際開會商討決定辦法，茲將付諸實施，特隨令檢發會議紀錄一份，仰該校長遵照，盡量宣導為要！

此令。

附會議紀錄一份

縣長

璧山縣政府籌組志願兵營會議紀錄

第一會議紀錄

時間：九月十七日午後二時

地点：縣政府會議廳

出席人：縣長方靖西　張振林　鍾芳銘　羅居様　賀光澤

鍾崇鏞　何正驊　魏大勳　劉光南　陳禮法

何能　王中貴　劉崇濂

主席方靖西　紀錄熊直夫

行禮如儀

報告事項（畧）

討論事項

一、志願兵營幹部如何組織案

決議：志願兵營與補充團編制組織，其各級幹部人選，由充團參議會中央各軍事學校畢業生調查處保薦，由縣長審核決定，限期於本月二十日以前呈報核委。

二、兵額如何招集案

決議：按照鄉鎮人口多寡比例攤派四百六十八名

兄由營連排長自行招集二百名

三、征送期限如何決定案

決議 限十月十五日征募足額

四、安家費及慰勞金如何決定案

決議 志願兵與各鄉鎮所征送之壯丁同等待遇

五、各機關法團如何協助案

決議 由參議會就青年團分別函令各鄉鎮參議員協助並由督糧團長分赴各鄉鎮宣導

六、志願兵營幹部成績優異者如何獎懲案

決議 如營幹部有成績得由縣府核請層峯任用以資激勸

七、如何杜絶流弊案

決議 1.如志願兵營幹部不得直接向鄉鎮保甲催索兵額

2.志願兵入營後當日即須呈報姓名年齡鄉别指紋等請縣府備查

八、各鄉鎮有不如期如額並照規定標準征送者如何懲處案

決議 除依照行政處分外並將其本身或其子侄提充兵役

九、學生從軍如何發動宣傳案

決議 由各學校當局盡量宣傳提倡

九月十七日午後五時散會

璧山县国民兵团督导征兵及办理壮丁调查册表注意事项（一九四四年十月）

璧山縣國民兵團督導征兵及辦理壯丁調查冊表注意事項　三十三年十月製

〔甲〕催征壯丁

一、各鄉鎮欠投本年度兵額統限於十月底以前掃清

二、征兵應注意左列各點：

1. 應以中籤壯丁、志願壯丁及漏丁與避役壯丁為對象，志願壯丁尤須以本鄉本保籍為原則

2. 絕對禁止佑投頂替、買賣虜持及調鄉情弊

3. 須注意壯丁體格，因現時欠額皆係出國兵，不能敷衍塘塞

4. 因八甲八兵運動業已嚴令各鄉鎮應照年額分配各保，如計算業係已超較，即作該保三十四年度兵額，如未催征足，即令嚴催趕辦

5. 凡將本年度兵額征清之鄉保，仍須繼續征集，作為三十四年度兵額（志願出國兵）

三、招募志願兵事項應由各鄉長隊附切實協助該營幹部辦理，並注意至少須照本配志願兵額募足

四、懲獎事項：

1、凡依限繳清欠額並能超額或協助招募志願兵者，督導人員及鄉保長隊附均各記功並報請上峰獎敘。

2、如在十月底以前尚未繳清欠額者，依左列各項懲處之：

(1) 每保欠丁二名者，保長撤職，保隊附提充兵役。

(2) 每鄉欠丁五名以上者，鄉長記大過一次，鄉隊附撤職；欠十名以上者，鄉長交軍法審訊，以玩忽兵役論，並鄉隊附提充兵役。

(3) 督導人員督導之該鄉鎮兵額欠兵在五名以上者，追賠旅費並予記過處分。

3、征兵違法舞弊者，鄉保長隊附依法懲究，督導人員並負連帶責任。

〔乙〕督辦壯丁調查冊表

五、本年度壯丁調查各種表冊統限於十月十五日以前造報並整理複查完竣。

六、調查應注意事項：

1、由鄉鎮公所會同保隊員警、保甲長隊附、戶籍幹事根據戶籍冊調[illegible]合格

及遇公壯丁名册按保甲户口順序切實調查

四、壯丁年齡人數務求絕對確實不得有謊報錯亂及偽造免緩役情事

五、調查完竣即行造各種名册（所有册表業經本府於卅六年十二月以軍役字第一一八八號訓令檢發各鄉鎮公所）依式具報一面分將所有壯丁分保列榜公佈任由人民公開檢舉或控告

六、壯丁調查應報名表如次：

1、壯丁名册應造報一份（各鄉公所須自造一份存查）係以年滿十八歲至四十五歲之男子無論現役緩役或免緩禁停役等原因均一律列造惟於免緩役欄及狀況年月欄內註明以憑審核

2、免緩役壯丁名册應報二份係根據壯丁名册將免緩役者提出列造一份

3、抽籤壯丁名册應報二份係根據壯丁名册除去免緩禁停各役及抽籤役者外將其餘壯丁列為一册

4、及齡壯丁名册應報二份係按抽籤壯丁名册內以年滿二十歲至廿五歲者（即

年屆二十歲至二十五歲五個年次之壯丁摘出列造
5、免緩役之曾照各條免緩役者每人造具一份
6、免緩役各役證件（如修命狀、醫生證明書、畢業、肄業證書、職業證書及
營業證明書、法院判決書或抄本及鄉保甲長切結證明書等）
7、無論以何緣故，條例規定免緩役時，由甲保鄉長層級出具連環壯丁名冊呈報
8、統計表一份（附式樣一份）
又國民兵應役年次壯丁名冊應依徵令飭限十一月五日以前趕造完竣，并將統計
表一併呈報
八、編查時務希嚴密切實辦理
八、本區各縣丹表各鄉多未填報者，由部將原件檢交督導人員切實抽查複查
改正，錯誤者并嚴飭補行填報，仍由縣補造全份一併帶回
9、本報鄉鎮、縣政府第七條所列各項丹表一律務必帶回團部
九、獎懲

八、認真辦理者，鄉鎮長、隊附、協助督導人員報請獎叙。

九、違限不完者，鄉鎮長記大過，鄉鎮隊附撤職，督導人員議處。

十、查出藏匿漏丁者，檢舉發現漏丁每甲二人以上者，甲長撥充兵役；每保五人以上者，保長撤職，保隊附撥充兵役；每鄉鎮有二十五人以上者，鄉長撤職，鄉隊附充兵役。

附統計表式樣

樊山縣　鄉鎮造報三十三年度壯丁統計表

保別	甲級壯丁						乙級壯丁						合計	備
	應徵	免役	緩役	禁役	停役	小計	應徵	免役	緩役	禁役	停役	小計		
第△保														
統計														

附記：本表視各該鄉保數多少申縮列造

璧山县知识青年志愿从军征集委员会关于成立县知识青年志愿从军征集委员会致璧山县立初级中学的公函（一九四四年十一月）

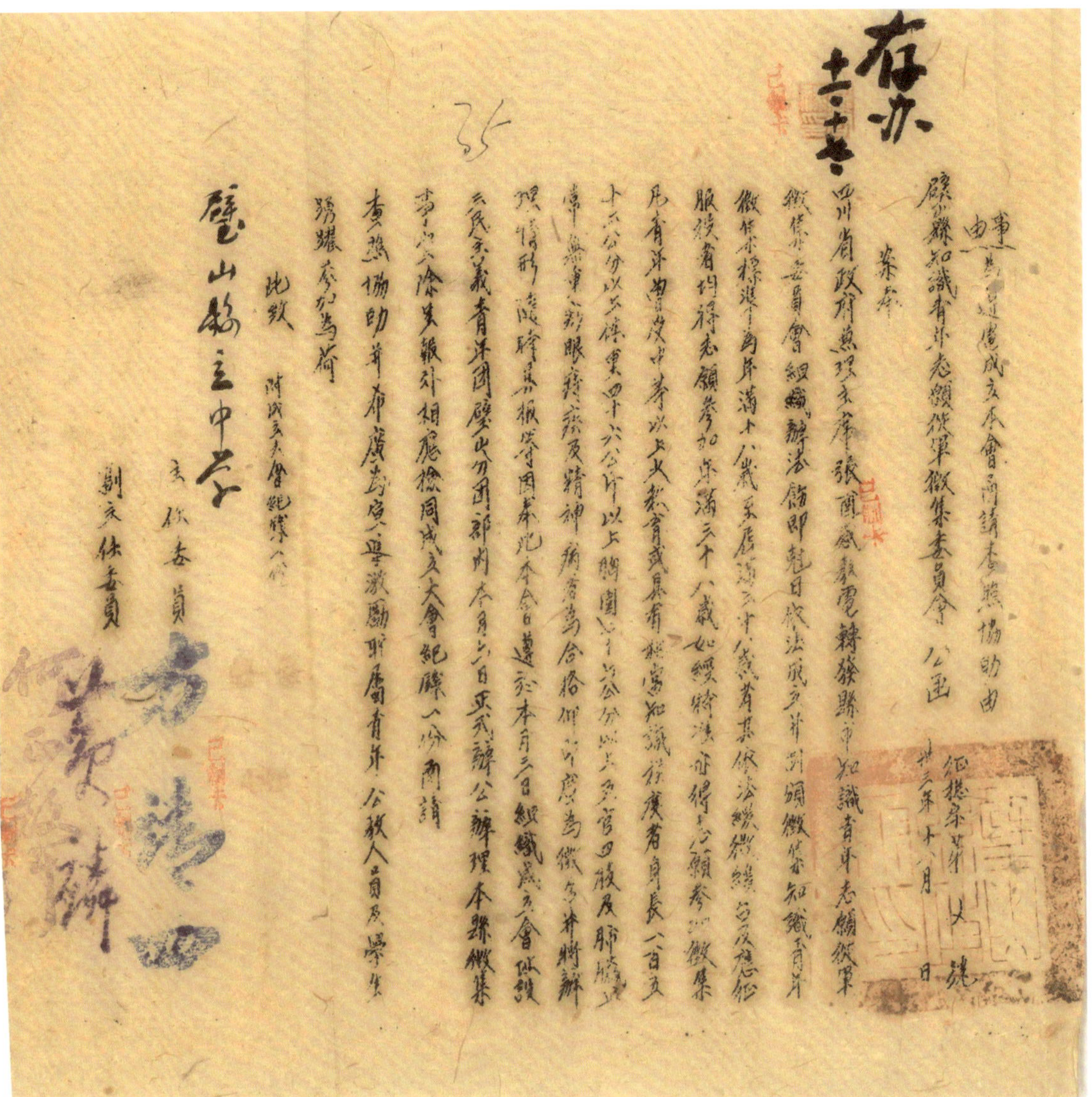

事由：为遵选成立本会函请查照协助由

璧山县知识青年志愿从军征集委员会 公函 征想字第　号 卅三年十一月　日

案奉

四川省政府蒸理主席张函参教电转发县市知识青年志愿从军征集委员会组织办法饬即克日依法成立并规颁征集知识青年征集标准：凡年满十八岁至满三十五岁者其依法缓征缓召及应征服役者均得志愿参加，年满三十八岁如经特准亦得志愿参加征集，凡有初中毕业以上之教育或具有相当知识程度者身长一百五十六公分以上体重四十六公斤以上胸围八十五公分以上五官四肢及肺脏正常无色盲眼疾及精神病者为合格，仰即广为征召并将办理情形随时具报等因。奉此，本会遵于本月三日组织成立本会，依照三民主义青年团璧山分团部内本月六日正式办公，办理本县征集事宜。除呈报外，相应检同成立大会纪录一份，函请

查照协助，并希广为宣传，举激励所属青年公教人员及学生踊跃参加为荷。

此致

璧山县立中学

附成立大会纪录一份

主任委员

副主任委员

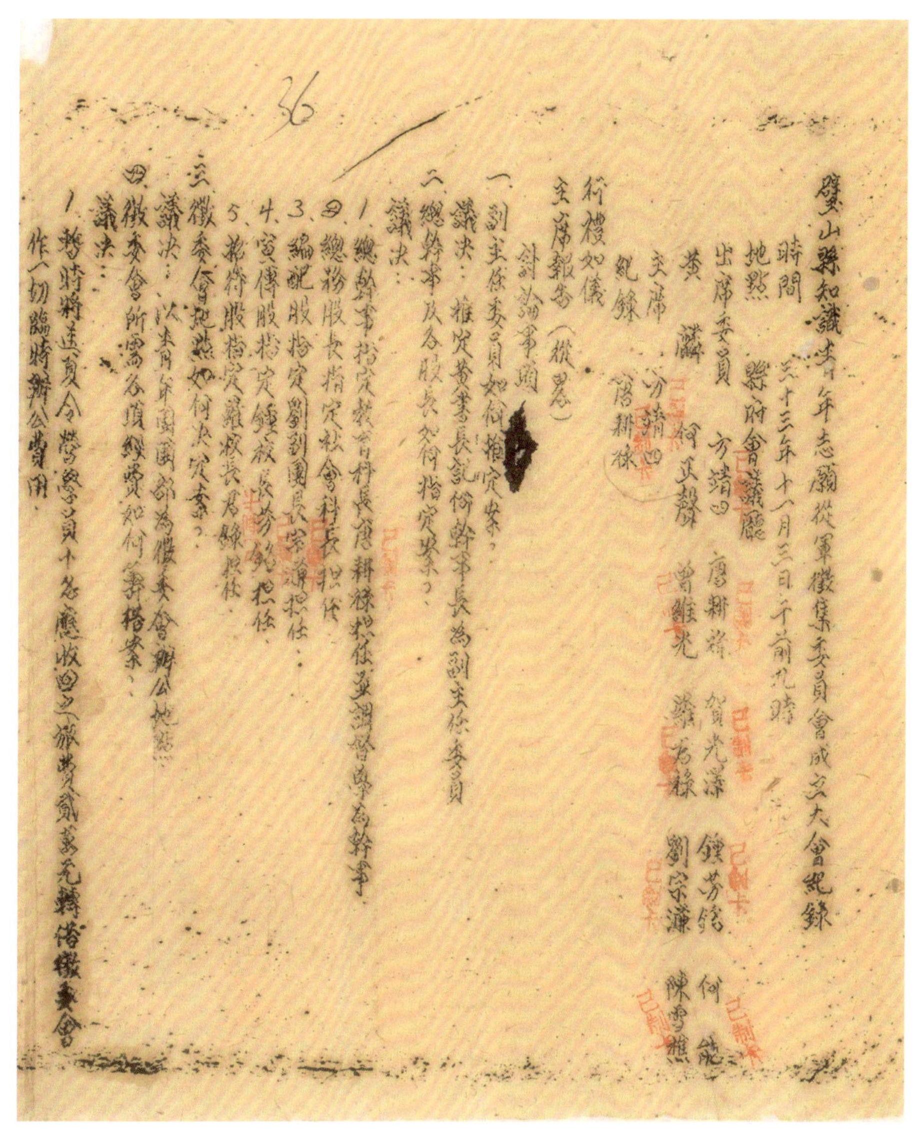

璧山縣知識青年志願從軍徵集委員會成立大會紀錄

時間　三十三年十一月三日午前九時

地點　縣府會議廳

出席委員　方靖四　唐耕祿　賀光濂　鍾芬銘　何能

黄瀛　柯更馨　曾維光　蔣君祿　劉宗濂　陳雪樵

主席　方靖四

紀錄　唐耕祿

行禮如儀

主席報告（從略）

討論事項

一、副主任委員如何推定案。

議決：推定黄書記長、何幹事長為副主任委員

二、總幹事及各股長如何推定案。

議決：

1、總幹事推定教育科長唐耕祿擔任，並調督學為幹事

2、總務股長推定社會科長擔任

3、編配股推定劉副團長宗濂擔任

4、宣傳股推定鍾股長芬銘擔任

5、稽核股推定蔣股長君祿擔任

三、徵委會地點如何決定案。

議決：以本年青年團團部為徵委會辦公地點

四、徵委會所需各項經費如何籌措案、

議決：

1、暫時將選送會學員十名應收回之旅費貳萬元移作徵委會作一切臨時辦公費用、

2. 其餘經常費應報請示。

五、師範生問題如何解决案。

議決：由本會向全國知識青年從軍指導委員會請示。

六、志願從軍登記處如何設置案。

議決：

1. 城區在（1）縣府設登記處一處（2）黨部（3）團部各設登記處一處，東站社會服務處設登記處一處。

2. 中等學校由學校主持人自行登記完善後彙送本會辦理。

3. 各鎮鄉以中心國民學校為該鎮鄉登記處。

七、編配地點如何决定案。

議決：以縣訓所為編配地點。

八、公教人員如何徵集案。

議決：由徵委會函請縣府轉令縣屬各機關先行造報職員姓名資歷年籍清冊，以便依法徵集。

九、如何激勵已報名之知識青年案。

議決：

1. 利用 總理誕辰紀念大會由委員及全體委員用種種方式作擴大宣傳。

2. 已報名之青年在 總理誕辰紀念大會設席優待。

十、本會辦公時間如何决定案。

議決：自下週星期一（十一月六日）起，每日午後一至三時為辦公時間。

會成於三十三年十一月三日午前十一時。

璧山县政府关于再令饬督导征兵及办理壮丁调查册表注意事项致临江乡队部的训令（一九四四年十二月五日）

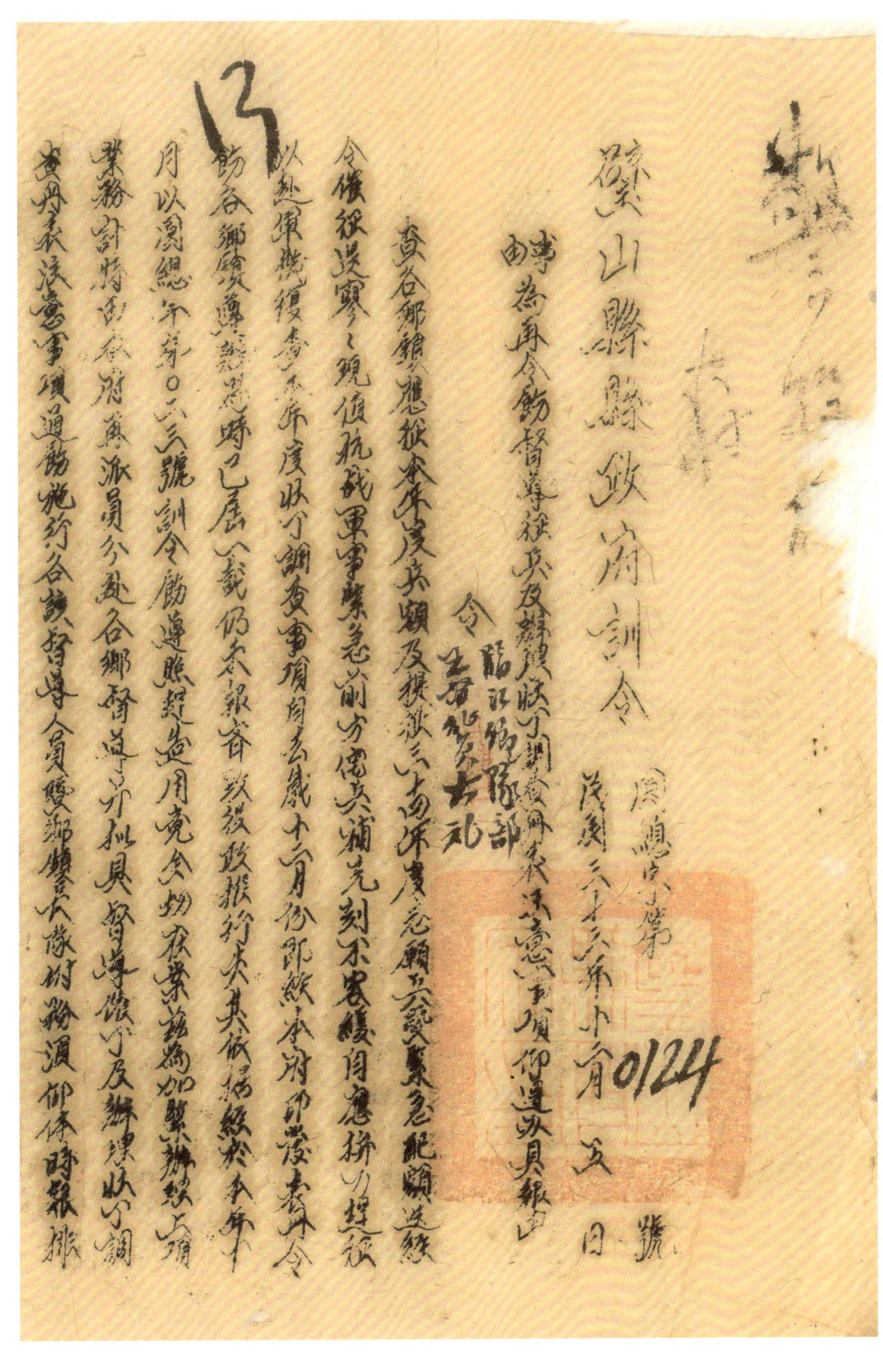

璧山縣縣政府訓令

府總兵字第 號

民國三十三年十二月五日

事由：為再令飭督導征兵及辦理壯丁調查冊表注意事項仰遵照具報由

令臨江鄉隊部 [illegible]

查各鄉鎮應征本年度兵額及積欠[illegible]年度兵額[illegible]緊急趕辦迅速令催征送[illegible]現值抗戰軍事緊急前方需兵補充刻不容緩自應拼力趕征以赴事機復查本年度壯丁調查事項自去歲十二月份即經本府印發表冊令飭各鄉鎮遵照辦理時已屆一載仍未報齊致役政推行失其依據經於本年十月以府總兵字第〇六三號訓令飭遵照趕造用竟全功在案茲為加緊辦理上項業務計特由本府派員分赴各鄉督導並予擬具督導[illegible]及辦理壯丁調查冊表注意事項通飭施行各該督導人員蒞鄉鎮會同隊附務須即依時報[illegible]

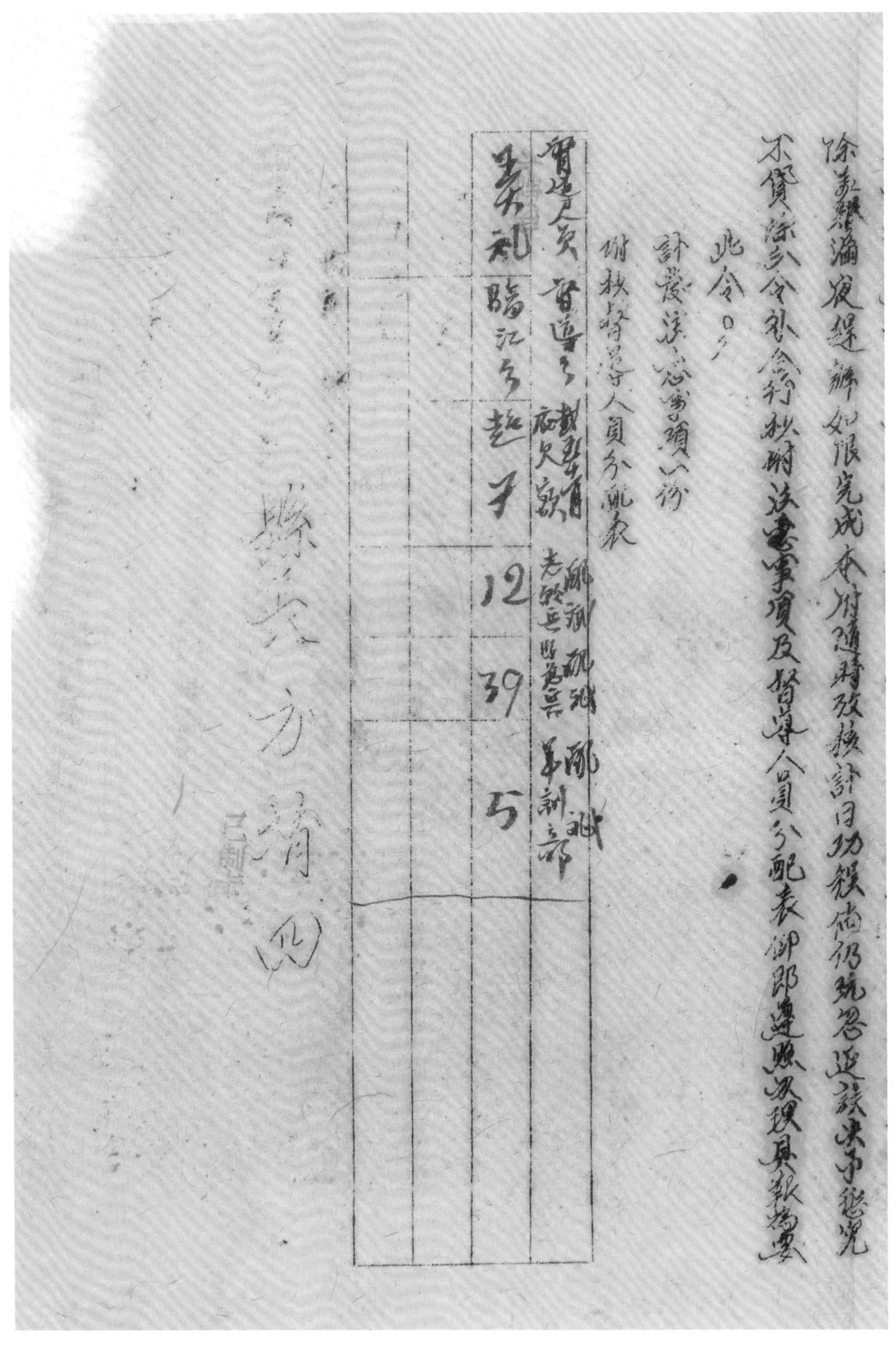

除令縣從速辦理，如限完成，本府隨時派員考核，計日功課，倘仍玩忽延誤，決予懲究不貸。除分令外，合行抄附該案事項及督導人員分配表，仰即遵照，切實具報為要。

此令。

計發該案事項一份

附秋季督導人員分配表

督導人員	督導鄉	劃定督導鄉數	聯保組織老弱兵	編組編隊	聯保訓練部
吳禮	臨江鄉	起平	12	39	5

縣長 [illegible]

附：璧山县调民兵团督导征兵及办理壮丁调查册表注意事项

璧山县调民兵团督导征兵及办理壮丁调查册表注意事项

一、各乡镇本年度兵额及提征卅四年度应征兵额志愿兵[illegible]

各乡镇团兵额务限于一月廿日以前扫清

二、征兵应注意左列各点

1、应以中签壮丁志愿壮丁及漏丁与逃役壮丁及号丁等为对象志愿壮丁尤须以本乡本保籍为原则

2、绝对禁止估拉、须贿买、虐待及拥卿情事

3、须注意壮丁体格不能以老弱充数敷衍搪塞

三、奖惩事项

1、凡依限扫清上项兵额者督导人员及乡镇保长保附均各记功并报请上峰奖叙

2、如至一月十日尚未扫清兵额者依左列各项惩处之

（1）本保以欠丁二名者保长撤职保附提充兵额

（九）逃鄉壯丁五名以上者鄉長記大過鄉隊附保長即撤職壯丁十名以上
者鄉長拘送法院依妨害兵役治罪鄉隊附保甲長并撤職查辦
役
（十）督導人員督導之每鄉鎮有逃丁五名以上者追緝[illegible]等
予相當議處
十一、征兵違法舞弊者鄉保長隊附依法懲處督導人員並應
負連帶責任
（一）督征壯丁調查冊表
四、本年度征壯丁調查各種冊表統限於十二月十五日以前造報並[illegible]
（二）調查完竣交各督導人員守候回部
（三）調查之注意事項
1、由鄉鎮公所全體職員督同保甲長隊附户籍幹事按照户口
籍冊國民兵各[illegible]冊按保甲户口順序切實調查

2、壯丁年齡人數務求絕對確實，不得有謊報錯亂以偽造免

緩役情事

3、調查免緩役壯丁應依各種冊表，照三十二年十二月兵役實施第1104號

訓令附發之各種冊表樣式，轉飭各鄉鎮保甲長依限具報，並將該有壯丁

分保列榜公佈，准由人民公開檢舉，以昭公允

六、壯丁調查之表報冊表如左：

1、壯丁名冊應造報一份（各鄉公所須自造一份存查），係凡年滿十八歲

至四十五歲之男子，無論現役、在營或免緩禁停役者，應一律詳查

編造入冊，惟於免緩役欄及在營年月欄，並應切實填明，以憑審核

2、免緩役壯丁名冊應呈報二份，係根據壯丁名冊將免緩役者摘出列造

3、抽籤壯丁名冊應呈報二份，係根據壯丁名冊除去免緩禁停各役及現役者

外，將其餘應徵壯丁一併列入

4、應齡壯丁名冊應呈[illegible]，係就抽籤壯丁名冊只將年滿（[illegible]）

者均（即[illegible]查閱年次）之壯丁提出列造

六、免缓役申请者凡欲请免缓役者每人应具（附）

6、免缓役案内所须证件为任命状、资格证书、毕业证书或肄业证书、服务证明书

在各该机关……须经……核……以乡保甲长切结证明书为之

不许……各……不得……应报……以……

造报……十……例……

8、……丁……各……免缓役……乡……应具……

9、统……

10、……

7、……

查……

各……

案……

又如……

乙、優錄者先派鄉鎮長，次派大志鄉鎮保甲機關幹部若干人冥議處

丁、查一兵或數家告發舉報兩丁，每甲二人以上者甲長提交兵役，

每保五人以上者保長撤職，保隊附提交兵役，每鄉鎮有兩丁

卅五人以上者鄉長撤職，鄉隊附提交兵役

樂山縣

鄉鎮報三十六年度役壯丁統計表

保別		第　保		統計
甲級壯丁	應征			
	免役			
	緩役			
	禁役			
	停役			
	小計			
乙級壯丁	應征			
	免役			
	緩役			
	禁役			
	停役			
	小計			
總計				
備　攷				

統計：本表現為該鄉保數多少自行編制造

永荣师管区司令部一九四五年度临时兵役会议记录（一九四五年一月五日）

永榮師管區三十四年度臨時兵役會議紀錄

時間：三十四年元月五日

地點：司令部大禮堂

出席人：少將副司令[illegible]夫　[illegible]上校[illegible]　上校[illegible]

負楊正璞　[illegible]上校[illegible]　一等軍需正

韓成文　中校[illegible]　中校軍法官王

維祺　少校[illegible]三　[illegible]　少校副官陳[illegible]

永川縣縣長楊[illegible]壽　永川[illegible]團長劉[illegible]

榮昌縣縣長[illegible]　榮昌[illegible]團長劉伯英

銅梁縣縣長張[illegible]　大足[illegible]團長楊[illegible]

璧山縣縣長方靖國　璧山[illegible]團長黃維社

補充第八團團長蕭[illegible]　補充第六團團長黃[illegible]渠

補充第三團團長羅曉初　永川青年團幹事長張洪昭

永川地方法院首席檢察官王[illegible]　永川縣黨部

永川縣參議會

主席：黃金春兆鉞
記錄：周　兵　蔣集高

行禮如儀：

（七）主席致開會詞：

諸位來賓縣長副團長今天鄙處召集三十四年度臨時兵役會議主要目的在求達到上峯意旨短期內征集大量兵員以應急需撥交時間迫急深恐誤戎機特召集各鎮來此共策進行此次本處奉配緊急征額（2500）名本縣攤派（1500）名應於三十三年十二月上旬起至三十四年元月上旬止分三期完全掃清限將屆相差尚多各級人員對此尚待更加努力十二月下旬兵役部派楊督徵官來處督征撿談並奉兵役部及軍管區電飭每師區均應於二月前征足壹萬名十二月廿八日兵役部徐次長過永談稱委座召談二小時諄諄告誡以戰局緊急需兵孔殷刻正竭夜準備發度發三十四

17

年度配額不得再緩繳，限於六月底前完全征清。查本年額為（166037）名，若按該次長所言，則六月底內難征清之數尚多。（166037）各縣然吾人決不[illegible]於[illegible]又[illegible]盡此時機已至最後關頭矣，[illegible]於此時[illegible]以為最關鍵在此八刻，刻不容緩，此時若不努力，勢[illegible]努力之[illegible]矣。適來各部隊兵員缺額補充甚急，以[illegible]此次常[illegible]意各鄉[illegible]總奉會令均截限於卅二年十一月底前交清，緊急配屬部隊。乃因各縣多係觀望，以為交清年征額即為能事，並以後兵為照例，不加重視，彼此觀望，企圖拖延，希冀倖免，此種思想及其謬誤。最近本人曾到各縣，乃[illegible]鄉鎮長開會，深知各級人員認識不清，[illegible]情形，[illegible]為抗戰前途之大危機，特於此次動員會議時，即[illegible]風望，[illegible]長沙失守，衡陽守軍[illegible]力不足，自衡陽於堅守[illegible]日再度失守，使敵更長驅直入，到處無阻，桂林柳州於二十六小時內同時陷落，瞻懸。

来方人欲解已清纸上震动浯部人心影響不可終日與旅次
致此者乃因兵員更形缺乏兵力空虚之故各軍師番号数
目如舊而内部空虚兵力不足以至釀成民楊戰事勝敗關
係於國本之安危猶戎敵騎深入吾人豈不幸免時至今日
退無可退避之境計唯有見拚而已與其淪亡後再圖掙
扎不如預為之謀今日正當緊要關頭惟有究其前線收復
失地始有光明前途甚盼各位不憚煩言曉諭各鄉保遵
行如期如數繳成任務以應戎機其有抵兵不力之鄉鎮保
長各縣必須切實調查屬行獎懲務期澈底執行勿稍徇情
師區对於各縣負責人亦必實行獎懲處部長对此當表示
澈底執行之决心[長]專員清源亦曾與本人協商聯繫此外
如醫藥力量亦為[縱兵]有效辦法之一最近抵達情形良好
即因醫藥[條件]所致[節]一致遵行請每縣劃分為若干區每區
派專員一人期與各派人員分頭負責其地督促實施師管
[illegible]隊七縣與永川縣所設負責會同[illegible]人作收

19

茲頌宏璧山縣亦因派人督催有方收效亦好今後若能加强督導力量縣府多派高級人員出發成效當更宏大也

此次會議各縣參加人員均極踴躍惟大足縣郭縣長因交通銅梁縣張副團長因病未到希各位盡量供獻意見同來研討共謀妥善改良方略以策進行

甲、報告事項（畧）

乙、討論事項

甲、關於征募事項

一、案由：本年度征額奉令於六月底以前由各保按甲抽簽一次征清案

辦法

由各縣按照鄉保甲適齡壯丁數分保或鄉抽簽或發動自願兵如限交清

決議：由各縣按照各鄉鎮適齡壯丁數字，秘密將來征額一次

征齊或適用卅三年賸餘數並發給舉滿丁或緩勤餉

鎮長如限交清

要目：如何獎懲以期如數征集案

辦法

一、如期如數征清者，鄉鎮長呈請層峯傳令嘉獎並由師區

發給獎狀

二、征足七成以上者，由師區傳令嘉獎，征足六成者免議，不

足六成者撤職，四成以下者撤職送法院查辦

決議：一、如期如數征清者，呈請上峯，縣長以上人員存記，副團長

僅一級鄉鎮長報請層峯給獎

二、在限期內征足八成者，縣長、副團長由師區呈請給獎

其餘各級人員由師區給獎，征足六成者免議，不足六

成者議處，四成以下者從嚴法辦

20

（三）案由：按時呈報壯丁月報表及領兵冊擬以利層轉案

辦法

甲、各縣國民兵團自卅四年八月份起並應切實遵照頒發壯丁月報表確實詳填並連同領兵冊按一併報部以便彙轉

乙、各縣國民兵團征發壯丁月報表及領兵冊按統限於每月次月五日前報部並將每月征發壯丁總數於次月一日電報如逾限未報之縣即依層頒遺誤表報處罰辦法懲處、議處

決議：照原辦法通過

乙、關於編練事項

（四）案由：如何加緊實施國民兵集訓暨訓練請公決案

辦法

（1）各縣役齡壯丁本年度受訓練五期每期召集三個中隊

甲、緩國民兵本年第一期召訓民十、民十八、民十三年出生之國民

兵於一月十五日以前開始訓練

（二）後備隊訓練一律採集中在營制受訓，國民兵之給養以由地方自備為原則

（三）各團部於一月十五日以前擬具學術科實施進度表，連同後備隊駐地及施訓區域報告表呈部

（四）各期開始訓練及結業日期應先一週電報，以憑派員檢閱。於訓練期滿後即遵就已訓國民兵教育期滿名冊，併報部

決議：照原辦法通過

（五）鑒定各縣各級幹部輪流訓練案

辦法

（一）師管區幹訓班擬分兩期召訓，第一期自一月廿一日至二月廿日舉辦，第二期二月廿一日至三月廿日，第二期召訓各縣未受訓之鄉鎮隊附及後備隊中隊附、分隊長，各團部即將各期受訓人員及各該期召訓機關之人選擬訂問題詳為籌劃

(四)各縣團部與縣訓所合辦之兵役班兵團部將辦理每照開始及結業日期訓練時間畢業人數成績等第連同畢業員名冊呈部备案

(五)卅三年度各縣已办之兵役班逐期度報表呈統限八月二十日前造報

決議：該期緩办理以免影响征兵三月十五日開始八次五[illegible]受訓期三月

丙、關於軍需事項

(六)案由：奉部令轉飭各縣修建新兵營房如何辦修提請公决

案

辦法

(一)奉遵照本師管區及總案第[illegible]號代電轉呈致部渝檢[illegible]縣案第[illegible]號急代電辦發函說及修建办法办理

(二)就期關於祠费改修

〈三〉補助費由兵役部共補助陸拾萬元於各縣建築營房、
目號行動之
決議：照原办法通過補助費由師區發交縣府轉發建築
員會領用
〈七〉案由：各縣征招費計算書均未造報應如何办理請公決案、
辦法
卅三年六月以前者請照本師區師代會京第〈4391〉號代電附
發造報办法办理又卅三年七月以後者照本部師代會字第
〈[illegible]〉號代電办理之
決議：照原办法通過
下關於軍法事項
〈八〉案由：各縣处理兵役違法案件應切实認真办理並宜
及速結束案
辦法
凡各判縣案分發兵役違法案件應即飭縣轉飭如有办

該即迅予依法處理呈處，不得懸延，又如為誣控案呈復

決議：照原辦法通過

(13)案由：各縣查獲兵役違法案件無論被告有罪無罪均應付

抄審訊筆錄以昭慎重案

辦法

凡審訊兵役違法案件應將被告口供及證人証言或證物

紀錄然後抄錄八份連同呈文送呈以便彙核

決議：照原辦法通過

糧秣事項

徵募糧秣事項

1.卅三年糧丁年次統計表應於舊曆年底前繕送三份呈部以便彙轉

2.兵役法令摘要牌及兵役口號標語牌各須設置，不容再延，各縣應督飭各鄉

鎮限期完成

3.現待食谷凡未發清者限於舊曆卅三年底稱發清楚，並應即刻造發

放數字呈部備轉

九、卅五年秋季壯丁身家調查應切實辦理即於三月底完成具報

十、關於徵查兵役糾紛案件各須遵限查覆

編練提示事項

一、卅三年度考績表績序表等件務遵本部卅六年十二月廿日師副人字第五七三六號訓令規定之份數及限期送報來部

二、各團部單官佐屬保證書（新格式）限本月底彙呈本部

三、各縣團部尉級官佐職（各縣分隊官佐）非經本部核准有案不得任用

四、各級官佐在現職未滿一年以上者非有特別原因不得請求調職

五、裁編併團後之團部官佐應於卅日將詳歷書表呈部憑轉

六、民族復興節國民兵總點閱之情形報告參考表連同照片限一月十五日前報部

七、各兵團部秋冬兩季工作概況表速即造報

八、各縣國民兵已訓人數及訓練成績優劣報告表限一月十五日前報部

九、兵團部正副校團附（分駐督查）兩員須到差職常來辦公兼辦訓兩部門業務具報部備查以憑獎懲

（二）臨時動議：

1.司令交議：如何有欵速到如期如數征清案

辦法

1.澈底實行有欵獎懲限期征清年額

2.六月底征清者只收九成，八月底征清者交足十成，八月以後未清者加征一成，九月未清者則以玩忽兵役治罪

決議：照原辦法通過

2.憲兌部提議：迅速組織兵役宣傳機構以利征補案

辦法

1、組織縣鄉兵役宣傳機構

2、分區負責工作

3、組織細則由司令部擬就後通飭各縣遵行

決議：由區黨部擬定詳細組織辦法細則令縣施行

3、永榮璧等縣提：請核減配額以利征補案

理由：以縣境人口數本少而壯丁配額甚多兵員征集異常困難又以境內機關林立適齡壯丁投入各機關服役甚多無法征集

辦法

請核減配額以利征補

決議：報請軍區核示

璧山县国民兵团部关于报送一九四四年度工作报告书的呈（一九四五年三月）

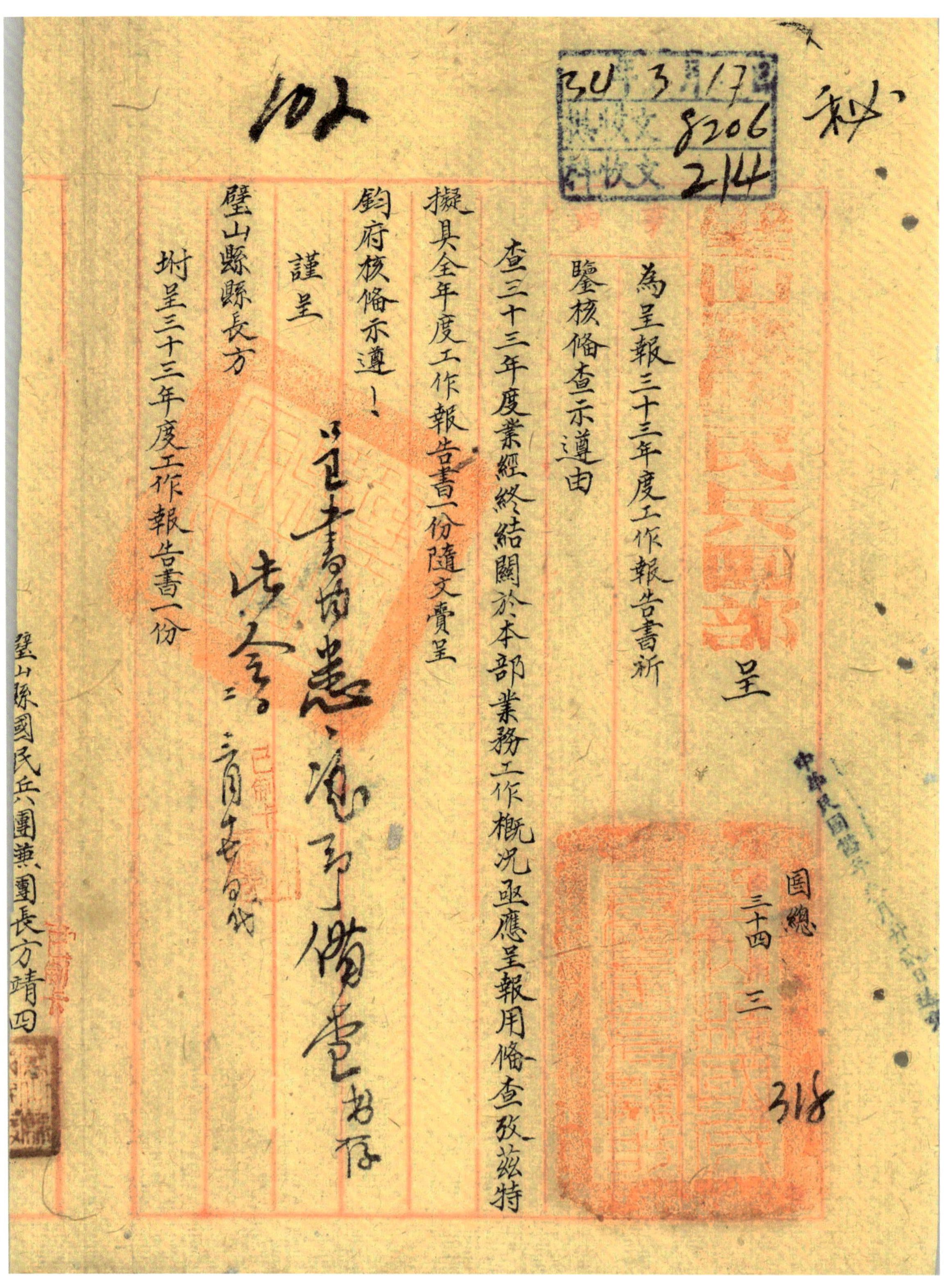
璧山縣國民兵團部 呈

為呈報三十三年度工作報告書祈
鑒核備查示遵由

查三十三年度業經終結關於本部業務工作概况亟應呈報用備查考，茲特
擬具全年度工作報告書一份隨文賫呈
鈞府核備示遵！
謹呈
璧山縣縣長方

附呈三十三年度工作報告書一份

璧山縣國民兵團兼團長方靖

103

璧山縣國民兵團部工作報告

一、工作檢討

（一）組訓檢討：查本縣國民兵組訓業務推行已久，因民智低落，一般國民兵能了解領會身體力行者甚鮮，大多不明政府意旨，以致時有規避情事發生。再加各級幹部學識經驗均感薄弱，故關於國民兵之組訓欲達預期之目的，首必健全幹部，求業務之進展，然後業務始入正軌，加強組訓，又作速成隊俾其次務。

（二）徵兵檢討：本縣徵集壯丁均曾依法宣傳，調查抽籤後開始徵集。時某壯丁逃役有計規避，再以境內軍事部隊機關工廠林立，時與征兵人員發生糾紛，或又數不肖保甲從中舞弊，對於征兵業務不能推利順行。

（三）優待檢討：查本縣出征抗敵軍人家屬優待，以全縣征屬之戶數按籌撥之優待公款核定發放數量，由縣府派員監發並由各鄉鎮造報冊榜，然仍發生弊端，以示公開。本（卅）年度係由各鄉鎮提撥積谷每戶發黃谷

一頁

乙、本省或縣轄辦發代金及撫卹條照章辦理轉發鄉令等

二、困難情形

兵之辦理徵兵，其事困難，尤其我國於推行之初即遇抗戰，事困難，而各師管區兼抗戰以來，前軍政部之兵役署而今之兵役部主持於上，師管區推行於下，而各地兵役幹部戮力苦幹，役政遂以暢通，推行數年，所收之兵歲有未能合理合法，如期如數，百分之百健壯達到前方，皆因政治之未能配合，一般民智之低落，及國民對兵役教育缺乏也。尤有甚者，土豪劣紳機關之多係包庇壯丁，處處阻撓役政，莫此為甚。目觀今之征兵之狀，多由農民苦力被征，將來發展法而能征兵者，全係土劣，而土劣必為之，之又發征之則困難重重，甚至對於辦理役政人員或隱害或竟遭殺戮，諸種事件層出不窮，不特一縣如此，多縣皆然。

丙、幹部：役政幹部為推行一切法令之首要，必須有充分之教育、能力可達成[illegible]任務。忠實之幹部有使命，忠實之幹部才可以在戰時兵役過程中樹立平

曉兵役之性質，使其要義明，使一般義務兵役基層人員知道如何作幹部，如何盡到幹部所應盡之責任，役政人員使明瞭如何輔佐主官盡中心職守，並樹最良典範，以兵役為國家要務也，希望藉以養成優秀紀律，明禮義，知廉恥。目睹今之幹部優良幹練身體力行者固多，然廢弛貪污違法者亦復不少，若不嚴加懲罰，役政障礙殊多。

三、役政概況

甲、徵兵類

1、宣傳：每逢各重要紀念日、國民月會、舊曆年節，均組織臨時擴大宣傳隊深入鄉村普遍宣傳法令，使人人皆知服兵役為光榮。關於重要法令均繕發縣府、國民兵團部及鄉鎮公所佈告，並登載本縣渝北日報，各鄉鎮對於各種重要法令亦有繕發張貼。

乙、調查：壯丁調查截至三十六年十八月底止，尚有少數鄉鎮未曾造報前來，現正嚴督趕辦中。

3. 抽签：遵照规定依法举行，间接抽签，于二十八年五月十七日当召集县
阁法团首长、附城乡镇长并有归原副区分会同在县府正式举行

4. 征集：二十六年度奉征额兵丁三千零四十三名，后奉配三
十四年度紧急配额乙千五百名，志愿兵四百六十一名，军训部缺额一百八十一名
共配总额六千八百四十七名，截至本年十二月底止，共计拨交三千四百三十名
（如附表二）

5. 缓役：早经令饬各乡镇将二十七年未发放缓役符号各种清册另文通饬
照原令规定之制度，并缴销，将令各乡镇应于二十七年十二月中旬以前呈
报各乡镇应缓役之征属户数及人数，并缴纳迄未缴，令催缴迄未缴部呈二十二八
年关于征属之优待，经于二十四年九月二十六日当召集各乡镇长会议
决议先由各乡镇造具征属名册及务呈于县府，令月一十五大会日每户
征属暂以二十六年度春耕谷每户一市石，不敷之数，由县府动支二十六年积
谷内拨用，俟查明后再交各册，及积谷分配完竣后再行补报

丁、抽訓調查

卜甲、本縣國民兵截至三十二年十二月底止共計普訓三萬四千八百

七名

乙、民族復興節國民兵總校閱情形：本縣分為城區、丁家、七塘三校閱城區計到城中、城東等十八個鄉鎮隊，共計應到受閱國民兵七二五零名，丁家區計到丁家、廣順等十個鄉鎮隊，共計應到國民兵一五八二零名，七塘區計到七塘、三溪、臨江等七個鄉鎮隊，共計應到國民兵二〇七二名，總計全縣共到校閱國民兵一六〇四二名

丙、經費現狀

卜、團部經費概況：查三十四年本縣列為一級團部，遵照縣預算額設官佐十七員、士兵六名，全年應領經費八萬五千六百五拾捌元，臨時費三萬六千九百元，按月查照上列總數具領，現除士兵官佐每月領米，須補助為貫乙千八百元，再以基本俸薪加三五成併入計算，又士兵每月副食費九十元

2、後備隊經理概況：查後備隊計四個中隊，遵照縣預算每隊額設官長五員，文書軍士一名，司號一名，全係兵夫，應領經費四萬零捌百四拾捌元，按月查照上列總數具領，每員每月領副食費三千八百元，士兵每月每名領九十元。

3、成立經理監察委員會：團部及後備隊公推會計股八人，會員十七人組織經理監察委員會，在每月發餉動支情形，於次月五日召開會議一次，將收支各款逐項報告。

四、請示事項

1、團部經費不敷開支：團部辦公費每月二千五百元，因物價~~收~~波動，實不敷約一萬五千元之譜，此項不敷之數，可否准予追加預算，在縣預備費項下動支，以維業務而免賠累。

2、督徵旅費：查際茲戰時期，非經派員分赴各鄉坐守督催，絕難達到如期如數徵交足額，每次旅費最低在二萬元左右，全年以三次計算，約共支六萬元之譜，此項費用以縣預算未加編列，無法開支，可否准在地方稅收超額項下動支，檢據報銷，以杜流弊。

108

乙、提高伙食標準、過去之士兵伙食除官長每月每員領食米三市
斗實不足養活可否與商部財員將過去公款只發錢改辦給食米
頃下的多少以合標準而資鼓勵

五、建議事項

一、分期徵集之兵可徵集每年分上下兩期最為適宜凡遇徵集
期間適令全國於中余力加緊趕徵完成任務之額其期間更長
（不得超過六月）每年并以五、九、（或五、十）月為當既不妨害農作復可
減免農時徵集之煩擾亦能合自則可利用加緊訓練國民兵之達成建
國庫節省之目的

乙、提高新兵優待查我國自征兵制推行以來服役者百分之

八千萬係貧民，我國習慣向為大家庭制度，如一人被征，關全家生活頓
受重大影響，倘不加強優待，解其後顧之憂，以免逃亡，其財源可將戰
時資本家及地主之過份收益及利潤，統由政府收作征屬優待及補
助抗戰經費之用，並優待發給標準，按征屬人口大小比例分配，並應
由國家統籌成立教養老院、征屬子弟學校、征屬工廠及征屬合作社，
使老有所養，幼有所育，壯有所用，則被征者無後顧之憂，逃亡可
以絕跡，役兵自然順利也。

乙、改善士兵待遇：應參照英美兩軍待遇，設法增高餉糈，
俾對士兵生活，無論衣食住行各方面，均較一般從事公務員為優，乃能
鼓勵士氣，免除逃亡。

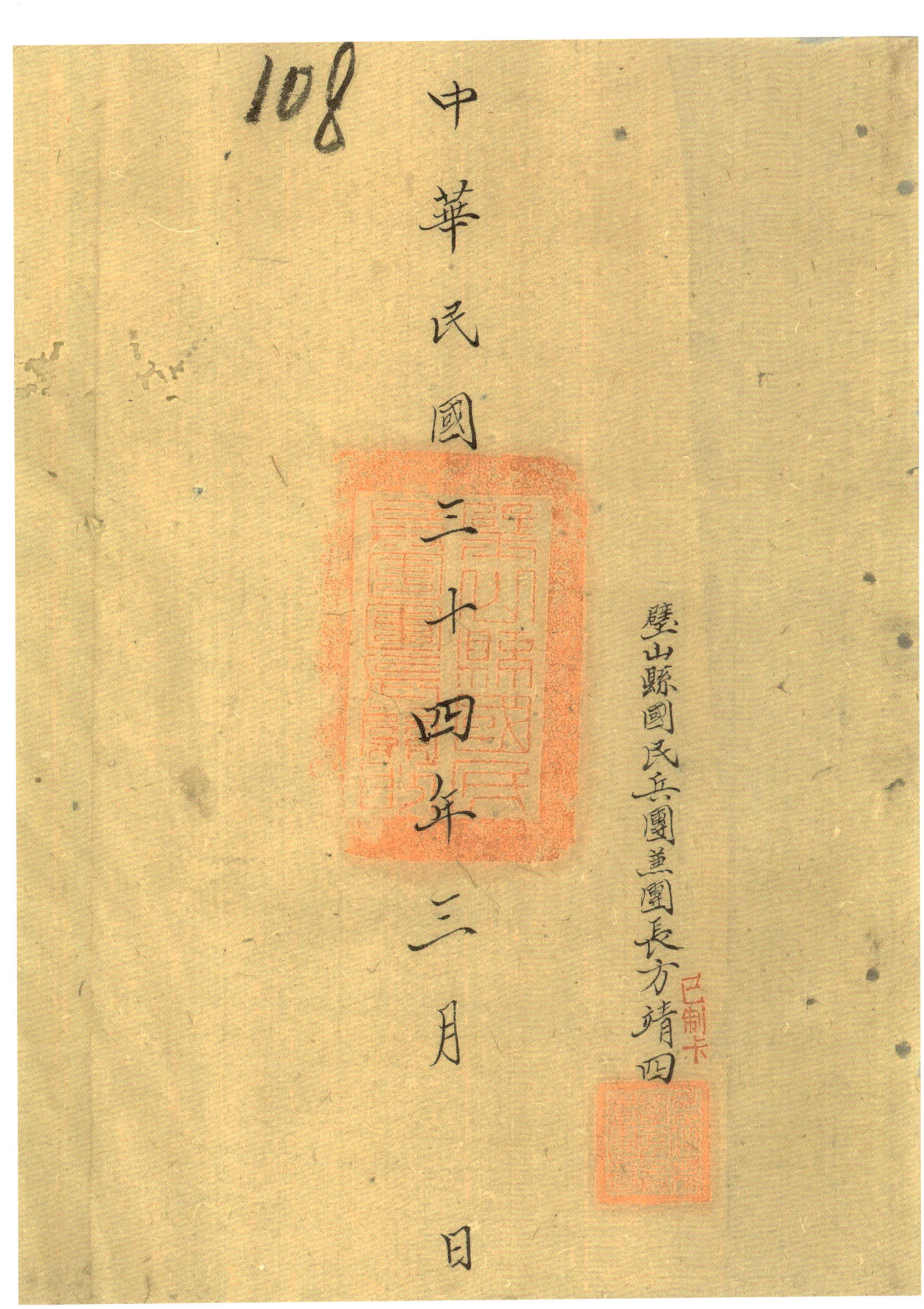

108

中華民國三十四年三月　　日

璧山縣國民兵團兼團長方靖（印）

已制卡

璧山县丹凤乡乡公所、璧山县丹凤乡乡队部关于填报刘万明抚恤调查表请予抚恤致璧山县国民兵团团部的呈（一九四五年四月十二日）

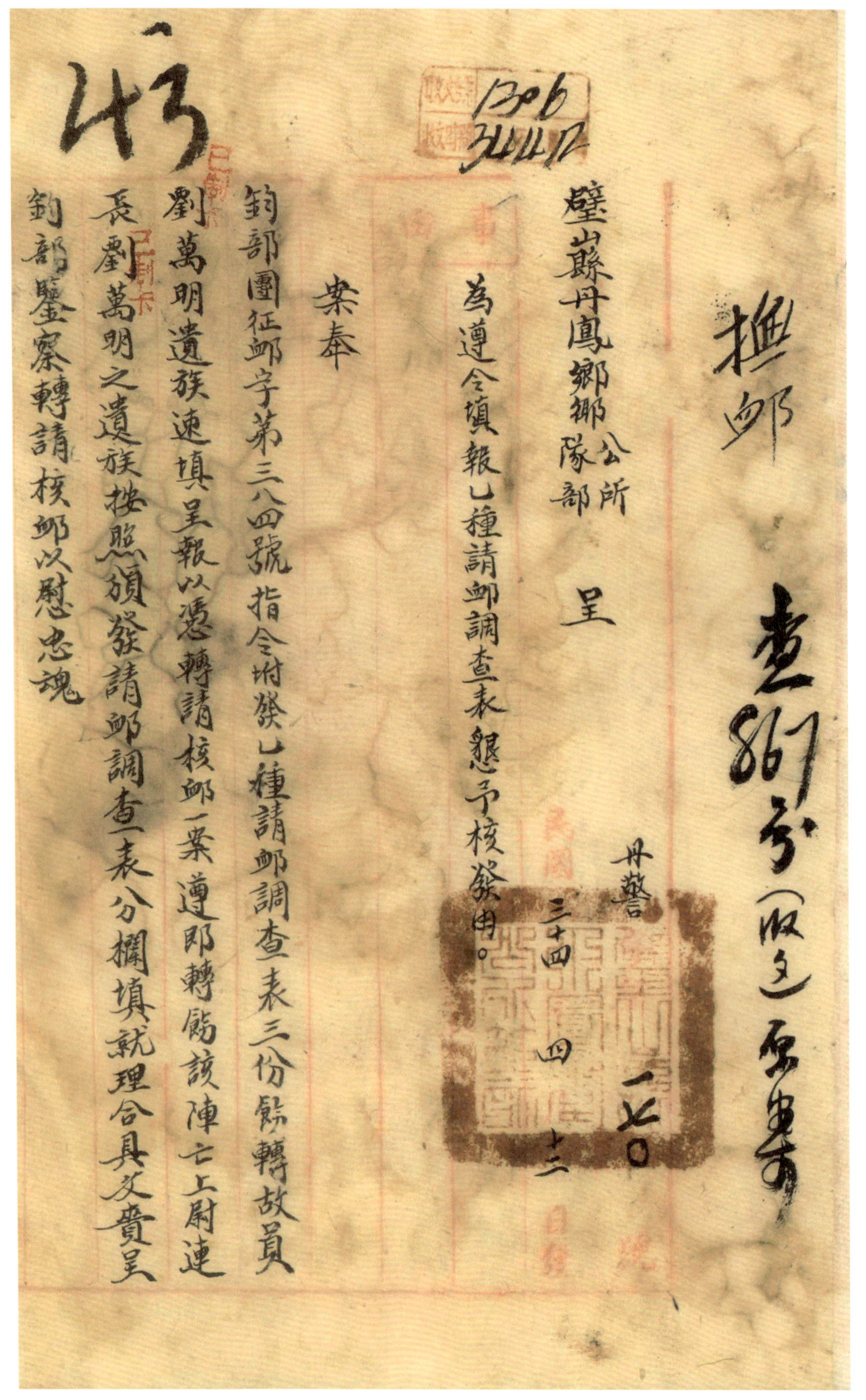

璧山縣丹鳳鄉鄉公所
璧山縣丹鳳鄉鄉隊部 呈

丹警 三十四 四 十二

為遵令填報山種請卹調查表懇予核發由。

案奉

鈞部團征卹字第三八四號指令附發山種請卹調查表三份飭轉故員劉萬明遺族速填呈報以憑轉請核卹一案遵即轉飭該陣亡上尉連長劉萬明之遺族按照頒發請卹調查表分欄填就理合具文賚呈

鈞部鑒察轉請核卹以慰忠魂

431

璧山縣國民兵團部副團長兼方　黄

計附費心種請卹調查表三份

鄉長兼隊長陳志嘉
　　隊附周治官

查故兵劉彭明即今現已奉發并將給與子劉劉兴財領去本件〇月停卽就檔卷查案今尚未能查出且無再办必要擬即存查

七、十九

速檔歲[illegible]

附：请恤调查表

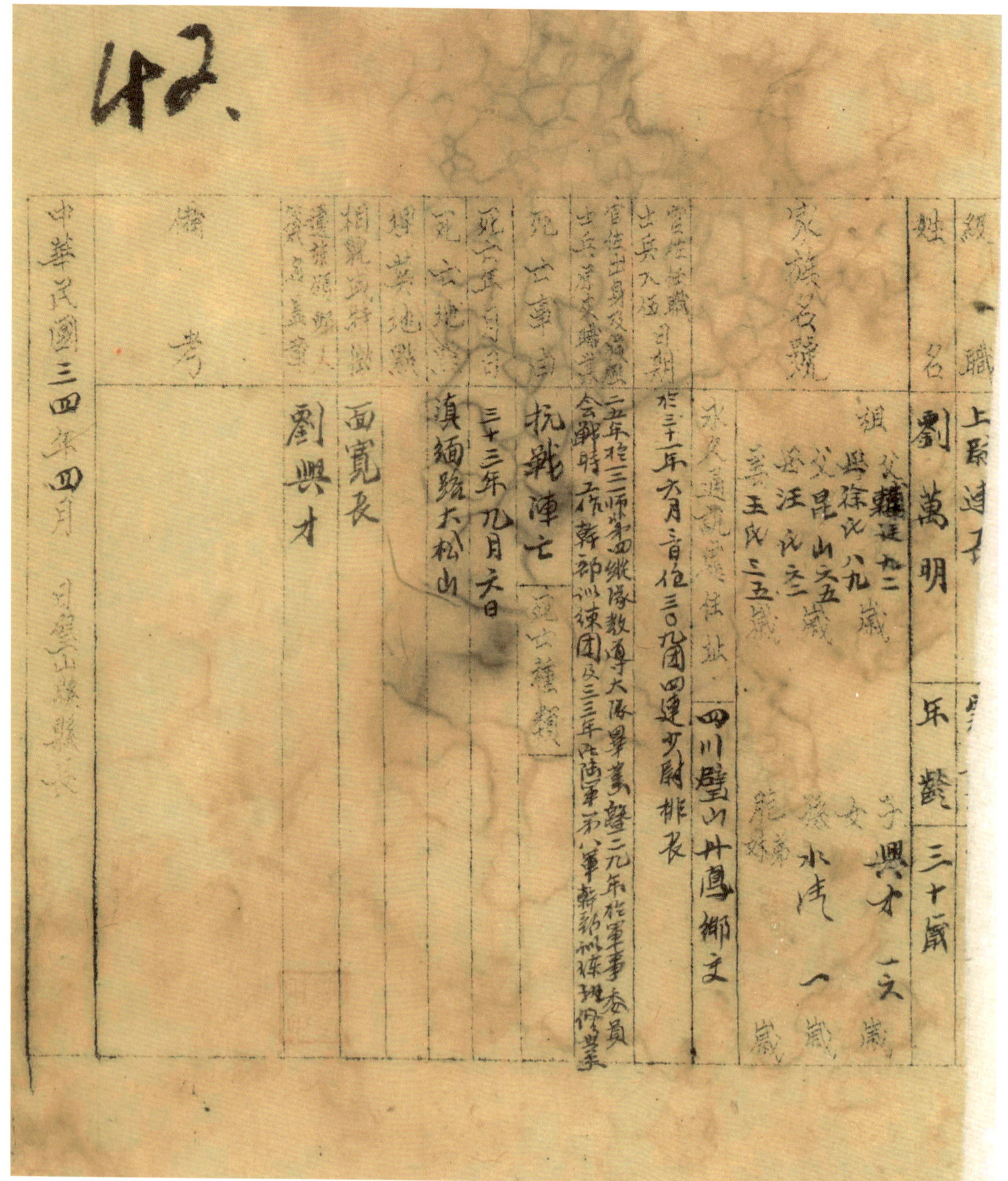

142.

級職	上尉連長
姓名	劉萬明
年齡	三十歲
家族名號	祖父 劉□廷 九二歲 祖母 徐氏 八九歲 父 昆山 六五歲 母 汪氏 六三歲 妻 王氏 三五歲 子 興才 一六歲 女 水清 一歲 胞弟妹 歲
永久通訊處住址	四川璧山丹鳳鄉
出兵入伍日期	於三十一年六月首任三〇九團四連少尉排長
曾任出身及資歷	二五年在三一師第四縱隊教導大隊畢業，二九年在軍事委員會戰時工作幹部訓練團及三三年在陸軍第八軍幹部訓練班學業
死亡事由	抗戰陣亡
死亡種類	
死亡年月日	三十三年九月六日
死亡地點	滇緬路大松山
埋葬地點	
卹款領轉處	西寬長
遺族領卹人名義	劉興才
備考	

中華民國三四年四月 日 璧山縣縣長

璧山县青木乡乡公所关于报送青木乡从军合格青年名册的呈（一九四五年五月十日）

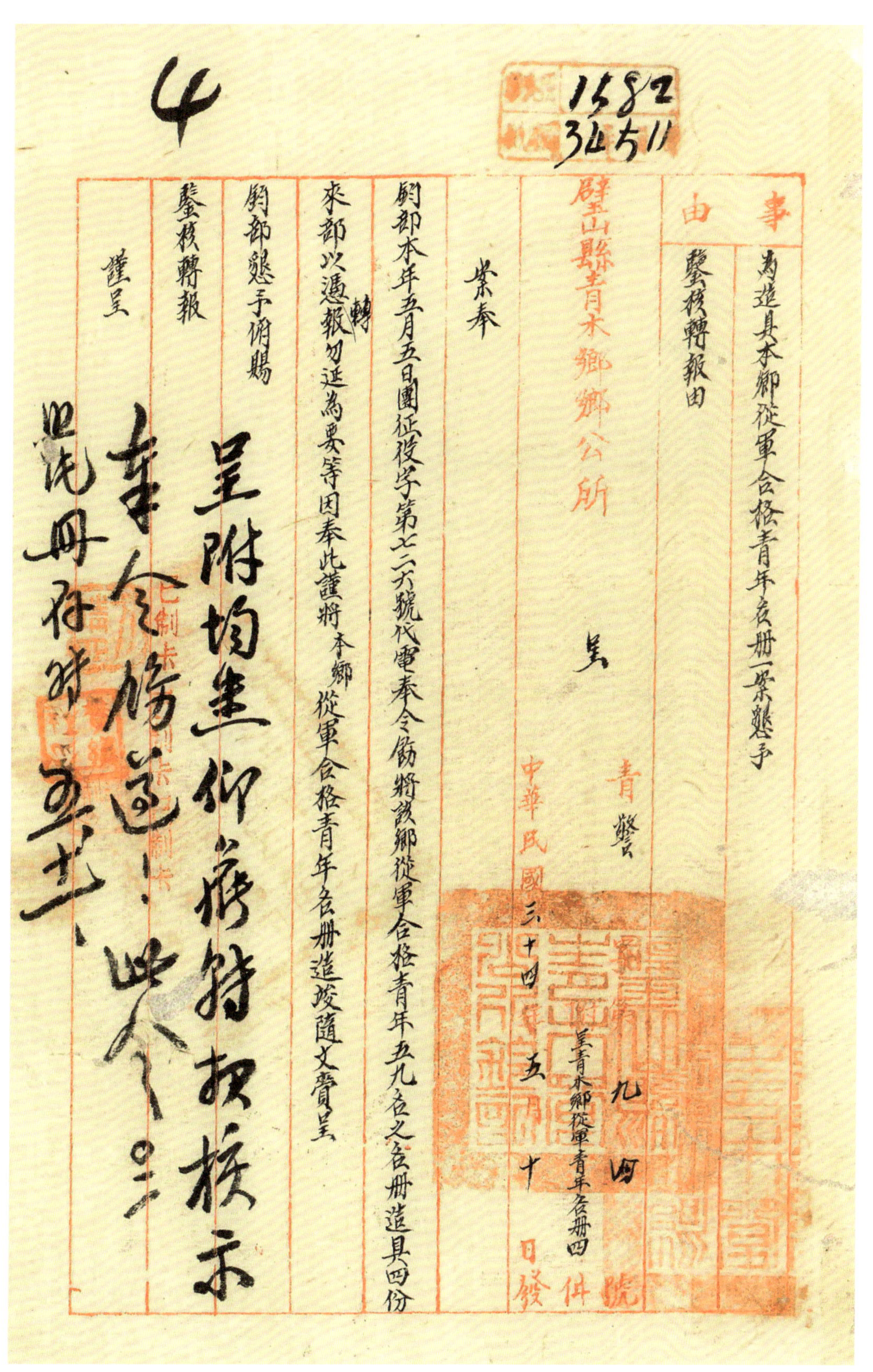

4

15802
36511

事由　为造具本乡从军合格青年名册一案恳予鉴核转报由

璧山县青木乡乡公所　呈　青警　九四号

案奉

钧部本年五月五日团征役字第七二六号代电奉令饬将该乡从军合格青年五九名之名册造具四份来部以凭转报勿延为要等因奉此谨将本乡从军合格青年名册造竣随文赍呈

钧部恳予俯赐

鉴核转报

谨呈

中华民国三十四年五月十日发

呈青木乡从军青年名册四件

呈附均悉，仰候转报核示。

华令、仿道、此令。五二

照抄册存查　五、廿二

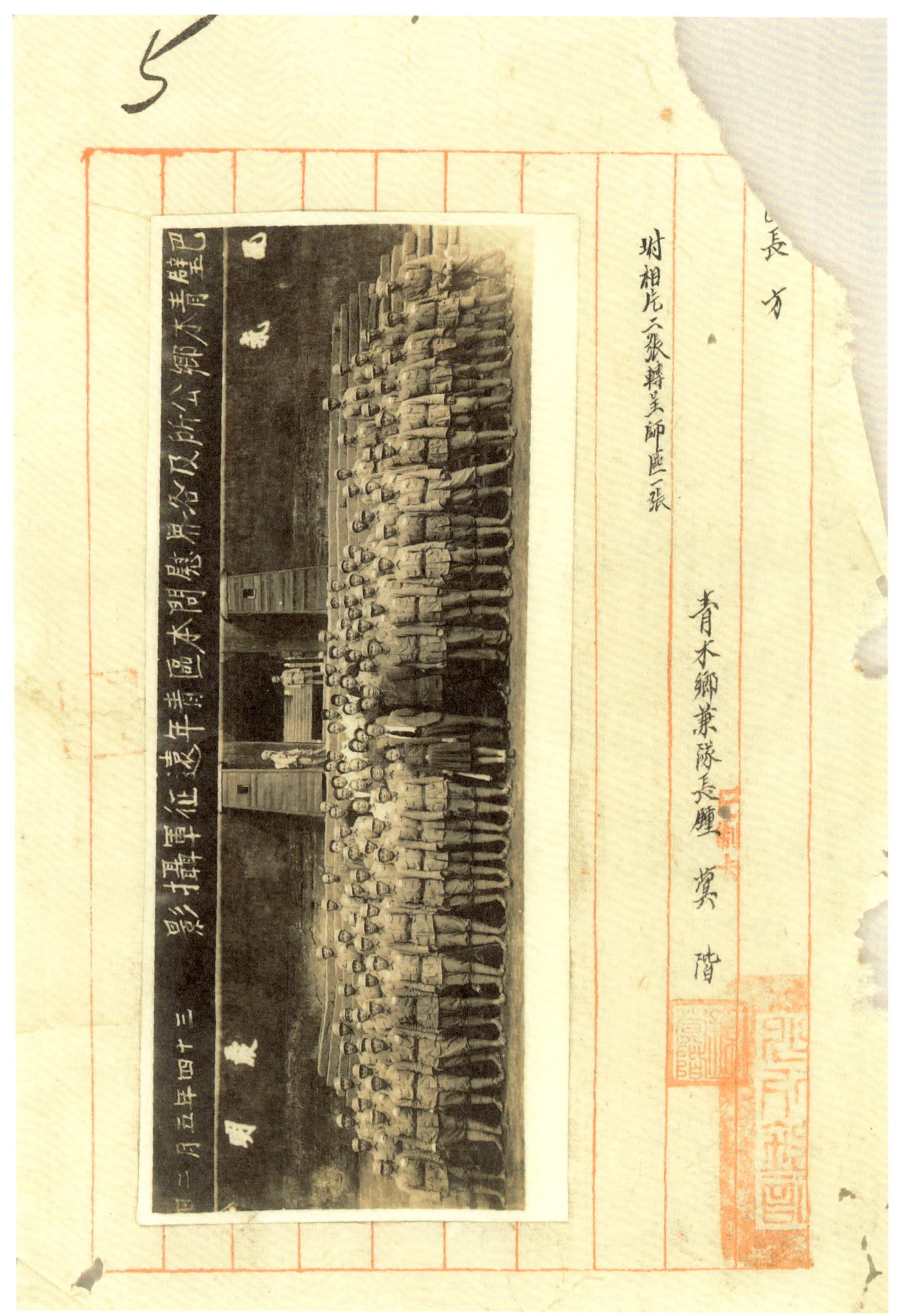

5

長方

附相片二張轉呈師座一張

青木鄉兼隊長壁 莫 階

6

璧山縣青木鄉青年知識軍志願從軍合格人員名冊

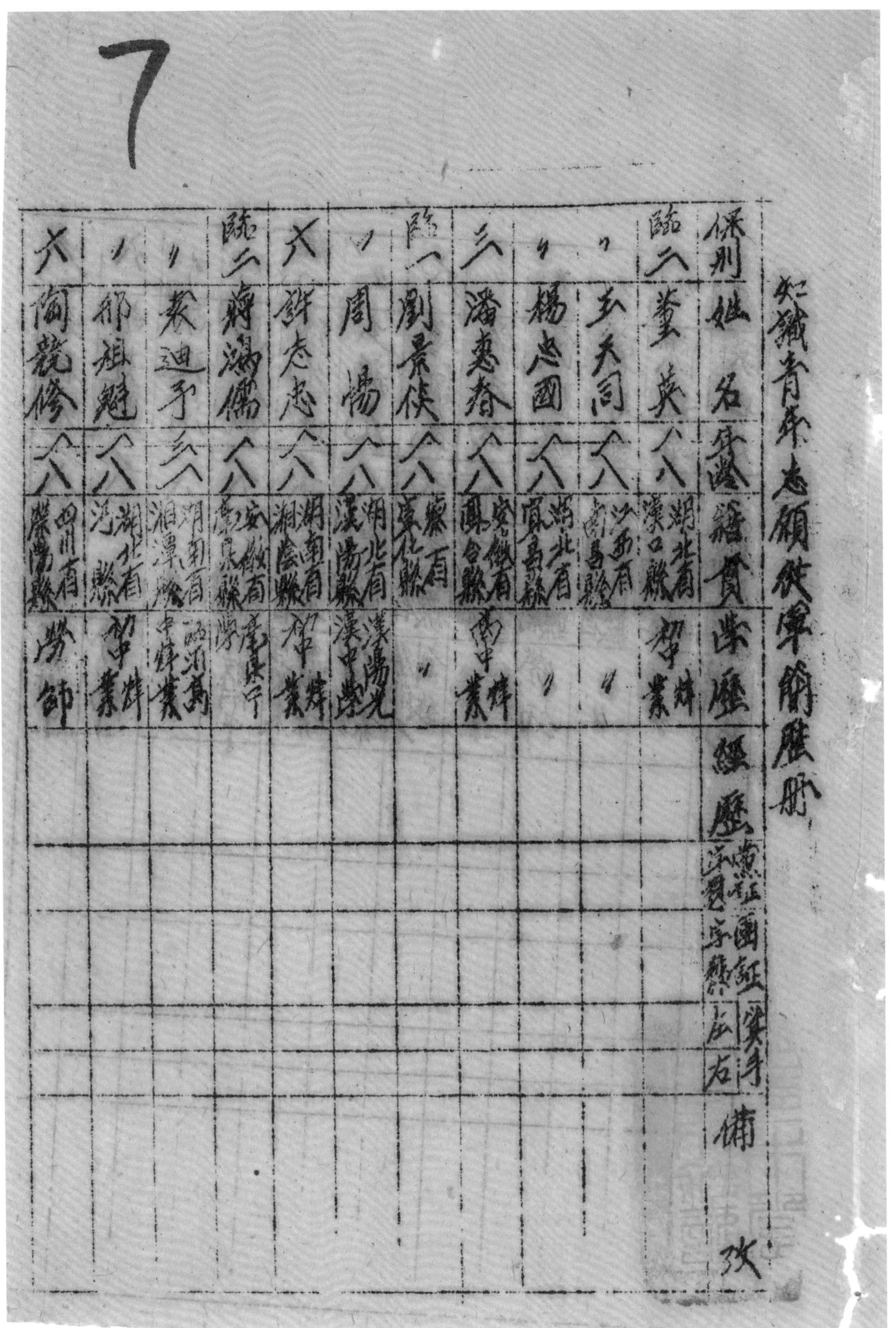

7

知識青年志願從軍簡歷冊

隊別	姓名	年齡	籍貫	學歷	經歷（原任職級 實手 所學專藝 左右）	備考
臨二	董英	一八	湖北省漢口縣	初中肄業		
〃	彭天同	一八	湖南省益陽縣	〃		
〃	楊忠國	一八	湖北省宜昌縣	〃		
三	潘惠春	一八	安徽省合肥縣	高中肄業		
臨一	劉景俠	一八	江蘇省興化縣	〃		
〃	周暘	一八	湖北省漢陽縣	漢陽光漢中學		
六	許志忠	一八	湖南省湘陰縣	初中肄業		
臨二	蔣鴻儒	一八	安徽省[illegible]縣	[illegible]		
〃	蔡迪予	二〇	湖南省湘潭縣	湖南[illegible]高中肄業		
〃	郝祖魁	一八	湖北省沔縣	初中肄業		
六	陶競修	一八	四川省榮陽縣	勞師		

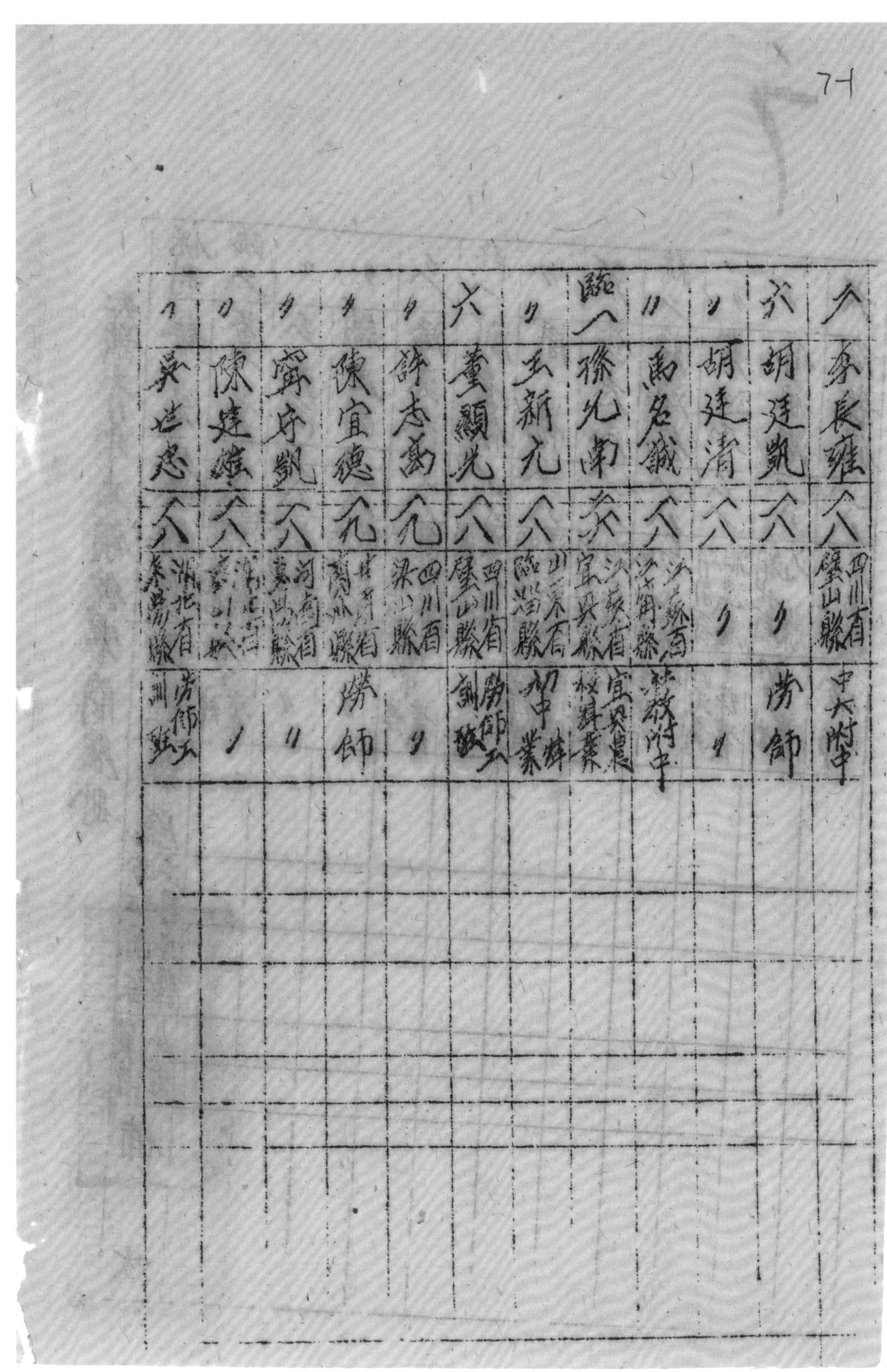

71

八	李長璀	一八	四川省璧山縣	中大附中
六	胡廷凱	一八	〃	勞師
〃	胡廷清	一八	〃	〃
〃	馬名鐵	一八	江蘇省江寧縣	社教附中
臨八	孫允南	二〇	江蘇省宜興縣	宜興農校肄業
〃	王新元	一八	山東省臨淄縣	初中肄業
六	董顯光	一八	四川省璧山縣	勞師工訓班
〃	許志高	一九	四川省梁山縣	〃
〃	陳宜德	一九	甘肅省蘭州縣	勞師
〃	寧守凱	一八	河南省襄城縣	〃
〃	陳建緒	一八	[illegible]	〃
〃	吳世忠	一八	湖北省[illegible]縣	勞師工訓班

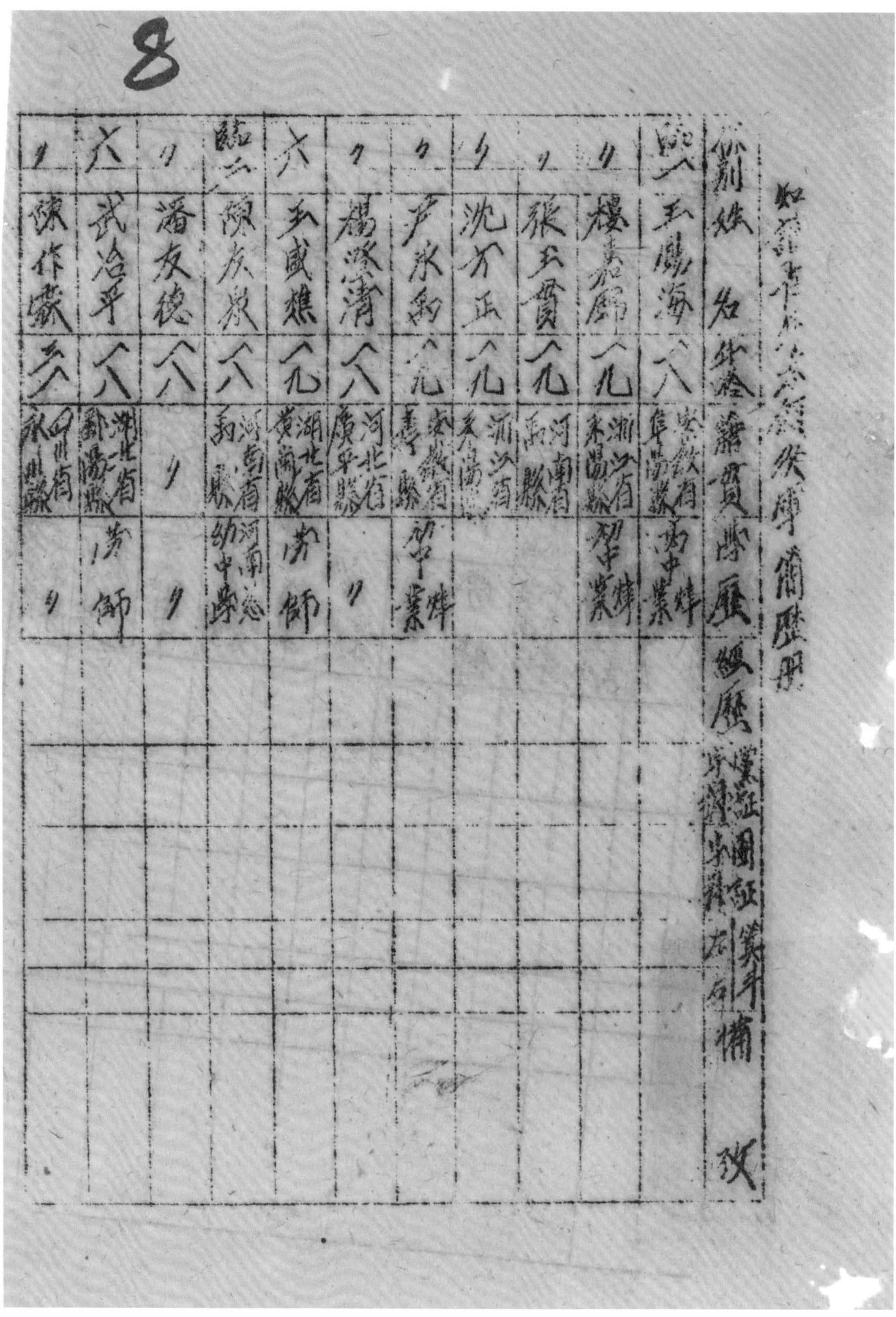

8

如箭第十作坊伙夫學兵簡歷冊

級別	姓名	年齡	籍貫	學歷	經歷	證明文件（保證書、證明書、學業證書、文件名稱）	備考
臨八	王陽海	一八	安徽省阜陽縣	初中肄業			
〃	樓嘉卿	一九	浙江省東陽縣	初中肄業			
〃	張玉貴	一九	河南省尉縣				
〃	沈介正	一九	浙江省東陽縣				
〃	尹永新	一九	安徽省壽縣	初中肄業			
〃	楊際清	一八	河北省廣平縣	〃			
六	王盛樵	一九	湖北省黃岡縣	勞師			
臨二	陳友敬	一八	河南省新縣	河南[illegible]中學			
〃	潘友德	一八	〃	〃			
六	武治平	一八	湖北省鄖陽縣	勞師			
〃	陳作藩	二八	四川省永川縣	〃			

8-1

師一	富鉉	一九	遼[illegible]省[illegible]陽縣	北平育英中學
六	顧正文	一九	四川省綿陽縣	初中畢業
三	郭汝鄂	一九	河北省交河縣	中大附中
〃	葉文麟	一八	湖北省[illegible]縣	初中肄業
〃	李瑾	一八	四川省隆[illegible]縣	中大附中
一	吳德榮	一八	〃	初中肄業
一	沙朝福	一九	〃	〃
六	甘偉德	一八	〃	勞師
師一	孫一萍	二九	山東省濟寧縣	濟南[illegible]中學
〃	李復興	二四	河南省淮陽縣	淮陽小學畢業
師一	范文金	一八	四川省瀘縣	初中肄業
〃	侯慶雲	二八	廣東省番禺縣	廣東國民大學

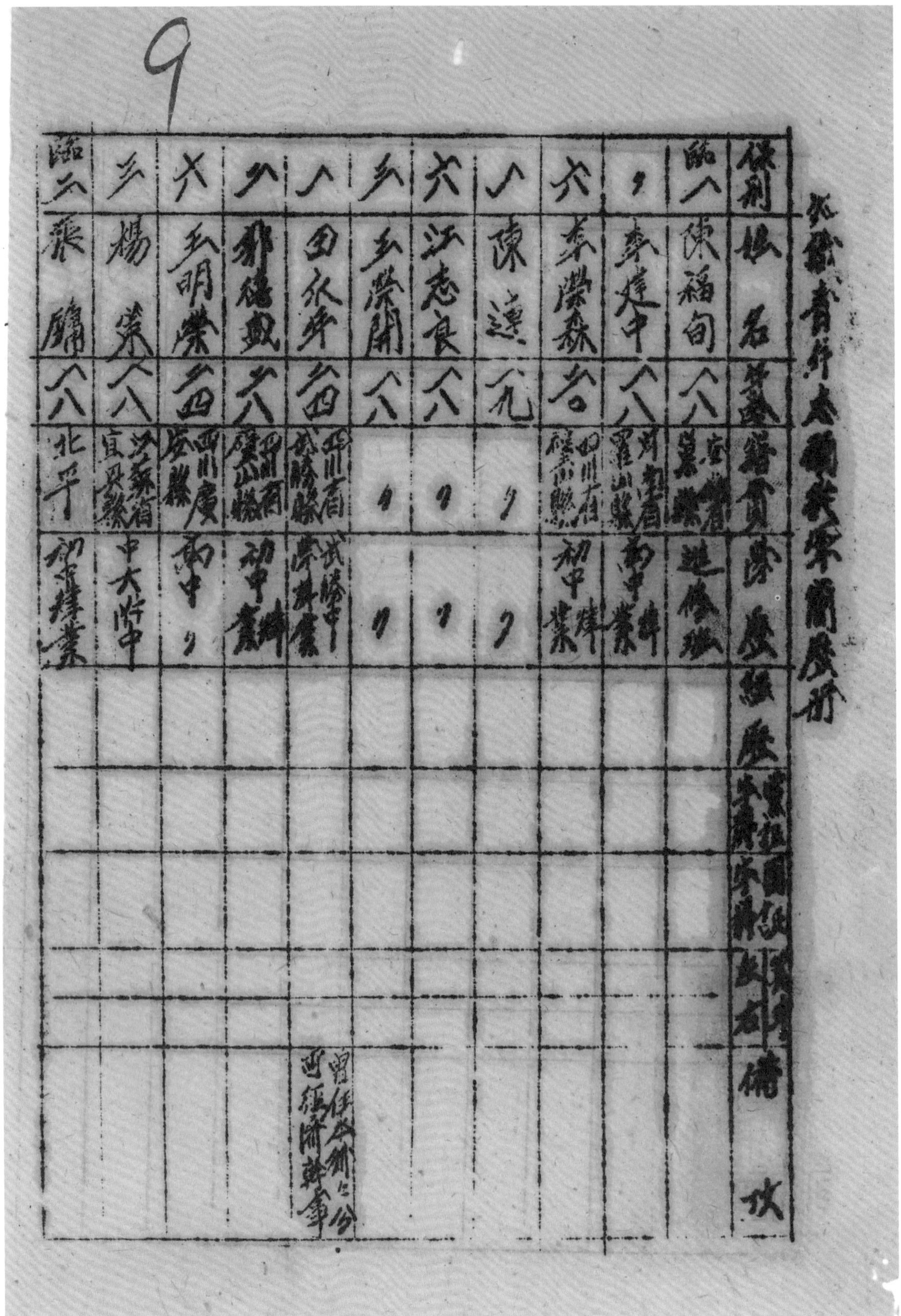

9

[illegible]縣青年志願從軍簡歷冊

保別	姓名	年齡	籍貫	學歷	經歷	黨組參加	團組參加	資格出身	備攷
臨八	陳福甸	一八	宜賓縣	進修班					
〃	李建中	一八	河南省羅山縣	高中肄業					
六	李榮森	二〇	四川大竹縣	初中肄業					
八	陳遠	一九	〃	〃					
六	江志良	一八	〃	〃					
三	王榮開	一八	〃	〃					
八	田永升	二四	四川省武勝縣	武勝中學肄業					曾任本鎮〃分所經濟幹事
八	鄧德欽	二八	四川省璧山縣	初中肄業					
六	王明榮	二四	四川廣安縣	高中〃					
三	楊榮	一八	江蘇省宜興縣	中大附中					
臨二	張鵬	一八	北平	初中肄業					

9-1

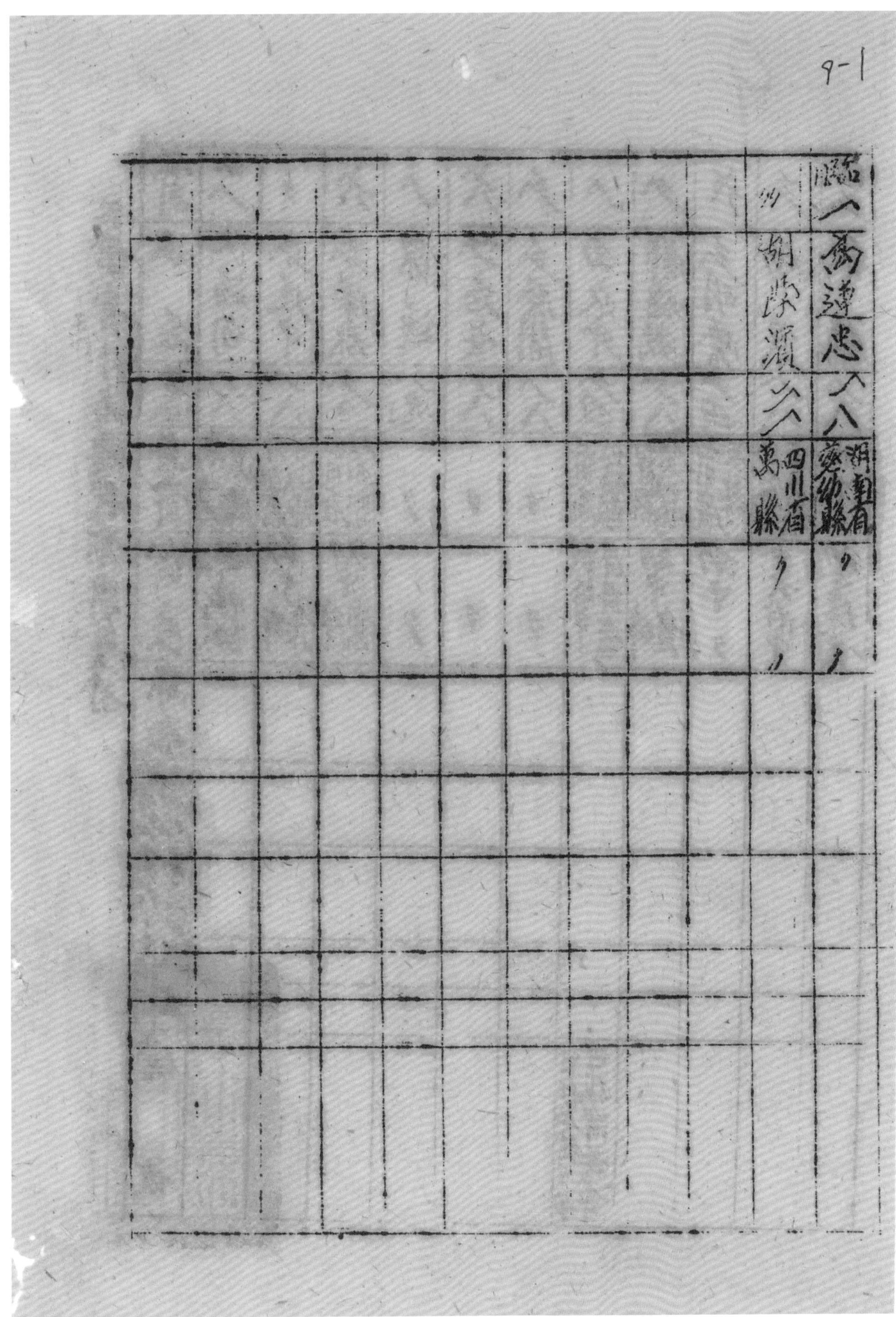

昭一八	禹遵忠	一八	湖南省 [illegible]縣	〃	〃
〃	胡際瀛	二八	四川省 萬縣	〃	〃

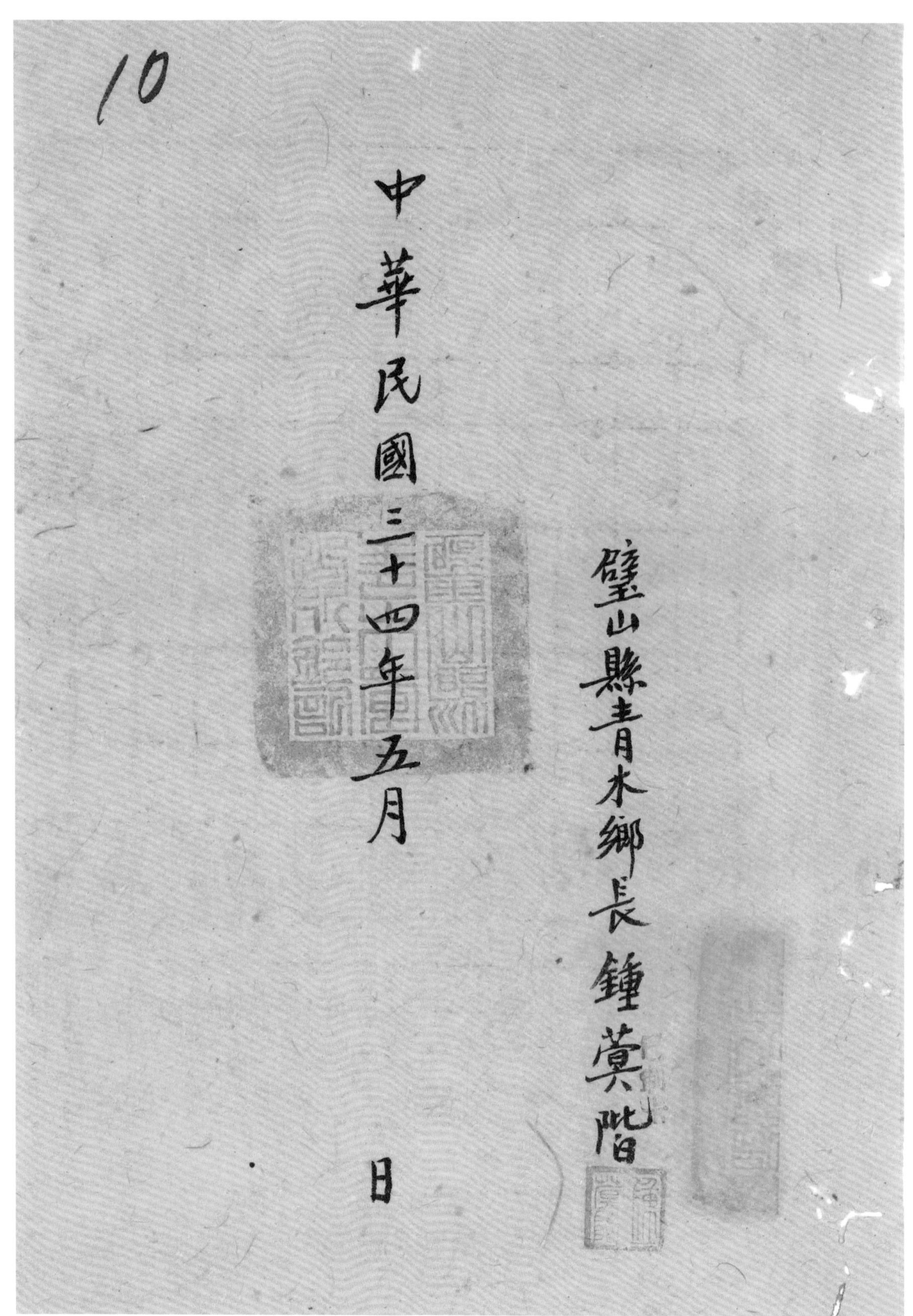

10

璧山縣青木鄉長鍾蕡階

中華民國三十四年五月　日

余杨氏关于请求享受征属优待致璧山县国民兵团部的呈（一九四五年五月）

璧山縣梓潼鄉第五保七甲征屬余楊氏　呈

中華民國三十四年五月　日

為良人出征，家成斷炊，泣懇令飭本管保甲募捐補助，用維生命由

移優委會办理

竊氏夫主余全河於今年二月曾被本管保甲征送入營，撥為遠征兵，業經開赴印度，已逾兩月，家內尚存邁母年近八旬，膝下小子三個，長年九歲，次年五歲，三年兩歲，闔家數口全賴全河在家力謀生活。茲夫入營，闔家老幼均不能維持最低生活，兼值生計過高，百物騰漲，家成斷炊，無法救濟，迫氏一再面請本管保長朱治軒設法救濟，先後僅給五千元，早經用盡，復再請求分厘不與，闔家必遭餓斃，為此泣請

鈞部鑒核，准予令飭梓潼鄉第五保保長朱治軒設法捐助，俾氏闔家老幼不致餓斃，以恤遠

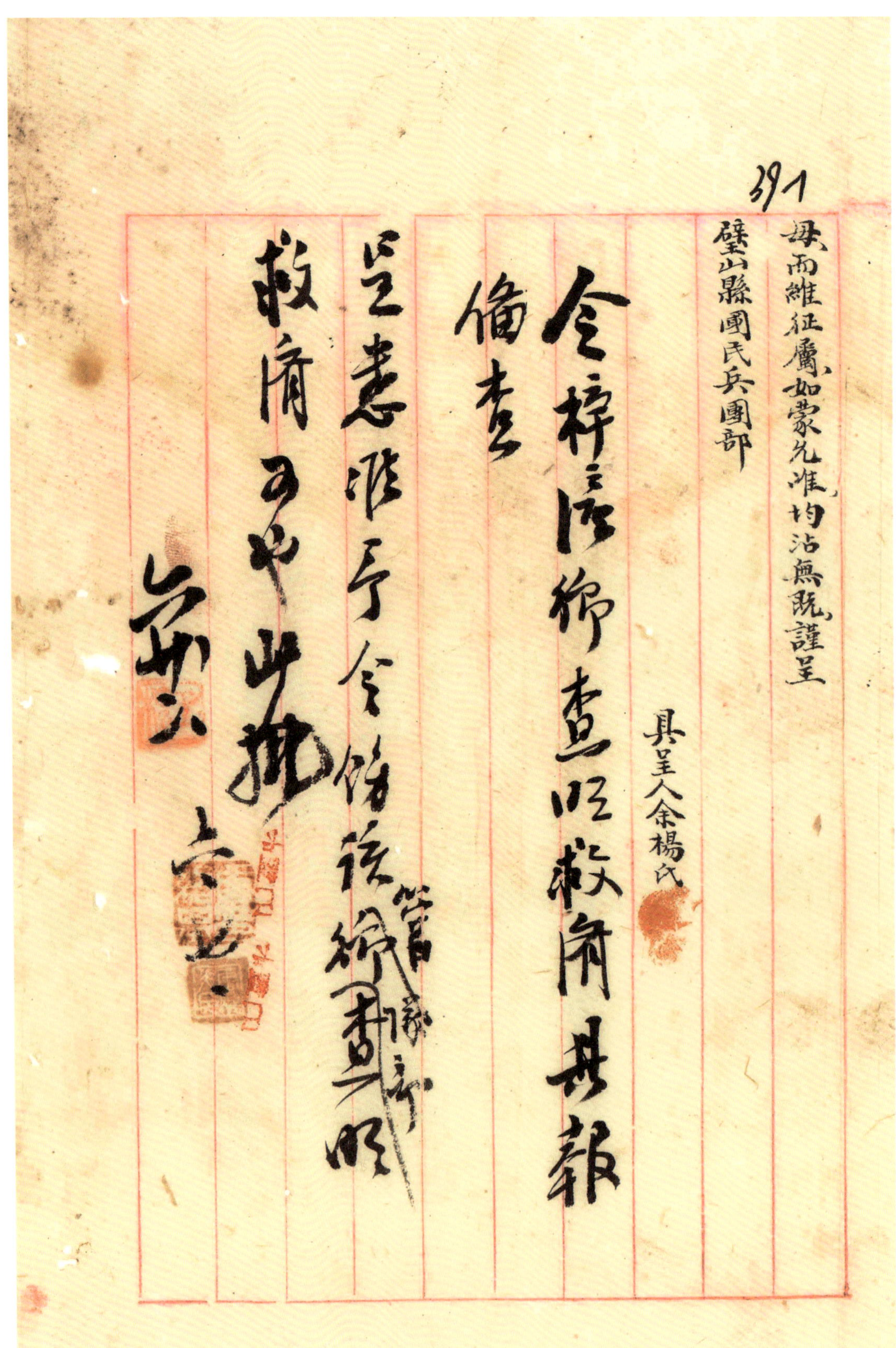

391

毋雨維征屬，如蒙允准，均沾無既。謹呈

璧山縣國民兵團部

具呈人余楊氏

令梓潼鄉查明核辦具報

備查

呈悉。准予令飭該管鄉查明

核辦可也。此批

璧山县丹凤乡造报已查明抗战阵亡官兵姓名清册（一九四五年七月）

璧山縣丹鳳鄉造報已查明抗戰陣亡官兵姓名清冊

職別	姓名	保甲號數	遺族姓名	已未領得卹金	死亡證據	備考
上尉連長	劉萬明	四保十甲	子 堅才	未	陸軍第八軍軍長楊維[illegible]弔唁書	賫呈核卹中
列兵	周志江	八保	父 云山	未	陸軍新八師團團長楊毅函知	賫呈核卹中
列兵	張天銀	十三保五甲	母 曾氏	未	陸軍通信兵營長官信函	賫呈核卹中
列兵	羅玉書	十三保一甲	父 森榮	已	陸軍第一五一師駐[illegible]通訊處信函	

民國卅四年七月　日

已發

后记

《抗战时期璧山军事档案汇编》的编辑是璧山区档案馆宣传璧山历史文化的重要工作之一，在此过程中得到重庆市档案局、重庆市档案馆、璧山区委、璧山区政府等单位和领导的关心和支持。同时，重庆市档案编研专家库有关成员也给予有力支援，参与审稿工作，反复斟酌，提出大量宝贵意见。作为主要编辑单位，璧山区档案馆和西南大学相关人员自始至终参与繁忙的资料整理工作，付出大量心血和辛勤劳动。我们对于上述领导、同仁的支持，表示衷心的感谢。

为保质保量完成本项目，区档案馆与西南大学马克思主义学院、历史文化学院等单位进行深入合作，吸收相关博士后、博士、硕士等参与到相关工作中。本书的编辑工作，主要由璧山区档案馆工作人员和西南大学师生合作完成。璧山区档案馆方面，有周成伟、罗杨、丁华蓉、薛莎蓉、范朝梅等，主要负责项目协调、档案整理、数字化、开放鉴定、书稿审核等工作。西南大学方面，由谢健负责总体事务，李冰冰、邓阳、黄万成、宋立杰负责相关篇目的设计、审定，李姣、汪雪、郝元青、刁云辉、杨柳负责资料整理、选取、条目录入、校对等工作。

在编辑过程中，我们对璧山区档案馆馆藏相关档案进行系统性选取和整理，尽可能穷尽所有资料，但由于学识、精力等有限，本书一定还存在不足之处，恳请读者不吝指正。

编者

二〇二〇年七月